Reinhard Schulz
Waltraud Roth-Schulz

MIT DEM WOHNMOBIL NACH THÜRINGEN

Die Anleitung für einen Erlebnisurlaub

DER WOHNMOBIL-VERLAG
D-98634 Mittelsdorf/Rhön

Bibliografische Information der Deutschen Bibliothek

Die Deutsche Bibliothek verzeichnet diese Publikation in der Deutschen Nationalbibliografie.
Detaillierte bibliografische Daten sind im Internet über <http://dnb.ddb.de> abrufbar.

Titelbild: Erfurt, Domplatz mit Weihnachtsmarkt

Neu bearbeitete 3. Auflage 2014

Druck:
www.schreckhase.de

Vertrieb:
GeoCenter, 70565 Stuttgart

Herausgeber:
WOMO-Verlag, 98634 Mittelsdorf
GPS: N 50° 36' 38.2" E 10° 07' 55.6"
Fon: 0049 (0) 36946-20691
Fax: 0049 (0) 36946-20692
eMail: verlag@womo.de
Internet: www.womo.de

Autoren-eMail: Schulz@womo.de

Alle Angaben ohne Gewähr.

ISBN 978-3-86903-093-7

EINLADUNG

Liebe WOMO-Freunde, diesmal geht es nicht in ferne Länder, heute wollen wir Ihnen unsere Heimat, unser Thüringen zeigen!
Es liegt ziemlich genau in der Mitte Deutschlands und ist mit seinem Wechsel von Wald und Flur, von Mittelgebirgen und Ebenen, seinem überquellenden Angebot an Historie, Kunst, Kultur und Natur das ideale Ziel für eine beliebige Zahl von Kurzurlauben:
Da wollen Kirchen, Burgen, Schlösser, Ruinen und romantische Landschaftsparks besichtigt werden.
Der Thüringer Wald lockt mit tausenden von Kilometern einsamer Wanderwege - und dem vielbesungenen Rennsteig.
Seen, Stauseen und Waldschwimmbäder bieten Abkühlung und Aufenthalt in schöner Umgebung.
Die Thüringer Gastronomie wird Sie umwerben mit typischen Gerichten - von der Rostbratwurst vom Holzkohlengrill bis zum Gänsebraten mit Rotkohl und Klößen.

Nach Thüringen flüchtete Schiller; hier dichteten Goethe, Wieland und Herder, komponierten Bach, Liszt und Richard Strauß, wirkten Zeiss und Schott, Salzmann und Fröbel, Bechstein, Gropius, Fichte, Humboldt, Hegel, Brehm ....

Ganze thüringische Städte sind Symbole für die deutsche Geschichte: Eisenach mit der Wartburg steht für Luther und die Reformation, Weimar war nicht nur im 18. und 19. Jahrhundert das kulturelle Zentrum Deutschlands, sondern wurde 1919 auch zur Wiege der deutschen Demokratie. Erfurt bekam 1392 die erste deutsche Universität mit vier Fakultäten, Jena ist das Symbol für Forscherfleiß und Sozialreformen ....

Wir haben Thüringen für Sie wohnmobilgeeignet gemacht, mit Hinweisen auf Trinkwasserbrunnen, Picknick-, Bade-, Wander- und andere freie Übernachtungsplätze. Testen Sie uns und unser Thüringen – wir sind uns sicher, Sie werden oft wiederkommen!

Ihr

Reinhard Schulz

Sehr geehrter Leser, lieber WOMO-Freund!

Reiseführer sind für einen gelungenen Urlaub unverzichtbar – das beweisen Sie mit dem Kauf dieses Buches. Aber aktuelle Informationen altern schnell, und ein veralteter Reiseführer macht wenig Freude.
Sie können helfen, Aktualität und Qualität dieses Buches zu verbessern, indem Sie uns nach Ihrer Reise mitteilen, welchen unserer Empfehlungen Sie gefolgt sind (freie Stellplätze, Campingplätze, Wanderungen, Gaststätten usw.) und uns darüber berichten (auch wenn sich gegenüber unseren Beschreibungen nichts geändert hat).
Bitte füllen Sie dafür schon während Ihrer Reise das Info-Blatt am Buchende aus und senden Sie es uns sofort nach Ihrer Rückkehr zu (per Brief, Fax oder formlos als eMail).
Dafür gewähren wir Ihnen bei der nächsten Buchbestellung direkt beim Verlag ein Info-Honorar von 10%.
Aktuelle Korrekturen finden Sie unter: www.forum.womoverlag.de

Um die freien Übernachtungs- und Campingplätze auf einen Blick erfassen zu können, haben wir diese im Text in einem Kasten nochmals farbig hervorgehoben und, wie auf den Karten, fortlaufend durchnummeriert. Wir nennen dabei wichtige Ausstattungsmerkmale und geben Ihnen eine kurze Zufahrtsbeschreibung. "Max. WOMOs" soll dabei andeuten, wie viele WOMOs dieser Platz maximal verträgt und nicht, wie viele auf ihn passen würden (schließlich gibt es auch Einwohner und andere Urlauber)!
Übernachtungsplätze mit **B**ademöglichkeit sind mit hellblauer Farbe unterlegt. **W**anderparkplätze sind grün gekennzeichnet. **P**icknickplätze erkennen Sie an der violetten Farbe. Auf Schlafplätzchen, denen die gerade genannten Merkmale fehlen – also auf einfache **S**tellplätze – weist die Farbe Gelb hin. Empfehlenswerte **C**ampingplätze haben olivgrüne Kästchen. Wanderungen, die wir Ihnen besonders ans Herz legen möchten, haben wir hellgrün unterlegt.

Und hier kommt das Kleingedruckte:

Jede Tour und jeder Stellplatz sind von uns meist mehrfach überprüft worden, wir können jedoch inhaltliche Fehler nie ganz ausschließen. Bitte achten Sie selbst auf Hochwasser, Brandgefahr, Steinschlag und Erdrutsch!
Verlag und Autoren übernehmen keine Verantwortung für die Legalität der veröffentlichten Stellplätze und aller anderen Angaben. Unsere Haftung ist, soweit ein Schaden nicht an Leben, Körper oder Gesundheit eingetreten ist, ausgeschlossen, es sei denn unsere Verantwortung beruht auf Vorsatz oder grober Fahrlässigkeit.

INHALT

Anreisewege

12 Touren durch Thüringen

Tipps und Tricks

Zeichenerklärungen für die Tourenkarten

Touren / abseits der Touren

Autobahn
4-spurige Straße
Hauptstraße
Nebenstraße
Schotterstraße
Wanderweg

10 WOMO-freundliche Gaststätte
S 11 Stellplatz (ohne/mit freier Übernachtung)
W P B Wander-, Picknick-, Badeplatz
12 13 14 geeignet für freie Übernachtungen

Alle freien Übernachtungsplätze sind im Text und auf den Tourenkarten fortlaufend durchnummeriert.

? Problemstrecke (s. Text)
Kirche, Kloster
Burg, Schloss, Ruine
1993 m Berggipfel
Sehenswürdigkeit
Trinkwasser, Strom
Hütte (bewirtschaftet)
3 Campingplatz
V E WC Ver-,Entsorgung/WC
N50° 36' 38.2" E10° 7' 55.6" GPS-Daten

Wir starten nach Thüringen!

In unserer Phantasie stellen wir uns eine beeindruckende Markierung des Dreiländereckes Bayern-Hessen-Thüringen vor, die Größe etwa mannshoch, mit einem schönen Text, frei nach Goethe, oder so ...
Zunächst gilt es aber, den Berührungspunkt der drei Bundesländer zu finden! Etwa auf halber Strecke zwischen dem "Schwarzen Moor" an der Hochrhönstraße und der Einmündung in die B 278 in EHRENBERG-SEIFERTS kann man das WOMO auf dem einzigen **Wanderparkplatz** [N50° 30' 49.7" E 10° 2' 9.2"] abstellen.

Wir marschieren die Teerstraße weiter bergab. Nach vier Begrenzungspfosten bzw. 130 m biegen wir nach rechts in einen nicht markierten Waldweg ab, 2 min. später mündet von links ein Wanderweg ein, dem wir nun folgen (u.a. grüner Tropfen). Nach weiteren 3 min. landen wir an einer Schranke mit dem Hinweisschild "Naturschutzgebiet Lange Rhön". Wir folgen weiter dem Wanderweg, der durch stilles, romantisches Heideland nach Westen auf das Schwarze Moor zuhält, linkerhand begleitet uns die hessisch-thüringische Grenze. Ein schöner, ein idyllischer Weg - aber wo ist das Dreiländereck?

Wir irren durch die Flur, kehren schließlich zur Schranke am Beginn des Naturschutzgebietes zurück, packen unser Vesper aus. Waltraud balanciert auf der Schranke, ich setze mich auf einen kleinen Feldstein mit einer seltsamen Y-Markierung, die Seiten tragen die Beschriftung "KB", "KP" und "GSW"!??
Noch nach Wochen können

wir in spontanes, lang anhaltendes Gelächter ausbrechen, wenn wir uns an die Suche nach dem "Dreiländer-Denkmal" erinnern [N50° 30' 59.3" E 10° 2' 28.4"], die uns immerhin einen schönen Ausflug beschert hat.
Zur Erklärung: Hessen gehörte einst zum Königreich Preußen, auch Bayern war einst ein Königreich, nur wir Thüringer in der Rhön mussten uns mit dem Großherzog von Sachsen-Weimar als Landesvater zufrieden geben.
Nur einen guten Kilometer rollen wir dann von unserem Parkplatz weiter bergab, biegen scharf rechts ab. Eine Allee schlängelt sich hinauf nach BIRX, das jahrzehntelang, an drei Seiten von Grenzzäunen umgeben, einen Dornröschenschlaf hielt – jetzt liegt es wieder mitten in Deutschland!

Blick auf Birx vom Dreiländereckwanderweg aus

Zwischen FRANKENHEIM und REICHENHAUSEN entdeckt man auf freier Flur die Bushaltestelle "Ellenbogen". Hier biegen wir nach links auf einen Fahrweg ab und erreichen nach 600 m eine Weggabelung. Geradeaus führt der Fahrweg weiter zum "Thüringer Rhönhaus", rechterhand nach 300 m zum "Eisenacher Haus" [N50° 34' 14.9" E 10° 4' 52.1"] direkt neben dem Ellenbogengipfel.

An dieser Gabelung zieht sich rechts ein langer Parkstreifen hin bis zu einem kleinen Fichtengehölz; ein Feldweg führt nach links auf eine Wiese. Dort parken wir, auf der Wiese lagert es sich prächtig neben einem gewaltigen Hügel aus Basaltbrocken, die zu Zeiten des Reichsarbeitsdienstes auf den Weiden zusammengetragen und aufgetürmt worden waren. Der Chef des RAD lebte standesgemäß in einer Villa – dem heutigen "Thüringer Rhönhaus", dessen graues Schieferdach wir bei einem Bummel über die Wiesen und durch die Wälder rings um den Ellenbogen in westlicher Richtung leicht entdecken. Dort geht es rustikaler zu als im "Eisenacher Haus" (in dem man indess am Wochenende prächtig brunchen kann). Sommers wie winters findet man hier oben ein gemütliches Plätzchen und es versteht sich von selbst, dass direkt vor der WOMO-Tür eine Langlauf-Loipe um den Ellenbogen herum beginnt.

Eisenacher Haus auf dem Ellenbogen

Wir fahren zur Hauptstraße zurück, rollen nach links bis REICHENHAUSEN hinab. Dort biegen wir nach links in die Vorfahrtsstraße und schlängeln uns neben der jungen Felda bis KALTENSUNDHEIM, wo wir auf die TOUR 12 treffen.

So – oder so ähnlich – stellen wir uns den Beginn Ihres Thüringenurlaubes vor!

Dabei müssen Sie natürlich nicht das Dreiländereck bei BIRX suchen. Sie können "Ihre" Thüringenreise an jedem beliebigen Ort, an der Stelle beginnen, die Ihnen am passendsten erscheint. Sie können jederzeit abbrechen, an anderer Stelle weitermachen – und dabei kaum Zeit verlieren.
Wie das geht?
Wie haben speziell für diesen Urlaub mitten in Deutschland das "Perlenkettensystem" entwickelt, das wir Ihnen ganz kurz erklären möchten:

Das WOMO-Perlenkettensystem Thüringen

Auf der letzten Umschlagseite haben wir bildhaft dargestellt, dass wir unser Thüringen-Buch in 12 Touren unterteilt haben. Jede dieser Touren ist unabhängig von der anderen zu durchfahren, sie können an beliebiger Stelle begonnen oder beendet werden.
Diese 12 "Thüringischen Perlen" sind durch eine stabile "Schnur" verbunden. Darunter verstehen wir Autobahnverbindungen

oder gut ausgebaute Fernstraßen, auf denen Sie bequem von einer "Perle" zur anderen düsen können; Sie können beliebig viele Touren überspringen, sich eigene Tourenkombinationen zusammenstellen – und das Gewünschte doch bequem miteinander verbinden. Gut, nicht!?
Falls Ihnen unsere Touren jedoch so gut gefallen (was wir uns wünschen und wofür wir uns große Mühe gemacht haben), dass Sie alle der Reihe nach abfahren möchten, dann können Sie, wie gesagt, an beliebiger Stelle einsteigen und werden "vollautomatisch" von Tour zu Tour weitergeleitet – denn die "Perlen" sind natürlich auch direkt miteinander verbunden.

Zeitaufwand

Immer wieder werden wir gebeten: „Bitte macht doch genaue Angaben, welche Zeit man für die jeweilige Tour veranschlagen muss!"
Wir können und wollen dieser Bitte speziell im Thüringen-Buch nicht nachkommen, denn hier gibt es so viel zu sehen, so viel zu unternehmen: Städte, Schlösser, Museen, Kirchen, Ruinen, Grenzanlagen, Badeseen, Berge, Wälder, Täler, Wanderungen, Spaziergänge, Radtouren – Sie werden nie alles machen wollen, ja machen können!
Folglich steht als einzige Angabe am Beginn der Tour die Gesamtstrecke in Kilometern!
Immerhin können wir folgendes voraussagen: Wenn Sie sich für ein verlängertes Wochenende eine einzige Tour ausgesucht haben, dann liegen Sie ungefähr richtig!
Und wenn Sie glauben, drei bis vier Wochen würden für Thüringen ausreichen, dann liegen Sie ziemlich daneben!

Rhöndistel *(Carlina acaulis)*

Resümee

Thüringen, das grüne Herz Deutschlands, ist ein Urlaubsgebiet zum Wiederkommen. Es ist in jeder Jahreszeit schön! Lassen Sie sich Zeit, es läuft Ihnen nicht (mehr) weg. Wenn die Ferienzeit vorüber ist, düsen Sie einfach auf der "Schnur" bis zu Ihrer Heimreise-Autobahn – und kommen, wenn Sie Sehnsucht haben, wieder.
Wir sind uns sicher, es wird nicht lange dauern!

KARTE TOUR 1
N
10 km
NIEDERSACHSEN
nach GÖTTINGEN
DUDERSTADT
„Sonnenstein"
32
33
Kalimuseum
Bischofferode
Holungen
Großbodungen
Ohm
Teistungen
247
Bodenstein
31
Lipprechterode
Wintzingerode
Hainrode
Tour 2
Wallfahrtskapelle
Alternativer Bärenpark
Kirchohmfeld
Buhla
Bleicherode
Steinbach
Worbis
38
29 WC
WC 30
34
Lohra
HEILIGENSTADT
28
Beuren
Leinefelde
26
Scharfenstein
Kleinberndten
25
27
Dün
Kreuzebra
Dingelstädt
Unstrut-Quelle
24
Kerbscher Berg
Kefferhausen
Unstrut
NATURPARK
Lengefelder Warte
23
EICHSFELD-
Schlotheim
Autogas
MÜHLHAUSEN
249
HAINICH-
Eigenrieden
20
Autogas
22
21
Wanfried
Werra
WERRATAL
16
Mittelpunkt Deutschlands
Seebach
Vogelwarte
Niederdorla
07
06
Normannstein
Langula
Talsperre Seebach
Großengottern
Groß-burschla
Treffurt
17
250
05
Flarchheim
Heroldishausen
04
Kammerforst
59
03
Schnell-mannshausen
Falken
Haineck
Mülverstedt
BAD LANGENSALZA
Heldra-Stein
14
Nazza
18
Werra
10
19
„Fuchsbau"
02
09
8
11a
WC 15
Zimmern
Frankenroda
„Am Zollgarten"
Graues Schloss
Mihla
NP HAINICH
„Baumkronenpfad"
11
12
60
WC
Hainich
Lauterbach
Craula
84
01
C
Creuzburg
61
Bischofroda
Tüngeda
13
62
Berka v.d.Hainich
„Mallinde"
Wangen-heim
4
Behringen
Werra
EISENACH
84
TOUR 2
Wartburg
Tour 3
HESSEN

TOUR 1 (ca. 280 km)

Eisenach - Creuzburg - Heldrastein - Treffurt - Mühlhausen - Heiligenstadt - Worbis - Burg Lohra

Freie Übernachtung:	u.a. Creuzburg, Schnellmannshausen, Großburschla, Treffurt, Frankenroda, Mihla, Berka, Niederdorla, Talsperre Seebach, Mühlhausen, Kefferhausen, Scharfenstein, Heiligenstadt, Bodenstein, Burg Lohra.
Campingplätze:	Ebenshausen, Probstei Zella.
Ver-/Entsorgung:	Creuzburg (WC), Treffurt (V/E), Heiligenstadt (V/E), Worbis (WC)
Besichtigungen:	Creuzburg (Brücke, Burg), Treffurt (Altstadt, Normannstein), Mühlhausen (Altstadt), Heiligenstadt (Altstadt), Bischofferode (Kalimuseum), Lohra (Kapelle).
Wandern:	Heldra-Stein, Berka: Nationalpark Hainich, Ruine Scharfenstein, Burg Bodenstein, Holungen: Sonnenstein
Baden:	u.a. Talsperre Seebach (?), Schwimmbad Leinefelde, Thüringentherme Mühlhausen, Vitalpark Heiligenstadt.

Von der AB-Abfahrt EISENACH-WEST rollen wir auf breiter Teerbahn etwa 6 km im dichten Nebel nach Norden, auf CREUZBURG zu. Unmittelbar vor der Stadt überqueren wir die Werra auf einer modernen Straßenbrücke, mehr können wir bei etwa 50 Meter Sicht nicht erkennen. Wenige Meter später, unmittelbar hinter dem Ortsschild, biegen wir rechts hinab zu einer Pappelgruppe [N51° 2' 59.6" E10° 15' 1.0"], neben der man am Wegrand prima parken kann.

Creuzburg: Alte Werrabrücke mit Liboriuskapelle

Während wir noch überlegen, ob wir uns bei unserer Suche nach der uralten Werrabrücke mehr nach dem Gehör (Wasserrauschen) oder dem Tastsinn (harter Sandstein) oder gar der Logik richten sollen (flussauf- oder abwärts), lichtet sich gnädig der Nebel so weit, dass wir direkt vor uns die fünf wuchtigen Bogen der romanischen Brücke erspähen, die, als wolle sie den kunstbeflissenen Besucher belohnen, an ihrem Ende noch mit der hohen, spitzgiebeligen Liboriuskapelle aufwartet.

Liboriuskapelle

Wir überqueren (zu Fuß!) die fast 800 Jahre alte Brücke, die einen wesentlich stabileren Eindruck macht als manches Brückenbauwerk aus modernerer Zeit. In der **Liboriuskapelle** wird auf spätgotischen Fresken das Wirken der **Heiligen Elisabeth** dargestellt, Mutter des Landgrafen Hermann, der 1213 den Grundstein der Stadt Creuzburg legte, ein Sterngewölbe überspannt den Innenraum. Nur wenige Schritte weiter findet sich ein idyllischer Wanderparkplatz mit überdachter Tisch-Bank-Kombination, direkt an ihm vorbei führt der Werratal-Radweg.

(001) WOMO-Wanderparkplatz: Creuzburg

GPS: N51° 02' 55.7" E10° 15' 08.6"; 202 m. **max. WOMOs:** 1-2.
Ausstattung/Lage: Bank (überdacht), (Rad-)Wanderkarte/außerorts.
Zufahrt: Von Eisenach 8 km auf der B 7 bis Creuzburg. Vor der Brücke rechts 150 m.
Hinweis: Hinter der Brücke rechts geht es zu Krumos Kanustation mit weiteren Stellplätzen [N51° 2' 56.6" E 10° 14' 57.5"] (5 € Gebühr) und Gaststätte. Dort kann man Kanus ausleihen. Nach der Kanufahrt wird man abgeholt und zurückgebracht.
Sonstiges: Gute Gaststätten auch in Creuzburg und vor allem auf der Burg.

Als Ausgangspunkt für einen Stadtrundgang verlegen wir unseren Parkplatz in die Ortsmitte, an den "Plan", einem Marktplatz [N51° 3' 7.7" E 10° 14' 54.2"] mit einer schönen Brunnenanlage (und öffentlichem WC). Von hier aus sind es nur wenige Schritte bis zur romanischen **Nikolaikirche** und linkerhand zum Supermarkt, vor dessen großem Parkplatz ein steiler Fußweg zum **Schloss** führt, das nach mancherlei Umbauten aus der romanischen Burganlage hervorgegangen ist, die wiederum auf eine fränkische Befestigung aus frühkarolingischer Zeit zurückgeht. Damals diente sie als wirksamer Schutz der häufig

Creuzburg: Marktplatz

benutzten Werrafurt und war zeitweise Residenz der Thüringer Landgrafen. Davor kann man parken [N51° 03' 05.1" E10° 14' 38.9"] und darin in historischem Ambiente fein speisen (Mo zu). Wir verlassen die Burganlage auf dem steilen Fahrweg, landen an der Durchgangsstraße in der Nähe der Gaststätte "Torklause". Links des Gasthauses beginnt der Aufgang zum alten Friedhof mit einem reich verzierten Torbogen. Einer der eingravierten Sprüche gilt, um so mehr, für unsere schnelllebige Zeit:

„All' die ihr hier vorübergeht,
bedenket wie es um uns steht.
Was ihr jetzt seid, war'n wir auf Erden,
was wir nun sind, müsst ihr auch werden."

Wir wenden uns nach rechts, queren 50 Schritte später die Reste der Stadtmauer von 1213 und landen nach wenigen Schritten wieder bei unserem WOMO.
Wir verlassen CREUZBURG nach Westen auf der B 7 Richtung Kassel, passieren den kleinen **Campingplatz** [N51° 03' 01.3" E10° 13' 59.1"] biegen nach 1600 m nach rechts Richtung TREFFURT ab. Die Straße schlängelt sich durch eine abwechslungsreiche Landschaft, in der Felder mit dichten Mischwäldern aus Kiefern, Fichten, Buchen und Eichen abwechseln. Bereits beim Hof SCHRAPFENDORF zeigt ein Hinweisschild "Heldrastein" in einen Fahrweg (nach 1,5 km Wanderparkplatz [**002a:** N51° 05' 23.0" E10° 11' 56.5"], dann 1 Std. Fußweg).

Wir rollen weiter bis SCHNELLMANNSHAUSEN, biegen dort links Richtung GROSSBURSCHLA.
Am Ortsende folgen wir nach links dem Wegweiser "Heldrastein Gemeindeweg" in einen schmalen, aber gepflegten Asphaltweg, der nach 1,3 km am Waldrand bei einer Sitzgruppe endet. Von hier aus sind es noch 35 min. auf bequemem, schattigem Waldweg bis zum Heldrastein.

(002) WOMO-Wanderparkplatz: Pfarrhölzchen

GPS: N51° 06' 12.3" E10° 12' 11.8"; 325 m. **max. WOMOs:** 2.
Ausstattung/Lage: Tisch & Bank, markierter Wanderweg, Mülleimer/außerorts.
Zufahrt: In Schnellmannshausen links Richtung Großburschla. Vor dem Ortsendeschild links asphaltiert 1,3 km bis zum Wanderparkplatz.

Wir als "harte Burschen" folgen weiter der Hauptstraße (Wegweiser: Heldrastein Treppenweg) Richtung GROSSBURSCHLA. Bereits nach 1,8 km haben wir den Ausgangspunkt unserer "Heldrasteinersteigung" erreicht, der Wanderparkplatz [N 51° 6' 43.2" E 10° 11' 56.3"] mit zwei Picknickhütten nutzt die betonierten Reste der ehemaligen Grenzbefestigungen, die sich wie eine Schlinge um den alles überragenden, beherrschenden Kalksteinfels legte, den Ort GROSSBURSCHLA mit einbeziehend.

Der Barbarossa-Treppenweg ist mit "1,3 km" ausgeschildert und geht, wie der Name schon sagt, sofort voll "zur Sache". Jahrzehntelang war der Heldrastein, der "König des Werratales" für "normale Sterbliche" Sperrgebiet, inzwischen wurden die Wanderwege wieder hergerichtet, die Stufen mit Bruchstücken der überflüssig gewordenen Grenzpfähle abgestützt. Auch als wir die Höhe erreicht haben und uns zum 300 m rechterhand liegenden Aussichtspunkt mit Florian-Henning-Schutzhütte und Imbissbude wenden, marschieren wir direkt auf den Resten ehemaliger Grenzbefestigungen. Von der Kante des Steilabhanges haben wir einen weiten Blick über das hessisch-thüringische Grenzgebiet. Gewaltig ist die Aussicht, wenn man die 166 Stufen des 34-m-Turmes hinaufschnauft, dem man, holzverkleidet,

seine Herkunft als Lauschantenne nicht mehr anmerkt. Wendet man sich am Ende des Treppenweges nach links, so erreicht man einen aussichtsreichen Bergsporn, von den Ruinen der alten Hüneburg haben wir nichts entdeckt. Der Rückweg ist ein Zehn-Minuten-Kinderspiel (für den Aufstieg hatten wir immerhin 1/2 Stunde gebraucht), immer wieder erspäht das umherschweifende Auge die ehemals undurchdringbare Grenze, durchbrochen jetzt von einer Unzahl von Straßen, Wegen und Pfaden; als sei sie ein Relikt aus längst vergangener Zeit.

Vorbei an einem schön gelegenen Picknickplatz [**003:** N 51° 7' 14.5" E 10° 10' 41.6"] kurven wir hinab nach GROSSBURSCHLA, ehemals in eine Beule des Grenzverlaufs hineingeklemmt. In der Dorfkirche sind Reste einer romanischen Basilika aus der Zeit um 1130/50 restauriert worden.
Vor der Werrabrücke liegt links der Sportplatz (mit Toiletten), rechts steht man sehr schön zwischen Bäumen direkt über dem Fluss [**004:** N 51° 8' 3.9" E 10° 10' 32.2"] nahe der Gaststätte "Krone".
Wir überqueren die Werra, halten nach rechts auf TREFFURT zu. Nach 4 km durch eine busch- und baumbestandene Hügellandschaft, durch die die Werra in weiten Schleifen zieht, haben wir das malerische Örtchen vor uns, gekrönt von den grauweißen Mauern der Burg "Normannstein".
Ideal als Ausgangspunkt für einen Stadtbummel ist der offizielle **WOMO-Stellplatz** jenseits der Werra (hinter der Brücke rechts der B 250 Richtung CREUZBURG).

5/16

(005) WOMO-Stellplatz: Treffurt

GPS: N51° 08' 01.7" E10° 14' 10.2" **max. WOMOs:** > 5.
Ausstattung/Lage: Ver-/Entsorgung, Strom (Gebühr), Liegewiese, Schattenlinden, Kanuvermietung, Gaststätte/Ortsrand.
Zufahrt: Von Großburschla kommend der B 250 über die Werra folgen, dann rechts.
Hinweis: Zum Freibad von Treffurt sind es nur 300 m, dort ebenfalls großer Parkplatz.

Sie wollten schon immer mal wissen, wie man im Mittelalter mit dem WOMO vorangekommen wäre? Dann fahren sie nur geradeaus über die Brücke und in das Städtchen hinein! Zwischen malerischen Fachwerkhäusern lernen Sie hoffentlich nicht das früher übliche Fahren "auf Kontakt", wie die vorgestellten, zerschundenen Steine an den Häuserecken beweisen. Besonders sehenswert ist das restaurierte **Renaissance-Fachwerk-Rathaus** mit quadratischem Turm und Wappenstein aus dem Jahre 1549 (im

Treffurt: Rathaus

Untergeschoss empfiehlt sich der "Ratskeller").
100 m entfernt findet man im "Bürgerhaus" die Tourist-Info.
Weiter schraubt sich das Sträßchen den Hang hinauf. Sehen Sie rechts der Straße die katholische Backsteinkirche vor der **Normannsteinquelle**? Hier bekommt ganz TREFFURT sein Trinkwasser her. Aus dem kräftigen Überlauf, der die Straße quert, kann auch der dürstende Wohn-

Treffurt: Bürgerhaus

mobilfahrer mit Eimer oder Gießkanne schöpfen. Wir folgen weiter dem Fahrweg den steilen Hang hinauf bis zur **Burg Normannstein**. 200 m nach der Rechtsserpentine, vor einer Steilwand, Parkmöglichkeit [**006:** N51° 08' 27.6" E10° 13' 59.4"] und Sitzbänke mit Traumblick übers Werratal. An der höchsten Stelle, bei einem sehr schrägen Parkplatz, knickt die Straße nach rechts wieder hinab und kurz darauf kann man auf dem Burgareal bequem parken, in der Gaststätte (Mo + Di geschl.) einkehren und ruhig übernachten [**007:** N 51° 8' 26.8' E 10° 14' 15.0"].

Ruine Normannstein

Zwei quadratische Wohntürme und ein runder Bergfried sind von der Burganlage aus dem 14. Jahrhundert noch erhalten, die über den friedlichen Handel und die Furt durch die Werra wachen sollte. Dabei war TREFFURT auf Grund einer Ganerbschaft jahrhundertelang selbst dreigeteilt. Drei Bürgermeister verwalteten das Städtchen, das zu je einem Drittel zu Mainz, Hessen und Thüringen gehörte. Ein altes "Mainzer Rad", der typische Grenzstein der Mainzer Kurfüsten in der Brunnenanlage der Normannsteinquelle und auch der Wappenstein am Rathaus erinnern daran. Der Palas der Burganlage ist vollständig restauriert und beherbergt eine Gaststätte, Wanderwege sind ausgewiesen.

Wir verlassen das malerische Städtchen nach Südosten Richtung FALKEN/MÜHLHAUSEN. Wer glaubt, nördlich des Thüringer Waldes sei Thüringen flach, der wird jetzt eines Besseren belehrt: Kaum haben wir uns hinter FALKEN emporund anschließend nach NAZZA wieder hinuntergeschraubt, beginnt die Straße schon wieder ihren Aufstieg auf den Höhenrücken des **Hainich**. Felder, Wiesen, Obstbaumwiesen und Buchenwälder wechseln einander ab, ergänzen sich zu einer malenswerten Idylle. Aber warum führt die Straße nicht direkt an der Werra entlang?

Sorgfältiges Kartenstudium! Es gibt eine Straße, aber sie ist zum Teil für Fahrzeuge gesperrt, nur für Radfahrer freigegeben. Dann ist sie sicher besonders schön, nichts wie hin!

3 km südlich NAZZA folgen wir im spitzen Winkel nach rechts dem Wegweiser "Ebenshausen, Frankenroda, Probstei Zella". Bereits nach 500 m liegt links, am Ufer der Werra, der naturbelassene **Campingplatz** [**008:** N 51° 5' 17.1" E 10° 19' 22.2"] von EBENSHAUSEN.

Das schönste Plätzchen dieses Flussabschnittes finden wir aber in FRANKENRODA. Wir biegen links zur Werra ab, folgen ihr ein Stückchen bis zu einer Brücke, wo uns am anderen Ufer beim alten Sportplatz Liegewiesen, Tisch und Bank, ruhige Stellplätze – sowie ein Denkmal für Carl Grübel (dem Wohltäter des Dorfes) erwarten.

(009) WOMO-Picknickplatz: Frankenroda

GPS: N51° 05' 47.7" E10° 16' 21.4" **max. WOMOs:** 2-3.
Ausstattung/Lage: Tisch & Bank (überdacht), Spazierwege, Liegewiese/außerorts.
Zufahrt: 1 km nördlich Mihla links, in Frankenroda vor dem historischen Ziehbrunnen (Lindenstraße) nach links über die Werra.

Noch 2 km sind es bis zur Probstei Zella. Außer einem **Mini-Campingplatz** [**010:** N 51° 6' 24.3" E 10° 17' 47.1"] bietet man Ihnen hier einen Landgasthof mit Biergarten, Kutsch- und Reittouren, Kanu- und Fahrradverleih sowie Sauna und Solarium.
4 km südlich NAZZA liegt das Örtchen MIHLA am östlichen Werraufer. Am Ortsbeginn folgen wir zunächst nach links dem Wegweiser zum **Wanderparkplatz** [**011a:** N51° 05' 15.0" E10° 20' 58.8"] im Mihlaer Tal mit überdachter Tisch-Bank-Kombination und Wanderprospekten in einem hohlen Baumstumpf. Sehenswert sollen in MIHLA das Rote und das **Graue Schloss** sein. Das Rote Schloss wurde als Altersheim genutzt, steht z. Zt. leer. Innerhalb eines Gebäuderinges aus Fachwerkgebälk erhebt sich der mächtige Renaissance-Bau, die rote Farbe muss wohl im Laufe der vielen Jahre abhanden gekommen sein ....

Das Graue Schloss, ehemals von einem Wassergraben umgeben, liegt nun in einer kleinen Parkanlage in der Nähe der Werra. Es beherbergt eine Gaststätte (besonders empfehlenswert: Wildgerichte) und besitzt einen Erker, der verblüffend an das Goldene Dach'l in Innsbruck erinnert. Ein Teil des großen Parkplatzes hinter dem Gebäude ist als offizieller WOMO-Stellplatz ausgewiesen.

(011) WOMO-Stellplatz: Mihla/Graues Schloss

GPS: N 51° 4' 40.7" E 10° 19' 52.8"; Thomas-Müntzer-Str. **max. WOMOs:** > 5.
Ausstattung/Lage: Mülleimer, Gaststätte, Strom auf Anfrage/im Ort.
Zufahrt: Von Nazza kommend in der Ortsmitte rechts.

Die Mihlaer **Kirche** hat zwar einen wuchtigen, quadratischen Turm, trotzdem läuten die Glocken nebenan in einem hölzernen Balkengeviert.
Seit 1997 ist der Südteil des Hainich als 13. Nationalpark Deutschlands ausgewiesen. Geradezu einmalige Waldbestände bilden die Grundlage, hier "Natur Natur sein zu lassen", damit nach vielen, vielen Jahren geduldigen Abwartens wieder ein "richtiger" Urwald entstanden ist. Aber bereits heute kann man von einer ganzen Reihe von Wanderparkplätzen am Rand des Nationalparks die Schönheiten des **Hainich** erwandern. Die besten von ihnen wollen wir anfahren!
Vorbei an der Tourist-Info verlassen wir MIHLA Richtung BERKA, können aber bereits in LAUTERBACH links hinauf zum Wanderparkplatz "Harsberg" kurven. Vor den Toren der JuHe findet man leider nur schräge Parkplätze [**012:** N 51° 4' 27.0" E 10° 22' 39.7"], ebenere am Wiesenrand links.
100 m nach dem Ortsendeschild von BERKA geht es links zum Wanderparkplatz "Mallinde". Bei den Obstbäumen haben wir schon eben und ruhig übernachtet.

(013) WOMO-Wanderparkplatz: Berka/Mallinde

GPS: N 51° 3' 8.3" E 10° 23' 50.4" **max. WOMOs:** 2-3.
Ausstattung/Lage: Tisch & Bank (überdacht), Grillstelle 200 m entfernt, Wanderwegweiser/außerorts.
Zufahrt: Von Mihla 5 km bis Berka, 100 m nach dem Ort links noch 1500 m.
Hinweis: Der Erlebnispfad Silberborn beginnt hier. Er bietet eine Fülle von interaktiven Einrichtungen wie Tierstimmengenerator, Duftorgel, Hörrohre, Tierdomino, nicht nur für Kinder von Interesse.

Wir durchqueren MIHLA wieder nach Norden, entdecken links einen der wenigen (funktionierenden) **Brunnen** im nördlichen Thüringen, fahren an den Hängen des Hainichs entlang zurück bis nach NAZZA. Wer keine gute Karte hat, der rollt ahnungslos unterhalb einer gut erhaltenen Burgruine entlang! Wir parken in NAZZA hinter dem Gasthaus "Haineck" neben der Bushaltestelle und schnüren die Wanderschuhe.

Gegenüber dem Gasthaus führt die (wen wundert's?) Burgstraße bergan. Wir folgen ihr, halten nach 50 Schritten links, verlassen den Ort und entdecken dabei die ersten, schon verblichenen grünen Kreuze (inzwischen sind's rote Punkte), die Wegweiser zur **Burg Haineck**. Wir überqueren ein Wiesen- und Weidegelände, wo ein freundlicher Rentner gerade seinen selbstgebastelten Elektrozaun flickt. „Die Schafe fressen viel lieber das Getreide vom Nachbarn", meint er achselzuckend. Er kennt den Weg zur Burg und natürlich auch die dazu gehörenden Schauergeschichten: „Beim letzten Windbruch hat's eine alte Buche umgelegt – und darunter fand man einen unterirdischen Gang von der Burgruine zur Kirche im Tal!" Womit sich mal wieder bestätigt, dass der Klerus schon immer mit dem Adel unter einer Decke gesteckt hat. Nach dem Weidegelände durchqueren wir einen dichten Buchenwald und stehen nach nur 15 Minuten Weges an dem mächtigen Mauerquadrat, in das zwei Rundtürme integriert sind, von denen der eine bis zu den Zinnen hinauf erhalten und inzwischen auch wieder mit einem knallroten Ziegeldach gedeckt ist (leider ist Rapunzels Zopf außer Betrieb).

Nazza: Ruine Haineck

Das Innere der Burgmauern bietet Tisch und Bank zum Rasten. Um die Burg herum führt eine ganze Zahl von bunten Wanderwegmarkierungen.

Hinweis: Natürlich führen (mehrere) Fahrwege Richtung Burg. Sie enden am Waldrand nur 500 Schritte von der Haineck entfernt am aussichtsreichen Picknickplatz "Mosers Ruh' [**014:** N 51° 6' 54.3" E 10° 20' 35.4"]. Die Zufahrt ist (außer für die Landwirtschaft) auch für Burgbesucher erlaubt!
4 km hinter NAZZA haben wir die Höhe des Hainich bei etwa 400 m über NN erreicht, jenseits des Hainich wird das Gelände von riesigen Nach-LPG-Feldern beherrscht, nur ab und zu hat man ein paar Obstbäume oder eine Pappelallee vor den Groß-

raummaschinen gerettet. Schnell schlagen wir in LANGULA einen Haken nach rechts, dröhnen auf panzerkettenfestem Pflaster um KAMMERFORST herum und landen auf dem betonierten Hainich-Wanderparkplatz "Zollgarten".

(015) WOMO-Wanderparkplatz: Kammerforst/Zollgarten

GPS: N 51° 6' 25.8" E 10° 26' 4.6" **max. WOMOs:** > 5.

Ausstattung/Lage: Tische & Bänke (überdacht), Toilette, Wanderwegweiser/außerorts.

Zufahrt: Von Nazza nach Langula, dort rechts und über Kammerforst zum Wanderparkplatz (ausgeschildert).

Hinweise: Zum Wildkatzenkinderwald führt ein mit Katzenpfote markierter 800-m-Pfad. Dort gibt es zwar keine Wildkatzen, aber unendliche Spielmöglichkeiten für Kinder. Gaststätten (mit Biergarten) in Kammerforst. Dort auch die Zufahrt zum Kletterwald im Nationalpark.

Einst lag Deutschlands Zentrum ja in Bonn, jetzt wieder in Berlin, auch Weimar war mal im Spiel – und die Bayern sehen das alles ganz anders. Lassen wir doch die Geographen und die Mathematiker ran – ja und genau jene haben den Mittelpunkt

Deutschlands (in den Grenzen von 1990) ermittelt. Er liegt nur knapp 10 km von hier in NIEDERDORLA – nichts wie hin!

Über KAMMERFORST rollen wir zurück nach LANGULA, schwenken dort rechts Richtung MÜHLHAUSEN, folgen dann den Wegweisern nach rechts zum "Mittelpunkt Deutschlands", wo wir zunächst einmal die schön angelegten, ebenen Stellplätze loben möchten.

(016) WOMO-Picknickplatz: Niederdorla/Mittelpunkt Deutschlands

GPS: N 51° 9' 48.3" E 10° 26' 50.2"
max. WOMOs: 2-3.
Ausstattung/Lage: Tisch & Bank, Mülleimer, Museum/Ortsrand.
Zufahrt: Von Oppershausen kommend nach 2 km rechts und noch 800 m.
Hinweis: Vom Parkplatz führt ein Fußweg zum "Opfermoor". Am Rande eines Niederdorlaer Erdfallsees befand sich vor 1500 Jahren eine germanische Kultstätte. Zu besichtigen ist u.a. der Nachbau eines germanischen Dorfes (Foto).

Baden kann man in dem Erdfallsee nicht. Aber vielleicht in der **Talsperre Seebach**, die unsere Karte 2 km südwestlich zeigt? Wir rollen von NIEDERDORLA 1,5 km nach Süden, biegen dann links in eine gute Asphaltstraße, die nach 2,0 km den See und den Campingplatz "Palumbaland" erreicht. Liegewiesen gibt es reichlich, ebene Stellplätze ebenfalls. Das Seeufer ist jedoch mit Geröll befestigt, da kam kein Südsee-Feeling auf! Also wurden einige LKW-Ladungen goldener Sand herangekarrt ...

(017) WOMO-Campingplatz-Tipp:
Talsperre Seebach (Palumpaland)

GPS: N51° 09' 06.3" E10° 28' 10.1" **Öffnungszeiten:** ganzjährig.
Ausstattung/Lage: Bademöglichkeit, V/E, Dusche, Bootsverleih, Eventhalle, WOMO + 2 Pers.: 20 € + 3 € Strom/außerorts.
Zufahrt: Von Niederdorla kommend nach 1,5 km links noch 2 km bis zum See.

Bekannt ist SEEBACH aber nicht wegen seines Stausees, sondern wegen seiner **Vogelwarte**. Um sie zu besuchen, müssen wir einen Bogen nach Süden schlagen; die ersten beiden Stationen heißen OPPERSHAUSEN und FLARCHHEIM. Dort kann man wieder einen (asphaltierten) 1500-m-Abstecher zu dem Hainich-Wanderparkplatz [**018:** N 51° 7' 1.7" E 10° 27' 53.0"] Rüspelsweg machen.

Noch besser hat uns der Wanderparkplatz "Fuchsfarm" (am Ortsbeginn von MÜLVERSTEDT rechts abbiegen) gefallen. Denn nach schöner Wanderung kann man nebenan in der rustikalen Blockhaus-Gaststätte "Brotzeit" (Mo zu) einkehren.

(019) WOMO-Wanderparkplatz: Mülverstedt/"Brotzeit"

GPS: N51° 06' 39.4" E10° 28' 18.8" **max. WOMOs:** 2-3.

Ausstattung/Lage: Tische & Bänke (überdacht), Wanderwegweiser/außerorts.

Zufahrt: Von Niederdorla nach Mülverstedt, am Ortsbeginn rechts noch 1500 m.

Über MÜLVERSTEDT und HEROLDISHAUSEN haben wir bald SEEBACH erreicht. In der **Seebacher Wasserburg**, seit dem 11. Jahrhundert im Besitz der Herren von Berlepsch, gründete der Ornithologe Hans von Berlepsch 1886 die erste **Vogelschutzwarte** der Welt (ausgeschildert; [N 51° 9' 51.0" E 10° 30' 43.6"], erweckte den Vogelschutzgedanken in Deutschland.

Seebach: Vogelwarte

Samstag 14 Uhr und So 10 Uhr wird jeder Interessent gerne durch die Ausstellung geführt, kann durch die weitläufige Parkanlage schlendern und die Lehrschau zum Vogelschutz studieren. Dabei entdeckt man regelmäßig neben einheimischen Vögeln auch "Asylanten", verletzte Tiere oder solche, die der Zoll beschlagnahmt hatte ...

Im Park kann man sich nach Anmeldung auch ohne Führung (Mo-Do 8-15.00 Uhr, Fr 8-12.00 Uhr) ergehen.

Kurz darauf ist auf der B 247 das über 1000 Jahre alte MÜHLHAUSEN erreicht. Am Ortsbeginn kann man nach links in die Martinistraße abzweigen (Rtg. EISENACH). Folgt man ihr 1000 m, so findet man rechts das Gasthaus "Zum Nachbarn" [N51° 11' 51.0" E10° 27' 25.2"] mit großem Parkplatz, dessen Küche sich mit Altengotterner Hammelschlegel, Thüringer Klößen und Speckbohnen um unser leibliches Wohl verdient gemacht hat. Der alte Stadtkern von MÜHLHAUSEN ist von einer nahezu vollständig erhaltenen Stadtmauer umgeben. Der erfahrene WOMO-Lenker sucht sich lieber einen Stellplatz am Stadtrand! Deshalb biegt er am Beginn der Altstadt nach links auf die B 249 Richtung KASSEL, umrundet die Altstadt im Uhrzeigersinn und lässt sich von den Parkplatzwegweisern, die B 249 verlassend, zum

Mühlhausen: Frauentor

Parkplatz P6 "Hanfsack" [**020:** N 51° 12' 37.7" E 10° 27' 50.0"] führen.

Dieser liegt nordöstlich der Altstadt (nachdem er diese zu drei Vierteln umrundet hat) ruhig hinter der Stadtmauer. Von hier aus ist keine der vielen Sehenswürdigkeiten von MÜHLHAUSEN weiter als 1000 m entfernt, und vor allem ist man nach wenigen Schritten in der Fußgängerzone!

Welche der vielen Kirchen und Museen Sie nun zur Erhöhung Ihres Bildungsniveaus besuchen werden, die dreitürmige, gotische **St. Marienkirche**, das Bauern-

Mühlhausen: St. Marienkirche

Mühlhausen: Bauernkriegsmuseum

kriegsmuseum in der ehemaligen **Klosterkirche**, die gotische **Blasiuskirche**, in der J. S. Bach von 1707-08 wirkte, überlassen wir Ihnen. Nicht verlassen wollen wir Sie bei der Suche nach weiteren Übernachtungsplätzen:

Wir rollen bis zur Ampel an der Südwestecke des alten Stadtkernes und biegen dort in die B 249 Richtung KASSEL/ ESCHWEGE. Etwa 1100 m nach der Ampel kann man links zum Campingplatz "Am Schwanenteich" (mit sehr schönen Stellplätzen) abbiegen [**021:** N51° 12' 01.1" E10° 25' 55.4"; WOMO + 2 Pers. 15 € incl. VE und Strom].

300 m weiter auf der Hauptstraße erreicht man den großen Parkplatz "Schwanenteich" [**022:** N51° 12' 11.4" E10° 25' 53.8"]. Nochmals 1100 m weiter biegen wir links in einen Fahrweg, den Quellenweg ein. Wir folgen ihm etwa 600 m bis zum **Brunnenhaus Popperode**, neben dem hinter einer Baumreihe mit Kinderspielplatz und knappem Parkraum [N 51° 12' 01.9" E 10° 25' 03.9"] ein Kleinod wartet:

Das zweistöckige Brunnenhaus aus dem Jahre 1427 ist im ersten Stock ein wunderschönes Fachwerkschlösschen, das Sandsteinerdgeschoss öffnet sich dreibogig hinter einer kreisförmigen Brunnenanlage, darüber

erhebt sich das putzige Fachwerkgeschoss mit Erkern und Türmchen, einen ausgemalten Festsaal beherbergend.
Im kristallklaren Wasser schweben mehrere Brautsträuße und wir rätseln darüber, ob die Hochzeitspaare sich dadurch vom wundertätigen Wasser Glück oder viele Kinder oder gar beides erflehen ...
Direkt vom Brunnenhaus führt – je nach Wunsch – ein Spazierweg oder ein Fahrweg am Schwanenteich vorbei (Bootsverleih) zurück zum Campingplatz "Schwanenteich".

Wir verlassen MÜHLHAUSEN nach Norden, münden in die B 247 Richtung WORBIS/GÖTTINGEN.
Die Landschaft zwischen den Höhenrücken **Hainich** und **Dün** ist nur leicht wellig und total im landwirtschaftlichen Gebrauch. 300 m hinter der Abzweigung nach HORSMAR auf der B 247 entdecken wir einen alten Kilometerstein mit dem preußischen Adler (Foto), der sogar die "sozialistische Epoche" unbeschadet überstanden hat.

Drei Kilometer darauf, nachdem wir einen schmalen Waldstreifen durcheilt haben, queren wir an der **Lengefelder Warte** den Mühlhäuser Landgraben, eine alte Zollgrenze. Am Gasthof "Lengefelder Warte", früher eine der Zollstationen, sollte aus mancherlei Grund halt gemacht werden: Zunächst begucken wir einen wohlerhaltenen Rundturm, finden in den angrenzenden Gebüschstreifen Überreste des Landgrabens, der uns an eine Limeswanderung in Süddeutschland erinnert und entdecken dort, wo sich Graben und Asphaltstraße kreuzen, einen der Grenzsteine mit Mühlhäuser und Kurmainzer Wappen. Aber auch Neuzeitliches hat die "Lengefelder Warte" zu bieten – nämlich im Neubau eine gute (und schnelle) Küche, falls der WOMO-Koch seinen freien Tag hat.

Lengefelder Warte

Die Gaststätte hat einen großen Parkplatz direkt neben der Straße.
Wer nach ungestörter Nachtruhe lechzt, der fährt noch 200 m weiter, biegt nach einem kleinen Gehölz auf einen Schotterweg links und findet kurz vor dem Waldrand einen ruhigen Übernachtungsplatz, vom dem aus man das opulente Abendmahl auch noch auf lauschigen Waldwegen fein abjoggen kann.

(023) WOMO-Picknickplatz: Lengefelder Warte

GPS: N 51° 16' 51.6" E 10° 21' 28.9" **max. WOMOs:** 2.
Ausstattung/Lage: Tisch & Bank (überdacht), Wanderweg, Mülleimer/außerorts.
Zufahrt: Von Mühlhausen ca. 10 km zur Lengefelder Warte, 300 m danach links 200 m.

In der Ortsmitte von DINGELSTÄDT (nicht die Umgehungsstraße benutzen!) biegen wir nach links Richtung WACHSTEDT, halten hinter Friedhof und Sportplatz nicht links nach WACHSTEDT, sondern halbrechts. Am Fuße eines kleinen Wäldchens, das sich den **Kerbschen Berg** hinaufzieht, finden wir einen Parkplatz [N 51° 18' 51.8" E 10° 18' 6.2"] und schreiten den **Kreuzweg** hinauf zur neuromanischen **Franziskanerklosterkirche**. Rings um die Kirche zeugen weitere Kreuzwegstationen, alle aus dunkelrotem Sandstein gehauen, vom Leiden Christi. In künstlichen Höhlen aus Lavagestein sind weitere Szenen aus der Passionszeit dargestellt. Nach Besichtigung der Klosterkirche kehren wir zum WOMO zurück und folgen weiter dem Fahrweg nach KEFFERHAUSEN. Wir unterqueren einen riesigen, dreibogigen Bahnviadukt gemeinsam mit einem kleinen Bächlein, das seinen Ursprung in KEFFERHAUSEN hat, mit 188 km ist die **Unstrut** der längste Nebenfluss der Saale.

Unstrutquelle

Die letzten Meter bis zur **Unstrutquelle** werden wir gut geführt: Liebevoll gemalte Wanderwegweiser führen uns durch KEFFERHAUSEN bis zum Ortsausgang Richtung HEUTHEN, wo wir am Waldrand einen schönen Parkplatz finden.

(024) WOMO-Picknickplatz: Kefferhausen/Unstrutquelle
GPS: N 51° 18' 54.5" E 10° 16' 39.1" **max. WOMOs:** 3-4.
Ausstattung/Lage: Tische & Bänke (überdacht), Toiletten, Mülleimer/außerorts.
Zufahrt: Von Mühlhausen auf der B 247 bis Dingelstädt, dort links nach Kefferhausen.

Wir folgen die letzten 200 m den Wanderwegweisern. Am Rande eines kleinen Freizeitgeländes quillt der Beginn von 188 km Flusslauf so reichlich aus einer Natursteinummauerung, dass selbst der WOMO-Wassersucher freudig seine Trinkwassergießkanne herbeischleppt.
Wir kehren in den Ort zurück und halten an der ersten Kreuzung nach links Richtung KREUZEBRA. Ein schmales Teersträßchen, gesäumt von uralten Kirschbäumen, führt uns zur Verbindungsstraße DINGELSTÄDT-HEILIGENSTADT, in die wir nach links einbiegen.
Kurz darauf, in KREUZEBRA, sollten Sie nicht die Zufahrt nach rechts zur **Burg Scharfenstein** verpassen, denn im Burg-Café kann man sich täglich auf einen deftigen Burgtopf freuen!

Gut 2 km geht es auf gepflegtem Asphalt hinauf zum großen, ebenen Parkplatz zu Füßen der großen Burganlage. Wir rennen sofort der Pächterin in die Arme und hören die gute Kunde, dass die Burggaststätte nach erfolgtem Umbau ganzjährig täglich geöffnet haben wird.
Die ehemalige Festung aus dem 12. Jahrhundert, die zunächst nach ihrer Zerstörung im Mittelalter zerfiel, wurde im Kern wieder hergestellt, mit Fachwerkbauten ergänzt und zunächst als Gefängnis genutzt. Zu DDR-Zeiten diente sie als Erholungsheim (man kann nur hoffen, dass vorher der Komfort der Räumlichkeiten erhöht wurde).

(025) WOMO-Wanderparkplatz: Kreuzebra/Burg Scharfenstein
GPS: N 51° 21' 48.1" E 10° 16' 01.0" **max. WOMOs:** > 5.
Ausstattung/Lage: Gaststätte, Kinderspielplatz, Wanderwege, Mülleimer/außerorts.
Zufahrt: In Kreuzebra rechts in die Burggasse und 2,5 km bergan (ausgeschildert).

Das Gebiet um das Heilbad HEILIGENSTADT war schon in vorgeschichtlicher Zeit besiedelt. Auch wir hätten uns hier niedergelassen, beschließen wir beim Blick auf die vorbei ziehende, liebliche Hügellandschaft, die von den Ausläufern des Dün gegen kalte Winde aus dem Norden geschützt ist.
Am Ortsbeginn von HEILIGENSTADT überqueren wir ein Flüsschen und schwenken 100 m vor der Ampel rechts auf einen großen Parkplatz [**026:** N 51° 22' 36.3" E 10° 8' 42.0"; Wilhelmstraße], von dem aus wir geradewegs in die Fußgängerzone hineinstarten.

HEILIGENSTADT ist ein Genuss für Gotik-Fans, aber auch Fußgängerzonenbummler kommen auf ihre Kosten. An ihrem Ende wartet das älteste Haus der Stadt, flankiert von perfekt restaurierten Fachwerkhäusern: die **Stiftskirche St. Martin**, in der ein gewisser Heinrich Heine getauft wurde. Sie wollen sich länger in dem Geburtsort von Tilman Riemenschneider aufhalten? Dann biegen Sie sofort nach unserem Parkplatz links in die B 80 ein und nach 600 m wieder links in die Aegidienstraße. Dort finden Sie vor der Stadthalle einen offiziellen **WOMO-Stellplatz** mit Stromanschlüssen sowie Ver- und Entsorgung.

(027) WOMO-Stellplatz: Heilbad Heiligenstadt/Stadthalle

GPS: N 51° 22' 26.1" E 10° 8' 15.8"; Konrad-Zehrt-Straße. **max. WOMOs:** 6.
Ausstattung/Lage: Ver-/Entsorgung, Strom, Mülleimer, keine Gebühr/im Ort.
Zufahrt: In Heiligenstadt nach links auf die B 80 und nach 600 m wieder links.

Ihnen ist mehr nach baden zumute? Dann biegen Sie nicht nach links in die B 80, sondern nach rechts und nach 80 m wieder links zum "Vitalpark". Nach 1000 m stehen Sie in der Leineaue vor dem Vitalpark (mit guter Gaststätte) und können unter einer Vielzahl von Parkmöglichkeiten [**028:** N 51° 23' 08.7" E 10° 8' 55.8"; In der Leineaue] wählen.
In der Gegend um HEILIGENSTADT, eingefasst von Werra, Dün und Ohm-Gebirge, endet Thüringen im Nordwesten mit dem Eichsfeld. Im 19. Jahrhundert das "Armenhaus Preußens", war es den DDR-Machthabern wegen seiner katholischen Starrköpfigkeit auch nur ein Dorn im (sozialistischen) Auge. Folglich ließ man es einen jahrzehntelangen Grenzgebiets-Dornröschenschlaf halten, aus dem es nun erschreckt erwacht ist.
Wir verlassen HEILIGENSTADT auf der B 80 nach Osten und durchqueren die hügelige Landschaft des Eichsfeldes, rechterhand begleitet uns der Laubwaldstreifen des Düns.
Nach 3,5 km folgen wir nach links den braunen Wegweisern zur **Wallfahrtskapelle** St. Mariä Himmelfahrt Etzelsbach, die Zufahrt ist auch weiterhin bestens ausgeschildert.

(029) WOMO-Stellplatz: Wallfahrtskapelle Etzelsbach

GPS: N51° 25' 11.7" E10° 13' 57.1" **max. WOMOs:** 3-4.
Ausstattung/Lage: Kapelle, Infotafeln, Toiletten, Mülleimer/außerorts.
Zufahrt: Von Heiligenstadt auf der B 80 ca. 3,5 km nach Osten, dann links.

Der Ort Etzelsbach hat eine lange Wallfahrtstradition. Besonders die alljährliche „Pferdewallfahrt“, die am zweiten Sonntag nach Mariä Heimsuchung stattfindet, zieht viele Pilger und ihre Pferde an. Dabei werden alle Pferde, die von den Pilgern mitgebracht werden, nach dem Wallfahrts-Hochamt gesegnet.
Beim Papstbesuch in Deutschland 2011 war die Wallfahrtskapelle am 23. September eine Station von Benedikt XVI. Er feierte dort mit 90.000 Pilgern auf einem Feld in der direkten Nähe zur Kapelle eine marianische Vesper. Der Besuch sollte ein Dankeszeichen für die Eichsfelder sein, die unter zwei Diktaturen ihrem Glauben treu blieben.
Auf der rechten Seite des Seitenschiffs der Wallfahrtskapelle befindet sich eine Pietà aus Holz, die aus dem 16. Jahrhundert stammt. Der Sage nach soll sie bei Feldarbeiten auf den umliegenden Feldern gefunden worden sein, als die Pferde, die der Bauer benutzte, stehen blieben und auch nach Drängen sich nicht weiterbewegten (aus Wikipedia).

Von dem Kirchlein rollen wir weiter nach Osten, nach WORBIS. Dort haben wir uns vier "Objekte" ausgesucht. Als erstes geht's zur **Büschlebsmühle** [N51° 24' 54.0" E10° 22' 22.0"]. In ihr kann man völlig frei herumschlendern und entdeckt dabei natürlich auch den Aquädukt, der das Wasser der Wipper für das oberschlächtige Mühlrad leitet.
Vor der Mühle kamen wir an der barocken **St. Antoniuskirche** vorbei, ein Werk des berühmten italienischen Baumeisters Antonio Petrini. Ihr besonderes Interesse sollte der herrlichen Orgel gelten, die Adam Oehninger 1697 erbaute. Sie gilt als Vorbild für die Domorgel in Fulda. Beachten Sie nur die unterschiedlichen Löwengesichter an den Pfeifen ...
Fährt man an der Kirche vorbei, dann entdeckt man schnell das **Hallenbad Wipperwelle** mit großem Parkplatz [N51° 25' 9.7" E10° 22' 7.0"] davor.
Wussten Sie, dass WORBIS 1682 von der Pest heimgesucht wurde? Nein?
Gut ausgeschildert finden wir zum "**Alternativen Bärenpark**" mit einem großen, geschotterten **Parkplatz** [**030:** N 51° 25' 39.9" E 10° 20' 50.7"; Wiesengrund] mit Liegewiese und Tisch-Bank-Kombination. Dort kann man prima parken und über den Rasen zur dahinter liegenden **Pestkapelle** pilgern (gegenüber Wanderwegsbeginn zum **Kanstein**).

Ihr Sinn steht mehr nach Diesseitigem?
Dann folgen Sie uns nach links, vorbei an öffentlichen **Toiletten** zum Eingang des Tierparkes, der seinen "alternativen" Namen zu Recht trägt. Er beherbergt die Bären nicht zur Belustigung der Besucher, sondern weil sie hier ihr Gnadenbrot fressen: Alte, einst in enge Tier"park"käfige gezwängte oder bei Dressuren gequälte Tiere werden hier naturnah gehalten – denn der Besucher marschiert durch Gittertunnel zwischen den Freigehegen hindurch. Natürlich sind die braunen Bären nicht die einzigen Tiere – lassen Sie sich überraschen!

Das nördlich von WORBIS aufragende, reich bewaldete **Ohm-Gebirge** lädt nicht nur zur gemütlichen Wanderung, es war auch die Heimat der Rittersleut' von Wintzingerode, die von der uns bekannten **Burg Scharfenstein** im Dün-Gebirge im 12. Jahrhundert ins Ohm-Gebirge umzogen, nachdem sie sich weit oberhalb WINTZINGERODE die **Burg Bodenstein** hatten bauen lassen.

Die Zufahrt findet man, wenn man zurück Richtung Zentrum fährt, bis man das Hinweisschild "Bodenstein" erspäht, das nach links weist. Außerdem wird HOLUNGEN und ZWINGE angezeigt, alles unsere Richtung!

Burg Bodenstein

Bis KIRCHOHMFELD folgen wir einem idyllischen Bachlauf, dann zweigen wir nach links ab (Wegweiser: Gaststätte Burg Bodenstein) und rollen auf dem Parkplatz etwa 150 m vor unserem Ziel aus.

Burg Bodenstein, ein Tages- und Rüstzeitheim der ev. Kirche, späht wie ein Adler von der westlichen Abbruchkante des Ohm-Gebirges ins Tal. Ein tiefer Graben würde auch heute noch vor unliebsamen Besuchern schützen, denn die Zugbrücke macht einen durchaus gebrauchstüchtigen Eindruck.

Gut erhaltene Fachwerkbauten umgeben den Burghof, und beim Blick über Täler und Höhen des Eichsfeldes verstehen wir wohl, warum die Herren von Wintzingerode einst umzogen. Sie sind gut zu Fuß? Dann können Sie vom Tierpark in WORBIS bis zur Burg Bodenstein auch eine Tageswanderung durch die wunderschönen Wälder des Ohm-Gebirges machen, eine ideale Tour für einen schönen Sommertag.

Für die Nacht ist auch gesorgt, denn neben der Fahrstraße links finden Sie mühelos den großen, asphaltierten Wanderparkplatz.

(031) WOMO-Wanderparkplatz: Burg Bodenstein

GPS: N 51° 27' 8.6" E 10° 20' 52.5" **max. WOMOs:** 3-4.

Ausstattung/Lage: Mülleimer, Wanderweg (behindertengerecht)/Ortsrand. Wanderkarte mit Rundwanderwegen bei der Gaststätte "Burg Bodenstein" (Mo+Di zu)/außerorts.

Zufahrt: Von Worbis bis Kirchohmfeld, dort links noch ca. 2 km.

Zurück in KIRCHOHMFELD brausen wir am nächsten Morgen gen Norden. Die erste Abzweigung rechts Richtung KALTOHMFELD müssen wir uns verkneifen, denn sie ist nur bis 2 m Breite zugelassen. Seien Sie froh, denn sonst hätten Sie den Ayers Rock von BISCHOFFFERODE verpasst; aber der Reihe nach! Wir durchqueren den frühlingsgrünen Buchenwald des nördlichsten Ohm-Ausläufers, der Bug des WOMOs senkt sich und zeigt, welch Kontrast, plötzlich auf einen korallenroten Berg.

"Ayers Rock"

Nach kurzer Schaltpause liefert das Gehirn die Lösung: Es ist die traurige Hinterlassenschaft der stillgelegten Kalibergwerke rings um BISCHOFFERODE/LIPPRECHTERODE/BLEICHERODE. Den besten Überblick über die Region verschafft man sich vom **Sonnenstein** aus, dem allerletzten Bergsporn des Ohm-Gebirges. Um ihn zu besteigen, passieren wir die Abzweigung nach HOLUNGEN und schwenken 700 m später nach rechts auf den (recht schrägen) Wanderparkplatz.

(032) WOMO-Wanderparkplatz: Sonnenstein

GPS: N 51° 29' 41.3" E 10° 23' 8.8" **max. WOMOs:** 2-3.

Ausstattung/Lage: Info-Tafel, Wanderweg/außerorts.

Zufahrt: Von Worbis über Kirchohmfeld, vorbei an der Abzweigung Holungen noch 700 m.

Der Gipfel wird von einem großen Lärchenholzkreuz markiert. Reste einer frühgeschichtlichen Wallanlage, weisen darauf hin, dass der Hügel schon frühzeitig als Fluchtpunkt diente.

In HOLUNGEN werfen wir einen Blick auf den schön angelegten Dorfteich, passieren "Ayers Rock" an seinem Südhang und parken hinter dem Kalibergbaumuseum [**033:** N 51° 29' 27.6" E 10° 25' 1.6"; Benneckendorfer Straße].

Di + Do von 9-15 Uhr kann man sich nicht nur über die Arbeit im Kali, sondern auch über den Kampf gegen die Schließung der Grube nach der Wende informieren. Was bleibt, sind die ökologisch bedenklichen Abraumhalden ...
Vorbei an einer preiswerten Tankstelle mit Autogas kommen wir nach BISCHOFFERODE, am Kreisverkehr geht's rechts nach GROSSBODUNGEN. Rechts und links erstrecken sich bewaldete Höhenrücken, aber kein Wanderwegweiser oder gar ein Wanderparkplatz ist ausgeschildert, wir sind halt nicht im Nationalpark.
In BLEICHERODE führt uns die neue Umgebungsstraße, vorbei an einem inzwischen zaghaft begrünten Bruder des "Ayers Rock", weiter Richtung MÜHLHAUSEN zur B 80. Quer vor uns erstreckt sich ein grüner Bergriegel, aus seiner Kuppe ragt ein Gebäudekomplex – **Burg Lohra** – unser nächstes Ziel.
Hätten Sie gedacht, dass es von hier aus nur noch 36 Meilen bis BERLIN sind? 500 m nach rechts auf der B 80 [N 51° 25' 24.6" E 10° 36' 34.0"] steht rechts ein prächtig restaurierter Preußischer Meilenstein mit der Aufschrift: "Berlin 36 M". Da die Preußische Meile jedoch exakt 7532,485 Meter misst, ergibt sich eine durchaus glaubhafte Entfernung von 271 km.

Wir kreuzen die B 80, durchqueren das Dörfchen FRIEDRICHSLOHRA, das in eine Senke der **Hainleite** eingebettet ist, kurven durch einen Wald, gewinnen die Höhe, erreichen schließlich eine Kreuzung, wo eine bescheidene Holperstraße (man könnte auch sagen: Schlaglochpiste) nach links zur **Burg Lohra** führt. Sie haben das Gefühl, nicht ohne Stärkung weiterzukommen? Dann schwenken Sie doch links der Kreuzung auf die weite Parkfläche unter großen Eichen und Buchen, die sich auch als Übernachtungsplatz empfiehlt.

(034) WOMO-Wanderparkplatz: Burg Lohra

GPS: N 51° 24' 23.8" E 10° 36' 54.0" **max. WOMOs:** > 5.
Ausstattung/Lage: Baumschatten, Liegewiese, Wanderweg/außerorts.
Zufahrt: Von Bleicherode über Friedrichslohra bergan, auf der Höhe links.

Eine Stärkung brauchen Sie auf jeden Fall, denn der Anblick der Burg Lohra, speziell der Wirtschaftsgebäude des ehemaligen Gutes, erfordert besonders gute Nerven!
Die Mitarbeiter der Denkmalspflege haben zwar mit viel persönlichem Engagement – aber wenig Geld – versucht zu retten, was zu retten war, bis auf die wenigen restaurierten Teile wartet

Burg Lohra, Doppelkapelle

der "Rest" der Anlage aber noch immer auf Fördergelder. Das Gut, einst Heimat vieler Menschen, ist verödet, die Gebäude sind baufällig, zum Teil schon zusammengestürzt, durch die Dächer bzw. ihre Reste pfeift der Wind. Die Ringmauern, der Rest des Bergfriedes sowie die alten Magazine der Burg haben die Zeiten mit mehr Beständigkeit überdauert und harren nur ihrer Instandsetzung.

Die berühmte **romanische Doppelkapelle** aus dem dritten Viertel des 12. Jahrhunderts, das zentrale Gebäude der Burganlage und eines der ältesten kirchlichen Bauwerke Thüringens, ist zumindest äußerlich, wenn auch etwas verändert, erhalten. Schon wegen ihr und der prächtigen Aussicht über die **Bleicheroder Berge** bis hin nach Norden zum **Harz** lohnt sich der Abstecher – auch wenn die Gaststätte leider ihren Betrieb eingestellt hat. Sie dient jetzt als Zentrale des Vereins für internationale Jugendtreffs, an den einige Zimmer in Nebenräumen der Burganlage vermietet werden.

Obwohl man auch vor der Burganlage einen Übernachtungsplatz finden würde, kehren wir zurück zur Straßenkreuzung, wo wir unser Nachtlager aufschlagen.

Unterer Harz
SACHSEN-ANHALT
N
NIEDER-SACHSEN
Eisfelder Talmühle
Großer Auerberg
579 m
Stolberg
Hohnstein
40
Neustadt
Niedersachswerfen
WC 39
KZ Dora
Iberg-Stausee
S
Krimderode
Stempeda
Salzaspring
B
38
41
Rottleberode
B
37
42
Salza
NORDHAUSEN
Gipshöhle Heimkehle
Uftrungen
38
80
B
38
80
80
Berga
4
85
Kelbra
Talsperre Kelbra
Nohra
36
43
München-lohra
Wolkramshausen
Kleinfurra
Tour 1
C
Kyffhäuser
45
44
35
Hainrode
Wipper
S
Affenberg
Erl.-Bergwerk
Straußberg
51
Barbarossahöhle
46
Rottleben
50
Kleinberndten
Bad Frankenhausen
SONDERSHAUSEN
Hachelbich
Göllingen
52
Possen
49
Waldbad
85
Seega
Hainleite
86
84
Wipper
4
Ausgrabung Steinrinnne
48
Sachsenburg
Westerengel
Bilzingsleben
Kannawurf
Ebeleben
86
85
Gründelsloch
47
Wasserthaleben
Kindelbrück
249
53
Westgreußen
Helbe-System
Clingen
Schlotheim
Funkenburg
Greussen
Unstrut
54
56
„Kleine Wartburg“
55
Helbe
Runneburg
Weißensee
57
Bruchstedt
4
86
„Sportzentrum“
58
84
Straußfurt
176
Unstrut
„Rosengarten“
Bad Tennstedt
Ballhausen
59
Unstrut
SÖMMERDA
247
BAD LANGENSALZA
176
176
4
84
nach ERFURT
siehe Karte Tour 1
10 km
247
KARTE TOUR 2

TOUR 2 (ca. 300 km)

Burg Lohra – KZ Dora – Nordhausen – Kyffhäuser Bad Frankenhausen – Sondershausen – Weißensee – Bad Tennstedt – Bad Langensalza – Eisenach

Freie Übernachtung:	u.a. Münchenlohra, Nordhausen, Krimderode, Neustadt, Rottleberode, Kyffhäuser, Barbarossahöhle, Kindelbrück, Hachelbich, Sondershausen, Westgreussen, Clingen, Weißensee, Bad Tennstedt, WP Baumkronenpfad, Tüngeda.
Campingplätze:	Kelbra am Stausee, Weißensee, Wangenheim am Stausee.
Ver-/Entsorgung:	Nordhausen (V/E), Sondershausen (V/E), WP Baumkronenpfad (WC).
Besichtigungen:	Affenberg Straußberg, Nordhausen (Altstadt), KZ Dora, Salzaspring, Neustadt (Altstadt), Uftrungen (Gipshöhle), Kyffhäuser, Barbarossahöhle, Bad Frankenhausen (Bauernkriegspanorama), Bilzingsleben (Ausgrabung), Sondershausen (Schloss, Erlebnisbergwerk), Helbe-System, Westgreussen (Funkenburg), Bad Langensalza (Altstadt, jap. Garten), Hainich (Baumkronenpfad), Tüngeda (Schloss, Windmühle).
Wandern:	Affenberg Straußberg, Kyffhäuser, Kindelbrück (Gründelloch), Günserode (Wipperdurchbruch), Sondershausen (Possen), Helbesystem, Hainich (Baumkronenpfad), Wangenheim (See).
Baden:	u.a. Nordhausen, Salza, Neustadt, Iberg-Stausee (?), Rottleberode, Talsperre Kelbra, Bad Frankenhausen, Kindelbrück, Hachelbich, Bad Langensalza.

Wieder unten in FRIEDRICHSLOHRA folgen wir nach dem Ortsende nach rechts den Wegweisern nach GROSSLOHRA/NOHRA.
In MÜNCHENLOHRA darf man keineswegs die große, ehemalige **Klosterkirche** (Foto), eine spätgotische Pfeilerbasilika mit weithin sichtbarer Doppelturmfront, links liegen lassen, um so mehr, als auf dem großen Kirchenvorplatz eine ruhige Übernachtung garantiert sein wird.

(035) WOMO-Stellplatz: Münchenlohra/Klosterkirche
GPS: N 51° 25' 18.8" E 10° 40' 0.8"
max. WOMOs: 2-3.
Ausstattung/Lage: keine/im Ort.
Zufahrt: siehe Text.

In NOHRA halten wir uns an der Vorfahrtsstraße rechts, gerade mal 1300 m sind es bis zum **Campingplatz** von HÜNSTEIN mit separaten Wohnmobilstellplätzen und öffentli-

chem Schwimmbad [**036:** N 51° 25' 56.3" E 10° 43' 8.1", WOMO + 2 Pers. 14 € + 2 € Strom].
Nach rechts geht es über HAINRODE zum Campingplatz "Teichtal am See" [**036a:**N51° 24' 21.6" E10° 41' 12.4"; 17 €, Strom 2 €] mit Freibad, Gaststätte und Gondelteich.

Nach nochmals 1500 m müssten wir in WOLKRAMSHAUSEN links nach Nordhausen abbiegen, wenn uns nicht der Affe lausen würde! Der nächste Ort nach Südwesten heißt KLEINFURRA – und bereits dort geht es rechts zum "Erlebnisreich Straußberg" mit **Affenwald** und Sommerrodelbahn.
Wir parken auf dem schrägen, staubigen Parkplatz [N 51° 23' 41.0" E 10° 44' 43.3"] und stapfen den elektrozaungesicherten Hang hinauf, wo sich im Niederholz einige Berberaffen durch die Äste hangeln. Etwas ansehnlicher sind die Meerkatzen im zweiten Gehege ...

In NORDHAUSEN biegen wir dort rechts, wo wir auf die Straßenbahnschienen treffen und folgen ihnen bergauf (Rautenstraße). Hier finden wir einen Parkplatz (Parkscheibe 1 Std.) und können im Umkreis von 500 m alle Sehenswürdigkeiten der Stadt bequem erreichen: den **Dom zum Heiligen Kreuz**, die **St. Blasiikirche** mit den ungleichen, schiefen Türmen, das alte **Rathaus** mit dem **Ro-**

Nordhausen: Roland & Rathaus

ɔrdhausen: ehem. Buga-Gelände

land von 1717, dessen erhobenes Schwert auf die Gerichtsbarkeit der Stadt hinweist. Es macht Spaß, durch die sauberen, gepflasterten Gässchen mit vielen wohlrestaurierten Fachwerkhäusern zu schlendern. Rechts der Rautenstraße, auf dem Petersberg, fand 2004 die Bundesgartenschau statt. Seitdem kann man dort herrlich durch ein Blumenmeer schlendern (**Nordhäuser Terrassengärten**). Sie sehen, mit unserem "Parkscheibenparkplatz" kommen wir nicht aus. Aber ‹enn man sich am oberen Ende der Rautenstraße, wieder ən Straßenbahnschienen folgend, nach rechts wendet, so əlangt man nach 500 m auf den August-Bebel-Platz, dessen ɔstenloses Parkplatzangebot auch für ein Wohnmobiltreffen usreichen würde.

(037) WOMO-Stellplatz: Nordhausen/August-Bebel-Platz

GPS: N 51° 30' 9.1" E 10° 48' 12.1"; Aug.-Bebel-Platz.

nax. WOMOs: > 5.

Ausstattung/Lage: einige Schattenbäume, Gaststätte/im Ort.

Zufahrt: siehe Text.

Hinweis: Vom August-Bebel-Platz kann nan mit der Straßenbahn zum Bahnhof ahren. Dort startet die historische Schmalspurbahn mit Dampflok zum Brocken.

ORDHAUSEN ist über Thüringen hinaus nicht wegen seines tadtbildes berühmt, sondern wegen des "Nordhäuser Doppelkorns" – und eine Destille, die etwas auf sich hält, bewahrt ie alte Technik und führt sie Interessierten gerne vor.

Vir rollen vom August-Bebel-Platz hinab zur B 4, ordnen uns ach rechts ein (Richtung Magdeburg/Braunlage) und folgen ır 1800 m nach Westen, bis wir das Hinweisschild zur **Tradi-**

tionsbrennerei entdecken. Im Hof kann man parken [N 51° 30' 13.9" E 10° 47' 14.3"] und sich um 14 Uhr (Mo-Sa) nicht nur alles zeigen lassen, sondern dortselbst probieren (wobei wir wiederum zur anschließenden Benutzung der Straßenbahn raten würden). Sie können sich allerdings auch 400 m weiter links an der B 4 im Jugendstil-Schwimmbad "Badehaus" den Kopf kühlen und nebenan Ihr WOMO **ver- und entsorgen** (das ist zwar nicht gerade billig, beinhaltet aber auch kostenlosen Badespaß und Parkplatz [N 51° 30' 13.8" E 10° 47' 14.4"]).

Nordhausen: Brennerei

Als Übernachtungsplatz haben wir uns etwas besonderes ausgedacht:
Wir fahren auf der B 4 weiter nach Norden (Richtung BRAUNLAGE) bis zum etwa 3 km entfernten Vorort KRIMDERODE. Dort biegen wir links Richtung KZ-Gedenkstätte DORA ab und vor den Bahngleisen sofort wieder links. Jetzt stehen wir direkt am einsam gelegenen Bahnhof von KRIMDERODE, wo man auch übernachten kann!

(038) WOMO-Stellplatz: Krimderode/Bahnhof

GPS: N 51° 31' 44.6" E 10° 46' 27.4" **max. WOMOs:** > 5.
Ausstattung/Lage: einige Schattenbäume, Gaststätte im Ort/Ortsrand.
Zufahrt: Von Nordhausen ca. 4 km, in Krimderode links noch 600 m.

Aber bereits gegen 5 Uhr morgens ist am Bahnhof von KRIMDERODE die Nacht zu Ende, denn dann fährt der erste Triebwagen zur Thüringer Grenze bei der Eisfelder Talmühle. Richtig spannend wird es erst um 10.26 Uhr, denn dann hält zischend ein mit Dampflok bespannter Zug, mit dem Sie bis auf den Brocken hinauffahren können (nach einer guten Stunde Aufenthalt geht es dann auf der gleichen Strecke wieder zurück; leider nur einmal am Tag); Rückkehr 17.30 Uhr.

Ja, Sie haben richtig gehört: Auf der **Harzquerbahn** von NORDHAUSEN nach WERNIGERODE mit Abzweigung zum Brocken wird seit dem 12.7.1897 mit Kohlen geheizt – weshalb alle Autofahrer dieser Welt auch immer noch auf gut französisch Chauffeur (Heizer) heißen – und mit Dampf angetrieben.
So zischen und fauchen, tuten und bimmeln auch wir mit gehöriger Qualm- und Dampfentwicklung hinauf bis zur **Eisfelder Talmühle**, wo Thüringen an Sachsen-Anhalt grenzt.
Die maximale Steigung, die von den kleinen Dampfloks aus den 50er Jahren überwunden werden muss, ist 1 : 30; auch bis zum Brocken hinauf ist es nicht steiler. Dann legt sich der Schienenweg jedoch so abenteuerlich in Schleifen, dass er im Volksmund den Namen Quirl erhalten hat, schließlich müssen von Nordhausen (184 m über NN) bis zum Brocken (1142 m über NN) fast 1000 Höhenmeter überwunden werden.
Wir vertreten uns rings um die Eisfelder Talmühle, wo eine ganze Reihe von Wanderungen ausgewiesen ist, nur kurz die Beine und schlittern wieder hinab nach KRIMDERODE, wo unser WOMO uns erwartet.

Am Rande von KRIMDERODE gibt es noch mehr zu sehen! Zunächst bewundern wir den **Gedenkstein** rechts hinter dem Bahnübergang, der an die Harzreise Goethes erinnert. Ob man wohl eines Tages auch für uns ...
Ein zweiter Bahnübergang, der der Breitspurbahn, schließt sich an, und dahinter biegen wir auf der Hauptstraße links.
400 Meter später weist uns ein kleines Schild nach rechts in

Am Salzaspring

einen geschotterten Fahrweg zum 500 m entfernten **Salza-spring**, einer der größten Karstquelle Thüringens. Wir parken direkt vor der Kleingartenanlage "Im Hirschental" [N 51° 31' 51.9" E 10° 45' 38.3"] und wenden unsere Schritte nach links zurück, dorthin, wo zwischen Pappeln und Erlen der Salzaspring sprudelt: "Euter", "Stiefel", "Tabaksbeutel", "Wanne" und "Grundloses Loch" sind Ausbuchtungen eines kleinen Sees, aus dessen Tiefe das Wasser emporquillt, das in benachbarten, jedoch höher gelegenen Flüssen versickert war und sich durch verkarsteten Kalkboden durchgefressen hat.

Das Wasser hat sommers wie winters 10° C – da kommt keine Badefreude auf. Aber man kann den Schotterweg ignorieren und 500 m südlich zum **Salza-Quellbad** rollen (Parkplatz hinter der Diskothek "Sax" [N 51° 31' 29.3" E 10° 45' 57.5"]).

Wir kehren zurück zur ersten Gabelung beim Bahnübergang, die uns nach links zur **Gedenkstätte DORA** führt [N 51° 32' 7.5" E 10° 45' 12.6"].

KZ Dora; Kohnstein: Raketenmotor

Dort werden wir an das finsterste Kapitel nationalsozialistischer Gewaltherrschaft erinnert: KZ-Häftlinge aus verschiedenen europäischen Ländern mussten in nahegelegenen unterirdischen Stollen des Kohnsteins unter mörderischen Bedingungen beim Bau der V-Waffen mithelfen, 20.000 von ihnen überlebten nicht. Das Krematorium auf dem Gelände macht uns stumm. Durch die Stollenanlagen werden Führungen angeboten (geöffnet tgl. 10-16 Uhr).

Wir kehren nach KRIMDERODE zurück, wenden uns auf der B 4 nach links, fahren an einem riesigen Anhydrit-Steinbruch vorbei nach NIEDERSACHSWERFEN, das wir bereits von unserer Bähnlefahrt her kennen und biegen nach dem Bahnhof rechts nach NEUSTADT (Harz), in das Sie sich durch das alte Stadttor nicht hineinzwängen müssen, denn davor rechts ist ein schöner, großer **Wanderparkplatz** [039: N51° 33' 32.8" E10° 49' 59.7"] mit WC.

Wir parken an der **St.-Georg-Kirche**, um die herum sich wohlerhaltene Fachwerkhäuser gruppieren. Eines davon ist das Restaurant "Ratskeller", an dessen Vorbau ein **Roland** seine Schwurhand hebt. Wir erinnern uns – in NORDHAUSEN dreute er mit dem Schwerte! Folglich durften die Neustädter wohl nur kleinere Gauner ins Gefängnis stecken, zum Enthaupten oder Aufhängen musste man nach NORDHAUSEN fahren.

Der Roland blickt die Burgstraße hinauf, in die gleiche Richtung deuten zwei Wegweiser: Mit 800 m Entfernung ist ein Campingplatz mit Waldbad angepriesen, noch 400 m weiter sollen es zur Ruine Hohnstein sein.

Den "Campingplatz am Waldbad" wollen wir gerne weiter empfehlen! Dort kann man nicht nur übernachten, sondern, entsprechendes Wetter vorausgesetzt, zwischen einem Sprung in die Fluten oder einem 20-minütigen Spaziergang, links am Bad und oberhalb eines Gondelteiches vorbei, zur **Ruine Hohenstein** wählen.

5/16 (schön)

(040) WOMO-Campingplatz-Tipp: Neustadt (Harz)

GPS: N 51 34' 8.09" E 10 49' 42.1" **geöffnet:** ganzjährig

Ausstattung/Lage: Kaum Schatten, Schwimmbad, Imbiss, Laden, Spielplatz/nächster Ort: 600 m.

Zufahrt: Von Niedersachswerfen ca. 4 km bis Neustadt. Größere WOMOs nehmen die nordwestliche Zufahrt über Osterode.

Gebühr: WOMO + 2 Pers. (incl. Dusche): 16 € + Strom; Kurtaxe: 1,25 €/Person.

Neustadt: Ruine Hohenstein

Oben wird man von einem doppelten Torbogen erwartet. Waffen starren nicht mehr aus den Schießscharten heraus, denn bereits im 30-jährigen Krieg wurde diese gigantische Burganlage zerstört. Dafür erwarten den Wanderer eine schöne Aussicht und die Burggaststätte in einer Art Hexenhäuschen. Das Innere macht einen sehr freundlich-rustikalen Eindruck, die Gäste schmausten zufrieden.

Wir verlassen Neustadt wieder durch sein enges Stadttor, wenden uns links, auf BUCHHOLZ zu. Die Straße windet sich in engen Kehren durch die Ausläufer des Unterharzes. In BUCHHOLZ wenden wir uns nicht nach rechts, nach NORDHAUSEN zu, sondern biegen scharf links in der Straße Richtung STOLBERG/ROTTLEBERODE.

Wohl 3 km nach BUCHHOLZ erfreut sich unser Auge am Anblick des **Iberg-Stausees**, direkt davor kann das WOMO auf einer

Wiese abgestellt werden [N 51° 32' 12.2" E 10° 53' 49.2"], falls Sie Angler sind; das Baden ist verboten.
Durch eine lange Obstbaumallee rollen wir nun nach STEMPEDA hinab. In ROTTLEBERODE gabelt sich die Straße, wir biegen rechts nach BERGA.
Auch ROTTLEBERODE hat einen See, und wir finden ihn ohne Mühe rechts der Straße in der Ortsmitte. Einst hatte man einen Badeplatz eingerichtet, einen Zaun gezogen und kassierte Eintritt. Imbissstand, Kinderspielplatz und kostenlose Tischtennisplätze sind noch da, Eintritt wird nicht mehr verlangt, dafür ist alles ein wenig verlottert. Der Parkplatz zwischen Straße und See macht einen gemütlichen Eindruck, weitere Parkplätze findet man an der Zufahrt zum Restaurant "Am Schlossteich".

(041) WOMO-Badeplatz: Rottleberode
GPS: N 51° 31' 7.7" E 10° 56' 46.3" **max. WOMOs:** 2-3.
Ausstattung/Lage: Schattenbäume, Schwimmbad, Gaststätte/im Ort.
Zufahrt: Von Neustadt (Harz) ca. 12 km bis Rottleberode. In der Ortsmitte rechts.

Von der anderen Seite des Sees blickt ein ehemaliger Sommersitz des Grafen von Stolberg zu uns herüber – durchaus sehenswert.

800 Meter südlich ROTTLEBERODE zweigen wir rechts zur größten Gipshöhle Ostdeutschlands, der **Heimkehle** ab (offen tägl. 10-17 Uhr). Der Parkplatz [**042:** N 51° 29' 49.9" E 10° 57' 17.7"] ist von 8-18 Uhr gebührenpflichtig.

Als vor 180 Mio. Jahren in Mitteleuropa das Zechsteinmeer austrocknete, bildeten sich riesige Salzlager, die, inzwischen von weiteren Ablagerungen überdeckt, von Sickerwässern wieder ausgewaschen wurden. Dabei entstanden nicht nur schmale unterirdische Gänge, sondern auch enorme Hohlräume. Der gewaltigste in der Heimkehle ist der "große Dom" mit 65 m Durchmesser und 22 m Höhe. Sechs Seen geben den Forschern Rätsel auf – braucht doch angefärbtes Wasser für 160 m von einem See zum anderen drei Wochen – offensichtlich gerät es unterwegs auf Abwege!
20 Minuten dauert die Führung durch die 700 m, die man von der 2 km langen Höhle für Besucher erschlossen hat, eine reichhaltige Ausstellung informiert über alles, was mit Höhlenentstehung und Höhlenforschung zu tun hat und die umliegende Karst- und Höhlenlandschaft wird so anschaulich beschrieben, dass man Lust bekommt, den 48 km langen Karstwanderweg durch den Südharz in Angriff zu nehmen, der an der Höhle vorbei führt!?

Über BERGA halten wir auf KELBRA zu. Wir lassen dabei die Ausläufer des Harzes hinter uns – und haben sofort wieder einen Gebirgsstock vor uns – den aus der flachen Ebene steil aufragenden **Kyffhäuser**. Seine Höhen sind geprägt vom neuen

Fernsehturm in der Mitte, dem ehrwürdigen Kyffhäuserdenkmal links – und zwischen beiden der Ruine der Rothenburg aus dem 13. Jahrhundert.
In KELBRA folgen wir zunächst der Hauptstraße, vorbei an einem auffälligen Gebäude mit verschnörkelten, ja völlig überladenen Giebeln. Dann, hinter einem kleinen Platz, halten wir uns rechts (Wegweiser: Stausee/Campingplatz).
Der riesige Stausee von KELBRA war bei unserem Besuch fast leer gelaufen (er wird jeden Herbst abgelassen und füllt sich zur Schneeschmelze schnell wieder), seine schlammigen Ufer wirken nicht gerade einladend. Nach 3 km erreichen wir den "Seecamping Südharz". Das riesige Gelände [**043:** N 51° 25' 32.9" E 11° 0' 10.5"; WOMO + 2 Pers.:13 € + Strom 2 €] liegt direkt am Wasser, allerdings sind die besten Plätze von Dauercampern belegt.
Für den Kurzaufenthalt bietet man links neben der Campingplatzeinfahrt einen **WOMO-Stellplatz** an (10 € incl. Strom und VE). Der Tages-Parkplatz für Badegäste kostet nur eine geringe Gebühr.
Wir fahren nach KELBRA zurück, biegen nach rechts in die B 85 ein, halten geradewegs auf den Kyffhäuser zu. Durch dichten Laubwald windet sich die gute Teerstraße in unaufhörlichen Kehren den Berg hinauf, ab und zu leuchten rote Buntsandsteinblöcke aus dem dunkelgrünen Unterholz, schließlich ist die komplette Straße ins rote Gestein hineingesprengt. Auch eine wunderschön gemauerte Brunnenanlage [N 51° 24' 56.3" E 11° 4' 2.6"] erspäht unser rastlos suchendes Auge – statt einem vernünftigen Wasserrohr hat sie einen Springbrunnen.
Kurz darauf, recht unverhofft in einer Rechtskurve, zweigt nach links eine (unbeschilderte) Stichstraße zur **Rothenburg** (Foto) ab. Nach 600 m landet man (falls man noch darf) an einem großen Parkplatz – und spätestens hier ist Schluss,

denn nach langem Leerstand ist die sehenswerte Burgruine samt umfangreichem Grundbesitz in Privathände übergegangen, selbst die Wanderwege mussten eigens verlegt werden ...
Auf der Höhe gabelt sich die Straße. Wir fahren zunächst rechts 300 m zum **Fernsehturm** bzw. seinem gigantisch großen Parkplatz, der nachts völlig leer ist – ein ruhiger Übernachtungsplatz.

(044) WOMO-Stellplatz: Kyffhäuser/Fernsehturm

GPS: N 51° 24'48.1" E 11° 4' 33.2" **max. WOMOs:** > 5.
Ausstattung/Lage: Schattenbäume, Mülleimer, Gaststätte beim Fernsehturm/außerorts. **Zufahrt:** s. Text.

Am unteren Parkplatz des Kyffhäuserdenkmals

Dem Urlauber wird indes durch Büsche und Bäume die erhoffte Aussicht ins Tal verwehrt. Von hier aus führt ein Fußweg zum Fernsehturm (der nicht mehr bestiegen werden kann) mit kleiner Gaststätte.
Wir fahren zur Straßengabelung zurück und halten rechts (Kyffhäuser 2 km). Das leicht schräge Parkplatzangebot (Gebühr von 8-20 Uhr) unterhalb des Denkmals ist gewaltig und sicher auch für Hauptsaisonzeiten ausreichend. Während unseres Besuches im Herbst waren wir die Einzigen und konnten uns kaum entscheiden, wo wir uns zur Ruhe betten sollten (nachts durch die verwaiste Eingangspforte zum Kyffhäuserdenkmal zu klettern, um den gigantischen Blick auf die beleuchteten Städte in der Ebene unterhalb zu genießen, ist natürlich nicht erlaubt).

(045) WOMO-Stellplatz: Kyffhäuserdenkmal
GPS: N 51° 24' 44.0" E 11° 6' 30.9" **max. WOMOs:** > 5.
Ausstattung/Lage: Gaststätten, Mülleimer, 8-20 Uhr gebührenpflichtig/außerorts.
Zufahrt: siehe Text, zum Eingang ist es jeweils ein 15-min.-Spaziergang.

Am nächsten Morgen (offen: 9.30 - 18 Uhr) starten wir die offizielle Besichtigung des Denkmals. In weitem Bogen führt ein bequemer Spazierweg durch dichten Laubwald zunächst zu den Ruinen der Unterburg aus dem XI. Jahrhundert, deren gut restaurierter Zustand geradezu zum Hindurchschlendern verleitet. Besonders sehenswert ist die Burgkapelle. Von dort aus setzen wir unseren Weg entgegen dem Uhrzeigersinn fort, kommen zum breiten "Aufmarschweg" zahlen brav den Eintrittspreis, bestaunen Barbarossa im Fels und über ihm, in Bronze, Kaiser Wilhelm I.
Dann klettern wir über zweihundert Stufen bis zur Kuppel des 57 m hohen, sandsteinroten Denkmals, die von der ebenfalls in Stein gehauenen Kaiserkrone überragt wird.
Wir blicken hinab zu den Resten der Oberburgruine, deren größter Teil beim Bau des Denkmals 1890 abgetragen wurde. Zwar war der direkte Anlass zu seinem Bau der Tod Kaiser Wilhelms I. im Jahre 1888, aber das architektonische Gesamtbild soll wohl eher die Größe Deutschlands nach der Reichsgründung 1871 in Versailles demonstrieren und Kaiser Wilhelm I. als Nachfolger Kaiser Barbarossas ehren.

Wir kehren zur Straßengabelung beim Fernsehturm zurück, wenden uns links nach BAD FRANKENHAUSEN/WEIMAR, fahren am Fernsehturm und einem kleinen Wanderparkplatz [N 51° 24' 16.2" E 11° 5' 17.3"] mit Ententeich vorbei, von dem aus übrigens ein bequemer, ebener, 3 km langer Wanderweg zum **Kyffhäuser** führt. Vorbei zieht der herbstbunte Laubwald, links grüßt über den Wipfeln noch manchmal das rostrote Denkmal herüber.
Jetzt senkt sich die Straße nach BAD FRANKENHAUSEN hinab, wir biegen rechts in ein Seitensträßchen ein, das zur 5 km entfernten Barbarossa-Höhle führt (offen: 10-17 Uhr). Dort kennt man die magische Anziehungskraft, die der alte **Barbarossa** auf die Touristen ausübt, besonders genau – und hat einen großen Parkplatz angelegt (tags geringe Gebühr)!

(046) WOMO-Stellplatz: Barbarossa-Höhle

GPS: N 51° 22' 28.2" E 11° 2' 6.5" **max. WOMOs:** > 5.
Ausstattung/Lage: Gaststätte, Mülleimer/außerorts. **Zufahrt:** siehe Text.

Natürlich können wir die Besichtigung der erst 1865 entdeckten Höhle nicht auslassen und wandern über 1 1/2 km durch den Berg, in dem der alte Kaiser Barbarossa schlafend am steinernen Tische sitzen soll, während sein Bart durch ihn hindurch wächst. Wird er eine Freude haben, wenn ihn sein weiser Rabe weckt, um ihm zu sagen, dass Deutschland nun einig sei!? Über dreißig Meter hohe Kuppeln bestaunen wir, im Tanzsaal blicken wir in das Dunkel eines vier Meter tiefen Sees – Barbarossa jedoch hat sich nicht gezeigt. Aber schließlich wird er nur alle 1000 Jahre geweckt – hoffentlich ist da sein Deutschland noch einig!

Der Autor in der Barbarossahöhle (1957)

6 km südöstlich wartet das Solebad BAD FRANKENHAUSEN mit der **Kyffhäuser-Therme** samt offiziellem **WOMO-Stellplatz** auf Ihren Besuch [**046a:** N51° 21' 20.5" E11° 06' 11.9"; 9 € incl. Strom, Wasser, Müll- und Abwasserentsorgung, keine Toilettenentsorgung].

WOMO-Stellplatz bei der Kyffhäuser-Therme

Uns ist jedoch nicht nach baden zumute, wir wollen das protzigste Kunstwerk der ehemaligen DDR besichtigen, das gigantische Bauernkriegspanorama auf dem Schlachtberg nordöstlich der Stadt. Die einzige Zufahrt finden wir am Ostrand BAD FRANKENHAUSENs links der Straße nach ARTERN/HALLE noch kurz vor dem Ortsendeschild (Hinweisschild: **Bauernkriegspanorama**). Es handelt sich um ein heroisches Riesengemälde in einem Keksdosengebäude, auch Elefantenclo genannt, das die Stadt überragt (Foto).

Auch dort wird uns zunächst eine Parkgebühr abgeknöpft (PKWs 1 €, Wohnmobil 2,50 €, gemein!) – und ein steiler Fußmarsch ist auch noch im Preis inbegriffen, bis wir das 14 x 125 m große Kolossalgemälde bestaunen – aber nicht fotografieren dürfen. Auf 17.000 Quadratmetern sind über 3000 Personen zu sehen, und es bedarf einer sachkundigen Führung, um die gemalte Bauernkriegsgeschichte richtig verstehen zu können (offen: Di-So 10-17 Uhr, Juli/August auch Mo).

SONDERSHAUSEN, das Zentrum der nordthüringischen Kalibergbaues, liegt am Nordrand der Hainleite. Wir nehmen von BAD FRANKENHAUSEN aus nicht den direkten Weg, sondern schlagen einen weiten Halbkreis nach Süden auf der B 85 Richtung WEIMAR. In SACHSENBURG wechseln wir auf die B 86 nach KINDELBRÜCK.

In KANNAWURF lohnt sich ein Blick auf das alte Schloss [N 51° 16' 13.2" E 11° 8' 9.7"] vom Typ Rittergut.

In KINDELBRÜCK biegen wir am Ortsbeginn, 100 m nach der **Wipper** rechts, dem Wegweiser **Stadtbad** in die Goethestraße folgend. Bald parken wir unter Schattenbirken vor dem Stadtbad auf einem idyllischen Übernachtungsplätzchen neben der Gaststätte.

(047) WOMO-Badeplatz: Kindelbrück/Schwimmbad

GPS: N 51° 15' 51.4" E 11° 4' 58.0"; An der Wörth.

max. WOMOs: 1-2.

Ausstg./Lage: Schwimmbad, Gaststätte, Mülleimer/außerorts. **Zufahrt:** siehe Text.

Links am Schwimmbad vorbei (und rechts am Angelteich) kommen wir zum **Gründelsloch**, einer Karstspaltquelle mit 22 Metern Durchmesser, die 15.600 l Wasser schüttet (pro Minute, versteht sich). Der hohe Kalkgehalt lässt auf einen langen unterirdischen Weg des Wassers durch die Hainleite schließen. Das Areal ist eine grüne Oase, fein zum Schlendern und zum Verweilen.
Unsere nächste Station ist BILZINGSLEBEN, das Land des ***Homo erectus bilzingslebenensis***. Wir passieren die Kirche und die Gaststätte "Zum Blitz", folgen dahinter nicht der Hauptstraße nach rechts, sondern fahren geradeaus in die Frömmstedter Straße. Vor einem Sendeturm schwenken wir links zur Ausgrabungsstätte (offen: 1.4. - 2.9. Di - So 10-16 Uhr). Die jahrzehntelangen Grabungen unter Leitung von Prof. Mania brachten reiche Funde aus der Altsteinzeit (400.000-300.000 v. Chr.) zu Tage.

Das Gelände, heute auf einem Hügel gelegen, war früher eine Flussschleife, in der ein immer wieder aufgesuchter Rast- und Fischfangplatz unserer Altvorderen reiche archäologische Beute ergab.
Außerhalb der Öffnungszeiten ist der Parkplatz mit überdachter Tisch-Bank-Kombination **[048:** N 51° 16' 22.7" E 11° 3' 32.4"] eine Oase der Ruhe mit schöner Rundumsicht.
Der nächste Ort ist GÜNSERODE. Hier hat sich die **Wipper** durch die **Hainleite** hindurchge-

Göllingen: Klosterturm

fressen. Die steilen Kalkfelsen der Prallhänge zeugen von der unermüdlichen "Sägearbeit" des Flüsschens.
Nach dem **Wipperdurchbruch** passieren wir SEEGA, erreichen GÖLLINGEN, wo wir bedauernd feststellen, dass vom ehemaligen Kloster St. Wigbert nur noch der beeindruckende, achteckige Turm der **Klosterkirche** mit der darunter liegenden **Krypta** [N 51° 20' 43.0" E 11° 0' 51.0"] erhalten ist.
Zum Ortsbeginn zurückgekehrt, schlägt die Umgehungsstraße einen Bogen um HACHELBICH herum. 300 m nach dem Ortsschild biegen wir 3 x rechts zum Waldbad, idyllisch zwischen Birken und Wiesen, aber leider direkt neben der Umgehungsstraße; ein Biergarten komplettiert das Angebot [**049:** N 51° 20' 24.2" E 10° 57' 53.0"; Feldstraße].
SONDERSHAUSEN nur zu durchfahren ist kein all zu großer Verlust. Lediglich der von der Wipper durchflossene **Stadtpark** sowie das **Schloss** mit dem Lust- und Spielhaus aus dem 18. Jahrhundert, das wegen seiner achteckigen Form "Karussell" genannt wird und heute als Konzerthaus dient, lohnt einen Bummel. Folglich suchen wir mit Hilfe der Wegweiser den P 6, um das **Schloss** (offen: Di-So 10-17 Uhr, Führungen 10+14 Uhr) zu besichtigen. Vor allem auf seinem oberen Teil

Sondershausen: Schloss und Deckengemälde im "Karussell"

[**050:** N 51° 22' 18.1" E 10° 51' 54.7"; Fr.-Engels-Str.] steht man herrlich, kostenlos, mit Blick über die Stadt - und zum Schloss sind es nur wenige Schritte.
Wir fahren auf der B 4 weiter Richtung Erlebnisbergwerk bzw. NORDHAUSEN, bis wir hinter der Wipper an einen Kreisel kommen. Hier rollen Sie nach rechts zum P 7 "Windleite" , falls Sie ver- und entsorgen oder fernab des Zentrum nächtigen möchten.

(051) WOMO-Stellplatz: Sondershausen P 7

GPS: N 51° 22' 41.8" E 10° 51' 44.4"; Hospitalstraße **max. WOMOs:** 4.
Ausstattung/Lage: Ver- und Entsorgungsanlage/Ortsrand.
Zufahrt: Von Nordhausen auf B 4 über die Wipper, am Kreisel rechts (ausgeschildert).

Geradeaus geht es noch 500 m und dann links zum Besucherbergwerk "Glück Auf" (Befahrungen: Di - Do 11 Uhr + 14.30 Uhr, Fr 14.30 Uhr) [N 51° 23' 23.9 E 10° 50' 14.8"; Schachtstr.]
Wem der Sinn nach mehr Natur über der Erde steht, der sollte die **Hainleite** hinaufbrausen, so wie es viele Sondershäuser am Wochenende machen.
Wir verlassen deshalb die Stadt nach Südwesten, folgen den braunen Wegweisern zum **Possen**, passieren das Naturbad **Bebraer Teiche** [N51° 21' 21.0" E10° 49' 58.9"] und biegen nach links zum **Possen** ab, dem Sondershäuser Naherholungszentrum.
Eine breite Asphaltstraße, die später in eine Ringstraße übergeht, führt uns zur Höhe der Hainleite und dem Possen, einem früheren Jagdschloss. Außer einem riesigen Parkplatz [**052:** N 51° 20' 17.1" E 10° 51' 42.0"], auf dem man nachts sicher allein sein dürfte, steht hier ein 52 m hoher Aussichtsturm aus dem 18. Jahrhundert, der, man glaubt es bei der Höhe kaum, in Fachwerktechnik erstellt ist und im Tiergehege kann man Bären besichtigen.

Possen: Aussichtsturm

Spielplatz, Hochseilgarten, Liegewiese, überdachte Tische und Bänke, Gaststätten und eine Fülle von Wanderwegen runden das Freizeitangebot an die Sondershäuser und ihre Gäste ab.
Während unserer Weiterfahrt auf der B 4 kommen wir durch eine himmlische Landschaft: Wir fahren an WESTERENGEL vorbei, weitere Abzweigungen führen nach KIRCHENGEL,

FELDENGEL und HOLZENGEL. Wir verlassen kurz darauf die B 4, halten rechts über OTTERSTEDT und WASSERTHALEBEN auf GREUSSEN zu. 1200 m hinter WASSERTHALEBEN überqueren wir eine Bahnlinie. Unmittelbar dahinter führt in einem spitzen Winkel zurück ein Schotterweg hinab zu Wiesen und Feldern. Dort parken wir [**053:** N 51° 14' 58.3"E 10° 54' 24.6"], gehen ein paar Schritte bis zum bewaldeten Ufer der Helbe, wo wir das bestens restaurierte, mittelalterliche Helbesystem (13.-14. Jahrh.) begucken, das den eigentlichen Flusslauf durch sinnreiche Schleusenanlagen so staute, dass künstliche Kanäle gefüllt, eine ganze Reihe von Mühlen und Hammerwerken betrieben und das Wasser anschließend zur Bewässerung genutzt werden konnte. Ein Spazierweg führt zu weiteren Helbesystemen. Tisch, Bank und Grillstelle werten das Plätzchen zusätzlich auf.

Helbe-System

800 m weiter biegen wir rechts rein nach WESTGREUSSEN zum archäologischen Freilichtmuseum **Funkenburg**. Dort kann man schön auf einem Wiesenstreifen unter einer Trauerweide parken [**054:** N 51° 14' 17.7" E 10° 54' 53.4"; Str. des Aufbaus] und zur rekonstruierten germanischen Wehrsiedlung hinaufspazieren (offen: Mo-Fr 9-17, Sa-So 10-17 Uhr).

Westgreußen: Funkenburg

Einer der Helbe-Kanäle begleitet unsere Straße bis nach CLINGEN. Vorm Gasthaus "Linde" biegen wir rechts in den Ort hinein und suchen die "Kleine Wartburg". Hinter diesem

verheißungsvollen Namen verbirgt sich ein liebevoll gepflegter, kleiner **Tierpark** mit Freigehege, Gaststätte und Kinderspielplätzen.
Das Schönste aber an ihm ist der ruhige Wiesenplatz [**055:** N 51° 13' 49.0" E 10° 55' 53.1"; Am Kalkufer] davor, der sich prima für eine Übernachtung eignet.

Clingen: Kleine Wartburg

Am südlichen Ortsausgang von GREUSSEN biegen wir nach links Richtung WEISSENSEE. Kurz vorher stößt der Reisende auf die B 86. Wendet er sich hier links, so kann er zunächst rechts eine gut erhaltene Windmühle bestaunen: Auf einem sechzehneckigen (!) natursteingemauerten Sockel erhebt sich ein flaches Kegeldach, dessen ausgeklügelter "Spoiler" die vier Flügel samt dem Dach automatisch "in den Wind" drehte. 200 m später erreicht er den bestens ausgestatteten **Campingplatz** [**056:** N 51° 12' 21.9" E 11° 4' 1.8"; Günstedter Str.; WOMO + 2 Pers.: 13 € + 2 € Strom] mit Schwimmbad, Gaststätte, Spielplatz und vielen schattigen Plätzchen im Nadelwald. Wendet er sich rechts, so könnte er auf dem Parkplatz "Runneburg" 6 Std. parken. Von dort aus sind es 200 Schritte bis zum Marktplatz links und der Auffahrt zur **Runneburg** rechts, einer Pfalzburg der Thüringer Landgrafen, von der nicht nur Toranlage und Teile des Bergfrieds, ein mächtiger Mauerring mit gewaltigen Stützpfeilern, sondern auch der komplette Palas erhalten sind und gerade restauriert werden. Vielleicht kann man bald wieder die Warmluftheizung (!) im Wohnturm aus dem 12. Jahrhundert besichtigen und sich damit einen Eindruck über den Komfort derer verschaffen, die ihn sich leisten konnten.

Weißensee: Windmühle

Der Marktplatz links erweckt mehr den Eindruck einer breiten

Straße. Die Gaststätte "Goldener Adler" erstrahlt bereits wieder in frischem Glanze und auch das spätgotische **Rathaus** mit den drei steinernen Wappen am Balkon und der schön geschnitzten Kassettentür (Foto) hat sich seine Würde bewahrt.
Viele Rathäuser haben einen Ratskeller. WEISSENSEE hat im Ratskeller eine **Ratsbrauerei** - und das aus gutem Grund!
Im „Stadt Buch" von 1434 entdeckte man u.a. die „Statuta thaberna" (Wirtshausgesetz), in der es im Artikel 12 heißt:

„Zu dem Bier brauen soll man nicht mehr nehmen
als soviel Malz, als man zu den drei Gebräuen
von dreizehn Maltern an ein Viertel Gerstenmalz braucht...
Es sollen auch nicht in das Bier weder Harz
noch keinerlei andere Ungeferck.
Dazu soll man nichts anderes geben als Hopfen, Malz und Wasser ('hophin malcz und wasser').
Das verbietet man bei zwei Mark,
und derjenige muß die Stadt für vier Wochen räumen.

Auf neudeutsch bedeutet das in schlichten Worten: Das Weißenseer Reinheitsgebot ist achtzig Jahre älter als das bayerische von 1516! Wenn das kein Grund ist, eigenes Weißenseer Bier zu brauen!?
Vorbei am sechseckigen Springbrunnen aus rotem Sandstein spazieren wir zur gotischen **Stadtkirche** St. Peter und Paul, die nun endlich auch restauriert wird. Gegenüber ist der Eingang zum **Chinesischen Garten**, einem begehbaren Kunstwerk!
Einen behäbigen, gepflegten Eindruck machen auch die Bürgerhäuser zu beiden Seiten der Marktplatzstraße. Viele sind mit bunt ausgemalten Wappenschildern verziert – und schon wegen ihnen lohnt es sich, die Stadt weiter zu durchstreifen. Dabei entdeckt man beachtliche Reste der Stadtbefestigung, zum Beispiel am Stadtausgang Richtung Erfurt – und daneben ein eigentümlich verziertes Brunnenhäuschen. Hinter der Stadtmauer Richtung Erfurt rechts (neben dem Stadion) kann man abzweigen und dort ungestört stehen [**057:** N 51° 11' 49.6" E 11° 3' 53.5"; Fischhof].
Von WEISSENSEE nach STRAUSSFURT rollen wir weiter durch das Thüringische Becken: Kein Wäldchen, kein Baum

weit und breit, nur ausgedehnte, schwarze Böden, auf denen sich die Ackerfurchen bis zum Horizont hinziehen.
In STRAUSSFURT biegen wir nach rechts in die B 176 Richtung BAD LANGENSALZA.

In BAD TENNSTEDT, das sein "BAD" der Entdeckung einer Schwefelquelle im Jahre 1811 verdankt, sollte man einen Bummel durch die noch vollständig von einem mittelalterlichen Mauerring umgebene Altstadt machen, schließlich war bereits 1816 Goethe einer der ersten Kurgäste. Falls bei Ihnen die Gelenke knacken – bei Gelenkerkrankungen soll das hiesige Heilwasser die besten Erfolge erzielen! Wer fürchterlich in Eile ist, sollte wenigstens das direkt an der Straße links stehende **Osthöfer Tor** besichtigen (rechterhand kann man vor dem Restaurant "Schöne Aussicht" parken): Das uralte Stadttor aus dem Jahre 1448 trägt auf einem quadratischen Sockel einen achteckigen Turm aus dem Jahre 1579. Sicherheitshalber hatte man im Dreißigjährigen Krieg zeitweise den Toreingang zugemauert. Darüber erblickt man ein wunderschönes Wappen, gekrönt von drei Stechhelmen, die Thüringen mit Stierhörnern, Sachsen einmal in gold und schwarz und ein zweitesmal mit hohem Hut, dem sog. Judenkopf, symbolisieren, darunter zwölf weitere Wappenschilder.

In der Ortsmitte entdeckt man das **Rathaus** auf besonders beständigem Sockel: Man errichtete es auf den Resten einer mittelalterlichen Wasserburg.
Beim Bau der Türme ihrer Stadtmauer waren die BAD TENNSTEDTER nicht wählerisch: Mal rund, mal viereckig, mal achteckig – nur massiv mussten sie sein – und so sind sie auch heute noch alle erhalten. Davon kann man sich am besten überzeugen, wenn man am Ortsende links Richtung DÖLLSTÄDT abzweigt, neben dem Rewe-Supermarkt [N 51° 9' 14.5" E 10° 49' 51.4"; Gothaer Str.] parkt und dann, vorbei am runden Ketzerturm und einem quadratischen Wachturm zur Trinitatiskirche spaziert. Von dort sind es nur wenige Schritte zum Markt – oder zurück zum WOMO.

Bad Tennstedt: Osthöfer Tor

BAD TENNSTEDT hat auch einen offiziellen WOMO-Stellplatz! man findet ihn, wenn man gleich am Ortsbeginn beim Osthöfer Tor rechts nach BRUCHSTEDT abzweigt und bis zum Sportzentrum fährt [**058:** N51° 09' 36.5" E10° 50' 22.8"].

An BAD LANGENSALZA darf man auf keinen Fall vorbeifahren!

Wer sofort den offiziellen **WOMO-Stellplatz** [**059:** N 51° 6' 59.3" E 10° 38' 42.0"; Goethestr.] beim Thermalbad **Friederikentherme** (mit VE, Strom, Gebühr) beehren möchte, schwenkt nach dem Ortsschild rechts Richtung MÜHLHAUSEN/ THAMSBRÜCK und folgt den Hinweisschildern.

Wir biegen erst nach 300 m, an der nächsten Ampel, rechts zum **Rosengarten** [N 51° 6' 36.0" E 10° 39' 9.4"; Felsenkellerstr.] mit dem großen **Parkplatz P3** davor.

Bad Langensalza: Japanischer Garten

Bad Langensalza: Jugendstil

Vor dem **Klagetor** muss man zunächst den **Japanischen Garten** beehren, bevor man links, vorbei am **Friederikenschlösschen**, einem Rokokokleinod mit kleinem Park (i-Stelle), in die quadratische Altstadt mit **Markt**, **Kornmarkt** und **Bonifatiuskirche** spaziert. Sie ist noch fast vollständig von ihrer mittelalterlichen Stadtmauer umgeben, 17 Wehrtürme und ein Stadttor (das Klagetor) bestehen noch. Wir entdecken im Gewirr der kleinen Häuser den **Storchennestturm** und gelangen durch die Marktstraße, eine Fußgängerzone, zum **Rathaus**. Nicht nur der prächtige, dreigeschossige Barockbau fesselt unseren Blick, sondern auch der liebevoll restaurierte Marktbrunnen von 1582.

Bad Langensalza: Rathaus mit Brunnen

Seit 1815 gehörte LANGENSALZA zu Preußen, es wurde folglich mit preußischem Maß gemessen. Damit dies den Bürgern wirklich "vor Augen" blieb, finden wir auch heute noch die **Preußische Elle** (66,69 cm) und das **Preußische Fuß** (31,385 cm) in Stein gemeißelt an der Rathausfront.

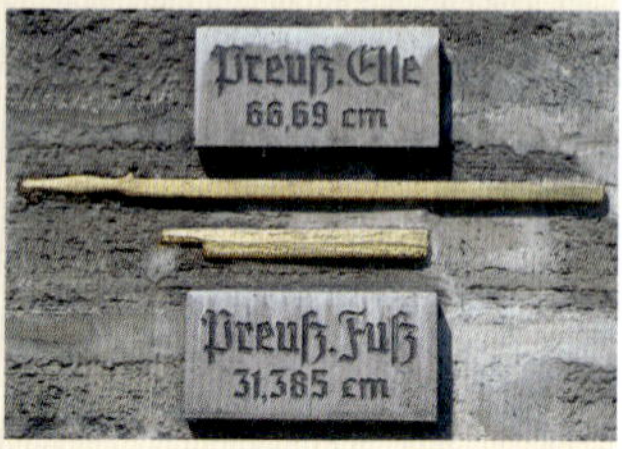

BAD LANGENSALZA hat berühmte Söhne!
Der Dichter Friedrich Gottlieb Klopstock war hier jahrelang Hauslehrer und der Arzt Christoph Wilhelm Hufeland, der u.a. Schiller und Goethe behandelte, wurde am 12.8.1762 im Gebäude Kornmarkt 9 geboren, einem der schönsten Häuser des Ortes.

Wir verlassen BAD LANGENSALZA nach Südwesten, bald sichtet man die Touristenwegweiser: **Baumkronenpfad/NP Hainich**. Der Naturpark begrüßt uns mit einem dichten, grünen Buchenwald, dem wir nun aufs Dach steigen wollen!
Der riesige Parkplatz des Baumkronenpfades hat eine spezielle Abteilung für Wohnmobile, übernachten ist gestattet.

(060) WOMO-Wanderparkplatz: NP Hainich/Baumkronenpfad
GPS: N 51° 4' 50.6" E 10° 31' 4.4"; L 2122. **max. WOMOs:** >5.
Ausstg./Lage: Wanderweg, WC, Gaststätte, Mülleimer/außerorts. **Zufahrt:** s. Text.

Der Weg zum Baumkronenpfad (offen: 10-19 Uhr) führt an einem reich ausgestatteten Waldspielplatz vorbei und einer Reihe von Verpflegungsständen. Aber Sie sollten bis zur Rückkehr warten, denn nicht jedem bekommt der ungewohnte Blick von oben auf das im Winde wogende Blätterdach. Was mussten wir in unserer Jugend klettern, um auch nur annähernd einen solchen Blick genießen zu können ...
3 km weiter, am Ortsbeginn von CRAULA, liegt rechterhand der Friedhof und die Straße schwenkt nach links. In der Ortsmitte passieren wir eine alte Waidmühle.
In REICHENBACH stoßen wir beim Dorfteich auf die B 84, fahren 400 m nach links und dann wieder rechts nach TÜNGEDA. Dort machen wir den ersten Abstecher nach rechts zu dem prächtig herausgeputzten Schloss (erbaut 1582, restauriert 2000) mit ruhigem Parkplatz [**061:** N 51° 2' 3.3" E 10° 34' 56.9"; Kirchgasse] davor.

Tüngeda: Schloss

Bereits an der nächsten Abzweigung geht es links zur zweiten Attraktion des Ortes, einer bestens erhaltenen **Bockwindmühle** (Foto) am Ortsende. Besonderes Augenmerk sollte man auf den zentralen Verstellmechanismus lenken, der die Alublätter der Flügel zentral steuert: Eine Stange, die durch die Flügelachse führt, besorgt dies durch hinein- oder hinausschieben.
Am Ortsbeginn von WANGENHEIM biegen wir rechts zur Stauseegaststätte Wangenheim, stehen bald vor der Schranke zum **Campingplatz** [**062:** N 51° 1' 5.3" E 10° 36' 18.9"]. Vor der Schranke links findet man eine ganze Reihe von Parkbuchten, wo man das WOMO abstellen und am See entlang schlendern kann (baden verboten). Per WOMO ist die Weiterfahrt nur gestattet, wenn Sie gleichzeitig auch Angler sind ...

TOUR 3 (ca. 175 km)

Eisenach - Hohe Sonne - Ruhla - Bad Liebenstein - Bad Salzungen - Schmalkalden - Trusetal - Großer Inselsberg - Tabarz - Friedrichroda - Gotha

Freie Übernachtung:	u.a. Eisenach (4x), Hohe Sonne, Unkeroda, Ruhla (Mini-a-thür), Schloss Altenstein, Schweina, Bad Salzungen, Breitungen, Schmalkalden, Struth-Helmershof, Ebertswiese, Trusetal, Brotterode (Mommelstein), Inselsberg, Tabarz, Gotha (3x).
Ver-/Entsorgung:	Bad Salzungen (V/E), Breitungen (V/E), Ruhla (W), Tabarz (W).
Campingplätze:	Schloss Wilhelmstal, Immelborn, Breitungen.
Baden:	u.a. Schloss Wilhelmstal, Immelborn, Breitungen, Schmalkalden, Struth-Helmershof, Ebertswiese, Brotterode, Gotha.
Besichtigungen:	u.a. Eisenach, Altensteiner Schloss, Schmalkalden, Trusetal, Großer Inselsberg, Waltershausen (Schloss), Gotha.
Wandern:	u.a. Wartburg, Drachenschlucht, Mommelstein, Torstein.

Mit dem nötigen Respekt und entsprechender Erwartungshaltung nähern wir uns der Stadt, die für die meisten wohl der Inbegriff „des Thüringischen schlechthin“ ist: EISENACH.

Hier war Martin Luther 1497, also mit 14 Jahren so eifrig Lateinschüler, dass er zwanzig Jahre später in der **Wartburg** oberhalb der Stadt die Bibel ins Deutsche übersetzen konnte. Johann Sebastian Bach wurde hier 1685 geboren und 1840 der Physiker Ernst Abbe, der in Jena mit Zeiss zusammenarbeitete.
Aber Eisenachs Bedeutung reicht viel weiter in die Vergangenheit zurück. 1067 bereits soll es gewesen sein, als Graf Ludwig, genannt der Springer, mit zwölfen seiner Ritter während der Jagd einen Berg erklomm und (offensichtlich von dessen strategischen Lage sofort überzeugt) ihn folgendermaßen für das Geschlecht der Ludowinger in Besitz nahm: Alle bohrten ihre Schwerter in den Boden und Ludwig sprach: „Wart' Berg, du sollst mir eine Burg werden!“
1080 immerhin ist schon auf Urkunden von der Burg die Rede, von der aus man auf die „via regia“, die belebte Handelsstraße zwischen Köln und Erfurt hinabblicken konnte.
Als 1131 die Ludowinger in den Stand der Landgrafen erhoben wurden, musste die Wartburg repräsentativen Ansprüchen und prachtvoller Hofhaltung genügen und wurde entsprechend ausgebaut.
Kunst und Kultur zogen ein, und von den großen Minnesängern des 12. Jahrhunderts erwähnen wir nur Wolfram von Eschenbach und Walther von der Vogelweide; der Sängerwettstreit auf der Wartburg, den kein geringerer als Richard Wagner in seinem „Tannhäuser“ wieder erklingen lässt, muß also keine Sage gewesen sein.
Fast märchenhaft jedoch wirkt auf uns das Leben der Landgräfin Elisabeth, die sich vom höfischen Luxus abwendet und ihr Leben nur den Armen widmet. Keine alltägliche Haltung in ihrer Zeit, die auch keineswegs überall Verständnis oder gar Nachahmung weckte. Als Landgraf Ludwig IV., ihr Ehemann, vom Kreuzzug nicht zurückkehrte, vertrieb man sie von der Burg. Die Burg, wie sie sich uns heute darstellt, ist ein romantisches Gebäude-

ensemble aus verschiedensten Bauzeiten. Der 1170 erbaute, romanische Palas könnte durchaus der passende Rahmen für den Sängerkrieg gewesen sein. Aus der gleichen Zeit sind auch der Südturm, das Torhaus und die äußeren Burgmauern erhalten.

Nach einem Großbrand im Jahre 1317 baute man manches wieder auf, so das Torhaus, gliederte ihm aber das Ritterhaus an. Neu erbaut wurde auch die Vogtei, in der heute noch (zu jeder Saison frisch geschwärzt), an der Wand der Lutherstube der berühmte Tintenfleck bewundert werden kann. Luther warf angeblich das Tintenfass nach dem teuflischen Versucher, der ihn in Gestalt eines Hundes von seiner Bibelübersetzung abbringen wollte, die er, man glaubt es kaum, in nur drei Monaten abschloss.

Deutsche Bibelsprache und Reformation sind seither mit der Wartburg verbunden, sie wurde zum Symbol für alles Neue, Freie, Fortschrittliche. 1817 war das Jahr des Wartburgfestes. Es jährte sich die Reformation zum 300. und die Völkerschlacht bei Leipzig zum 4. Mal. Über 500 Studenten zogen mit ihren Professoren auf die Wartburg, um gegen die Zerrissenheit des deutschen Vaterlandes zu demonstrieren, sie trugen eine neue Fahne in den Farben schwarz-rot-gold....

Die Wartburg ist für Thüringen-Touristen das Ziel Nr. 1!

In der Hauptsaison muss man die Auffahrt zur Burg für Privat-PKW sperren, so groß ist das Chaos auf dem (großen) Parkplatz unterhalb der Burg. Heute fahren ununterbrochen Pendelbusse und originelle Bähnchen hinauf und hinab, es gilt nur noch, einen bequemen WOMO-Parkplatz zu finden.

Je nachdem, ob Sie nur die Wartburg oder auch die (sehenswerte) Altstadt von EISENACH anschauen wollen, gar das Ganze mit einer kleinen oder größeren Wanderung durch die äußerst malerische Wald- und Schluchtenlandschaft rings um Stadt und Burg verbinden wollen oder anschließend einen ruhigen Übernachtungsplatz benötigen, haben wir eine ganze Reihe von Plätzen ausgekundschaftet:
Fällt man in EISENACH aus Richtung BAD LANGENSALZA ein, so unterquert man die Autobahn bei der Abfahrt Eisenach-Ost, rollt kurz darauf direkt neben dem Hauptbahnhof unter den Gleisen durch.
1. Schwenkt man vor der Unterführung rechts, so liegt gleich wieder rechts das **Automobilmuseum** mit vielen kostenlosen Parkplätzen [**063:** N 50° 58' 53.0" E 10° 19' 29.5"; Erhardt-Platz].
2. Saust man die "Rennbahn" 2 km nach Westen und dann nach rechts (Richtung AB-Auffahrt Eisenach-West), so findet man den ausgeschilderten WOMO-Stellplatz an der Adam-Opel-Straße hinter dem Spickeplatz [**063a:** N 50° 58' 46" E 10° 17' 45.7"].
3. Schwenkt man hinter der Rennbahn rechts und folgt dem Sportplatzwegweiser, so kommt man zu großen Parkplätzen "An der Katzenaue" [**063b:** N50° 59' 01.0" E10° 18' 31.0"].
4. Schwenkt man **hinter** der Unterführung rechts in die Uferstraße und weiter in die Karl-Marx-Straße, so findet man den zentrumnahen Stellplatz "Zentrum" [**064:** N 50° 58' 43.7" E 10° 19' 14.8"]. Nachteil: Die Bahnlinie ist sehr, sehr nahe!

Eisenach: Lutherdenkmal, Nikolaikirche und Nikolaitor

Eisenach: Georgsbrunnen mit Rathaus

Vom Parkplatz "Zentrum" ist man nur 700 m vom **Nikolaitor** entfernt, durch das man in die historische Altstadt hineinschreitet mit der romanischen **Nikolaikirche** und dem **Lutherdenkmal** am Karlsplatz. Weiter geht es zum Marktplatz mit der **Georgenkirche**, in der die Hl. Elisabeth mit dem Landgraf Ludwig IV. getraut wurde, Luther predigte und J. S. Bach getauft wurde (an ihn erinnert das große Standbild in der Vorhalle). Das spätgotische **Rathaus** und das **Schloss** runden das Marktensemble ab.
Südlich vom Markt, logischerweise am Lutherplatz, steht das **Lutherhaus**, in dem der Lateinschüler Martin Luther gewohnt haben könnte. In dem schönen Fachwerkhaus ist die Ausstellung "Das Werden eines Reformators" zu sehen.
Das **Bachhaus** findet man noch weiter südlich am Frauenplan. Auch wenn J. S. Bach nachweislich nicht darin geboren wurde (wie man erst annahm), findet es doch das Interesse vieler Besucher. Das **Bachdenkmal** davor zeigt den Komponisten so respektheischend, wie man ihn sich vorstellt (vergleichen Sie mal mit dem in Arnstadt!).

Für die Nacht sollte man sich zum Stadtrand verziehen (1/3/5/6).
5. Man folgt nach der Bahnunterführung weiter der B 19. Diese schwenkt vor dem **Nikolaitor** links. 700 m später biegt man links in die Joh.-Seb.-Bach-Straße.
Man merkt schnell, dass sich EISENACH „im Schutze der Burg“ entwickelt hat, denn die meisten Straßen klettern den Berg hinauf, so auch die unsrige. An ihrem Ende, direkt unterhalb des gewaltigen Burschenschaftsdenkmals, wartet auf Sie ein ebener, ruhiger Parkplatz - unser nächster Übernachtungsvorschlag. Der 1902 zur Erinnerung an das Wartburgfest errichtete, 35 m hohe Rundbau erinnert uns stark an das Völkerschlachtdenkmal. Beim Umrunden des Bauwerkes entziffern wir die Inschriften „Dem vereinten Vaterlande“ und „Freiheit, Ehre, Vaterland“.Vom Burschenschaftsdenkmal

Burschenschaftsdenkmal

hat man einen herrlichen Blick über EISENACH und hinüber zur Wartburg, einen kurzen Weg hinab zu den Pendelbussen an der Wartburg-Allee und einen noch kürzeren zum benachbarten Hotelrestaurant „Berghof", von dem aus man bequem sitzend den Blick schweifen lassen kann. Wir lassen uns jedoch auf den Steinstufen des Denkmals, wartburgschauend, von der Sonne bescheinen.

(065) WOMO-Stellplatz: Eisenach/Burschenschaftsdenkmal
GPS: N 50° 57' 59.9" E 10° 20' 0.0"; Am Sengelsbach. **max. WOMOs:** 2-3.
Ausstattung/Lage: Wanderwege, Gaststätte/Ortsrand. **Zufahrt:** siehe Text.

Eisenach: Wartburg

6. Verweigert man die Auffahrt zum Burschenschaftsdenkmal, so erreicht man 500 m später (nach rechts) die Auffahrt zur **Wartburg**. Nach 2 km sichtet man die berühmte Eselsstation und rollt kurz darauf auf den großen **Ringstraßenparkplatz** [**066:** N 50° 58' 02.4" E 10° 18' 02.8"; Wartburgschleife] unterhalb der Burg. Nachts ist er kostenlos, tags sind 5 € zu berappen. An der Ausfahrt findet man eine öffentliche **Toilette**.

Ist die Wartburgauffahrt gesperrt, so wird man auf den Parkplatz **P 2** [N 50° 57' 44.6" E 10° 18' 55.1"] am Stadtpark verwiesen. Er ist ebenfalls gebührenpflichtig. Allerdings verkehren von hier aus Pendelbusse zur Burg.

Bereits hinter dem Prinzenteich und dem Ortsendeschild sichten wir vor der verfallenden Gaststätte **Phantasie** einen letzten, dafür kostenlosen Parkplatz [N 50° 57' 35.9" E 10° 18' 48.8"]. Er ist unsere Empfehlung für Sparsame und Wanderer, denn ein Spazierweg

Eisenach: Wartburg, erster Burghof

führt talwärts nach 300 m zum P 2, von dem aus auch markierte Wanderwege zur Wartburg hinauf führen. Bergwärts erreicht man nach 800 m den unteren Eingang zur **Drachenschlucht** und den Wanderweg zur Wartburg über die **Sängerwiese**.... Dann verschluckt uns das bewaldete **Mariental**, die Straße beginnt ihren Aufstieg, in den roten Konglomeratfels geschlagen. Rechts, unterhalb der Straße, lauern in einer engen Klamm feuerspeiende Reptilien - die **Drachenschlucht** wartet auf unseren Besuch. Donnernd brausen wir hinauf bis zur Höhe, rechts verkommt die (geschlossene) Gaststätte „Hohe Sonne". Das Gebäude wurde 1906 an der Stelle eines Jagdschlösschens erbaut - und am Turm dieses Schlösschen prangte eine Sonne. Sie sehen: Namen halten sich viel länger als manche Pracht. Gute Geschäfte macht eine Grillbude mit Biergarten, daneben wartet ein großer Parkplatz [**067:** N 50° 55' 55.9" E 10° 19' 8.2"] mit dem Ausgangspunkt unseres ersten Wandervorschlages: Wir gehen zur ziemlich unübersichtlichen Übersichtstafel. Daneben steht ein WOMO in der Morgensonne, die Rolläden sind noch unten. Wir stellen fest: Kein schlechter Platz!
Unser Rundwandervorschlag (mit möglichen Abstecher zur Wartburg) lautet: „Hohe Sonne" - Drachenschlucht - „Waldhaus Sängerwiese" - Abstecher Wartburg - „Waldhaus Sängerwiese" - Elfengrotte - Gedenkstein „Wilde Sau" - Rennsteig - „Hohe Sonne".

Der Weg zur Drachenschlucht ist mit einem blauen Kreuz gekennzeichnet und führt sofort steil hinab, durch ein lauschiges Tal. Schließlich verengt es sich beängstigend, zwischen moosüberzogenen, feuchtglänzendem Fels muss man sich geradezu hindurchzwängen, hinter jeder Biegung können nun die feuerspeienden Ungeheuer lauern. Wir hatten Glück und landen unbehelligt am Ende der Schlucht bei der B 19. Wir betreten die Straße aber gar nicht, sondern knicken sofort scharf links ab, nehmen einen geschotterten Fahrweg, dann einen Waldweg 1,5 km hinauf zur Sängerwiese, wo die eifrige Stadtverwaltung bereits eine ganze Reihe von Sitz- und Picknickgelegenheiten am Waldrand geschaffen hat. Natürlich kann man sich auch in dem „Waldhaus Sängerwiese" verwöhnen lassen.
Rechts der Gaststätte steht ein ganzes Wanderwegweiserkreuz. Nach nur 1,5 km wäre man von hier aus auf der Wartburg (Markierung: Grünes Quadrat). Sicher eine idyllische

In der Drachenschlucht

Elfengrotte

Alternative zu Pendelbussen und Benzingestank!
Vor dem „Waldhaus Sängerwiese“ führt unser Wanderweg weiter nach links Richtung UNKERODA/“Wilde Sau“, er ist mit einem grünen Quadrat gekennzeichnet. Auf halbem Wege, nach etwa 7 Minuten, mitten im lichten Hochwald, gabelt sich der Weg. An der Gabelung steht ein vielfacher Wegweiser, auch zur Elfengrotte.
Wir verlassen hier das „Grüne Quadrat“ nach links, entdecken später einen „Gelben Balken“. Nach 500 Schritten geht es nach links zu den Knöpfelsteichen. Etwas weiter zweigt nach halblinks der „Gelbe Balken“ ab und führt, zwischen senkrechten Felsfingern, hinab in ein düsteres Tal. An seinem Ende, oder besser Beginn, formen Steinwände einen stillen Kessel, in dem nur das Plätschern eines kleinen Rinnsals die Stille stört - so richtig ein Platz für tanzende Halbgöttinnen - die Elfengrotte.
Wir kehren zur Abzweigung an der Schonung zurück. Nach links sind es noch 900 Schritte, dann haben wir wieder unseren Hauptwanderweg „Grünes Quadrat“ erreicht und stoßen bald auf den kreuzförmigen Sühnestein „Wilde Sau“. Unter der Jahreszahl 1483 erkennen wir zwei Jäger, von denen der eine auf einem Wildschwein zu reiten scheint, während der andere die Sau aufzuspießen versucht. Vermutlich traf der eine statt der Sau den anderen und musste zur Sühne den Stein errichten - einen älteren Markierungsstein findet man entlang des gesamten Rennsteigs nicht.
Wir werfen noch einen Blick auf die Wartburg, die sich von hier aus, zwischen den Laubbäumen hindurch, besonders malerisch macht, vespern vielleicht eine Kleinigkeit in der frisch errichteten Schutzhütte und sind wenige Schritte hinter der „Wilden Sau“ auf einem breiten Fahrweg, dessen weiße „R“ uns anzeigen, dass wir nach links, bequem, aber "munter hoch und runter", auf dem Kamm des Thüringer Waldes entlang und mit entsprechend guten Ausblicken noch etwa 4 km bis zur „Hohen Sonne“ zu marschieren haben. Insgesamt eine Wanderung von knapp 10 km, mit einem der Abstecher zur Wartburg je nach Strecke 13-16 km – mit Picknickpausen sicher ein gefülltes Halbtagesprogramm.

Sühnestein "Wilde Sau"

Durch dichten Buchenwald rollen wir von der „Hohen Sonne“ wieder zu Tale, biegen vor See, Landschaftspark und Schloss WILHELMSTHAL rechts Richtung FÖRTHA/UNKERODA. Zwischen rostroten Felsen und dem Wilhelmsthaler See rollen wir dahin, entdecken nach Ende des Sees rechts im Wald einen feinen **Wanderparkplatz** [N 50° 55' 20.5 E 10° 17' 52.6"], parken vor dem ehemaligen Schwimmbad von UNKERODA (die Bäume wachsen schon mannshoch aus den Betonritzen). Um so ruhiger ist der Parkplatz [**068:** N 50° 56' 12.0" E 10° 16' 9.2"], von dem aus man, ein Bächlein überquerend und einen Grillplatz passierend, zum Beginn von Wanderwegen kommt: Wer es ordentlich angehen möchte, marschiert über die "Wilde Sau" zur Wartburg, bequemer ist der ausgeschilderte Rundwanderweg mit Naturlehrpfad.

Schloss Wilhelmsthal

Bei der Rückfahrt nach WILHELMSTHAL reflektieren sich im See die herrlichen Gebäude des **Schlosses** – um so grässlicher ist der Schock, den man aus der Nähe bekommt [N 50° 55' 7.2" E 10° 18' 12.7"]. Von der Jagdschlossanlage inmitten eines herrlichen Landschaftsparkes, die sich der Weimarer Großherzog Carl Alexander vom "Landschaftsprofi" Hermann Fürst von Pückler-Muskau 1854 anlegen ließ und die sich eigentlich, die Wartburg einbeziehend, über Quadratkilometer hinziehen sollte, ist im wesentlichen nur noch schöne, verwilderte Natur geblieben – und die herzogliche Zufahrtsstraße über die "Hohe Sonne", die wir gerade hinabgekommen waren. Und inmitten dieser einmaligen Landschaft dämmern die traurigen Ruinen einer einst strahlenden Schlossanlage dahin.
1942 begann der Niedergang: Reservelazarett, sowjetische Truppen, Kinderheim, seit 1990 zum Verkauf angeboten. Der Sanierungsbedarf der wichtigsten Gebäude wird auf 20 Mio. EUR geschätzt – aber die ersten Schritte werden getan!

Am Altenberger See

Weiter geht's Richtung MEININGEN, vorbei an zwei Fischteichen. Danach kann man rechts bei der Taubeneller Mühle frische Forellen und Karpfen kaufen.
200 m später geht es rechts zum **Campingpark "Am Altenberger See" [069:** N 50° 54' 31.0" E 10° 18' 1.2"] (WOMO + 2 Pers.: 23 € incl. Strom und VE) mit Gaststätte Seeblick und der Möglichkeit, mit dem eigenen Bootchen auf dem See herumzunavigieren. Außerdem, je nach Witterung, baden, angeln, warm duschen und natürlich wandern, wandern in einer der herrlichsten Landschaften Deutschlands.
Unser nächstes Dörfchen an der B 19 ist ETTERWINDEN. Bevor wir es recht befahren haben, zweigen wir schon nach links ab Richtung RUHLA (max. 3,5 to) in ein schmales, windungsreiches Berg- und Talsträßchen. Der Umweg nach BAD LIEBENSTEIN, zu dem wir Sie gerade verführen, bietet eine ganze Reihe von äußerst sehenswerten Attraktionen - lassen Sie sich verführen!
Nach 4 km, auf der **Höhe Ascherbrück** mit der Gaststätte "Hubertushaus", schwenken wir nach links in den **Rennsteig** ein, wo wir nach 50 m einen herrlich-verwunschenen Wanderparkplatz in Besitz nehmen.

(070) WOMO-Wanderparkplatz: Ascherbrück/ Rennsteig

GPS: N50° 53' 45.0" E10° 20' 26.6"
max. WOMOs: 1-2.
Ausstattung/Lage: Wanderwege/außerorts.

Von hier aus empfehlen wir einen 2-km-Rennsteig-Walk nach Norden zum „Zollstock" (mit Schutzhütte) und von dort nach Nordosten, vom Rennsteig abzweigend, zum Wachstein (575 m). Von hier aus hat man einen hervorragenden Blick bis zu den Hörselbergen nördlich EISENACH, ja sogar dem Schloss Friedenstein über GOTHA und dem Ettersberg bei WEIMAR – nur 1 ½ Stündchen hin und zurück!

Hinter dem **Rennsteig** geht es sofort wieder steil hinab und wenige hundert Meter später passieren wir das Ortsschild von RUHLA. Noch 100 m vor dem ersten Haus auf der rechten Seite fließt das **Rennflößchen** [N 50° 53' 24.0" E 10° 21' 19.0"] aus einem armdicken Rohr – möchten Sie es nicht in Ihren Wassertank umleiten (Parkplätze gegenüber)?
In RUHLA, einem kleinen Städtchen, das seit alters her bekannt war für seine Schmiedeeisenwaren und im letzten Jahrhundert durch seine Uhrenindustrie, kommen wir im Tal an eine Vorfahrtsstraße, schwenken links talwärts, dem Wegweiser zum **Mini-a-thür** folgend (PKW-Parkplatz auch für WOMOs!). Darunter stellen Sie sich als "Sprachwissenschaftler" völlig richtig eine Anlage mit den bedeutendsten Bauwerken Thüringens im Maßstab 1:25 (je Objekt ca. 0,3 - 1 m Höhe) vor.

(071) WOMO-Stellplatz: Ruhla/Mini-a-thür

GPS: N 50° 53' 56.3" E 10° 21' 25.3" **max. WOMOs:** 2-3.
Ausstattung/Lage: Mini-a-thür, Sommerrodelbahn, Wanderweg/Ortsrand.
Zufahrt: In Ruhla 1 km talwärts, dann 300 m links bergauf, ausgeschildert.
Hinweis: Links an der Anlage vorbei wandert man in 30 min. zum Carl-Alexander-Turm, den Sie bereits im Miniformat in Mini-a-thür gesehen haben.

Schmalkalden, Schloss Wilhelmsburg "en miniature"

Unbedingt sehenswert in RUHLA ist auch das **Tabakpfeifenmuseum** in der Ortsmitte (Obere Lindenstr. 30) und das **Uhrenmuseum** [N 50° 54' 10.5" E 10° 22' 3.6"; Bahnhofstr.] in der Uhrenfabrik „Gardé" (mit Werksverkauf, weiter talwärts). Rollt man an der Uhrenfabrik vorbei bis THAL, so findet man rechts zum **Schwimmbad** abbiegend ein Wiesenstück, das der Besitzer als **WOMO-Stellplatz** (ohne Einrichtungen) für stolze 6 € vermarktet [N50° 55' 05.4" E10° 23' 42.7"].
Links abbiegend erreicht man bald die sehenswerte **Tropfsteinhöhle** von KITTELSTHAL [N50° 55' 24.9" E10° 23' 31.0"].

Bergauf führt unser Weg weiter Richtung BAD LIEBENSTEIN. Der Dorfbach, keineswegs hochtrabend „Erbstrom“ genannt, trennte früher RUHLA in einen gothaischen und einen eisenachischen Teil, mit allen Konsequenzen: Zwei Kirchen, zwei Schulen, zwei ...

So können wir Ihnen leider nicht sagen, welch fürstlich Mäulchen sich aus dem **Fürstenbrunnen** [N 50° 52' 44.6" E 10° 22' 26.7"] exakt 50 m hinter dem Ortsendeschild von RUHLA, etwas unterhalb der Straße, labte. Leider ist der Quell seit Kyrill versiegt. Man munkelt, die schweren Maschinen der Waldarbeiter hätten ihn auf dem Gewissen...

100 m weiter, vor der Gaststätte „Schützenhaus“, wartet ein riesiger Parkplatz auf Bier- und Badefreunde und rechts des gastlichen Hauses können Sie im **Waldbad** (mit FKK-Liegewiese!) Ihren Wanderkörper erfrischen.

(072) WOMO-Badeplatz: Ruhla/Waldbad

GPS: N50° 52' 40.6" E10° 22' 24.9" **max. WOMOs:** >5.

Ausstattung/Lage: Freibad, (empfohlene) Gaststätte/Ortsrand. **Zufahrt:** s. Text.

Die Straße zieht weiter den Hang hinauf, rechterhand stehen, dicht nebeneinander, wie für den Sommer nur abgestellt, vier oder fünf Sprungschanzen am Hang. Beim **Skiloipengarten Ruhla** könnten Sie im Winter bei Flutlicht rodeln, im Sommer ist viel Platz für ein gemütliches Picknick [N 50° 52' 25.1" E 10° 22' 35.2"].

Wieder kreuzen wir den **Rennsteig**, nachdem der Kamm erreicht ist. Die Stelle ist nicht zu verfehlen, denn mitten auf die Straßenkreuzung hat man einen riesigen Steinklotz geschmissen, der eigentlich für ein Denkmal in Meiningen bestimmt war, bei der Größe glauben wir ohne weiteres, dass entweder die Achsen gebrochen oder die Zugpferde verendet waren.

Von der Glasbachswiese rechts kommt der **Rennsteig** und folgt nach links der Teerstraße Richtung WINTERSTEIN und BROTTERODE. Diese gabelt sich bereits nach 200 m wieder zu diesen zwei Orten und wartet mit einem großen **Wanderparkplatz** an der **Schillerbuche** mit Imbissbude auf.

(073) WOMO-Wanderparkplatz: Schillerbuche/Rennsteig

GPS: N 50° 51' 31.1" E 10° 23' 2.6" **max. WOMOs:** >5.

Ausstattung/Lage: Imbissbude, Dixiclo, Wanderwege, überdachte Tisch-Bank-Kombinationen/außerorts. **Zufahrt:** s. Text.

Der Parkplatz zieht sich weit in die Länge; an seinem Ende steht man unbehelligt von den Geräuschen der Straße ...

Gegenüber der Straße sollten Sie einen Blick auf die zwei **Schillerbuchen** werfen (alle anderen Bäume sind Fichten). Der tote Recke steht dort seit 1750 und wurde 1905 zur Schillerbuche ernannt – zum Andenken an den 100. Todestag des Dichters (1759 - 1805). Ob das erst kürzlich gepflanzte "Ersatzexemplar" wohl Schillers 300. Todestag erleben wird?

Natürlich haben wir auch einige kleine Wandervorschläge parat: Wir folgen dem Rennsteig ein paar Schritte nach Osten bis zu einer Waldwiese, der Wüstung Glasebach. Dort stand einst ein Dorf, erhalten sind jedoch nur die Grundmauern einer ehemaligen Wallfahrtskapelle.
Jetzt dürfen Sie die Qual der Wahl genießen: Nach links die Teerstraße überqueren und ein paar hundert Schritte zum Gerberstein (728 m) wandern (gelbe Markierung)? Von seiner Granitklippe aus hat man einen herrlichen Blick nach Süden über das Werratal.
Oder lieber nach rechts, 1 km hinab in den Luthergrund mit dem schönen Lutherdenkmal? Der Obelisk steht an der Stelle, wo Martin Luther am 4.5.1521, inzwischen in Acht und Bann und vogelfrei, auf Befehl seines Gönners Friedrich des Weisen, zum Schein gefangengenommen und in Sicherheit auf die Wartburg gebracht wurde; hinter dem Denkmal, im schattigen Halbrund, ein Brunnen. Das Lutherdenkmal kann man nicht auslassen, es ist aber auch, wie wir Ihnen gleich beschreiben werden, noch bequemer zu erreichen.

Zunächst kehren wir zur Straßengabelung mit dem Felsklotz zurück, halten links, bergab, auf BAD LIEBENSTEIN zu. Unsere Karte zeigt uns rechts der Straße die Glasbachquelle an und wir entdecken sie, genau 100 m nach dem Steinklotz, etwas unterhalb der Straße. Sie sprudelt kräftig aus einem dicken Rohr.
Nach dem schönen Plätzchen am Rennsteig notieren wir den nächsten Parkplatz, zu dem nach 500 m eine Teerzufahrt abzweigt, nur nebenbei.

Lutherdenkmal

Nach weiteren 1200 m führt ein schmales Teersträßchen nach links zum bereits beschriebenen **Lutherdenkmal** (die Abzweigung führt im spitzen Winkel zurück; Sie sollten lieber 50 m weiter auf dem Waldparkplatz wenden!).
Bereits nach 50 m dürfen (müssen) Sie an einem kleinen Picknickplatz [**074:** N 50° 51' 1.7" E 10° 22' 20.9"] (mit Wanderkarte) parken und die restlichen 250 m gemütlich zum bereits beschriebenen Denkmal spazieren.
Weiter und weiter kurven wir die Straße nach BAD LIEBENSTEIN hinab, lassen uns dann nach rechts zum „Landschaftspark Schloss Altenstein“ locken. Für einen kurzen Stopp kann man das WOMO vor dem klassizistischen Portalgebäude, in denen einst Schlossverwaltung, Marstall und Orangerie untergebracht waren, parken.

Für einen längeren Aufenthalt (oder einen ruhigen Nachtschlaf) haben wir zwei Vorschläge:
150 m vor dem Parkeingang geht es links 100 m zum "Waldhaus". Dort ist, zwar ohne Einrichtungen, ein ruhiger WOMO-Stellplatz [**075:** N 50° 50' 6.4" E 10° 21' 16.9"].
An der gleichen Stelle führt eine kurze Stichstraße nach rechts zum Waldhotel "Am Schlosspark". Ob sich die neuen Betreiber auf WOMO-Gäste freuen, würden wir uns für Sie wünschen [**076:** N 50° 50' 10.2" E 10° 21' 5.1"].

Seit 1982 stehen von dem Altensteiner Schloss, der Sommerresidenz der Meininger Herzöge nur noch die ausgebrannten Mauern, deren rot und grün glasierte Dachziegelrauten einen Eindruck vom Glanz vergangener Zeiten widerspiegeln. Der Park jedoch ist - eine Wucht. Selten bin ich mit so viel Genuss durch einen Landschaftspark, man kann es sagen, lustgewandelt: Ein einmaliger, alter Baumbestand, der natürliche Wechsel von Hügeln und Tälern, durch die sich die verschlungenen Wege ziehen; man muss dort gewesen sein!

Schloss Altenstein

Das Sträßchen umrundet weiter bergab den Schlosspark, eine Straße zweigt nach rechts zum Dörfchen SCHWEINA, wo wir einen Blick auf das neue Waldbad werfen müssen, einem Pilotobjekt.

Schweina: Waldbad

Die konventionelle Wasserreinigung auf Chlorbasis wird hier durch eine ökologische Wasseraufbereitung ersetzt, bei der das Wasser mit einem Pflanzenfilter auf biologische Weise gereinigt wird.

Wir finden es am Ortsende, rechts hinter dem Sportplatz. Rechts am Schwimmbad vorbei findet man dahinter ruhige Parkplätze [**077:** N 50° 50' 15.9" E 10° 20' 18.3"].
Bleibt man weiter geradeaus auf der Hauptstraße, gibt es nacheinander drei Dinge zu tun: Zunächst parken wir das WOMO links auf dem großen Parkplatz: Dann schlendern wir nach rechts zum Eingang der ALTENSTEINER HÖHLE (offen: Fr-Mi 10-17 Uhr).

Als man 1799 die Straße zum Schloss Altenstein anlegte, entdeckte man diese Karsthöhle, deren Kalkstein einst im Zechsteinmeer von Korallen aufgebaut worden war. 270 m Höhlengänge führen den Besucher durch das unterirdische Gewölbe. Eine Bärenhöhle tut sich auf, in der man Knochenreste der 2,80 m großen, eiszeitlichen Höhlenbären fand. Ein großer Saal dient wegen seiner hervorragenden Akustik häufig als Konzertsaal, gegenüber der Empore führt ein Gang zum Höhlendom, der größten und schönsten Halle mit Gewölben und Nebengängen, durch eine fensterartige Öffnung blicken wir auf den Höhlensee. An seinem Zufluss sind wir bereits 100 m unter der Erdoberfläche. Der unterirdische Bach, der vermutlich durch versickertes Wasser aus dem 2 km entfernten Farrenbach gespeist wird, hat sich, nachdem er die Höhle ausgewaschen hatte, einen neuen Weg gesucht und kommt in einer Grotte hinter dem **Glücksbrunner Park** zutage. Genau durch diesen Park sollten Sie zum Abschluss schlendern und einen Blick auf das **Barockschlösschen** werfen.

Die Straße nach BARCHFELD führt rechts am Zentrum des Kurortes BAD LIEBENSTEIN vorbei.
Falls Sie ein schwaches Herz haben, sind Sie hier richtig und sollten nach links einschwenken. Einen ersten Stopp kann man am Parkplatz [N 50° 49' 15.2" E 10° 21' 1.5"] des **Tierparkes** machen. 400 m weiter sichtet man linkerhand ein eigentümliches Gebäude mit gelbgrünem Glasturm. Dies ist die katholische Kirche – und neben ihr können Sie auf dem Riesenparkplatz [**078:** N 50° 49' 3.1" E 10° 21' 0.0"; Ruhlaer Str.] für 6,50 € eine ganze Woche parken (es geht auch stundenweise!).
Da heißt es, recht langsam und bedächtig durch den Elisabethpark und den anschließenden Kurpark zu schlendern.
Die Wanderwege hinauf zur **Burgruine Liebenstein** mit Resten eines gotischen Palas und einem schönen Blick hinaus ins **Werratal** dürfen Sie jedoch erst in Angriff nehmen, wenn Sie sich in einem der vielen Restaurants des Kurörtchens gestärkt haben.
In BARCHFELD stoßen wir bei der Löwenapotheke mit dem schönen **Thüringer Wappen** wieder auf die Hauptstraße, wenden uns nach links, sind auf der B 62 Richtung BAD SALZUNGEN. Wir überqueren die **Werra** und folgen einigen

kurzberockten Radlerinnen nach links, durch ein offenes Tor, zum **Badesee Immelborn**.

Alle Achtung, was Volkmar Ilgen aus dem ollen Baggersee gemacht habt, an dessen anderem Ende noch rostige Förderanlagen aus dem Wasser ragen. Zum Übernachten sollten Sie einen der straßenfernsten Plätze wählen, denn auf der B 62 braust der Verkehrslärm!

(079) WOMO-Campingplatz-Tipp: Badesee Immelborn

GPS: N 50° 47 47.9" E 10° 17' 27.2" **Öffnungszeiten:** 1. 5. - 30.9.

Zufahrt: Von Ruhla Rtg. Bad Liebenstein, 200 m nach dem Ortsendeschild rechts.

Ausstattung: wenig Schatten, Badesee (FKK) mit Schwimminsel, Liegewiese, Gaststätte mit Biergarten, Bootsverleih, Volleyballplatz, Tischtennisplatte, Kinderspielplatz; ca. 8 € (WOMO + 2 Personen); nächster Ort: 800 m.

Wenn schon Bad, dann bitte Kurbad?

Nur 5 km westlich liegt BAD SALZUNGEN. Starke Solequellen von 1-27% waren die Voraussetzung für den Bau eines Gradierwerkes und die Eröffnung des "Keltenbades". In ihm können Sie Therapie, Fitness, Bade- und Saunaspaß miteinander verbinden ...

Bad Salzungen: Keltenbad

Dafür brauchen Sie zunächst einen ordentlichen WOMO-Stellplatz? Davon gibt es gleich drei!
Lassen Sie sich vom Ortsrand aus einfach von den WOMO-Piktogrammen leiten:
Der **WOMO-Stellplatz "Flößrasen" [080:** N50° 48' 55.7" E10° 14' 15.6"] ist völlig neu angelegt, bietet Platz für ca. 80 Wohnmobile, Ver- und Entsorgung, Kanuanlegestelle und eine direkte Anbindung an das Keltenbad (Gebühr).
Der **WOMO-Stellplatz Werrastraße [080a:** N 50° 48' 57.0" E 10° 13' 45.1"] liegt 500 m westlich des Keltenbades nahe einer Straße – aber er ist kostenlos (Stromsäulen vorhanden). 250 m weiter westlich biegt die Straße nach rechts ab, man überquert die Werra und kurvt nach rechts auf den Stellplatz "Am Haad".

(081) WOMO-Stellplatz: Bad Salzungen/Am Haad

GPS: N 50° 49' 6.7" E 10° 14' 1.4"; Am Haad.
max. WOMOs: >5.
Ausstattung/Lage: Strom, Schatten, Liegewiese, Wanderweg/Ortsrand.
Zufahrt: Westl. Bad Salzungen die Werra überqueren, dann rechts, ausgeschildert.
Hinweise: 10-15 min. zum Keltenbad/Zentrum, Gebühr 3 €/Tag, Strom 2 €/Tag.

Im historischen Zentrum schlendern wir um den **Burgsee** mit seiner schönen Uferpromenade und den angrenzenden **Rathenaupark**, bevor wir uns in der Fußgängerzone um den **Markt** die alten Fachwerkhäuser, die Salzsieder- und Pfännerhäuschen und die Reste der **Stadtmauer** angucken.
Zurück in IMMELBORN schwenken wir nicht links mit der Hauptstraße zur Bahnunterführung, sondern folgen geradeaus der Karl-Marx-Straße Richtung BREITUNGEN nach Süden.
An einer ganzen Reihe von weiteren Seen kommen wir nun vorbei, rechterhand streifen uns die bewaldeten Höhen mit der Pleßkuppe (644 m).
Als wir nach 1,7 km, 200 m nach dem Weiler HAUENHOF, im Naturschutzgebiet **Forstloch-Riedwiesen** (mit einem natürlich entstandenen, nährstoffreichen Flachsee) die Hinweistafel studieren, hat uns die Natur wieder im Griff: Rechts der Straße ist ein kleiner Parkplatz [N 50° 46' 37.8" E 10° 17' 43.1"]. Zu Fuß überqueren wir die Bahnlinie links der Straße und setzen uns mit dem Fernrohr auf bequeme Bänkchen am schilfigen Ufer. Über 166 Vogelarten hat man hier bereits beobachtet. 32 von ihnen brüten in den sumpfigen, vor Neugierigen sicheren

Uferzonen, der Rest macht regelmäßig Rast beim Zug in den Süden und bei der Rückkehr nach Nord- und Osteuropa und findet Nachschub für den leeren Kropf. Wir studieren das lustige Köpfezucken beim Paarungsspiel einiger Entenarten und fühlen uns wohl in der Stille.

NSG Forstloch-Riedwiesen

Hat man auch NEUHOF durchquert und die Gaststätte "Wittgenthal" verweigert, findet man 200 m dahinter den kleinen Picknickplatz "Craimar" bei einem Fischteich. Von dort aus kann man auf dem Wanderweg "Grüner Winkel" zum Pleßturm wandern.

700 m danach gabelt sich die Straße, wir unterqueren nach links die Bahnlinie und haben sofort dahinter links den neuen Campingplatz von BREITUNGEN erreicht.

(082) WOMO-Campingplatz-Tipp: Kiesseecamping Breitungen

GPS: N 50° 45 36.0" E 10° 19' 9.7"

Öffnungszeiten: ganzjährig

Zufahrt: Von Immelborn nach Süden bis Breitungen, hinter Werra links.

Ausstattung: wenig Schatten, Badesee, Liegewiese, Gaststätte mit Biergarten, Kinderspielplatz; ca. 12 € (WOMO + 2 Personen) zzgl. VE + Strom; Ortsrand.

Unser nächstes Ziel ist das Restaurant „Seeblick“. Wir rollen zunächst 400 m weiter bis zu einem Kreisverkehr vor der **Werrabrücke**. Links liegt der **Festplatz** mit reichlich WOMO-

Platz am ruhig dahinrauschenden Fluss **[083:** N 50° 45' 39.6" E 10° 19' 32.0"; Salzunger Str.], nach rechts geht es in die Rathausstraße, bis uns nach 200 m nach rechts die Bahnhofstraße unter der Bahnlinie hindurch und dahinter sofort links einen Wiesenhang hinauf (rechterhand Wanderparkplatz [N 50° 44' 51.9" E 10° 19' 19.6"] mit Tisch und Bank) zur Gaststätte "Seeblick" oberhalb der **Breitunger Seen** geleitet!

(084) WOMO-Stellplatz: Breitungen/"Seeblick"

GPS: N 50° 44' 33.7" E 10° 19' 24.7"; Seeblick. **max. WOMOs:** 3-4.
Ausstattung/Lage: Tisch & Bank, Gaststätte, Wanderwege/bei Einzelgebäude.
Zufahrt: Hinter der Gaststätte links hinab zum WOMO-Platz beim Hirschgehege.
Hinweis: Gebühr 5 €, Strom 2 €, Einkehr nicht erforderlich.

Nicht ohne Grund erweckt das hübsche Restaurantgebäude den Eindruck, als müsse gleich der Förster vom Silberwald mit seinem treuen Dackel aus der Tür treten. Es ist das alte Jagdhaus, das, oh welche Weitsicht, vor Jahren auf der Kuppe des Pleßberges ab- und hier wieder aufgebaut wurde. In seinen Räumen kann man in äußert stilvoller und doch gemütlicher Atmosphäre gut speisen!
Am Waldrand beginnen Wanderwege, auch zum ursprünglichen Standort des "Pleßhauses", und vom Bänkchen genießt man einen Superblick über das NSG „Breitunger See", das Werratal und hinüber zu den Höhen des Thüringer Waldes.
Wir rollen wieder hinab, unter der Bahn durch. 400 m dahinter, vor dem Kreisverkehr kann man links parken [N 50° 45' 18.1" E 10° 19' 31.6"; Am Köpfchen]; rechts führen gut ausgeschilderte Wege durchs **NSG**, am Vorderen und dem Hinteren **Breitunger See** entlang. Die verschiedenen Wassertiefen und das flache Ufer bieten Lebensraum für viele Vogelarten, die Sie auf Ihrem Spazierweg beobachten können.

Vom Festplatz (Rathausstraße) oder unserem Wanderparkplatz kommt man nach rechts (Poststraße) nach 600 m zum **Zentrum** von FRAUENBREITUNGEN. Der Kirchplatz ist ein sehr schönes Ensemble aus alten Linden, einem holzgeschnitzten Brunnen, verschiedenen Fachwerkhäusern, der gemütlich-breiten, romanischen Pfarrkirche und, nicht zu vergessen, den Gaststätten „Zur Linde" und „Zur Markthalle".

Breitungen: Nebelidylle am Kirchplatz

Von hier aus geht es Richtung MEININGEN über die südliche Werrabrücke und dahinter zunächst links zum **Schloss** von HERRENBREITUNGEN. Interessanter als das Schloss ist die **Basilika** (geweiht 1112), die zu den wenigen romanischen Kleinodien der Region zählt [N 50° 45' 33.7" E 10° 20' 24.4"]. Jetzt haben wir noch etwa 6 km bis SCHMALKALDEN.
Für die Besichtigung von SCHMALKALDEN empfiehlt es sich, am Ortsende auf dem **P "Am Schloss"** [N 50° 43' 17.3" E 10° 27' 28.1"] links der Ausfallstraße nach SUHL zu parken (3 Std. kostenlos, WC), weil wir auch in diese Richtung unsere Fahrt fortsetzen werden. Vorher muss man natürlich am Ortsbeginn der **Viba-Nougat-Welt** einen Besuch abgestattet haben!

Seit dem Mittelalter war SCHMALKALDEN der Ort, wo quasi vor dem Übergang über den Thüringer Wald zum letzten Mal gerastet, Pferde gewechselt, Proviant gefasst wurde; seit 874 ist der Ort als Villa Smalecalta bekannt. Dass die Bewohner an den Reisenden nicht schlecht verdienten, werden wir bei unserem Stadtrundgang bald selbst beurteilen können.
Wir wenden uns von unserem Parkplatz nach Nordwesten und haben vor bzw. über uns die **Wilhelmsburg** (offen: 10-18 Uhr), ein prächtiges, vierflügeliges Schloss, das sich Landgraf Wilhelm IV. von Hessen 1586-90 im Renaissance-Stil als Jagd- und Sommersitz errichten ließ. Die steile Schlossgasse, die wir hinaufschnaufen, führt am Pfalzkeller vorbei, einem renommierten Speiselokal. Wer sich nicht mit dem Blick von den Terrassengärten des Schlosses über die Stadt begnügen möchte, kann in der Wilhelmsburg durch zweiunddreißig Museumsräume wandeln, sich dort über

Schmalkalden: Blick vom Schloss auf die Stadt

die industrielle Entwicklung Schmalkaldens informieren; die Historie des Schmalkaldener Bundes, in dem sich 1531 alle protestantischen Fürsten Deutschlands gegen Kaiser Karl V. und den Papst zusammenschlossen, wird erläutert, eine ganze Reihe prächtiger Räume des Schlosses, aber auch die Küche und die Schlosskapelle mit ihren schwungvollen Stuckverzierungen werden gezeigt. In der Kapelle wartet eine Besonderheit auf den Besucher: Altar, Kanzel und Orgel (übrigens die älteste Thüringens) sind übereinander angeordnet.

Schmalkalden: In der Altstadt

Der **Altmarkt** ist das historische Zentrum Schmalkaldens, um ihn gruppieren sich die schönsten Gebäude: Im Norden die spätgotische **Georgenkirche** mit ihrem schönen Netzgewölbe, im Westen das dreigeschossige Rathaus mit dem Staffelgiebel, durch dessen große Bogenfenster die Stadtherren vom Audienzsaal direkt auf das Marktgewühle hinabblicken können, im Osten stehen außer der **Todenwarthschen Kemenate** eine ganze Reihe von weiteren schönen Fachwerkbauten, lassen Lücken frei zu schmalen, mittelalterlich anmutenden Gassen.

Wir kehren zum **P "Am Schloss"** zurück, fahren weiter Richtung SUHL und biegen nach 1000 Metern links nach ASBACH ab. Wendet man sich an dieser Stelle nach rechts, so kommt man vor dem **Freibad** zum offiziellen **WOMO-Stellplatz**.

(085) WOMO-Stellplatz: Schmalkalden/Freibad "Näherstille"
GPS: N 50° 42' 53.2" E 10° 28' 5.8"; Am Schwimmbad. **max. WOMOs:** >5.
Ausstattung/Lage: Freibad, McDonald, laut/Ortsrand.
Zufahrt: Schmalkalden Rtg. Suhl, am Ortsrand rechts, ausgeschildert.

Jetzt freuen wir uns auf das **Schaubergwerk Finstertal** (April - Oktober Mi - So, 10 - 17 Uhr). Vor dem Ortsende von Asbach wartet links und rechts je ein kleiner Parkplatz [N 50° 44' 5.0" E 10° 30' 18.0"] auf Kunden, wir lassen uns ausrüsten mit Gummimänteln und Helmen und wissen bereits nach wenigen gebückten Metern im tropfenden Stollen, dass wir an der Arbeit im Berg keine große Freude gehabt hätten.

Mühsam, ja eine Knochenschinderei muss die Malocherei vor Ort gewesen sein, mit einfachem Werkzeug, schlechter Beleuchtung - und der ständigen Gefahr, lebendig begraben zu werden, sei es durch schlagende Wetter oder Einsturz der primitiven Stützen.
Erfolgreich waren die menschlichen Maulwürfe im Finstertal auch nicht, denn die mit Roteisen- und Manganerzen gefüllten Klüfte des Rotliegenden verloren allzu schnell ihre Abbauwürdigkeit, enttäuscht gab man auf: Ein letztes Mal versuchten es die Uranerzsucher vor wenigen Jahren vergeblich - Gottseidank! So blieb es der Initiative ortsansässiger Naturfreunde überlassen, die Stollen in ein Schaubergwerk zu verwandeln, in dem wir nicht nur das Gezähe, die Arbeitsgeräte des Bergmanns wie Keilhaue, Pickhammer und Hunt sowie später Bohrmaschine und Überkopflader kennenlernen, sondern auch einen unmittelbaren Eindruck von der Schufterei vor Ort erfahren.

Aufatmend begrüßen wir nach einer langen halben Stunde das Tageslicht.
Wir fahren an den letzten Häusern von Asbach vorbei nach Nordosten und biegen etwa 1 km hinter dem Ortsendeschild links nach STRUTH-HELMERSHOF/Bergsee Ebertswiese.
Eine Kaffeepause gefällig? Dann kommt Ihnen 100 m darauf, in einer Linkskurve, der **Wanderparkplatz** [N 50° 44' 11.2" E 10° 31' 6.9"] am Waldrand sicher gelegen!
In STRUTH-HELMERSHOF kann man das **Bergschwimmbad** für eine Abkühlung gerne empfehlen. Man findet es, wenn man am Ortsbeginn nach rechts abzweigt. Der Parkplatz davor ist groß und eben [**086:** N 50° 44' 40.5" E 10° 31' 1.1"].
In dem Dörfchen pflegt man noch einen schönen Pfingstbrauch: Die beiden Brunnen in der Ortsmitte sind so üppig mit Birken, Blumen und Moospolstern geschmückt, dass man sie darunter förmlich suchen muss. Hier [N 50° 44' 43.3" E 10° 30' 28.1"] tankt man besonders gerne!
In SCHNELLBACH wetteifert man mit den Brunnenschmückern

des Nachbardorfes. Hier biegen wir links, erreichen FLOH. Von hier aus empfiehlt sich unbedingt ein Abstecher zum **Bergsee Ebertswiese**, auch wenn er fast 5 km lang ist:
Nach 3 km passieren wir den Wanderparkplatz [N 50° 46' 20.7" E 10° 30' 34.1"] am Buchborn, nach 4,8 km erreichen wir den großen Parkplatz (mit Picknickhütte).

(087) WOMO-Bade- und Wanderparkplatz: Bergsee Ebertswiese
GPS: N 50° 46' 35.0" E 10° 31' 27.2" **max. WOMOs:** >5.
Ausstattung/Lage: Badesee, Gaststätte 500 m, Wanderwege/außerorts.
Zufahrt: In Floh rechts noch 4,8 km bergauf, ausgeschildert.

Noch 200 m führt die Asphaltstraße weiter, dann geht es links 100 m hinauf zum 3-15 Meter tiefen **Bergsee** im wildromantischem Felsenkessel, man fühlt sich wie ein Statist in einer Freischützaufführung.
Baden oder wandern – hier oben in 770 m Höhe ist beides in traumhafter Umgebung möglich!
Zurück in FLOH halten wir wieder auf SCHMALKALDEN zu. Nach 900 m rollen wir rechts auf den Parkplatz des **Technischen Museums Neue Hütte,** parken direkt neben einem kleinen Hochofen [N 50° 44' 56.6" E 10° 28' 13.9"].

Dieses für unsere größenverwöhnten Augen mit 9,35 m Höhe geradezu niedlich wirkende Industriedenkmal aus dem Jahre 1835 erschmolz, mit Holzkohle betrieben, zusammen mit seinem 11,70 m hohen Partner, jahrelang mehr Roheisen als alle anderen Anlagen der Umgebung zusammen und wurde erst 1924 stillgelegt. Der klassizistische Fachwerkbau daneben, die **Happelshütte,** die an Stelle eines alten Hammerwerkes aus dem Jahre 1656 erbaut wurde, verbirgt hinter seinen Mauern den aus einheimischen Sandsteinquadern errichteten „großen“ Hochofen. Er erhielt seine Verbrennungsluft von einem Winderhitzungsapparat mit Zylindergebläse, das durch ein 7 m großes Wasserrad angetrieben wurde. Für dieses musste wiederum Wasser der Schmalkalde in ein Kunstbett umgeleitet werden, floss schließlich durch ein hölzernes Gerinne in die Radstube des Hochofenhauses und nach getaner Arbeit durch einen unterirdischen Kanal wieder in sein altes Bett zurück. Auch an eventuellen Wassermangel hatte man gedacht, denn ein Hochofen arbeitet ja rund um die Uhr und kann nicht „Zwangspause“ machen: Eine Dampfmaschine, die in erster Linie den Gichtaufzug und die Gleichstromlichtmaschine ankurbelte, konnte über Transmissionsriemen auch den Gebläseantrieb übernehmen. Es ist ein Glück und ein technischer Genuss, dass das komplette Gerät bis in unsere Zeit erhalten blieb und nun bestaunt werden kann (Mi - So, 10 - 17 Uhr).

Tipp für Radler: Auf der anderen Straßenseite wartet ein Picknickplatz am **Mommelsteinradweg** auf Sie, der von Schmalkalden bis zum Rennsteig führt.

Wir lenken unser WOMO wieder nach Norden bis SELIGENTHAL, biegen dort links nach TRUSETAL ab. Natürlich ist unser eigentliches Ziel der **Trusetaler Wasserfall,** aber das Dörfchen hat mehr zu bieten!

Hinter dem Ortsschild liegt rechterhand das Besucherbergwerk "Hühn" (offen: tgl. ab 10 Uhr). Bei einer Führung erfährt man nicht nur alles über den Flussspatabbau bis 1992, sondern bekommt auch alle Werkzeuge und Ausrüstungsgegenstände erklärt (oder wissen Sie, wie unter Tage eine Toilette aussieht?).

Auf dem Gelände ist viel Platz. Zum Beispiel oberhalb des Kräutergartens oder unterhalb, bei den Schienen. Sie sind auf jeden Fall als Übernachtungsgast willkommen!

(088) WOMO-Stellplatz: Trusetal/ Besucherbergwerk "Hühn"

GPS: N 50° 47' 5.5" E 10° 25' 23.3"
max. WOMOs: 2-3.
Ausstattung/Lage: Besucherbergwerk, Tisch & Bank, Gaststätte im Ort/Ortsrand.
Zufahrt: Am Ortsbeginn von Trusetal rechts, ausgeschildert.

1 km weiter (der Ort ist sehr in die Länge gezogen) passieren wir einen Brunnen [N 50° 47' 12.4" E 10° 24' 43.6"] und 600 m, nachdem wir an einer Vorfahrtsstraße rechts gebogen sind, halten wir zum zweiten Mal rechts der Straße, um eine geologische Besonderheit zu begucken, den **Trusetaler Hauptgang:**

Die senkrechte Porphyreinsprengung im groben Granit lockte die Straßenbauer an, denn der feinkristalline Porphyr war begehrt als Pflastersteinmaterial. So erblickt das geologisch geschulte Auge zwar noch die beiden steilen Granitränder, dazwischen jedoch - nichts; das Porphyrband wurde vollständig in kleine Würfel zerlegt und dröhnt auf vielen Straßen unter unseren Gürtelreifen.

An Sehenswürdigkeiten ist der Thüringer Wald wahrlich nicht arm, an Wasserfällen mangelt es jedoch - und der höchste, der Spitterfall bei TAMBACH-DIETHARZ ist gerade mal 19 m hoch. Was lag also näher, als sich selber eine ordentliche Kaskade zu basteln – den **Trusetaler Wasserfall** (Foto)!
Ein 50 m hoher Steilabfall war schnell gefunden, die **Truse** in der Nähe lieferte das Wasser – und seit 1867 lässt sich der staunende Besucher gerne von der Gischt der mal mehr, oft weniger üppig herabschießenden Wassermassen besprühen.

Ausreichend ist auf jeden Fall der Parkraum [N 50° 47' 45.8" E 10° 25' 17.8"] zwischen dem Wasserfall und dem originellen Zwergenpark (über Geschmack sollte man auch an dieser Stelle nicht streiten!); offen tgl. 10-17 Uhr.

Ein Foto vom Fuße des Wasserfalls aus ist natürlich obligatorisch. Noch schöner ist der 3,5 km kurze (gebührenpflichtige) Rundwanderweg, der rechts des Zwergenparkes bergan beginnt und in seinem Verlauf die gesamte Entstehungsgeschichte des Wasserfalles "vor Ort" erläutert.
Immer weiter halten wir nach Norden, auf den Kamm des Thüringer Waldes zu. Unmittelbar vor BROTTERODE links, an der Truse, wartet ein Rastplatz [N 50° 48' 45.7" E 10° 25' 50.2"] mit Tisch-Bank-Kombination. Dort ist die **Truse** zwar nur ein unauffälliges Bächlein – dafür rastet man ohne Trubel.
Der Erholungs- und Wintersportort BROTTERODE liegt bereits 576 m hoch und ist mit seiner Inselbergschanze einer der Austragungsorte der Thüringer Dreischanzentournee. Der WOMO-Urlauber macht natürlich einen 3-km-Abstecher zum 700 m hohen **Mommelstein**, um den Blick auf die Rhön und den Thüringer Wald mit dem Großen Inselsberg zu genießen und unterwegs wirft er einen Blick auf die Schanze!
Zu diesem Zwecke muss er in der Ortsmitte nur dem Wegweiser "Inselbergschanze" folgen und nach 600 m auf P2 [N 50° 49' 6.5" E 10° 26' 39.7"] stoppen und zum Schanzenauslauf hinüberspazieren.
Dann setzt sich der Weg als Schotterbahn fort und nach 3 km bergauf steht man auf dem Wanderparkplatz neben dem Berggasthaus "Zum Fuchsbau".

(089) WOMO-Gaststätte: Brotterode/"Zum Fuchsbau"

GPS: N 50° 48' 7.7" E 10° 26' 55.3"; 702 m. **max. WOMOs:** 3-4.
Ausstattung/Lage: Gaststätte, Wanderwege/bei Einzelgebäude.
Zufahrt: In Brotterode an der Inselbergschanze vorbei noch 3 km.
Hinweis: Bitte mit dem WOMO-Buch in der Gaststätte anmelden, Einkehr wird erwartet.

Nach rechts sind es nur 300 m zum **Aussichtsfelsen Mommelstein** mit überdachter Tisch-Bank-Kombination. Der beste Termin für klares Foto-shooting ist der frühe Morgen.

Ein weiterer Wegweiser leitet uns in BROTTERODE zum **Inselbergbad** (offen: 10-21 Uhr). Auf dem riesigen Parkplatz [**090:** N 50° 49' 23.6" E 10° 27' 12.9"] mit reservierten (kostenlosen) WOMO-Stellplätzen kann man nach Hallenbad- oder/ und Saunabesuch sein müdes Haupt betten.

Noch knapp 4 km haben wir uns bis zum prägnantesten Gipfel des Thüringer Waldes, dem 916 m hohen **Großen Inselsberg** hinaufzuschrauben. 1600 m nach BROTTERODE haben wir das besonders reizende **Picknickplätzchen** "Gabel" entdeckt: Rechts der Straße kann man zu einem Parkplatz [N 50° 50' 13.1" E 10° 28' 16.3"] mit kleinem Teich am Waldrand hinabfahren, überdachte Tische stehen am Ufer, ein Kneippbecken wartet auf Ihre verkrampften Beine und ein zutraulicher Erpel im glänzenden Brautgefieder blinzelt uns von der Wasserfläche an. Der Blick auf den Inselsberg mit seinen Antennenmasten wird nicht von Bäumen verdeckt und das Murmeln des kleinen Wiesenbächleins, das unseren Erpelteich füllt, stört nicht unsere Nachmittags-Kaffee-Rast.

Noch zwei Kurven oder auch 1700 m, und wir haben den Parkplatz **Grenzwiese** [N 50° 50' 39.9" E 10° 28' 58.6"] erreicht, den Ausgangspunkt für die bequemste (?) Inselsbergersteigung (der Parkplatz kostet tagsüber 4 €, nachts gesperrt). Oder bevorzugen Sie den "Funpark" mit Sommerrodelbahn?

Auf dem Großen Inselsberg (916 m über NN)

Wir machen uns an den Aufstieg, folgen den weißen „R“ des Rennsteigs. Der Fußweg ist breit geteert, so dass bodygebuildete Jungväter durchaus den Kinderwagen hochschieben können. Es ist allerdings keine Schande, wenn mittelalte Fußgänger für den nur etwa 1 km kurzen Weg 20 - 25 Minuten benötigen, denn es geht gehörig bergauf. Asphaltverachtende Bergziegen können auf halbem Wege nach links in einen Treppenweg einschwenken und ein Felsenpanorama durchkraxeln, das ihnen auf dem Teerweg entgehen würde.

Auf dem Gipfelplateau machen sich die Gaststätten "Stöhr" und „Stadt Gotha" Konkurrenz, an einer Außenterrasse wird eifrig renoviert, damit der ermattete Wandersmann einen einwandfreien Rundblick genießen kann. Dieser ist allerdings stark witterungsabhängig: Oft sind die Täler im Dunst und man hat dafür eine extreme Fernsicht bis zum Brocken - noch häufiger allerdings hüllt sich der Gipfel selbst in Wolken.

Natürlich werden die Getränke für die Gaststätten nicht per Muli hinaufbefördert! 500 m weiter zweigt nach links die bestens gepflasterte Auffahrt zum Inselsberg ab. Oben angekommen, findet man rechterhand kostenlose Parkplätze mit Superaussicht vor.

(091) WOMO-Wanderparkplatz: Inselsberg

GPS: N 50° 51' 6.3" E 10° 28' 1.0"; 900 m **max. WOMOs:** 2-3.
Ausstattung/Lage: Gaststätten, Wanderwege/bei Einzelgebäuden.
Zufahrt: Vom Parkplatz "Grenzwiese" 500 m Rtg. Tabarz, dann links 1500 m.

Diesen Platz hatten wir so ins Herz geschlossen, dass wir einst dort ganz allein und romantisch Silvester feiern wollten. Gegen 20 Uhr kamen wir an, als die letzten Ausflügler den Parkplatz verließen, die Gaststätten hatten schon geschlossen. Wir genossen bei allerlei Leckereien den Superblick über Nordthüringen, freuten uns schon darauf, ganz allein eine Feuerwerksorgie von oben beobachten zu können.
Da schnauften die ersten PKWs herauf, Stühle, Glühwein, warme Würstchen wurden ausgepackt, nach und nach füllte sich der Platz. Wir verließen das WOMO und gesellten uns zu den anderen, die neugierig-verwunderte Blicke ins WOMO-Innere warfen. Plötzlich erhob sich, wie an Schnüren gezogen, eine Nebelwand rings um uns. Die mitternächtlichen Raketen verschwanden nach wenigen Metern im Nichts so wie alle PKWs, um uns allein und ungestört auf unserem Traumplatz ins Neue Jahr schlafen zu lassen.

Weitere Wanderparkplätze liegen 600 m nach der **Grenzwiese** Richtung TABARZ rechts und links der Straße. Von dort aus führen (nicht geteerte) Wanderwege zum Inselsberg, einer über die Talstation des Skihanges, der andere direkt und ebenfalls 20 Minuten lang. Das einzige, worauf Sie bei diesen Wegen verzichten müssen, sind die großen, weißen „R“ an den Bäumen...

Einige Serpentinen weiter unten gähnt uns ein Riesenloch im Felshang an, das „Hartsteinwerk Tabarz“ und folgerichtig dröhnen wir wenig später in TABARZ auf vermutlich Original Tabarzer Hartsteinpflaster dahin.

Bei den ersten Häusern von TABARZ (eigentlich sind wir erst im Ortsteil CABARZ) weist uns ein Schild nach links zur **Fischbacher Bergbühne** und direkt am Ortsschild von FISCHBACH zeigt der nächste Wegweiser wieder nach links zur Bergbühne. Die Stichstraße endet am Waldrand beim großen, idyllisch gelegenen - und außerhalb der Vorstellungen völlig einsamen, leider recht schrägen Parkplatz [**092:** N 50° 52' 58.7" E 10° 28' 51.0"].

Fischbach: Bergbühne

Von hier aus schlendert man bis zur Bergbühne durch einen gepflegten, ruhigen, schattigen Park mit Teich und Kinderspielplatz. Wie gerne würden wir Ihnen diese Wege für Ihren Abendspaziergang und den Parkplatz als Übernachtungsplätzchen empfehlen, wenn die weite Teerfläche nicht eine solch unangenehme Schräglage hätte. Aber vielleicht haben Sie eine Ladung Unterlegbretter mit....

Unser nächster Übernachtungsvorschlag hingegen ist topfeben - und gleichzeitig Ausgangspunkt für die malerischsten Wanderungen im Thüringer Wald.

Wir fahren nach CABARZ zurück und suchen uns zunächst den kürzesten Weg zum Ortsteil TABARZ: Gegenüber der Kirche biegen wir rechts in die Walter-Rathenau-Straße ein, die direkt auf die Kirche von Tabarz zuhält. An ihr fahren wir links vorbei, überqueren die Laucha (die wir noch näher kennenlernen werden) und schwenken am Springbrunnen (sicher gestiftet vom Hartsteinwerk) nach rechts in die Lauchagrundstraße, rollen auf ihr zunächst am **Kurpark** entlang neben einem Spazierweg (wie es schon Dr. Heinrich Hoffmann, der Verfasser des „Struwwelpeter" tat). Im Andenken an den schriftstellernden Arzt hat man ihn mit sehenswerten, holzgeschnitzten **Struwwelpeterfiguren** verziert.

Tabarz: Struwwelpeterfigur am Kurpark

Dann liegt rechts die Kneippanlage Arenaris-Quelle [N 50° 52' 6.5" E 10° 30' 39.6"] in einem Bestand seltener Bäume.
Weiter geht es auf der geteerten Fahrstraße (kinderwagen- und fahrradgeeignet). Jetzt nimmt uns der romantische **Lauchagrund** auf. Ein kurzer Stopp empfiehlt sich am dekorativen **Lutherbrunnen** [N 50° 51' 52.2" E 10° 30' 28.9"] mit sprudelndem Löwenkopf, steinernen Sitzbänken und gepflegtem Blumenrondell. Als WOMO-Wasserspender eignet sich der Lutherbrunnen nur, wenn man viel Geduld mitbringt, denn bei dem mehr mund- als kanistergerechten Wasserstrahl wäre statt dem Spruch „Ein' feste Burg ist unser Gott" eher „Steter Tropfen höhlt den Stein" angebracht gewesen – aber der ist eben nicht von Luther...
An der **Laucha** entlang dürfen wir noch bis zur **Massemühle** fahren [N 50° 51' 41.4" E 10° 30' 23.1"], dann geht es per pedes auf dem gesperrten Weg (mit ornithologischem Lehrpfad) weiter.

Nach 7 Minuten entdecken wir den hölzernen Wegweiser zum **Backofenloch**, einer der für dieses Tal typischen Felsenhöhlung, zu der es gilt, einige Stufen rechts den Hang hinaufzukraxeln. Dabei bekommt man einen ersten Vorgeschmack auf die Naturschönheiten des Felsentales, das 3 Minuten später, dort, wo von rechts die **Strenge** in die **Laucha** fließt, beginnt: Steintürme, schroff und steil, ragen aus dem Tannengrün, können umgangen und erklettert werden, bieten von ihrer steilen Warte aus Panoramablicke in den **Lauchagrund**.

3 Minuten später, wie gesagt, fließen an einem **Picknickplatz** die beiden Bäche zusammen, bilden schon für sich ein liebliches Plätzchen. Zwei Fahrwege folgen den Bächen (der linke führt zur Tanzlinde und der rechte, durch das eigentliche Felsental, zum Inselsberg). Nach 100 m auf dem linken geht es recht steil hinauf zur Hauptattraktion unseres Spazierganges, dem **Torstein** (Wegweiser).
Schnaufend stapfen wir empor, sind völlig allein in der stillen Natur, stehen nach 10 min. vor dem grandiosen Naturwunder:

Tabarz: Torstein, von vorn (oben) und von hinten (unten)

Ein gespannter Gesteinsbogen, wie in der Bewegung erstarrt; der Betrachter rechnet jeden Augenblick damit, dass er sich entweder aufrichtet - oder vor Erschöpfung zusammenbricht. Ein Platz, um stundenlang zu sitzen und zu träumen.
Unser Weg bis zum **Torstein** dauerte, Pausen nicht mitgerechnet, 20 Minuten. Als gemütlicher Spaziergang mit beschaulichen „Rast- und Fotoeinlagen“ also eine Sache von etwa einer Stunde (hin und zurück).
Wir spazieren vom Torstein weiter auf dem ebenen Bergrücken entlang bis zur Grenze des NSG "Kleiner Wagenberg" mit einer Info-Tafel. Hier stoßen wir auf eine Wegespinne, folgen dem breiten Fahrweg nach rechts hinab (Tabarz 3,7 km). 200 m später erreichen wir die **Strenge** und folgen ihr weiter talwärts, vorbei an den rotbraunen, senkrechten Basalttürmen des Felsentales, bis wir am Zusammenfluss von Strenge und Laucha wieder auf den Teerweg treffen, auf dem wir zu unserem WOMO zurückkehren.

Tabarz hat nicht nur den Lauchagrund und das Felsental! Die beste Belohnung für Ihre ausgedehnten Wandertouren ist TABBS, das Tabarzer Badezentrum (tgl. 10-22 Uhr) mit offiziellen WOMO-Stellplätzen (außer Kurtaxe kostenlos).

(093) WOMO-Badeplatz: Tabarz/TABBS

GPS: N 50° 52' 40.8 E 10° 31' 12.1" **max. WOMOs:** 8.
Ausstattung/Lage: Hallenbad (mit zwei Rutschbahnen, Whirlpool, Außenbecken), Sauna, Fitness-Center usw./Ortsrand, ab 22 Uhr ruhig.
Zufahrt: Am östlichen Ortsrand von Tabarz, ausgeschildert.

Auch weiter entfernte Ziele sind von TABARZ aus leicht erreichbar, selbst wenn man mal lenkradmüde ist, denn TABARZ ist Endstation der **Thüringerwaldbahn**, die bei Lichte besehen weiter nichts als eine Gothaer Straßenbahn ist, die sich verlaufen, pardon, verfahren hat. Mit ihr kann man sich von morgens um Fünfe bis nachts um Elfe ermüdungsfrei durch die liebliche Landschaft schaukeln lassen - in fünf Minuten wären Sie z. B. direkt vor der **Marienglashöhle** von FRIEDRICHRODA und in einer Stunde mitten in GOTHA. Straßenbahn fahren durchs Grüne - sicher etwas Neues auch für Sie! Die Endstation der Straßenbahn liegt nur 400 m südlich vom TABBS [N 50° 52' 29.6" E 10° 31' 10.7"].
Wir rollen auf unseren eigenen Rädern neben den Schienen der Thüringerwaldbahn aus TABARZ heraus, münden in die B 88 Richtung GOTHA, folgen weiterhin dem schmalen Schienenstrang. Noch vor FRIEDRICHRODA führt ein kurzer, unübersehbarer Fahrweg zum großen Parkplatz vor der **Marienglashöhle** und dem Waldgasthaus St. Marien. Der Parkplatz [**094:** N 50° 51' 53.2" E 10° 32' 34.4"] bietet eine ganze Reihe von schönen Plätzen direkt am Waldrand, ruhig wird er trotz der Attraktivität der Höhle nachts sicherlich sein.

Täglich von 9 - 17 (16) Uhr kann man in die kristallene Unterwelt hinabtauchen, die eigentlich ein ehemaliges Gipsbergwerk ist. Aber Gips, der so bescheiden Risse im Putz füllt oder sich geduldig zu Stuckverzierungen formen lässt, kann auch zu fast 1 m langen, wasserklaren Nadeln auskristallisieren - und die nennt man eben Marienglas. Die Marienglashöhle hat nicht nur ein paar Gipskristalle vorzuweisen, nein, eine ganze, effektvoll beleuchtete Kristallgrotte, die sie zur größten und schönsten Kristallhöhle Europas macht - und zusätzlich erfährt man noch viel Lehrreiches über die Geologie des Thüringer Waldes.

Vom Parkplatz bei der Marienglashöhle kann man bequem durch schattigen Wald nach FRIEDRICHRODA spazieren (knapp 2 km). Wer seine Füße schon in der Unterwelt zu stark strapaziert hat, dieselt bis zum Ortseingang und parkt vor dem Schwimmbad [N 50° 51' 35.1" E 10° 33' 22.4"] links der Straße. Von hier aus führt ein Fußweg über die Schienen der Thüringerwaldbahn direkt in den Stadtpark, der unmittelbar in den

Landschaftspark des **Schlosses Reinhardsbrunn** übergeht und ins Zentrum des beliebten Urlaubsortes.
Wir biegen noch vor dem Schwimmbad links Richtung GOTHA und rollen an den Klostermauern der ehemaligen Benediktinerabtei, die den **Landschaftspark** abgrenzen, bis zum Parkplatz vor dem **Schloss Reinhardsbrunn**.
Das im 19. Jahrhundert auf den Grundmauern des abgebrannten Klosters als Lustschloss erbaute Kleinod beherbergte bis vor kurzem ein Nobelhotel. Hier konnte man durch einen wahrhaft herrlichen Landschaftspark lustwandeln. Um so geschockter waren wir, als wir bei unserem letzten Besuch vor verschlossenen Toren standen. Das Hotel ist geschlossen, der Park verwildert – ein Investor ist in den Weiten Russlands untergetaucht. Wie gerne würden wir nach dem Park-Spaziergang wieder das Filet vom Angusrind bestellen...
Aber auch die benachbarte SB-Gaststätte "Fischerhof" mit Frischem aus dem eigenen Teich ist zu empfehlen – und nach dem Genuss eine Ruderpartie auf dem nur 200 m straßenabwärts gelegenen **Gondelteich**; davor großer **Parkplatz** [N 50° 52' 12.9" E 10° 33' 36.8"] mit Imbissbude.

Friedrichroda: Gondelteich

Ein schöner Spazierweg führt von dem Gondelteich, der einer von mehreren ehemals von den Mönchen angelegten Fischteichen ist, am Waldrand entlang in einem halben Stündchen bis SCHNEPFENTHAL.
Wir ziehen die Köpfe ein, als wir auf der Weiterfahrt Richtung GOTHA die Thüringerwaldbahn mit einer lichten Höhe von 3,20 m unterqueren. In SCHNEPFENTHAL, dort, wo die Hauptstraße im rechten Winkel nach links abbiegt um kurz darauf die Bahnlinie zu überqueren, schwenken wir nach rechts, folgen der Salzmannstraße steil den Hügel hinauf, halten, oben angekommen, vor der Gaststätte „Zur Tanne“ [N 50° 52' 53.6" E 10° 34' 44.8"].

Links am Gebäude vorbei führt ein Weg nach ein paar Schritten zum Waldrand, wo der Turnplatz der **Salzmannschule** lag, eigentlich der erste Gymnastikplatz Deutschlands. Die historischen, hölzernen Turngeräte, die Johann Christoph Friedrich Gutsmuths (1759 - 1839), der Begründer der neuzeitlichen Körpererziehung, entwarf, wurden restauriert und an ihrem Originalplatz aufgestellt: Barren, Reck, Balken - über 200 Jahre sind seit ihrer Entwicklung vergangen, verändert haben sie sich kaum.

Schnepfenthal: Gutsmuths Gymnastikplatz

Gleich hinter der Bahnlinie liegt links die Erziehungsanstalt des Pädagogen Salzmann. Weit seiner Zeit voraus vertrat er eine natürliche Ausbildung von Geist und Körper und eine vertrauensvolle Zusammenarbeit zwischen Lehrern und Schülern - welch Gegensatz zum Untertanengeist preußischer Prägung....

Wir durchqueren WALTERSHAUSEN, das sich im 14. Jahrhundert als befestigte Stadt um die **Burg Tenneberg** entwickelt hat. Aus dieser Zeit sind noch bemerkenswerte Reste der Stadtbefestigung erhalten, der quadratische Marktplatz glänzt mit einem achteckigen Brunnen.

Zwei Bauwerke sind unbedingt sehenswert:

Das **Schloss Tenneberg** [N 50° 53' 43.2" E 10° 31' 9.5"]

Schloss Tenneberg

Waltershausen: Deckengemälde im Schloss Tenneberg

(Zufahrt steil und schmal, aber oben Parkplätze, offen Mi-So 10-17 Uhr) und die barocke **Stadtkirche** [N 50° 53' 51.9" E 10° 33' 23.2"], beide vom Architekten des Gothaer Schlosses umgebaut, beide vom gleichen Maler ausgestaltet. Vor allem mit der Stadtkirche (einem Zentralbau ähnlich der **Frauenkirche** in DRESDEN) schufen sie ein einmaliges Kunstwerk, wohl die bedeutendste protestantisch-barocke Kirche überhaupt (mit der größten Orgel der Bachzeit). Die Kirchendecke trägt – wie die Decke des **Festsaales** im Schloss – eine solch geniale Bemalung, dass man schwören würde, eine Kuppel über sich zu haben – eine verblüffende Illusion.

Die Stadtkirche bildet mit dem **historischen Rathaus** und dem schönen **Brunnen** ein sehenswertes Markt-Ensemble; der i-Punkt mit Info-Material und öffentlichen Toiletten sei ebenfalls erwähnt.

Wir verlassen WALTERSHAUSEN nach Osten und haben 12 km später den Stadtrand von GOTHA erreicht.

Waltershausen: Kirchendecke

KARTE TOUR 4 + 5

TOUR 4 (ca. 135 km)

Gotha - Drei Gleichen - Arnstadt - Ilmenau - Kickelhahn - Stadtilm - Hohenfelden - Erfurt

Freie Übernachtung:	Gotha, Wachsenburg, Plaue, Ilmenau, Singen, Kleinhettstedt, Kranichfeld, Hohenfelden, Riechheim, Erfurt.
Ver-/Entsorgung:	u.a. Plaue (W), Martinroda (W), Ilmenau (V/E), Singen (W).
Campingplätze:	u.a. Hohenfelden.
Baden:	u.a. Gotha, Hohenfelden, Erfurt.
Besichtigungen:	Gotha, Drei Gleichen, Arnstadt, Singen (Brauerei), Kranichfeld, Hohenfelden (Freilichtmuseum).
Wandern:	Wachsenburg, Ilmenau (Kickelhahn), Riechheimer Berg.

Ganz egal, aus welcher Richtung man sich dem Zentrum von GOTHA nähert – das alles überragende **Schloss Friedenstein** weist einem den Weg zu einem Ausgangspunkt für die Stadtbesichtigung, denn rings um den riesigen Schlosspark müsste man eigentlich einen freien Parkplatz finden!
Wir fahren bis zum Bahnhof, dort links die Jägerstraße hinauf bis zur Parkallee (rechts geht's zum Platz 095), umrunden den oberen **Schlosspark** im Uhrzeigersinn, entdecken dabei auf der Westseite des Parkes, in der Lindenauallee [N 50° 56' 40.0" E 10° 42' 6.8"] etwas Parkraum (nur für kleine WOMOs). Einen großen Parkplatz am Nordwesteck der Altstadt hat Kaufland [N50° 56' 57.3" E10° 41' 48.4"] (max. 2 Std.).

Unser erster Weg führt natürlich zum Schloss (Foto). Von Süden aus öffnet sich die dreiflügelige Anlage dem Besucher sozusagen mit offenen Armen.

In entgegengesetzter Richtung, etwas unterhalb und auf der anderen Seite der Parkallee protzt ein riesiges Gebäude im Neurenaissancestil, das **Naturkundemuseum** (offen: Di-So 10-17 Uhr). Dort werden, wie der umfassende Name schon andeutet, Ausstellungen aus den Bereichen der toten (Erdgeschichte, Gesteine) und der lebendigen (Vögel, Säugetiere) Natur gezeigt sowie eine Sonderabteilung Thüringer Wald.
Wir schlendern über den riesigen Schlosshof. **Schloss Friedenstein**, unmittelbar nach dem 30-jährigen Krieg von Ernst dem Frommen erbaut, zeigt sich von außen, vom riesigen Format mal abgesehen, recht bescheiden, beherbergt im Inneren aber manche Überraschung: Thronsaal

und Schlosskirche prangen in der Pracht des Barock, und die endlosen Raumfluchten beherbergen das Gothaer Schlossmuseum mit einer unvergleichlichen Kunstsammlung, die von antiker, ägyptischer und ostasiatischer Kunst über die mittelalterliche und niederländische Malerei bis zu einer der größten Münzsammlungen reicht. Auf ein Gemälde sei besonders hingewiesen, das wohl berühmteste Portrait eines Liebespaares, eben das „Gothaer Liebespaar". Das spätgotische Meisterwerk ist nicht signiert, aber es strahlt in der Pracht seiner Farben, ist einmalig in der Wiedergabe einer zutiefst gefühlvollen Stimmung....

Die Krönung jedoch ist das **Hoftheater** (Ekhof-Theater), das nicht nur das erste seiner Art ist, sondern dessen historische Technik auch noch vollständig erhalten geblieben ist – wen wundert's, dass Vorstellungen in diesem glanzvollen Rahmen stets ausverkauft sind!

Ein ausgedehnter Parkbummel sollte bei schönem Wetter nicht ausgelassen werden, das kleine Teeschlösschen in Form einer gotischen Kapelle entdeckt man dabei, das der Landesherr Ernst II. 1786 für den Kaffeeklatsch seiner Gemahlin Marie Charlotte Amalie erbauen ließ, auf dem Parkteich darf man gondeln – und das Café in der Orangerie wartet auf mit verschiedenen Torten und einer guten Tasse Kaffee.

Vom Nordportal des Schlosses blicken wir über die „Wasserkunst" hinab zum Hauptmarkt.

Früher gründete man Städte meist an Flüssen bzw. ihren Furten, GOTHA mangelt es an ersterem (und dadurch logischerweise auch an zweiterem). Folglich wurde, dem immer größer werdenden Wasserbedarf Rechnung tragend, bereits 1369 der Leina-Kanal angelegt, der nicht nur Trinkwasser von der aus dem Thüringer Wald herabfließenden Leina abzapft und umleitet, sondern an dem eine ganze Reihe von Mühlen gebaut werden konnte, von denen eine, die Bergmühle, und jetzt wird's kurios, als Pumpwerk Trinkwasser für alle Brunnen der Stadt lieferte. Erst im letzten Jahrhundert wurde die Mühle durch die „Wasserkunst" abgelöst und der Ablauf unterhalb des Schlosses zu prächtigen Kaskaden gestaltet.

Gotha: Blick von der Wasserkunst auf den Markt

Rechts der mit bunten Blumenbeeten verzierten „Wasserkunst" steigen wir zum Hauptmarkt hinab, das erste Gebäude rechts (Schlossberg 1) beherbergt das Thüringer Landesvermessungsamt. Wo könnte man sonst eine neuere Karte Thüringens bekommen als dort – und eine bessere, denn Gotha hat Weltruf durch den Verlag Justus Perthes, der bereits seit 1785 so berühmte Atlanten herausbrachte wie den „Sydow", einst das Standardwerk aller Weltenbummel und wer „Petermanns Mitteilungen“ abonniert hatte, der erfuhr früher als alle anderen, welche weißen Flecken auf dem Globus des 19. Jahrhunderts durch atemberaubende Entdeckungen verschwanden. Vieles aus dem Verlag Perthes finden wir auch wieder im Kartographischen Museum, das im Westturm des Schlosses zu Hause ist. Der längliche Hauptmarkt wird beherrscht von dem im traditionellen weinrot gehaltenen Renaissance-Rathaus in seiner Mitte. Die reichverzierte Nordfassade mit dem prächtigen Wappenportal (Foto) ist allein schon eine Reise wert, aber auch das Lucas-Cranach-Haus und der barocke Schalenbrunnen sind sehenswerte Bauwerke aus der Glanzzeit GOTHAS. Hinter der Innungshalle (davor Café im Freien) spazieren wir zum Neumarkt mit der Stadtkirche, schwenken zweimal rechts und kehren über den Buttermarkt zum Rathaus zurück, wobei wir die historischen Hausmarken (Familien- bzw. Handwerkssymbole) und die Barock-/Renaissanceportale betrachten.

Ja, GOTHA hat auch einen offiziellen WOMO-Stellplatz. Wir entdecken ihn, als wir die Umrundung des Schlossparkes vollenden, an seinem Südosteck:

(095) WOMO-Stellplatz: Gotha/Marstall

GPS: N50° 56' 38.3" E10° 42' 34.9"; Parkallee 5.
max. WOMOs: nur 3, meist belegt!
Ausstattung/Lage: WC, 700 m zum Schloss und zu Gaststätten/im Ort.
Zufahrt: Am südöstlichen Eck des Schlossparkes in der Parkallee.

Wir verlassen GOTHA auf der B 247 Richtung SUHL. Unmittelbar hinter dem Eisenbahnviadukt zeigt ein Hinweisschild zum **Gothaer Tierpark** [N 50° 56' 6.7" E 10° 43' 11.5"], der nur wenige Schritte links der Straße liegt. Vom Parkplatz unmittelbar neben der Straße sind es etwa 200 Schritte bis zum Eingang des kleinen Heimattiergartens, dort gibt es nur kleine Parkmöglichkeiten längs der Straße.
Bequem und ruhig steht man, wenn man 800 m nach dem Bahnviadukt rechts zum Freibad von Gotha abzweigt. Das Badebecken ist vom alten Stil, hat keinen "Spaßbadcharakter". Aber der geschotterte Parkplatz [**096:** N 50° 56' 1.6" E 10° 42' 40.9"] davor gefällt uns.
1400 m später, an einer Ampel, zweigen wir links ab Richtung WECHMAR. In GÜNTHERSLEBEN macht die Straße einen

scharfen Knick nach links. Wer aus Versehen geradeaus weiterfährt, steht verblüfft am Wassergraben eines nicht mehr vorhandenen Schlosses. Ein Brückchen führt hinüber in die Parkanlage ... Durch eine schnurgerade Eschen- und Kastanienallee rollen wir nach WECHMAR hinein. Das Dörfchen an der Apfelstädt hat eine Bachstraße, was nicht weiter wundert. Darin, in der Nummer 4, im sog. Bachhaus [N50° 53' 30.0" E10° 46' 37.7"], lebte aber der Bäcker und Müller Veit Bach, der als Ahnherr „unseres" Johann Sebastian Bach gilt (Museum Di-So 10-17 Uhr). Wir fahren weiter nach WANDERSLEBEN und werden schon von zwei der „Drei Gleichen" begrüßt, Burgruinen, die jeweils auf einer eigenen Hügelkuppe im sonst flachen Vorland des Thüringer Waldes weit übers Land schauen und eigentlich gar nicht gleich sind: Die **Mühlburg** und die **Wachsenburg**, durch eine Senke, die Burgleite, verbunden, erheben sich wenig südlich der Autobahn. Erst nachdem wir den Kaffberg nördlich umfahren haben, erspähen wir dahinter die dritte, die **Burg Gleichen**.

In WANDERSLEBEN biegen wir rechtwinklig nach rechts Richtung ARNSTADT/ Autobahn (geradeaus wären es nur 250 m bis zu einem betrachtenswerten, mittelalterlichen **Wohnturm** [N 50° 53' 51.4" E 10° 51' 13.4"]). Die Straße schlängelt sich zwischen dem **Kaffberg** und dem einzeln stehenden Burgberg der „Wanderslebener Gleiche" hindurch. Parken kann man direkt vor der Gaststätte „Freudenthal" auf einem schön angelegten **Wanderparkplatz**.

Wandersleben: Wohnturm

Wer sich mit einem geruhsamen Blick auf die Burgruine Gleichen begnügen möchte, weil ihm die fehlende Fahne auf dem Bergfried sagt, dass sie sowieso verschlossen ist, der geht we-

Kaffberg: Wachsenburgblick

nige Schritte bis zum Waldrand am Fuße des Kaffberges hinauf. Dort findet er sechs Bänke und einen Mühlsteintisch, auf den er beim Sinnieren über den Lauf der Zeiten sein Haupt aufstützen kann.
Hinter der Sitzgruppe steigt ein heideähnlicher Trockenhang an, Pfade verlieren sich zwischen den Wacholderbüschen. Falls Sie jetzt doch der Hafer sticht: Vom Gipfel des (nur) 399 m hohen Kaffberges hat man den allerbesten Ausblick – nicht nur auf alle drei Gleichen.

Wir starten vom **Wanderparkplatz** [N50° 53' 0.4" E10° 50' 36.1"] zur Burgbesteigung, der Weg führt zunächst über eine Wiese, verschwindet dann im Laubwald. Der in roten und grauen Streifen geschichtete Mergelboden ist so weich, dass viele Kaninchen darin ihre Röhrensysteme angelegt haben. Einige flitzen vor uns über den Weg und haben bei aller Angst doch noch Zeit, uns einen vorwurfsvollen Blick zuzuwerfen - zu selten kommt hier ein Wandersmann vorbei! Als besondere botanische Rarität wachsen im Wald ganze Flächen des gelben Eisenhutes (Acónitum vulpária), der jetzt, im Mai schon dicke Knospen trägt und im Juni/Juli voll erblüht sein wird. Leider ist für Zivilisten des 20. Jahrhunderts selbst eine verschlossene Ruine aus dem Jahre 1034 nicht zu erstürmen, und so müssen wir uns darauf beschränken, die dicken Mauern mit dem mächtigen Bergfried zu umwandern. Dabei könnten sie Dinge erzählen .....

Im Jahre des Herrn 1228 zog der Graf Ernst von Gleichen mit seinem Kaiser Friedrich II., Enkel des berühmten Barbarossa, gegen die Sarazenen, das Heilige Grab musste mal wieder, zum fünften Male, von den Ungläubigen befreit werden. Bereits in der Nähe der Hafenstadt AKKON, nördlich des heutigen JAFFA, geriet der tatendurstige Graf Ernst in einen Hinterhalt und fand sich kurz darauf im Kerker wieder, nur sein treuer Knappe Kurt war bei ihm. Dieser, heimwehkrank, log, dass sich die Balken bogen - und Graf Ernst sah sich plötzlich, Kurt hatte ihm die tollsten Fähigkeiten angedichtet, als Obergärtner im Sultansgarten wieder. Dort betreute er zunächst recht und schlecht die Botanik, bis ihn die Sultanstochter Melechsala erblickte und in heißer Liebe zum blonden Fremdling erglühte. Der Rest: Gegenseitige Liebe, gemeinsame Flucht, und wenn sie nicht gestorben sind .... wäre schnell erzählt, wenn nicht auf der Burg Gleichen bereits ein ängstliches Weib auf Ernstens Rückkehr warten würde....
Ganz klar: Ein unmoralisches, aber verständliches Dreiecksverhältnis, werden Sie jetzt prophezeien - aber weit gefehlt! Ernst v. Gleichen bemüht sich zu Papst Gregor, dieser gibt schließlich nach und seinen Segen (vermutlich, weil Melechsala zum wahren Glauben übertrat) und unser Graf hat bald darauf die Freude, mit zwei angetrauten Gemahlinnen das Bett zu teilen. Nein, er hat sich nicht übernommen, sondern seine beiden Frauen um 16 Jahre überlebt!
In Gedanken versunken genießen wir die Aussicht auf die dunkle Bergkette des Thüringer Waldes, die oft verstopfte Autobahn und die beiden durch eine Senke miteinander verbundenen südlichen Gleichen ...

Vom Parkplatz unseres WOMOs aus sind es nur wenige Schritte zu total vegetationslosen Mergelhügeln, türkisgrün und rotbraun gebändert, eine geologische Rarität. Die sanft geschwungenen Obstbaum-Wiesen-Hügel davor eignen sich bestens als Liege-, Spiel- und Vesperplatz. Ob Sie hier allerdings übernachten möchten, wenn wir Ihnen verraten, dass dieses Gelände auch als „Mordgarten" bekannt ist ...?

Die Gaststätte „Freudenthal" war früher eine Ausspanne, also ein Rastplatz für die Postkutsche Arnstadt - Gotha. Wer einmal einen richtigen Western gesehen hat, der weiß, dass es in Postkutschen, schon wegen der mit den schlechten Straßen verbundenen noch schlechteren Laune oft zu Streit kam, in Deutschland war es offensichtlich ähnlich. Zur Austragung des dann fälligen Duells brauchte man nur noch ein verschwiegenes Plätzchen - und das fand man auf der Obstbaumwiese der Gaststätte. Das letzte (gerichtsbekannte) Duell fand jedoch vor langer Zeit, am 9. 3. 1717 statt, vielleicht können Sie nun doch ruhig schlafen?

Wir fahren weiter Richtung Autobahn, unterqueren sie nach MÜHLBERG.

Am großen Platz in der Mitte von MÜHLBERG, der ältesten Gemeinde Thüringens (erste urkundliche Erwähnung Anno 704) machen wir den nächsten Stopp. Neben einem Brunnen kann man sein WOMO abstellen und durch das Dörfchen schlendern. Dabei entdeckt man nicht nur die **Göhlitzensmühle** mit zwei noch bestens funktionierenden Wasserrädern, sondern auch den **Mühlberger Spring** (mit Eiscafé und Biergarten), eine schön eingefasste, aber recht eigenwillige Karstquelle. Ihre Schüttung reichte für den Betrieb von bis zu sieben Mühlen, aber wenn es ihr gefiel, dann blieb das Wasser aus und Not kam über das Dörfchen ...

Mühlberger Spring

An der direkten Straße nach WECHMAR liegt der **Campingplatz** "Drei Gleichen" **[097a:** N50° 52' 29.7" E10° 48' 33.2"] (WOMO + 2 Pers.: 17 € + 2 € Strom + 1 € Umweltpauschale).

Ein schöner Wandertipp beginnt mit dem Aufstieg zur **Mühlburg**, der ältesten der Gleichen, die bereits im Jahre 704 erstmals erwähnt wurde. Von der einst mächtigen kastellartigen Anlage blieben nur noch Gebäudemauern und Teile des Walles erhalten, der grazile Bergfried mit dem restaurierten Zinnenkranz beherrscht die Kuppe.

Der Wanderweg führt am Burgberg vorbei, die Schlossleite entlang, bis zum großen Parkplatz der dritten Gleichen - ein Weg, der sich nicht nur wegen der Ausblicke lohnt, sondern auch wegen der Aussicht auf eine lukullische Belohnung im Restaurant der **Wachsenburg**. Dort wurde viel restauriert und umgebaut. Jetzt schon ist das höchste Bauwerk der Wachsenburg, der Hohenlohe-Turm, wieder zu besteigen, im 300 Jahre alten Brunnenhaus kann man 97 m in die Tiefe des Brunnens spähen, im romantischen Innenhof kann man im Freien speisen

Blick auf die Wachsenburg

oder im Gewölbe des Burgverlieses wie zu Ritters Zeiten (Info: www.feste-wachsenburg.com).

Wachsenburg: Gewölbelokal

5 km östlich von MÜHLBERG, am Fuße der **Wachsenburg**, liegt HOLZHAUSEN. In der Ortsmitte zweigt ein Fahrweg nach links zur Burg ab, und auf halbem Wege landet man auf dem großen Wanderparkplatz [**097:** N 50° 51' 21.2" E 10° 52' 32.7"], von dem aus auch Fußmüde bequem auf dem restlichen Teil des Fahrweges zur Burg und der Gaststätte hinaufsteigen – oder in entgegengesetzter Richtung den empfohlenen Wanderweg auf der Schlossleite, den Gustav-Freytag-Weg, antreten können. Weitere Wegweiser zeigen uns den Weg in 10 min. zum **Alabastersteinbruch** mit **Picknickplatz**.

Alabaster ist feinkörniger, hell durchscheinender Gips (ähnlich Marienglas), aus dem man früher kleine Gebrauchsgegenstände und Nippesfiguren herstellte ...

Sie interessieren sich nicht für Alabaster? Etwas Deftiges soll es sein? Dann fahren Sie einfach 500 m weiter zum 1. Deutschen Bratwurstmuseum [N50° 51' 01.8" E10° 52' 53.1"].

Natürlich können Sie dort Bratwurst essen, aber in dem Museum auch vieles über die Wurst und ihre Herstellung erfahren.

Eine fast kerzengerade Obstbaumallee führt uns über sanft geschwungene Hügelrücken nach ARNSTADT. Schon von weitem grüßt ein mächtiger Turm herüber - aber keine Angst, es ist nicht etwa eine vierte Gleiche, auf die wir Sie auch noch schleppen wollen, sondern ein „alter" Wasserturm aus dem Jahre 1925.

In ARNSTADT werden wir von braunen Touristen-Wegweisern empfangen, die uns zum **historischen Zentrum** leiten sollen. Den P2 [N 50° 50' 13.4" E 10° 56' 48.1"] sollte man anfahren, wenn man seinen Besucherrundgang an der Bachkirche beginnen möchte. **P1 [098:** N 50° 50' 5.5" E 10° 57' 15.6"], der fast kostenlose Riesenparkplatz beim Sport- und Freizeitbad liegt direkt neben dem Schlosspark (1 €/Tag).

So oder so, ARNSTADT muss man durchschlendert haben, hier ist Geschichte gemacht worden – Musikgeschichte!

J. S. Bach, dessen Name uns immer wieder in Thüringen begegnet, wird auf vielen Denkmalen gedacht (auf dem alten Friedhof der Stadt befinden sich 24 Gräber der Bach-Familie), dieses Musikgenie war 1703 - 1707 Organist der Bonifatiuskirche, der heutigen **Bach-Kirche**, also von seinem 18. - 22. Lebensjahr (erschrecken Sie deshalb nicht, wenn Sie das "jugendlich-lässige" Denkmal vor der Kirche erspähen).

Vom Marktplatz aus wenden wir uns nach Westen, verharren vor dem prächtigen Renaissancebau des **Rathauses**: Zwei reich geschmückte Volutengipfel und ein verschwenderisch verziertes Portal mit Stadtwappen zeigen an: Hier sind keine armen Bürger zu Hause: Besonders schön sind auch die Sonnenuhr am linken und die Kunstuhr (für schattige Tage) am rechten Giebel. Das künstlerische Zifferblatt zeigt Figuren, die beim Stundenschlag kleine Glocken anschlagen, ein Adler hebt um 12 Uhr seine mächtigen Schwingen.

Am **Museum** (i-Stelle) mit der **Bach-Gedenkstätte** im Bürgerhaus „Zum Palmbaum" vorbei (dort können Bach-Fans den Original-Orgelspieltisch

Arnstadt: Bachdenkmal

Arnstadt: Liebfrauenkirche

besichtigen) und dem Prinzenhof, einem ehemaligen Klostergebäude, kommen wir zur **Liebfrauenkirche**, bei der sich romanische und gotische Stilelemente vermischen.

500 m östlich des Marktplatzes (beim P 1) geht es adlig zu: Fürstin Augusta Dorothea von Schwarzburg-Arnstadt leistete sich eine wahrhaft fürstliche Spielerei - die **Puppensammlung** „Mon plaisir". In über 26 Häuschen mit zusammen 84 Stuben spiegeln 400 Puppen das Leben vor über zweihundert Jahren wider. Der passende Rahmen dafür ist das Barockschloss „Neues Palais", vom fast zweihundert Jahre älteren Renaissanceschloss, der Neideck, blieb nur der **Neidecksturm** und die ehemalige Vorburg.

Wendet man sich vom Markt nach Süden, so landet man auf einem dreieckigen Platz, dem Ried, dem ehemaligen Waid- und Weinhandelsmarkt; alte Handelshäuser und Gasthöfe (manche verbanden auch beide Funktionen) zeugen davon, so das Haus „Zum Großen Christophorus" und das Haus „Goldene Sonne".

Den Abschluss nach Süden bildet das **Riedtor** mit der alles überragenden barocken Turmhaube, dem allerdings der nadelspitze, gotische Jakobsturm etwas Konkurrenz macht.

Bei unserer Weiterfahrt Richtung PLAUE/ILMENAU verlassen wir schlagartig das Thüringer Becken – die Reinsberge, Vorläufer des Thüringer Waldes, zwingen dem Straßenverlauf manche Kurven und Wellen auf. Rechts oberhalb von PLAUE ragt der mächtige Wohnturm der **Veste Ehrenburg** aus dem Wald. Zusammen mit der nur 3 km westlichen **Burg Liebenstein** ließ sich die darunter vorbeiführende Handelsstraße prima überwachen – und von den Händlern Zoll kassieren. Auch für ernsthafte Streitigkeiten hatte man vorgesorgt: Die Türme beider Burgen haben abgerundete Kanten – an ihnen sollten die Steinkugeln besser abprallen bzw. vorbeirutschen.

Das waren noch (Kriegs-)Zeiten ...

Seit 1816 brachte die Porzellanherstellung Geld in die Taschen – und das **Plauener Tafelwasser** war begehrt, wenn nicht sogar heilkräftig. Zwischen den beiden Burgorten sollen einige ergiebige Quellen am Straßenrand sprudeln – wir haben gesucht! Leider ist die Mineralwasserabfüllanlage bei der **Massenmühle** (500 m vor PLAUE links) nicht mehr in Betrieb, aber am Ortsende waren wir um so erfolgreicher!

Folgt man nämlich der Straße nach LIEBENSTEIN 500 m, so kommt man zum Naturdenkmal Springquelle.

(099) WOMO-Picknickplatz: Plaue/Springquelle

GPS: N 50° 46' 30.5" E 10° 53' 17.2"; Liebensteiner Str. **max. WOMOs:** 1-2.

Ausstattung/Lage: Quellbach, Tisch & Bank, Gaststätte im Ort/außerorts.

Zufahrt: Am Ortsende von Plaue 500 m Rtg. Liebenstein.

Der Spring ist mit einem Ausstoß von 600-800 Litern/sec. die größte Karstquelle Thüringens. Das Wasser stammt z.T. von der bei LIEBENSTEIN versickernden Wilden Gera sowie von Niederschlägen, die durch ein unterirdisches Hohlraumsystem (mit unterirdischem See) fließen und hier kristallklar zutage treten. Nur schade, dass man zum Tankfüllen die Gießkanne benutzen muss!

Ein kleiner Spazierweg durch einen verwilderten Park entlang des Quellbaches schließt sich an.

Hinter MARTINRODA ist Schluss mit dem Vorgebirgsgeplänkel. In der Ortsmitte kann man bereits (nur mit kleineren WOMOs) links zur Kirche hinauffahren (vorbei an einem schönen **Brunnen**) und unterhalb des Friedhofs auf dem **Wanderparkplatz** [N 50° 43' 29.3" E 10° 53' 31.1"] zum **NSG Veronikaberg** mit 600 durchnummerierten Eiben und einer Unzahl von Orchideen parken und ins Naturparadies hinaufstiefeln.

Schön ruhig steht man am Festplatz [N50° 43' 26.2" E10° 53' 30.6"].

Jetzt gewinnt die Straße in Schleifen Meter für Meter an Höhe, erst kurz vor ILMENAU sinkt sie wieder bis zum Ufer der **Ilm** hinab.

Wir folgen durch ILMENAU hindurch zunächst den Wegweisern STÜTZERBACH/B 4 und biegen am Ortsende, kurz vor dem

Bahnhof Ilmenau/Bad links Richtung NEUSTADT am Rstg. An dieser Stelle werden Sie ein Verkehrschaos verursachen, wenn Sie nicht folgendes bereits gelesen haben:
50 m nach der B 4 kommt man an einen beschrankten Bahnübergang. Vor ihm geht es rechts in die Naumannstraße, an der nach 300 m bei der **Festhalle** ein großer **Parkplatz** [N 50° 40' 53.9" E 10° 54' 18.1"] mit WOMO-Ver-/Entsorgung wartet. Außerdem kann man von hier aus bereits einen 3 km langen Wanderweg (Markierung: Blauer Balken) steil bergauf zum 861 m hohen Kickelhahn mit dem Goethehäuschen, unserem nächsten Wanderziel, antreten.
Biegt man sofort hinter dem Bahnübergang links in die Herderstraße, so wird man im Zickzack zur **Sommerrodelbahn** geführt, bei der einige der Parkplätze [N 50° 40' 24.9" E 10° 54' 52.1"] auch WOMO-geeignet sind. Die Gaststätte "Zur Rodelklause" begeistert ihre treuen Kunden am Wochenende mit selbstgemachten Klößen usw.

Ilmenau: Sommerrodelbahn

Da ILMENAU mit 540 m über NN über 300 m tiefer als der Kickelhahn liegt, lassen wir zunächst noch den Diesel etwas für uns arbeiten und düsen hinter dem Bahnübergang geradeaus weiter. Genau 6 km später liegt links, unmittelbar neben der Straße, ein schräger Wanderparkplatz [N 50° 39' 29.3" E 10° 53' 19.2"], der Ausgangspunkt zu unserer kleinen Wanderung auf Goethes Spuren.
Als Übernachtungsplatz ist diese Stelle aber keinesfalls geeignet! Dafür haben wir etwas besseres gefunden: Wir fahren noch an der Auffahrt zum mondänen Berg- und Jagdhotel Gabelbach vorbei. 3 km nach dieser Abzweigung haben wir bei der Gaststätte „Auerhahn" mit 680 m über NN die Höhe, den Waldrand - und unmittelbar neben ihm unseren Übernachtungsplatz erreicht. Die große Parkfläche [**100:** N 50° 38' 13.0" E 10° 52' 29.7"; 719 m] gehört zwar zur Gaststätte „Auerhahn". Diese ist aber nur von 10 - 18 Uhr (Mo geschl.) geöffnet, so dass keine späten Zecher unsere Ruhe stören können.
Eine Tafel am Parkplatzrand beschreibt ausführlich den Goethe-Wanderweg; von hier aus sind es immerhin 4 km bis zum Kickelhahn. Wir rollen also am nächsten Morgen reichlich 3 km Richtung ILMENAU zurück, parken rechts der Straße.

An einer Bronzetafel vorbei, die einem Sieger des Gabelbach-Bergrennens gewidmet ist, schlagen wir uns auf der gegenüberliegenden Straßenseite in den Wald (Wegweiser: Kickelhahn 1 km). Als erstes passieren wir nach 5 Minuten die Goethe-Gedenkstätte „Jagdhaus Gabelbach", einen schlichten, zweigeschossigen Holzbau. Die Ausstellung widmet sich einerseits naturwissenschaftlichen Studien des Bergbaudirektors Goethe, andererseits werden auch Jagdleidenschaft und -gewohnheiten des Weimarer Hofes dargestellt (9-12, 13-17 Uhr).
Ja, der Geheime Legationsrat Goethe war nicht zum Spaß in Ilmenau. Der Hof brauchte Geld - die Bergwerke sollten das begehrte Metall dafür liefern und der Naturwissenschaftler Goethe sollte den Bergbau in Ilmenau wieder in Gang bringen. Dass er damit wenig Erfolg hatte, lag sicher nicht an fehlendem Arbeitseifer. Er ließ sich von erfahrenen Steigern technisch unterweisen, war manchmal bis zu acht Stunden unter Tage, um den Bau der komplizierten Pumpanlagen zu überwachen, die den fortwährenden Wassereinbrüchen abhelfen sollten, entwickelte ein neues Verfahren der Erzgewinnung durch Pochen und Schlämmen, überwachte selbst den Schmelzvorgang, plagte sich mit dem Durcheinander im Ilmenauer Steuerwesen herum – wen wundert's, dass er am 6. Sept. 1780 an Frau von Stein schrieb: „Auf dem Gickelhahn ... habe ich mich gebettet, um dem Wuste des Städtgens, den Klagen, den Verlangen, der Unverbesserlichen Verworrenheit der Menschen auszuweichen."

Ilmenau: Goethehäuschen auf dem Kickelhahn

Aber Goethe hatte auch – zum Ausgleich – andere Interessen in Ilmenau: Die Jagd mit seinem Freund, dem Herzog Karl August, seine Liebe zu Frau von Stein, die Natur des Thüringer Waldes, die ihn zu manchen seiner literarischen Meisterwerke inspirierte.
Ein liebevoll geschnitzter Wanderwegweiser vor dem Jagdhaus ermahnt uns, unseren Weg fortzusetzen. Am Gedenkstein für den Gemeindepoeten Gabelbachs, Rudolf Baumbach muss man sich entscheiden, ob man auf direktem Wege (durch den Wald, 20 min.) – oder auf dem Panoramaweg (40 min.) zum Kickelhahn marschieren möchten. Wir beschließen, dass wir auf dem Kickelhahn noch genug Panorama haben werden und erreichen das Goethehäuschen nach einem knappen Viertelstündchen.
Eigentlich ist es nur eine bretterne Schutzhütte für Waldhüter. Goethe fand jedoch hier oben die Ruhe, die er nach den Mühen das Tages brauchte, und so schrieb er am gleichen 6. Sept. 1780 an die Holzwand des Häuschens „Wanderers Nachtlied“, dessen schlichte Zeilen unübertroffene Popularität erlangten:

„Über allen Gipfeln ist Ruh'.
In allen Wipfeln spürest du kaum einen Hauch.
Die Vögelein schweigen im Walde.
Warte nur, balde ruhest du auch.“

Seit 1854 überragt ein Aussichtsturm die Umgebung und erhöht den Kickelhahn von 861 m auf 882 m ü. NN. Wir verschmähen sowohl den Aussichtsturm als auch die dortige Gaststätte und genießen Ruhe und Panorama von der Bank vor dem Goethehäuschen.
Dort unten im Tann muss er liegen, der Große Hermannstein, ein wilder Porphyrfels mit romantischer Höhle, heimlicher Treffpunkt des verliebten Goethe mit der sieben Jahre älteren (übrigens verheirateten) Charlotte von Stein:
„Meine beste ich bin in die Hermannsteiner Höhle gestiegen, an den Platz, wo Sie mit mir waren und habe das S, das so frisch noch wie von gestern angezeichnet steht geküsst und wieder geküsst, dass der Porphyr, seinen ganzen Erdgeruch ausathmete um mir auf seine Art wenigstens zu antworten.“
Steil hinab zeigt der Wegweiser zum Großen Hermannstein, 1 km, auf Goethes Spuren. Fünf Minuten später, der federnde Waldweg führt immer geradeaus und ist ein- oder zweimal mit dem handgeschriebenen „G“ gekennzeichnet, stehen wir vor dem wuchtigen Fels, dessen Urgewalt Goethe geistig inspirierte. Wir umrunden ihn scheu, entdecken an der senkrechten Talseite die Sicherungsösen der „free-hand-climber“ – welche Banausen!
Wir steigen hinauf zur Höhle, nehmen Platz auf einem schmalen Bänkchen lesen die Goetheverse auf den Bronzetafeln:

„Was ich leugnend gestehe und offenbarend verberge,
ist mir das einzige Wohl, bleibt mir ein reichlicher Schatz.
Ich vertrau' es dem Felsen, damit der Einsame rate,
was in der Einsamkeit mich, was in der Welt mich beglückt.

Felsen sollen nicht Felsen und Wüsten Wüsten nicht bleiben,
drum stieg Amor herab, sieh' und es lebte die Welt,
auch belegte er mir die Höhle mit himmlischem Lichte,
zwar der Hoffnung nur, doch ward die Hoffnung erfüllt.“

In Gedanken versunken vergleiche ich den Eindruck, den diese Örtlichkeit auf mich macht, mit den „offiziellen“ Goethe-Gedenkstätten in Weimar.

Hier fühle ich mich dem Poeten näher – andere waren mehr mit Bierflaschen und -dosen beschäftigt, wie die reichlich verstreuten Überreste belegen. Der Rückweg zum WOMO auf ebenem Waldweg gestaltet sich zu einer Begegnung mit dem sonst so scheuen Rehwild: Ein Kitz fiept einsam im Tal unterhalb unseres Weges – und die Ricke kreuzt eilig, uns nicht beachtend, vor uns die Lichtung. Auch für den Rückweg benötigen wir nur 20 Minuten.

Wir haben uns im Stadtkern von ILMENAU nicht weiter umgesehen. Falls Ihnen jedoch der Sinn nach einem Stadtbummel mit einem Blick in das Amtshaus am Marktplatz, einer weiteren Goethe-Gedenkstätte, steht, dann können Sie trotzdem zunächst weiter unseren Spuren folgen!
Wir verlassen ILMENAU nach Osten auf der B 87 Richtung APOLDA/STADTILM. Nachdem wir zwei Verkehrskreisel geradeaus überquert haben, folgen wir dahinter rechts den Wegweisern „Schüler-Freizeit-Zentrum/Tierpark/Haus am See".
Die holperige Wegstrecke lohnt sich auf jeden Fall! Neben der Gaststätte, deren Terrasse direkt auf den See schaut, zieht sich ein langer Parkstreifen dahin, den wir Ihnen gerne auch als Übernachtungsplatz empfehlen können.

(101) WOMO-Stellplatz: Ilmenau/Großer Teich

GPS: N 50° 41' 15.4" E 10° 55' 56.5"; Am großen Teich. **max. WOMOs:** 2-3.
Ausstg./Lage: Tiergehege, Kinderspielplatz, Biergarten, Wanderwege/Ortsrand.
Zufahrt: Am Ortsende von Ilmenau nach zwei Kreiseln rechts, ausgeschildert.

Tags ist ebenfalls einiges geboten: Abgesehen vom Teichcafé, wo man bei Kuchen oder Eis einen letzten Abschiedsblick zum Kickelhahn werfen kann, würden wir zunächst die vielen Spazierwege am See entlang schlendern, die Kinder können sich derweil auf dem Spielplatz austoben, Bootchen fahren oder den benachbarten Tierpark besichtigen. In einer sehr gepflegten Anlage wimmelt es von vielerlei Getier wie Tag- und Nachtgreifvögeln, Krähen, Fasanen, Kanarienvögeln und Wellensittichen, Wachteln, einem Waschbär, zwei Wildkatzen, Zwergkaninchen und Meerschweinchen, Damwild und Wildschweinen, Brandgänsen, Stockenten, Kolbenenten,

Graugänsen, Höckerschwänen und Reiherenten; großen, kleinen und ganz, ganz kleinen, gelben flaumfederigen ...
Sie sehen, hier können Sie Ihre Sprösslinge bedenkenlos eine Weile zurücklassen und den (ausgeschilderten) halbstündigen Spazierweg zum Zentrum von Ilmenau machen.

Wir rollen weiter auf der B 87 Richtung APOLDA, halten aber schon 1000 m später rechts an der Porzellanmanufaktur "Graf von Henneberg" [N 50° 41' 30.7" E 10° 57' 4.1"]. Hier können Sie im Fabrikverkauf einkaufen (Mo-Fr 10-18 Uhr, Sa 10-13 Uhr) - und zwar ausgesprochen Geschmackvolles zu sehr günstigen Preisen!
Wir sind bereits seit PLAUE auf der Thüringer Porzellanstraße. Im nächsten Örtchen, in BUCHELOH, findet man den nächsten Werksverkauf in einer Porzellanmalerei ...
Durch sanft geschwungene Wiesen, vorbei an einer ganzen Kette von Fischteichen führt unser Weg weiter Richtung STADTILM.
Straßenbauarbeiten in GRIESHEIM zwingen uns zu einem Umweg. In COTTENDORF überqueren wir zum erstenmal bewusst die Ilm, einen 120 km langen Nebenfluss der Saale, dem wir als „Parkgewässer“ in WEIMAR bei Goethes Gartenhaus, beim Schlosspark Tiefurt, beim Kurpark von BAD SULZA und schließlich wenige Meter vor seiner Mündung in die Saale bei GROSSHERINGEN wieder begegnen werden.

Singen: Brauerei

Das nächste Dörfchen ist SINGEN in Thüringen. Es hat zwar keinen Hohentwiel - aber eine Brauerei! Ja, die kleinste Brauerei Thüringens mit Biergarten (klar!), Direktverkauf und jederzeit der Möglichkeit ihrer Besichtigung. Sie ist seit 1885 in Familienbesitz und braut natürlich nach Großvaters Geheimrezept ...
Nicht nur die Brauerei ist klein, die Zufahrt ist auch schmal. Deshalb parken wir in der Dorfmitte bei den Recyclingcontainern.
Nach heftiger Bierprobe keimt bei Ihnen kein Wunsch zur Weiterfahrt? Dann holpern Sie vor den Containern rechts talwärts zur "Singer Hütte". Davor [**102:** N 50° 43' 21.9" E 11° 2' 48.7"], beim kleinen Fußballfeld, können Sie Ihr Räuschle ausschlafen.

Hinweis: Nur 5 km südöstlich von SINGEN liegt die **Klosterruine Paulinzella**, die wir erst in Tour 9 beschreiben. Natürlich kann man auch von hier aus den Abstecher machen!

Ein riesiger **Eisenbahnviadukt** bildet das Einfallstor nach STADTILM. Die kleine Industriestadt hat eine eigentümliche Entwicklung hinter sich - führte doch mitten durch die Stadt die Grenze der (einstmals zusammengehörenden) Grafschaften Schwarzburg und

Stadtilm: Eisenbahnviadukt

Stadtilm: Rathaus (ehem. Schloss)

Käfernburg. Jede Seite tat etwas für ihr Seelenheil - und Geld kam genug in die Kassen, denn STADTILM lag an einem alten Handelsweg: Die Schwarzburger errichteten auf der Westseite ein Kloster, es verfiel nach der Reformation, einer der Schwarzburger Grafen baute sich schließlich auf den Grundmauern ein Renaissanceschloss, und aus diesem ging das heutige **Rathaus** (links der Durchfahrtsstraße) hervor. Die Schlossherkunft lässt sich mühelos an den sechs Renaissancegiebeln und dem Treppenturm ablesen, wer den ehemaligen Ratskeller betritt, der erkennt an den hoch gewölbten Räumen leicht die ehemalige Verwendung als Klosterrefektorium.

Die Käfernburger bauten die prächtige **Stadtkirche St. Marien**, die aus romanisch-gotischen Anfängen zu rein gotischen Formen erwuchs; Figurenschmuck und Verzierungen an Portalen und Türmen deuten den Reichtum ihrer Erbauer an.

Aus alter Zeit entdecken wir weiterhin beachtliche, wuchtige Reste der Stadtmauer mit einem Wachturm.

Hinter GROSSHETTSTEDT biegen wir rechts auf der Suche nach einem Rastplätzchen, überqueren die Ilm nach KLEIN-

HETTSTEDT. Ein schönes Plätzchen haben wir dabei entdeckt und zusätzlich einen langgestreckten, wohlerhaltenen Fachwerkkomplex, die Mühle Morgenroth. Nach anfänglichen Nachwendeproblemen hat sich der Besitzer bereits wieder einen Namen gemacht mit hochqualitativem Senf aus der "Kunstmühle Morgenroth in Kleinhettstedt".

Kleinhettstedt: Kunstmühle Morgenroth

Das unter Denkmalschutz stehende Gesamtensemble kann samt seiner voll funktionsfähigen technischen Einrichtung am Wochenende oder nach tel. Anmeldung (03629-3596) besichtigt werden. Die Gaststätte "Zum Mühlenwirt" und der

Senfverkauf (probieren Sie mal den scharfen Honigsenf) sind Di-So geöffnet. Auch eine "Mühlentenne" bemüht sich um Kunden ...

Ach ja, das Wiesenplätzchen [**103:** N 50° 47' 25.7" E 11° 8' 30.4"] unter der Rieseneiche direkt neben der Ilmbrücke, hat uns als Übernachtungsplatz angelacht.

Lieblich windet sich nun die Ilm, pappeln- und erlengesäumt, durch die flache Wiesenlandschaft. Es ist fast zu schade, neben ihr entlang zu rasen. Wer von BARCHFELD links Richtung STEDTEN abzweigt, überquert auf einem fotogenen, alten Brückchen die **Ilm**. Es bietet gerade genug Platz für ein dickes WOMO und kein Auto stört unseren Fototermin.

Kurz darauf fallen wir in der Zweiburgenstadt KRANICHFELD ein. Ein steiler, genügend breiter, gepflasterter Fahrweg (ausgeschildert) führt uns 800 m hinauf zum **Oberschloss**, dessen Renovierung Reste der Festungsanlagen aus der Renaissancezeit, unter ihnen den zinnengekrönten „Dicken Turm“, wieder in strahlendem Glanz erscheinen lässt. Über eine Holzbrücke gelangt man durch die Toranlage in den Innenhof, darin eine 6,5-m-Zisterne. Im überdachten, westlichen Gebäudeteil schreiten wir durch den Rittersaal und den Palas, in dem ein allerliebstes Trauzimmer eingerichtet wurde, die gotische Kapelle schließt sich an. Da könnte man doch glatt noch einmal! Davor erwartet Sie ein riesengroßer, ebener Parkplatz.

Kranichfeld: Oberes Schloss, Trauzimmer

(104) WOMO-Stellplatz: Kranichfeld/Oberschloss

GPS: N 50° 51' 6.8" E 11° 11' 30.7"; Schützenstr. **max. WOMOs:** 3-4.
Ausstattung/Lage: keine, Gaststätten im Ort/Ortsrand.
Zufahrt: In der Ortsmitte von Kranichfeld links hinauf 800 m, ausgeschildert.

Zurück auf der Hauptstraße überqueren wir sie zum Adler- und Falkenhof in der **Niederburg**. Diese beherbergt außer den Greifvögeln (die von Di-So 15-16 Uhr im Freiflug vorgeführt werden) auch ein Café. Leider ist das, was man als Parkplatz zur Verfügung stellt, in einem sehr ursprünglichen Zustand und schräg [N 50° 51' 6.4" E 11° 12' 33.2"].

Am Ortsende verlassen wir die B 87 und biegen links Richtung Erfurt/Stausee Hohenfelden. Wir passieren die letzten Häuser von KRANICHFELD. Die Abzweigung nach 100 m zum idyllisch am Waldrand gelegenen Schwimmbad brauchen Sie nicht zu suchen, denn darin züchtet der örtliche Angelverein inzwischen Karpfen.

Da müssen wir uns ganz auf das „Erholungszentrum Stausee Hohenfelden" verlassen. Der nur noch 3 km entfernte **Stausee** hat eine Fläche von fast 400.000 qm, wer ihn umrunden möchte, muss über 2 km laufen, davon 500 m im Wald.

Dabei entdeckt man ein **Wildgehege**, einen **Kletterwald**, das **Strandbad**, Liegewiesen, und Kinderspielplätze. Man kann ins Wasser rutschen, schwimmen, rudern oder angeln, Strandkörbe und Boote können ausgeliehen werden. Eine riesige **Strandgaststätte** bemüht sich um den Besucher – und der größte **Campingplatz** Thüringens [**105:** N 50° 52' 19.1" E 11° 10' 44.2"] mit über 900 Stellflächen ist „nur" zu 60% von Dauercampern belegt (WOMO + 2 Personen 14-18 € je nach Saison, Strom 3 €) und bietet Ihnen außer den üblichen sanitären Einrichtungen (samt Ver- und Entsorgung) einen Lebensmittelladen, eine Waldschenke, Beachvolleyballanlage, Kinderspielplatz, Tischtennis - und verbilligten Eintritt ins Strandbad und die benachbarte **Avenida-Therme** [N 50° 52' 43.5" E 11° 11' 7.4"] samt Sauna-Welt.

Dass man rings um dieses Freizeitvergnügen reichliche, aber keine kostenlosen Parkgelegenheiten findet, brauchen wir wohl nicht extra zu betonen?! Und natürlich darf man weder auf dem Parkplatz am See noch bei der Therme nachts im WOMO schlafen.

Das würde uns auch gar keinen Spaß machen, denn 500 Meter weiter im Norden biegen wir links ab zum **Thüringer Freilichtmuseum Hohenfelden**. Den ersten Teil des Freilichtmuseums sehen wir sofort rechts, nördlich von HOHENFELDEN [N 50° 53' 18.9" E 11° 9' 50.3"], am Eichenberg.

Eine ganze Reihe von historischen Gebäuden ist bereits aufgebaut worden. Durch ihre Translozierung und Konzen-

tration am hiesigen Platze sowie ihrer originalgetreuen Ausstattung mit Hausrat, Mobiliar, Maschinen, Geräten und Werkzeugen in einer passenden Umgebung mit Haus- und Baumgärten, Wiesen und Äckern sollen sie dem Besucher einen perfekten Eindruck von der Kultur und der Lebensweise der ländlichen Bevölkerung Thüringens in den letzten 200 Jahren vermitteln.
Schwenkt man nach links in den Ort, so findet man, gleich hinter der Kirche rechts, ebenfalls ein komplettes Häuserensemble [N 50° 52' 44.4" E 11° 9' 34.8"], das vom Wohnhaus über Pfarrhof, Schule, Stall, Scheune, Schweinekoben, Taubenturm und Bienenhaus bis zur Obstdarre bestens restauriert und mit komplettem Mobiliar eingerichtet ist - eine optisch und informativ sehr zu empfehlende Ausstellung, der wir für ihre Erweiterung alles Gute wünschen!

Hohenfelden: Pfarrhof

Hohenfelden: Freilichtmuseum, Schule

Auch, weil HOHENFELDEN ein schönes, ruhiges Plätzchen für ein paar müde WOMOs hat. Dieses wartet 300 m links der Kirche am Ortsrand beim reich ausgestatteten Kinderspielplatz nahe der Gaststätte "Waldschmaus".

(106) WOMO-Stellplatz: Hohenfelden/Kinderspielplatz

GPS: N 50° 52' 35.0" E 11° 9' 44.9" **max. WOMOs:** 2-3.
Ausstattung/Lage: Kinderspielplatz, Gaststätte 100 m/Ortsrand.
Zufahrt: Zum südlichen Ortsrand von Hohenfelden.

Wir fahren von HOHENFELDEN aus nicht zur Hauptstraße zurück, sondern verlassen es nach Westen, auf RIECHHEIM zu. Ein Hügelrücken liegt vor uns, der **Riechheimer Berg** (513 m), dessen Freizeitangebot man in schöner Natur genießen kann: Als unsere Straße die Höhe gewonnen hat, entdecken wir zunächst eine große, wiesenartige Parkfläche [N 50° 52' 30.1" E 11° 7' 51.6"] rechts oberhalb der Straße, von der aus ein beschaulicher Wanderweg in 15 Minuten zur Kuppe des Riechheimer Berges führt.
Der **Riechheimer Berg** kann auch direkt angefahren werden! Dazu rollen wir nach RIECHHEIM hinab und biegen in der Dorfmitte nicht links nach ARNSTADT, sondern folgen nach rechts, bergauf dem Wegweiser: Riechheimer Berg. Auf halber Strecke liegt links ein erster Wanderparkplatz [N 50° 53' 13.4" E 11° 7' 24.4"], nach rechts geht's noch 500 m direkt zum leicht schrägen, großen Parkplatz vor der Gaststätte auf der Riechheimer Höhe.

(107) WOMO-Stellplatz: Riechheimer Berg

GPS: N 50° 52' 58.6" E 11° 7' 40.7", 498 m. **max. WOMOs:** 2-3.
Ausstattung/Lage: Wanderwege, Gaststätte/bei Einzelgebäude.
Zufahrt: In der Ortsmitte von Riechheim rechts hinauf.

Dort belehrt uns die Inschrift auf einem Steinquader, dass wir gerade in 513 m Höhe und zwar bei 11°, 8' östl. Länge und 50°, 53' nördl. Breite verweilen. Das ist weniger genau als die Feststellung, dass man hier oben in ausgesprochen idyllischer Umgebung auf ruhigen Wiesen zwischen schattigen Kiefern ausgezeichnet lagern, picknicken, ja übernachten und in der Gaststätte (Ausnahme freitags) von 10-18 Uhr speisen kann. Über GÜGLEBEN kommen wir in WERNINGSLEBEN auf die Verbindungsstraße STADTILM - ERFURT, schwenken rechts

ein, münden nördlich der A 4 in die B 4 ein, halten weiter auf ERFURT zu.
Sie möchten sich vor Ihrem Erfurtbesuch noch stärken, evtl. auch ruhig übernachten?
Dann biegen Sie mit uns bereits nach 800 m auf der B 4 links Richtung BISCHLEBEN/MÖBISBURG/RHODA. Durch dichten Tann kommen wir nach RHODA, wo wir nach rechts zur Brauereigaststätte "Waldhaus" mit Biergarten, eigener Brauerei und großen, auch etwas abseits gelegenen Parkplätzen abbiegen (Kenner nehmen das gute Waldhaus-Bräu in 5-L-Gebinden mit nach Hause).

(108) WOMO-Stellplatz: Rhoda/"Waldhaus"
GPS: N 50° 56' 9.5" E 11° 0' 37.7" **max. WOMOs:** >5.
Ausstattung/Lage: Gaststätte/bei Einzelgebäude.
Zufahrt: Von der B 4 südl. Erfurt links nach Möbisburg.

Ein architektonisches Kleinod, **Schloss Molsdorf**, liegt südlich ERFURT direkt an der A 4, aber nichtsdestotrotz völlig abseits der Verkehrswege. Am leichtesten ist es von hier aus zu erreichen. Wollen Sie?
Dann kurven wir gemeinsam über MÖBISBURG und STEDTEN nach MOLSDORF bis zum Schlossparkplatz [N 50° 54' 2.9" E 10° 57' 44.8"] am südlichen Ortsende (groß und eben, wegen der Autobahnnähe aber nicht nachtschlafgeeignet).
Das barocke Schlösschen des Grafen Gotter, einer schillernden Persönlichkeit des Gothaer Hofes, ist ein wahres Schmuckstück, die Schlossführung ein Vergnügen und die Restauration ein Geheimtipp. Das Schloss näher zu beschreiben, erübrigt sich. Einfach hinsetzen und bewundern ...
In der Schlossgaststätte gibt es (Denkmalschutz!) nur kalte Gerichte. Aber das Gasthaus "Zur guten Quelle" wartet mit thüringischen und polnischen Spezialitäten auf.

Schloss Molsdorf

TOUR 5 (ca. 160 km)

Erfurt - Ettersburg - Buchenwald - Weimar - Tiefurt - Apolda - Bad Sulza - Saaleburgen - Camburg - Dornburger Schlösser - Jena (Karte siehe Tour 4)

Freie Übernachtung:	Erfurt, Niederzimmern, Ettersburg, Weimar, Tiefurt, Liebstedt, Niederrossla, Apolda, Bad Sulza, Saaleck, Dornburg, Jena.
Ver-/Entsorgung:	Niederrossla (E), Niedertrebra (V/E), Bad Sulza (WC), Saaleck (WC).
Campingplätze:	Porstendorf.
Baden:	Erfurt, Porstendorf.
Besichtigungen:	Erfurt, Ettersburg, KZ Buchenwald, Weimar, Liebstedt (Burg), Apolda (Glockenmuseum), Bad Sulza, Saaleck, Camburg, Dornburg.
Wandern:	Sonnendorf, Saaleck, Dornburg.

Wir nähern uns dem Zentrum ERFURTS, Thüringens Landeshauptstadt, auf der B 4, also aus Süden.
Aufpassen! In ERFURT, auch in Zentrumsnähe, wurden WOMO-Stellplätze eingerichtet, die wir Ihnen vorab beschreiben möchten, denn ansonsten ist der Parkraum äußerst knapp. Aber auch die an der Peripherie liegenden P&R-Plätze sind von Interesse: Dort findet man immer freie Parkmöglichkeiten, gar für voluminöse Wohnmobile – und ERFURT hat eine flinke Straßenbahn, deren Haltestellen von diesen Parkplatzvorschlägen nur wenige Schritte entfernt sind.

1. Tipp (reserv. WOMO-Plätze): Von Süden her kommend sind wir auf der B 4/Arnstädter Straße. Am südlichen Stadtrand sind die Wegweiser **Thüringenhalle/Steigerwaldstadion** unübersehbar. Der Parkplatz [**109:** N 50° 57' 30.8" E 11° 2' 13.9"] davor ist riesig, einigermaßen ruhig, die Straßenbahnlinie 1 zum Anger wartet direkt daneben.
2. Tipp: Wir lassen Tipp 1 rechts liegen, biegen zwei Querstraßen weiter von der B 4 rechts in die Robert-Koch-Straße, die am südlichen Rand des Stadtparkes entlang führt. An ihr findet man meist freie Plätze [**110:** N 50° 58' 9.1" E 11° 2' 17.7"] und am südöstlichen Rand des Parkes kann man die Linien 3 oder 4 zum Domplatz einsteigen.
3. Tipp (reserv. WOMO-Plätze): Am Ende der Arnstädter Straße unterqueren wir die Bahnlinie, schwenken nach links in den Juri-Gagarin-Ring ein und nach 200 m rechts über die Neuwerkstraße in die Eichenstraße [**111:** N 50° 58' 23.7" E 11° 1' 38.1"]; nur wenige Schritte ins Zentrum, der Platz ist nicht immer belegt, weil man ihn nur schwer findet.
4. Tipp (reserv. WOMO-Plätze): Schwenkt man nach rechts in den Juri-Gagarin-Ring ein, so wird man gegen den Uhrzeigersinn um die Altstadt geführt. Direkt links des Ringes, beim Radisson-Hotel, liegt der nächste Platz an der Johannesmauer [**112:** N 50° 58' 52.0" E 11° 2' 5.3"]; nur wenige Schritte sind es ins Zentrum, der Platz ist meist belegt, zum Übernachten ist er viel zu laut.

5. Tipp: Lässt man diesen Platz links liegen und biegt nach 100 m rechts in die Schlachthofstraße, so ist man bereits auf dem Wege zum (ausgeschilderten) **Zoo** von Erfurt (offen: 9-17.30 Uhr. Vor ihm warten hunderte von meist freien Parkplätzen, die nachts einigermaßen ruhig sind [**113:** N 51° 1' 13.9" E 11° 1' 34.3"]. Am Parkplatz wartet die Linie 5.
6. Tipp (reserv. WOMO-Plätze): Nähert man sich ERFURT von Westen auf der A 71 und nimmt die Ausfahrt Bindersleben/Flughafen/Messe, so findet man viele freie Plätze auf dem P&R-Platz Messe [**114:** N 50° 57' 28.6" E 10° 59' 0.0"].
7. Tipp (privater WOMO-Stellplatz): Saunabad Trautmann, Rottenbacher Weg 11 [**114a:** N50° 57' 15" E11° 4' 1"], Gebühr 7,50 € zzgl. VE/Strom/Dusche.

ERFURT ist alt! Funde belegen bronzezeitliche, ja jungsteinzeitliche Besiedelung, als Gründungsdatum der Stadt an der Furt durch die Gera gilt indes das Jahr 742. An der alten Handelsstraße via regia gelegen, entwickelten sich schnell Handel und Gewerbe, die strategische Bedeutung stieg, die Stadt wurde stärker befestigt, was wieder erhöhte Sicherheit für die Bürger und verstärkte Ansiedelung zur Folge hatte - im 15. Jahrhundert hatte ERFURT bereits 10.000 Einwohner!
Was Handel und Wandel, das Textilgewerbe, jedoch vor allem der Anbau des Färberwaids, seine Verarbeitung und die Gewinnung des Indigo in die Taschen der Bürger und damit natürlich auch des Klerus brachte, davon zeugt in Erfurt jedes historische Gebäude - auch wenn die meisten in den letzten Jahren der DDR einer unglaublichen Vernachlässigung anheimgefallen waren!
Wir beginnen unseren Stadtrundgang, für den Sie keinesfalls auf die Benutzung eines guten Kunstführers verzichten sollten, am **Domplatz**. **Dom** und **Severikirche**, beide in hochragender Gotik, bilden ein unvergleichliches Paar, die auch nur knappe Würdigung der reichen Innenausstattung müsste Seiten füllen. Es sei nur auf die romanische Stuckmadonna im Dom und auf den gotischen Taufstein mit seinem Überbau in der Severikirche hingewiesen. Beim Verlassen der Kirchen bietet sich vom **Domberg** ein herrlicher Blick über die Dächer der Altstadt, der wir uns nun Richtung Osten zuwenden. An der schmalen Südseite des Domplatzes kommen wir

Erfurt: Domplatz

an einem schmalen Giebelhaus, der „Hohen Lilie“ vorbei, dem Überrest eines Zisterzienserinnenklosters, das eigentlich schon seit dem Ende des Mittelalters als Nobelherberge diente. In der Mitte des Domplatzes schwenken wir rechts in die schmale Marktstraße (falls Sie nicht vorher einen durchaus lohnenden Abstecher hinauf auf die **Festung Petersberg** machen möchten, von der aus Sie zweifelsfrei den besten Überblick über das türmereiche ERFURT haben). An der **Allerheiligenkirche** vorbei kommen wir auf den **Fischmarkt**, an dem zwei der schönsten Erfurter Bürgerhäuser liegen, das Haus „Zum breiten Herd“ und das Haus „Zum Roten Ochsen“. Beide übersieht man jedoch zunächst, weil der Blick gefesselt

Erfurt: "Zum breiten Herd", "Zum roten Ochsen", Krämerbrücke

wird vom prächtigen **Rathaus** mit den hohen Spitzbogenarkaden an der quergestellten Front. Wir gehen links am **Rathaus** vorbei und erreichen die einmalige **Krämerbrücke**. Zwar ist die **Gera** hier so flach, dass man sie zu Fuß durchschreiten könnte – aber die Händler dachten auch an Hochwasserzeiten – und wo macht man bessere Geschäfte als direkt auf der Brücke, wo jeder vorbei muss!?
Und so finden wir auf der **Krämerbrücke** sage und schreibe 32 Häuser, deren Gebäudestützen fast den steinernen Kern der Brücke verdecken. Am Ende steht die **Ägidienkirche**, die nach dem Brand von 1472 gotisiert restauriert wurde. Wir haben auf der Krämerbrücke die Gera überquert, stehen auf dem **Wenigemarkt**. Durch die Meienbergstraße kommen wir, die **Kaufmannskirche** links liegen lassend, zum östlichen Ende des **Angers**, dem geschäftigsten Erfurter Straßenzug, dem wir nun nach rechts, am **Lutherdenkmal** und der Hauptpost vorbei, nach Südwesten folgen. Ehemals der zentrale Waid- und Handelsmarkt, können wir an den verschiedensten Architekturstilen ablesen, dass schon zu allen Zeiten in Erfurt Stadterneuerung getrieben wurde, denn wenn wir am anderen Ende des Angers bei der gotischen **Wigbertkirche** angelangt sind, haben wir so ziemlich alle Stilrichtungen von der Gotik des XIII. Jahrhunderts bis zur „Neuen Sachlichkeit der Zwanziger Jahre“ erlebt. Vorbei an der **Staatskanzlei** (links liegt der **Hirschgarten**) können wir feststellen, ob der WOMO-Platz in der Eichenstraße gut gefüllt ist, bevor wir rechts über die **Lange Brücke** und die **Arche** zum **Domplatz** zurückkehren.

Natürlich bietet dieser Mini-Stadtrundgang nur einen ersten Eindruck der Landeshauptstadt. Da wäre zunächst noch die **Ega** zu besuchen, die ständige Gartenbauausstellung auf dem Gelände der ehemaligen Cyriaksburg. Dort können Sie nicht nur in ein Blumenmeer eintauchen, sondern bei der Besichtigung einer alten Waidmühle endlich genau erfahren, wie aus dem unscheinbaren Kreuzblütler *(Isatis tinctoria)*, dem **Färberwaid**, der begehrte, gewinnbringende, blaue Indigo gewonnen wurde, dessen Farbstoff auch heute noch unverzichtbar ist. Ich sage nur ein Wort – Jeans!

Erfurt: Zooeingang

Weiter außerhalb nach Norden wären der **Thüringer Zoopark** (siehe Tipp 5) zu nennen, der über 2500 Tiere beheimatet, die

Kiesseen **Nordstrand** und weitere bei STOTTERNHEIM, die bei schönem Wetter Badefreuden, bei Wind Surfvergnügen bieten.

Wir verlassen ERFURT auf der B 7, der Weimarischen Straße, südlich der Bahnlinie, die in (logisch) Richtung WEIMAR führt (oder, falls Sie am **Zoo** übernachtet haben, über die Ostspange).

Die B 7 zieht genau nach Osten durch Wiesen und Felder. Aus der Ebene erhebt sich links vor uns die abgeflachte Kuppe des **Ettersberges**, an dessen Rande ein mahnendes Denkmal an finsterste Zeiten unserer jüngsten Vergangenheit erinnert - **Buchenwald**!

3 km hinter MÖNCHENHOLZHAUSEN verlassen wir die B 7 nach links, fahren bis UTZBERG und schwenken dort nach rechts, auf HOPFGARTEN zu. Auf halbem Weg, links im Felde, winken die gut erhaltenen Reste einer alten, steinernen **Windmühle**, zu der man auf schmalem Asphaltweg hinfahren kann [N 50° 59' 7.5" E 11° 12' 11.5"]. Ist es ein Zufall? Beim Aussteigen reißt der Wind mir die Tür aus der Hand, sie fliegt krachend ins Schloss – der Platz scheint nicht schlecht gewählt. Aber der pfeifende Wind hat im Laufe der Jahrzehnte am wichtigsten Teil der Mühle bereits ganze Arbeit geleistet, von den Flügeln ragen nur noch bescheidene Stummel sinnlos aus der Achse.

Hopfgarten: Windmühle

In HOPFGARTEN hat man die Wahl, links oder rechts in die Querstraße einzuschwenken. Da wir den **Großen Ettersberg** von Norden in der Reihenfolge: Schloss Ettersburg - Buchenwald - WEIMAR überqueren wollen, wenden wir uns nach links nach NIEDERZIMMERN.

Der Turm der **gotischen Kirche** von NIEDERZIMMERN gleicht mehr dem Bergfried einer mittelalterlichen Burg denn einem Glockenturm; das viel zu klein geratene, spitze Türmchen obenauf vergrößert den Stilbruch noch. Aber die Historie belegt, dass im 13. Jahrhundert zunächst ein Verteidigungsturm angelegt wurde, an den erst später das Kirchenschiff angebaut wurde.

Niederzimmern: Kirche

GUSTAV ADOLF 30. Oct. 1632 entziffern wir am Turm. Kein Zweifel, König Gustav II. Adolf, König von Schweden und Verteidiger des Protestantismus im 30-jährigen Krieg war hier. Also steigen auch wir aus und lassen uns vom Ehepaar Winzer, das gerne und oft im Kirchhof werkelt, das Kircheninnere mit dem schönen Schnitzaltar und den zwei bemalten Emporen zeigen.
Auf unsere Frage, wie es denn mit einem WOMO-Stellplatz im Örtchen bestellt sei, werden wir zu den Kräuterhexen geschickt ...

Am Ortsende, nach 400 m, biegen wir rechts zum Kräutergarten, vorbei am Sportplatz (mit Gaststätte).

Im **Kräutergarten Niederzimmern e.V.** arbeiten natürlich keine Hexen, sondern ganz reizende Damen jeden Alters, die in bewundernswerter Eigeninitiative ganz leckere Sachen produzieren wie Kräuteröle, Kräuteressig, Tinkturen, Tee, Marmelade, usw., natürlich im wesentlichen aus eigenem Anbau und absolut ökologisch. Der Stellplatz vor dem Garten (sommers mit Restauration) ist leider etwas schräg [**115:** N 51° 0' 18.8" E 11° 11' 59.2"].

Weiter geht es nach OTTSTEDT. Dort biegen wir scharf nach links in der Annahme (die sich auch bestätigt), dass wir dort

nach HOTTELSTEDT kommen. Im grellen Gelb leuchten die riesigen Rapsfelder, z. Zt. versprechen sich alle vom Rapsöl den besten Verdienst - wenn das nur gut geht...
HOTTELSTEDT ist das letzte Dorf vor ETTERSBURG, in dem 1706 ein herzogliches **Jagdschloss** gebaut und in prächtiger Barockzier ausgestattet wurde, und Hermann Fürst von Pückler-Muskau lieferte die Ideen für die Gestaltung eines **Landschaftsparkes**. Ja, ja, Fürst Pückler hat nicht nur aus Schlagsahne, Makronen, Maraschino, Erdbeermark und geriebener Schokolade ein unvergleichliches Halbgefrorenes komponiert und geistvoll-ironisierend über seine Weltreisen parliert - er war auch Hobbygärtner en gros.
Wir fahren (Wegweiser: Schloss Ettersburg 4 km) am Rande eines ausgedehnten Waldgebietes entlang, das vor den Toren von ETTERSBURG unmerklich in den **Landschaftspark** übergeht. Hier wurde für die Besucher links der Straße ein Parkplatz [**116:** N 51° 2' 1.6" E 11° 16' 17.8"] angelegt.
Geschwungene Flanierwege führen durch die stimmungsvolle Landschaft, werden immer gepflegter, die romantische Stimmung strebt beim Anblick blühender Blumenrabatten einem erwarteten Höhepunkt entgegen, der auch nicht enttäuscht wird: Die **Schlösser Ettersburg** (altes und neues Schloss) sind bestens restauriert. Besonders schön ist der Blick von der Gaststätte im neuen Schloss über den hier steil abfallenden Schlosspark. Unbedingt sehenswert ist auch die an die Schlossanlage angebaute Kirche mit einem schönen Flügelaltar.

Ettersburg: Schlösser und Schlosskirche

Wir kehren zurück bis zum Ortsrand von HOTTELSTEDT; Buchenwald liegt nur noch 2 km links vor uns.
Viele schöne Rastplätze links und rechts der Straße an diesen zwei Kilometern, wer könnte hier rasten?

Ein großer Parkplatz [N 51° 1' 9.5" E 11° 14' 54.8"], wenig Leute, Stille.

„Jedem das Seine“ - welches Hirn hat sich die Qual dieses Satzes über dem Eingangstor zum KZ erdacht?

Ein riesiger Platz, keine Reste von Baracken, nur Stacheldraht und Leere. Das Krematorium, das Museum.

Beweise für die Unmenschlichkeit, sorgfältig geordnet am Ort tiefster Erschütterung...

Buchenwald: Denkmal

Wir steigen wortlos in unser WOMO, rollen an dem Mahnmal [N 51° 0' 49.6" E 11° 15' 19,4"] mit dem hohen Glockenturm vorbei hinab nach WEIMAR, der Stadt Goethes, dem Tagungsort der ersten Deutschen Republik.

„Wemare“ oder „Wimare“, das „geweihte Moor“, sind Bezeichnungen, die die Existenz einer Siedlung bereits 975 belegen, als civitas ist WEIMAR seit 1254 belegt. Bedeutung hat für den heutigen Besucher WEIMAR in erster Linie als Wirkungsstätte von Lukas Cranach, J.S. Bach, Christoph Martin Wieland, Johann Gottfried Herder, Friedrich Schiller und natürlich Johann Wolfgang von Goethe. Dieser war 1775, sechsundzwanzigjährig, der Einladung des nur achtzehnjährigen Herzogs Karl August nach Weimar gefolgt. Karl August hatte gerade die Regierungsgeschäfte von seiner früh verwitweten Mutter Anna Amalia übernommen. Seine Erziehung durch den Dichter und aufklärerischen Geist Wieland, seine lebenslange Freundschaft mit Goethe und die Bildung eines Freundeskreises mit Herder und Schiller machten WEIMAR jahrzehntelang zum unangefochtenen Mittelpunkt deutschen Geisteslebens.

Der historische Ortskern von WEIMAR ist nicht WOMO-tauglich, zusätzlich blockiert regelmäßig eine Fülle von Baustellen die paar Parkplätze. Wir haben für Sie die einzige Parkgelegenheit gesucht, von der aus Sie nach maximal 15 Minuten zu Fuß das Zentrum zwischen Nationaltheater und Schloss erreicht haben:
Aus Richtung Buchenwald kommend folgen wir dem Wegweiser Zentrum/Stadtmitte, unterqueren die Bahnlinie, halten uns sofort danach rechts (Fuldaer Straße) und haben nach etwa 1000 m das Stadion (rechts) erreicht. Gegenüber beginnt der **Weimarhallenpark** mit separaten WOMO-Stellplätzen und dem **Schwanseepark** mit Schwimmbad und Gaststätte.

(117) WOMO-Stellplatz: Weimar/Schwanseebad

GPS: N 50° 59' 4.8" E 11° 19' 0.0"; Hermann-Brill-Platz. **max. WOMOs:** >5.
Ausstattung/Lage: Schwimmbad, Gaststätte, Gebühr: 4 €, Strom 1€ (6 Std.), zzgl. VE/im Ort. **Zufahrt:** siehe Text, ausgeschildert (WOMO-Piktogramm).

Von hier aus marschiert man, die Schwanseestraße entlang, 15 min. ins Zentrum. Unseren Rundgang wollen wir aber an Goethes Lieblingsplätzchen beginnen – im Ilmpark!

Zu Fuß schreiten wir in den Ilmpark hinein und haben nach 500 Schritten das **Goethe-Gartenhaus** vor uns.
Dieses bescheidene Häuschen erhielt der Dichter von seinem Freund und Gönner Karl-August geschenkt, und er lebte die ersten sechs Jahre seiner Weimarer Zeit hier in idyllischer Parkumgebung, bevor seine staatsmännischen Repräsentationspflichten den Umzug in das **Haus am Frauenplan** notwendig machten.
Landschaftsparks sollen beim Besucher den Eindruck des Zufälligen, Natürlichen hervorrufen. Welche raffinierte Planung nötig war - und hier war wieder unser Meister Fürst Pückler-Muskau am Werke - zeigen uns die „rein zufällig" vorhandenen Sichtschneisen und Wegeverbindungen zwischen allen Attraktionen des Parkes. Wir schlendern die schlichten Wege entlang, nachdem wir ehrfürchtig einen Rundgang durch das Gartenhaus gemacht haben, entdecken das Römische Haus, die (künstliche) Ruine, das Borkenhäuschen, die Leutraquelle und die Sphinx-Grotte, verlassen beim Haus der Frau von Stein (man beachte auch hier die Sichtverbindung zum Gartenhaus!) den Ilmpark und erspähen zwischen dem **Grünen Schloss** (mit der restaurierten **Herzogin-Anna-Amalia-Bibliothek**) und dem **Fürstenhaus** mit dem **Reiterstandbild** Karl Augusts die vierflügelige Anlage des **Residenz-Schlosses**, das zwei bedeutende Museen beherbergt: Die Forschungs- und Gedenkstätte der klassischen deutschen Literatur, die über 800.000 Dokumente und Handschriften sowie 110.000 Bücher verwahrt und die Staatliche Kunstsammlung Weimar, wo neben niederländischer und italienischer Malerei vor allem herausragende Werke deutscher Meister ausgestellt sind.

Weimar: Markt mit Rathaus und Bratwurstbude (unverzichtbar!)

Durch die schmale Vorwerksgasse betreten wir den **Herderplatz** mit dem **Deutschritterhaus**, dessen Giebelaufbau durch eine vergoldete Ritterfigur geschmückt ist und der spätgotischen **Stadtkirche (Herderkirche)**, die man vor allem wegen des prächtigen Flügelaltars Lucas Cranach d. Ä. aufsuchen sollte.

Am Denkmal für den Religionsphilosophen Herder vorbei gelangen wir durch die Rittergasse und den Zeughof zwischen Kunsthalle und Wittumspalais auf den **Theaterplatz** - haben direkt vor uns das **Nationaltheater** mit dem Denkmal der beiden größten deutschen Dichter, die von 1794 bis zu Schillers Tode eine gegenseitig befruchtende Freundschaft verband.

Weimar: Nationaltheater

Wir verlassen den Theaterplatz nach Südosten auf der Schillerstraße und können an der Ecke zur Neugasse das **Schillerhaus** besuchen, Schillers ehemaliges Wohnhaus, in dem Schillers Wirken gewürdigt wird. Den steuerzahlenden Bürger wird interessieren, dass Schiller sich für den Erwerb dieses Gebäudes in schwere Schulden stürzen musste, während Goethe sowohl das Häuschen im Ilm-Park als auch den Bau am Frauenplan als herzogliches Geschenk empfing.

An der Frauentorstraße wenden wir uns rechts und betreten besagten **Frauenplan**, an dessen Südseite das repräsentative **Goethehaus** ebenfalls als Museum eingerichtet ist. Gehen wir rechts am Goethehaus vorbei, so kommen wir über den Wielandplatz mit **Wielanddenkmal** in die Amalienstraße, an deren Ende in einem Gartenanwesen das **Museum für Ur- und Frühgeschichte** den Besucher eine halbe Million Jahre in die Vergangenheit

versetzt, denn es besitzt eine Unzahl originaler Fundstücke, die die Kulturgeschichte des Menschen speziell im Thüringer Raum veranschaulichen. Im Anschluss an die Amalienstraße beginnt der **Alte Friedhof**. Hier ist der Herzog Karl August zusammen mit „seinen" Dichtern in der **Familiengruft** der Weimarer Herzöge bestattet, das Gropius-Denkmal für die Märzgefallenen finden wir hier ebenfalls. Der Direktor des Bauhauses, Walter Gropius, schuf 1922 mit seinem „Blitz" ein symbolträchtiges Monument zur Erinnerung an die 1920 während des Kapp-Putsches gefallenen Arbeiter.
Vom nördlichen Ende des Alten Friedhofes kehren wir über den Theaterplatz und entlang der Schwanseestraße wieder zurück zu unserem WOMO.

Zwei Schlösser mit herrlichen Parkanlagen liegen außerhalb Weimars. Wir machen zunächst einen Abstecher zum südlich liegenden Rokokoschloss **Belvedere** mit Orangerie, Reit- und Ballhaus, Zwinger und Park, dessen französischer Stil einerseits durch Anlage eines Russischen Gartens, eines Labyrinths und eines Naturtheaters erhalten blieb, aber fließend in die umgebende Natur eines Landschaftsgartens übergeht.

Weimar: Schloss Belvedere

Der Besucherparkplatz am Rande des Parkes, mit schönem Blick über WEIMAR, erscheint uns durchaus übernachtungsgeeignet [**118:** N 50° 56' 55.1" E 11° 20' 43.7"].
Während man zum Abstecher nach Belvedere zunächst die ganze Altstadt Weimars umrunden muss, gestaltet sich unsere Weiterfahrt zum **Schloss Tiefurt** ganz einfach: Über bestens ausgeschilderte Schleichwege werden wir um WEIMAR herumgeführt, überqueren diese Ausfallstraße nach JENA (B 7) und sind schon auf der Tiefurter Allee, die uns durch das schattige Waldgebiet des **Webicht** direkt zu dem kleinen Dörfchen mit dem großen Landschaftspark an der **Ilm** geleitet.

Am Beginn von TIEFURT gabelt sich die Straße. Wir merken uns die Stelle für unsere spätere Weiterfahrt, rollen nach links hinab über die Ilmbrücke und dahinter geradeaus in einen langen Parkplatz [**119:** N 50° 59' 37.8" E 11° 21' 50.9"] neben der Gaststätte "Alte Remise" hinein, dessen Ende sich zum Park hin öffnet (weiterer ruhiger Parkplatz 200 m vorher links).

Das Schloss Tiefurt ist kein Schloss, noch nicht mal ein Schlösschen, sondern nur das von Herzogmutter Anna Amalia herausgeputzte ehemalige Pächterhaus. Aber das spielt auch hier keine Rolle, denn wunderschön ist der **Schlosspark** in der Ilmschleife mit einem alten Baumbestand, in dem man gemütlich flanieren kann. Dabei kommt man am **Musentempel**,

künstlichen Grotten und einem Teesalon vorbei, in dem im Rahmen einer Ausstellung die Landschaftsparks rings um Weimar vorgestellt werden. Hier lernen wir endlich die raffinierte Technik des Fürsten Pückler-Muskau verstehen, der in einer vorausplanenden Strategie Blick- und Wegeverbindungen festlegte und um diese erwünschten Zwänge herum die gewünschten Landschaftsgärten plante und „völlig natürlich“ anlegen ließ.

Wir fahren 400 m über die **Ilm** zurück und biegen an besagter Gabelung in spitzem Winkel links nach KROMSDORF. Kaum zu glauben, aber dort gibt es schon das nächste **Schloss** mit einem netten Park drumherum sowie den "Schlosswirt" im Erdgeschoss, der solide Kost und jede Menge ebene Parkplätze bietet [**120:** N 51° 0' 17.1" E 11° 22' 9.6"].

Kaum haben wir KROMSDORF durchquert, blickt die Burg von DENSTEDT auf

uns herab [N 51° 0' 4.4" E 11° 23' 2.9"], ein zunächst äußerst beachtlicher, Kraft und Beständigkeit ausstrahlender Baukörper. Aber die LPG-Verwaltung hatte auch hier ganze Arbeit geleistet: Das Gebäude ist total verrottet, steht leer, ein bitterer Geschmack liegt einem auf der Zunge. Nach der Wende machte sich ein Investor nach dem anderen wieder aus dem Staube, jetzt haben zwei bayerische Ärzte das Objekt erworben ...
Hinter DENSTEDT sausen wir nach ULRICHSHALBEN hinein. In der Ortsmitte dürfen wir nicht rechts nach APOLDA abbiegen, sondern müssen mal wieder nach links die **Ilm** überqueren. Hinter ihr, bereits in OSSMANNSTEDT, kann man rechts unter Pappeln parken [N 51° 0' 47.9" E 11° 25' 27.9"] und am **Schwimmbad** vorbei zum **Wielandpark** spazieren.

Wieland, der Erzieher Karl Augusts, hatte sich hier ein barockes Gutshaus mit kleinem Park gekauft, um der geliebten Natur näher zu sein:

„Man muss auf dem Lande leben, um dahinter zu kommen, was die wahre Religion ist. Die Sonne ist der Gott, von dem uns alles Gute, alle Freude am Leben, Licht, Wärme, Geist, Kraft, gute Laune, Witz, Verstand, kurz alles, was das Leben zum Leben macht, aus der ersten Quelle zufließt!"

Lässt sich dem noch etwas hinzufügen?
In diesem Gutshaus ist eine Wieland-Gedenkstätte eingerichtet, der Park lädt zum Bummeln ein. Wer keine Lust zum Bummeln hat, der folgt der Fahrstraße und steht nach 500 m am anderen Ende des Parkes mit dem Gutsgebäude [N 51° 0' 58.4" E 11° 25' 31.1"].

Wir wollen nun nach NIEDERROSSLA. Dann dürfen wir am Ortsende nicht links Richtung LIEBSTEDT abbiegen, sondern müssen am Turnvater-Jahn-Denkmal geradeaus nach Osten fahren. Das erklärt uns zumindest ein Mütterchen, das auf der staubigen Straße den Staub hin- und herfegt. Die Straße sei jedoch nur ein Feldweg. Nach wenigen Metern geben wir unser Vorhaben auf, das ist noch nicht einmal ein Feldweg, sondern ein Stoppelacker ...
Wir folgen notgedrungen der LIEBSTEDT-Option - und landen mal wieder einen Volltreffer!
Ich meine nicht die kerzengerade, leckere Birnbaumallee, die uns nach Norden führt, sondern die wohlrestaurierte **Deutschordensburg** im Zentrum von LIEBSTEDT (offen: Di-Fr 8-15 Uhr, Sa/So 12-17 Uhr). Wir lernen eine "Durchgangsburg" kennen. Man kann sie auch eine Gelddruckmaschine nennen, denn zwei sich kreuzende Handelsstraßen führten durch die Burg hindurch (Schleichwege drumherum gab es früher nicht) und, Sie haben es erraten, dabei musste man Zoll zahlen ...
Wir zahlen gerne den kleinen Obolus, um die Burg besichtigen zu können, die zum größten Teil in Eigeninitiative restauriert wurde. Der Parkplatz vor ihrem Tor liegt ruhig [**121:** N 51° 2' 47.5" E 11° 24' 31.0"].

Liebstedt: Deutschordensburg

Hinter PFIFFELBACH, wo wir ausnahmsweise weder eine Burg noch ein Schloss sichten, blicken auf NIEDERROSSLA hinab, aus der Mitte des Dächermosaiks ragen zwei Türme heraus - ein barocker Kirchturm und der quadratische, wuchtige, 65 m hohe Bergfried der mittelalterlichen ehemaligen **Wasserburg** aus dem 12. Jahrhundert, die Herzog Ernst August I. von Weimar 1738 zu einem Jagdschloss umbauen ließ. Wir folgen in NIEDERROSSLA dem Verlauf der Hauptstraße, überqueren die **Ilm** und biegen direkt vor der Kirche rechts ab zu der fünfeckigen Burganlage. Die kleine Anlage davor mit Blumenrabatten und Bänken überrascht uns mit einem WOMO-Stellplatz und – man glaubt es kaum – einem Gulli-Deckel für die WC-Entsorgung (auch wenn "Abwasser" drauf steht) + Strom (0172-7978074 anrufen = Feuerwehr kommt)!

(122) WOMO-Stellplatz: Niederroßla/Wasserburg

GPS: N 51° 2' 10.9" E 11° 29' 6.8"; Schlosshof. **max. WOMOs:** 2-3.
Ausstattung/Lage: Entsorgung, Wasser, Strom, Bänke, Gaststätte im Ort/im Ort.
Zufahrt: direkt vor der Niederroßlaer Wasserburg.

NIEDERROSSLA heißt im Volksmund auch KITZELBACH. Die Herkunft dieses Spitznamens ist so ungewöhnlich wie spaßig, auch wenn Miss Baba dabei sterben musste!
Kurzfassung der Historie:
Am 13.2.1857 kam eine Menagerie mit einem Elefanten (Miss Baba) nach Niederroßla. Der Elefant wurde in einen Stall gesperrt, brach eine

Trennwand ein und überfraß sich dahinter mit gefrorenen Rüben. Über die Höhe der Schadensforderung verärgert, brachen die Elefantenhalter auf Richtung Buttstädt. Der Elefant indess bekam Koliken, sein Zustand erschien bedrohlich. Wenn er jetzt sterben würde, müsste die Gemeinde die Begräbniskosten zahlen....
Da dies kurz vor der Buttstädter Flur geschah, versuchte ein vorbeikommender Niederroßlaer Gesangsverein, das Tier mit Stöcken und Stangen über die Grenze zu treiben. Bei einer Gerichtsverhandlung versuchte man, den Wirrwarr um den Tod von Miss Baba zu klären. Dabei behaupteten die Gesangsvereinmitglieder, sie hätten den Elefanten nur mit den Stangen gekitzelt ...
Übrigens: Alle 25 Jahre findet in Niederroßla ein Elefantenfest statt, das nächste allerdings erst 2032.

Nun liegt APOLDA, die Stadt meiner Kindheit, direkt vor uns! Wir müssen nur noch die B 87 überqueren, die von ILMENAU kommend weiter nach NAUMBURG zieht. Vielleicht lohnt sich für Sie ein 200-m-Abstecher auf der B 87 nach links bis zum 1904 zur Erinnerung an die Reichsgründung errichteten **Bismarckturm** [N 51° 2' 2.8" E 11° 30' 13.6"] (offen: Sa/So 11-17 Uhr). Er bietet Ihnen einen hervorragenden Ausblick auf die Stadt der Stricker und Wirker. Falls Sie zur falschen Zeit kommen, können Sie das umliegende kleine Gehölz immerhin zum Rasten nutzen und sich fühlen wie Napoleon, der, von dieser Stelle aus die kleine Industrie- und Handelsstadt erblickend, gesagt haben soll: „C'est Gramont!" Ob er APOLDA nun mit GRAMONT in Frankreich verglich oder nicht, die Apoldschen hatten ihren Spitznamen weg, sie waren nicht nur aus Fress-Apolle, sondern auch aus Gramong!

Apolda: Bismarckturm

Was soll ich Ihnen über meine kleine, von Ruß der Kohleheizungen stets dreckige Stadt erzählen, ohne ins kindliche Schwärmen zu kommen?

Von der **Schötener Promenade** mit den drei winzigen Teichen, dessen letzter zwei schreckliche Drachen, genannt „Lindwürmer" beherbergte, wie die kleine Plastik an der Mauer der **Martinskirche** [N 51° 1' 28.3" E 11° 30' 40.5"] bezeugt?
Von dem alten Haus an der Promenade, das uns nach 33 Jahren „Volkseigener Verwaltung" plötzlich wieder gehörte, und von dessen Balkon aus meine Mutter angeblich bis zum dritten Teich rufen konnte, um ihren pflichtver-

gessen Sohn in die Schule zu schicken?
Von **David, dem Strickersmann**, der die Kunst des Strumpfstrickens hierher brachte und vielen kleinen Manufakturen, meist im Hintergebäude, zu bescheidenem Wohlstand verhalf, bis in den 50er Jahren alles „freiwillig" volkseigen wurde?
Von der 24 Tonnen schweren Glocke, die die Gießereifamilie Schilling 1923 für den Kölner Dom goss? **Das Glockenmuseum** in der Bahnhofstraße 41 (offen: Di-So 10-18 Uhr) stellt nicht nur Apoldsche Glocken, sondern die Entwicklung der Glocken überhaupt im Laufe von 3000 Jahren vor. Gegenüber wartet das Kunsthaus "Apolda Avantgarde" mit internationalen Ausstellungen auf Sie und dahinter kann man sich in der Museumsbaracke "Olle DDR" über das frühere Alltagsleben in der DDR informieren.
Von Friedrich Louis Dobermann, der seine Lieblingshündin "Schnuppe", die bereits ein Mischling aus Pinschern und Schäferhunden war, mit einem Fleischerhund kreuzte und nach mehreren weiteren Kreuzungen den eleganten "Dobermann" züchtete?

Apolda: Rathaus

Im Rathaus auf dem Markt bekommen wir einen kleinen Stadtplan und Tipps für WOMO-Stellplätze. Am besten gefällt uns der Platz vor dem **Schloss** oberhalb des Hotels "Am Schloss".

(123) WOMO-Stellplatz: Apolda/Am Schloss
GPS: N 51° 1' 16.2" E 11° 30' 49.2"; Gerichtsweg. **max. WOMOs:** 2-3.
Ausstattung/Lage: keine, gute Gaststätten im Ort/im Ort.
Zufahrt: Vom Markt 400 m auf der Jenaer Straße nach Süden.

Der Stellplatz beim Geupelstadion/**Freibad** hingegen bietet Badefreuden und noch mehr Platz. Am Ende der Jenaer Straße schwenkt man am Kreisel scharf rechts und nach 500 m wieder links [N 51° 1' 7.3" E 11° 30' 32.1"]. Vom Parkplatz führt ein Fußgängerbrückchen zur **Herressener Promenade**, wo man fein spazieren gehen kann.
Durch das auffälligste Bauwerk APOLDAS, den 90 m langen, zweigeschossigen **Eisenbahnviadukt** verlassen wir meine Heimatstadt und biegen rechts, fahren an der **Ilm** entlang Richtung BAD SULZA.

Wenn der Ilme Bach bescheiden schlängelnd still im Tale fließt,
überdeckt von Zweig und Weiden halb versteckt sich weiter gießt...
J. W. von Goethe, 1818

Weitflächig, nur sanft gewellt ist das Land, durch das die **Ilm** ihren Lauf zur **Saale** nimmt. Zwischen NIEDERTREBRA und DARNSTEDT mausert sich die historische Mühle Eberstedt zu einer Event-Location: Ölmühle, Mühlenladen, schwimmenden

Mühle Eberstedt: schwimmende Ferienhütten

Hüttenferienwohnungen, Forellen- und Angelteiche, Mühlenschänke, Tiergehege, Kinderspielplatz, Lagerfeuer, Ilmradweg - und einem WOMO-Stellplatz mit Internetanschluss!

(124) WOMO-Stellplatz: HME Eberstedt

GPS: N 51° 4' 30.2" E 11° 35' 19.6" **max. WOMOs:** >5.
Ausstattung/Lage: Ver-/Entsorgung, Internet, Gaststätte, Gebühr: 16 € (incl. VE) + 2 € Strom/bei Gaststätte. **Zufahrt:** Zwischen Niedertrebra und Darnstedt links.

Nur noch einmal muss sich die **Ilm** durch eine Talenge zwängen und die steile Wand des Herlitzberges bei BAD SULZA absägen. Wieder ist es Muschelkalk, dessen drei Schichten

hier, als Folge eines Bruches der Erdrinde vor Jahrmillionen, in bunter Folge durcheinandergewirbelt sind, ja an manchen Stellen sogar senkrecht stehen, sodass das Regenwasser durch Risse weit in die Tiefe dringen, Salzlager auflösen und als Solequelle wieder zutage treten kann. In und um BAD SULZA gibt es mehrere solcher Quellen, an denen schon die Menschen der Steinzeit siedelten, seit 1064 ist die Salzsiederei beurkundet.
Wieder war es das Allround-Genie Goethe, der aufgrund seiner botanischen Kenntnisse bei einem Kurzaufenthalt in BAD SULZA am Pflanzenwuchs den Salzgehalt des Bodens erkannte und vorschlug, nach Sole zu graben. Wenige Jahre später, 1847, wurde von Jenaer Professoren die Heilkraft der Sulzaer Sole bestätigt und ein Heilbad eröffnet. Aus fast 900 m Tiefe wird heute eine 27 %ige, gesättigte Sole gewonnen; mit ihr werden Solebäder bereitet und die Gradierwerke berieselt, in deren salziger, anregender Luft erkrankte Luftwege geheilt werden.
Kaum haben wir die ersten Häuser von BAD SULZA passiert, müssen wir noch einen kurzen Abstecher nach links Richtung ECKARTSBERGA bis AUERSTEDT machen. Nein, über die Doppelschlacht von Jena & Auerstedt erzählen wir Ihnen erst bei JENA etwas. AUERSTEDT hat mit **Auerworld** eine botanische Attraktion, bei der man sich Ideen für den heimischen Reihenhausgarten holen könnte. Wir durchfahren den gesamten Ort und pausieren erst hinter dem Sportplatz [**125:** N 51° 6' 1.7" E 11° 34' 55.3"].

Auerstedt: Auerworld

Entdecken Sie den **Weidenpalast**? 300 Freiwillige aus aller Welt schufen 1998 den größten lebenden Weidenbau. Eine

weitere Attraktion ist die **indianische Maloca** (gehört zum Schlosshotel), eines neuartiges Weltdorf-Gemeinschaftshaus für Familien- und Firmenfeiern, Kulturveranstaltungen usw.
Zurück in BAD SULZA folgen wir zunächst dem Parkplatzwegweiser mit dem Wohn**wagen**-Piktogramm. Es führt uns in eine Sackgasse, die südlich des Kurparkes an einem großen, ruhigen Parkplatz mit **WC** endet [**126:** N 51° 5' 13.5" E 11° 37' 38.7"].
Den für uns interessantesten Teil von BAD SULZA entdecken wir, als wir es gerade wieder Richtung BAD KÖSEN verlassen wollen. Wir haben die neue Toskana-Therme passiert, schwenken 300 m später nach links zum P3, links vorbei am **Gradierwerk**, auf das die **Sonnenburg** vom Steilhang der **Ilm** hinabblickt. P3 ist der offizielle WOMO-Stellplatz [**127:** N 51° 5' 51.9" E 11° 37' 53.2"] (Gebühr 7,50 € incl. Entsorgung, zzgl. Strom + Wasser), er liegt unmittelbar vor dem **Freibad**, aber auch das Thermenhallenbad ist nur 10 min. entfernt.

Bad Sulza: Wohnmobilstellplatz P3 unter der Sonnenburg

Gegenüber des Gradierwerkes führt ein Fußweg unter schattigen Bäumen an der **Ilm** entlang und nach einem Viertelstündchen hat man die Trinkhalle, das Orchesterhalbrund und gepflegte Blumenrabatten davor erreicht. Unser technisches Interesse wird bereits auf halbem Wege geweckt, wo ein altes Wasserrad erhalten ist, welches zu Goethes Zeiten über eine ausgefuchste Excenter-, Hebel- und Pumpenkonstruktionen die Sole aus der Tiefe des Berges hochpumpte.
Direkt hinter der Ilmbrücke biegt die Straße links nach BAD KÖSEN/GROSSHERINGEN.
Nach 1000 m, wir haben gerade die Bahnlinie unterquert,

schwenken wir links nach SONNENDORF, um dem **Thüringer Weingut Bad Sulza** unsere Reverenz zu erweisen (Weinverkauf: Mo-Fr 10-18 Uhr, Sa 10-16 Uhr, So 10-13 Uhr). WOMOs bis 6,50 m Länge können im Hof des Winzers wenden, größere sollten 200 m vorher, am Ortsbeginn [N 51° 6' 21.2" E 11° 38' 21.0"] parken.

Sonnendorf: Thüringer Weingut

Hier geht es auch linkerhand zur Sonnenburg, den Wanderparkplatz 100 m oberhalb erreicht man nach 800 m [**128:** N 51° 6' 6.1" E 11° 37' 47.3"]. Die Gaststätte in der **Sonnenburg** (offen: täglich 12-21 Uhr) bietet gepflegte Speisen u.a. in der Grotte und vom Burgturm einen phänomenalen Blick über BAD SULZA und das **Ilmtal**.

In GROSSHERINGEN gilt es, von unserer **Ilm** Abschied zu nehmen. Wir biegen deshalb vor der eisernen Bogenbrücke über die **Saale** zunächst rechts, unterqueren zweimal die Eisenbahnlinie und halten direkt auf der steinernen Ilmbrücke am Ortsbeginn von GROSSHERINGEN. Hier weiß man nicht, in welche Richtung man als erstes den Kopf wenden soll! Rechts, parallel zu uns, überquert eine alte, **überdachte, hölzerne Brücke**, fotogener geht es nicht, die **Ilm**, kurz bevor sie, nur wenige Meter links von uns, in die **Saale** mündet.

Die Saale ist die Grenze zum Nachbarland Sachsen-Anhalt. und wir dürften die vorhin bereits gesehene Eisenbogenbrücke

eigentlich nicht überqueren. Aber es gibt ja bekanntlich keine Regel ohne Ausnahme – und besondere Situationen erfordern besondere Verhaltensweisen! Schließlich stehen, nur wenige hundert Meter entfernt im Nachbarland, auf steiler Wand über der Saale, zwei der romantischsten deutschen **Burgruinen** – die können wir nicht auslassen!
Der „Auslandstrip" lohnt sich Meter für Meter. Die **Saale** hat sich förmlich ins Gestein hineingefressen, eine Schleife ist idyllischer als die andere. Nach 3 km, in SAALECK, biegen wir, kaum dass wir die Saale überquert haben (dahinter Parkplatz mit öffentlichem **WC**), an der jungen Dorflinde rechts, dem Wegweiser „Schlossgaststätte Rudelsburg" folgend. Ein genau 2 km langes Teerband zieht in einer weiten Schleife, sozusagen durchs Hinterland, wendet dann serpentineneng und hält von Osten, entlang des Steilhanges des schmalen Muschelkalkfelsens, auf die **Rudelsburg** zu. Verschiedene Studentenkorps hatten nach dem Krieg 1870/71 entlang der Steilhangkante Denkmäler errichtet. Zu DDR-Zeiten verschwanden sie im Gestrüpp, jetzt hat man sie wieder freigelegt und restauriert. Die erste Ausbuchtung, nur etwa 100 m nach der Serpentine, eignet sich als Rast- und Aussichtsplatz auf beide **Saaleburgen**. Benachbart, an der Felswand, erinnert ein Denkmal, ein riesiger Steinlöwe, an gefallene Korpsstudenten.

Vor der **Rudelsburg**, wir hatten es nicht zu hoffen gewagt, erstreckt sich links der Straße ein großes, ebenes Wiesengelände – unsere Übernachtung ist gesichert! Diesen Platz [**129:** N 51° 6' 31.9" E 11° 42' 31.3"] nahmen in früherer Zeit die umfangreichen Gebäude der Vorburg ein, die bereits 1348 von den Naumburgern mit „Steinschleudern und Feuerbüchsen" erobert und total zerstört worden waren. Von der Hauptburg ließen sie immerhin so viel übrig, dass man darin eine, inzwischen auch bereits historische, Burggaststätte einrichten konnte.
Lärm durch späte Gäste braucht man nicht zu befürchten, denn sie ist (normalerweise) nur von 10 - 17 Uhr geöffnet. Allerdings darf man die Akustik des Saaletales nicht unterschätzen: Die vielen tutenden Züge der Hauptstrecke Erfurt - Leipzig kann man bis hier herauf hören.

Wir betreten den Burghof der fast 1000 Jahre alten Rudelsburg, die nicht erst seit dem Gedicht des achtzigjährigen, späteren Kunsthistorikers Franz Kugler (1826) zum Inbegriff deutscher Romantik geworden ist:

An der Saale hellem Strande stehen Burgen stolz und kühn;
ihre Dächer sind zerfallen und der Wind streicht durch die Hallen,
Wolken ziehen drüber hin.

Zwar die Ritter sind verschwunden, nimmer klingen Speer und Schild,
doch dem Wandersmann erscheinen, in den altbemoosten Steinen,
oft Gestalten zart und mild.

Droben winken schöne Augen, freundlich lacht manch roter Mund,
Wandrer schaut wohl in die Ferne, schaut in holder Augen Sterne,
Herz ist heiter und gesund.

Und der Wandrer zieht von dannen, denn die Trennungsstunde ruft,
und er singet Abschiedslieder, lebe wohl tönt ihm hernieder,
Tücher wehen in der Luft.

Natürlich kann man es auch ein bisschen spaßiger formulieren! So lesen wir im Gästebuch vom 4. Aug. 1831, verfasst (ausgerechnet) von einem stud. theol.:

Hier, wo einst vor vielen Jahren muth'ger Ritter edle Scharen
Lanz'n (ach) brachen im Turnier,
brechen jetzt fidele Brüder beim Gesange froher Lieder
Lanzen, ach, gefüllt mit Bier.

Vom Söller des Bergfriedes bietet sich ein einmaliger Blick hinab ins Saaletal und zu den Ruinen der benachbarten, 950 Jahre alten Saaleck, zu der wir wenige Minuten später, auf dem Kamm einer Senke zwischen den beiden Burgen, hinüberwandern. Der Weg beginnt vor dem Tor der Rudelsburg; man steigt vor der ehemaligen Zugbrücke rechts hinab, unterquert sie und hält sich dann auf einem Pfad durch den Buschwald an die roten und blauen Markierungsbalken, falls man nicht plötzlich an einem Bergsporn in seinem Wanderdrang gebremst werden möchte.

Blick auf Rudelsburg und Saaleck (im Hintergund)

Am nächsten Morgen fahren wir wieder nach SAALECK hinab, kehren auf dem gleichen Weg nach Thüringen zurück. Hinter der eisernen Saalebrücke biegen wir links und halten durch GROSSHERINGEN auf CAMBURG zu.

Wer bis CAMBURG nach einem idyllischen Lagerplätzchen am Saaleufer lechzt, der wird enttäuscht, denn die zweispurige, elektrifizierte Bahnlinie versperrt uns den Weg und tötet ohnehin jede Romantik.

700 m hinter STÖBEN erspähen wir unmittelbar rechts oberhalb der Straße die Mauern der **Cyriaksruine** aus dem 10. Jahrhundert, einer spätantik-romanischen Pfeilerbasilika (wohl die ältesten Mauern Thüringens!).

Cyriaksruine (X. Jahrhundert)

Sogar für eine bequeme Parkmöglichkeit ist 100 m weiter links der Straße gesorgt [N 51° 3' 48.3" E 11° 41' 45.4"] und ein gepflegter, trockener Fußweg führt in wenigen Schritten zum romantisch im Walde eingebetteten Ruinenidyll, das man von rings aufgestellten Bänken in aller Ruhe in Augenschein nehmen sollte.

In CAMBURG kann man hinter der Brücke über die Saale wunderbar links parken [N 51° 3' 19.7" E 11° 42' 33.5"] und findet am Rande des Parkplatzes sämtliche Sehenswürdigkeiten der Gegend ausgeschildert. Da wäre zunächst das Freibad, zu dem man noch vor der Saalebrücke 2 km weiter nach Süden fährt. Die schöne Parkplatzwiese [N 51° 2' 49.8" E 11° 41' 27.5"] liegt leider direkt unterhalb der Bahnlinie.

Zur **überdachten Holzbrücke** über die Mühllache schwenken wir hinter dem **Rathaus**, einem roten Ziegelsteinbau, rechts. Die abschließbare, hölzerne Schwester unserer Großheringer Brücke sorgt nicht nur dafür, dass die Besitzer der Schrebergärten trockenen Fußes zu ihren Erdbeerbeeten kommen, sondern dass sie ihnen auch niemand klauen konnte (die Erdbeeren). Weitere Ziele sind die **Matzburg**, der 37 m hohe Bergfried der vom Steilhang über dem Ort herabblickenden Ruine, und rechts der Saale kann man, ohne vom Schienenstrang irritiert zu werden, zum **Clausloch**, einer in den Fels

Camburg: Überdachte Brücke und Matzburg

gehauenen Einsiedlerbehausung hinabwandern.
Wir fahren saaleaufwärts auf der B 88 weiter Richtung JENA, müssen hinter CAMBURG zunächst die steile Höhe erklimmen, um dann, zwischen geschichteten Muschelkalkfelsen, gemütlich wieder zum Saaleniveau hinabrollen zu können. Am Ortsbeginn von STEUDNITZ sichten wir zum ersten Mal die Dornburger Schlösser, die auf einem Muschelkalkplateau etwa 100 m über der Saale stehen.
Unmittelbar vor der Saalebrücke kann man rechts zu einer Paddelbootanlegestelle mit Tisch & Bank [N 51° 0' 35.5" E 11° 40' 54.9"] direkt an der **Saale** holpern.

Dorndorf: Parkplatz alte Saalebrücke

Schwenkt man vor der Brücke nach links, so kommt man zu einem abseits gelegenen, von Büschen umgebenen Parkplatz bei der alten, verrosteten Saalebrücke [N 51° 0' 24.3" E 11° 40' 28.0"] mit prächtigem Panoramablick auf die drei **Dornburger Schlösser**.

Wir wechseln wieder das Saaleufer, legen am beschrankten Bahnübergang eine Zwangspause ein; 300 m später müssen wir scharf nach rechts zurück und nach DORNBURG den Hang steil hinauffahren (max. 3,5 to).
Kurzzeitbesucher schwenken am Ortsbeginn von DORNBURG sofort links zum **Marktplatz**. Dort darf man 1 Std. kostenlos mit Parkscheibe stehen.
Etwas später kommt der gebührenpflichtige P1 (0,50 €/Std.) und 500 m weiter P2 (eben, ruhig, 1 €/Tag).

(130) WOMO-Stellplatz: Dornburg/P 2

GPS: N 51° 0' 19.0" E 11° 39' 32.6"; Fr.-Ludw.-Jahn-Str. **max. WOMOs:** >5.
Ausstattung/Lage: keine, geringe Gebühr, Gaststätten im Ort/Ortsrand.
Zufahrt: zum südwestlichen Ortsrand von Dornburg, ausgeschildert.

Wir haben kaum den **Park** betreten, da sind wir in einer anderen Welt: Ein farbenfrohes Blütenmeer umgibt uns, kunstvoll gefasst in Rabatten. Rosenlauben, -kuppeln und -gänge erheben die floristischen Genüsse in die dritte Dimension, Kletterrosen und Weinstöcke umschlingen die abgestuften Mauern des Steilhanges. Aus Duft und Farben komponiert sich ein Vordergrund, der vom Ausblick über das Saaletal zu einem unglaublichen Stimmungsbild ergänzt wird, der „Thüringer Loreley“.
Aber vergessen wir nicht die Schlösser, aus drei völlig unterschiedlichen Zeiten stammend, jedes für sich einmalig. Das nördlichste, das **Alte Schloss**, dessen Grundmauern aus dem Mittelalter stammen, wurde 1521 im Renaissance-Stil errichtet.
Das **südliche Schloss**, nur wenige Jahre später ebenfalls im Renaissance-Stil als Herrensitz eines Rittergutes erbaut, kam 1822 in den Besitz des Herzogs Karl August, Goethe weilte mehr als zwanzigmal hier. Ihm ist eine Ausstellung im südlichen Schloss gewidmet.
Die Perle DORNBURGS ist ohne Zweifel das mittlere, das **Rokoko-Schloss** (offen: Di-So 10-18 Uhr).

Karl Augusts Großvater, der Weimarer Herzog Ernst August, ließ es 1736 als zentrales Gebäude seiner Schlossanlage errichten, Pavillons und andere Anbauten mussten später wieder abgetragen werden, als das Städtchen DORNBURG wuchs.

Dornburg: Rokoko-Schloss

Dornburg: Altes Schloss

Wer ein Schloss baut, möchte damit angeben! Wer angeben möchte, muss seinen Besitz aller Welt präsentieren! Damit man ein Schloss nicht nur von weitem, sondern auch von unten sehen kann, muss es direkt an der Kante des Steilhanges stehen! Diese Aufgabe übernahm der Architekt Gottfried Heinrich Krohne, indem er zunächst einmal die Bergkante mit Terrassen befestigte, auf deren oberste er das Schlösschen so plazierte, dass auf der Bergseite nur noch das Obergeschoss herausschaut, talwärts aber drei Stockwerke schauen. Die Inneneinrichtung übertrifft die verspielte Fassade noch bei weitem - vom Rokoko übers Empire bis zum Biedermeier öffnet sich eine Palette von Farben und Formen, die vom farbigen Leuchter aus Venedig über reiche Stuckdekors bis zu kostbarem Porzellan und Mobiliar reichen.

Rechts der Saale fahren wir auf der B 88 weiter gen JENA. Bei PORSTENDORF beschließt die **Saale**, die Idylle ihres Flusslaufes zu verdoppeln - und teilt sich. Der dazwischenliegenden Insel wollen wir einen Besuch abstatten, überqueren in PORSTENDORF die Bahnlinie nach links (Wegweiser: Gaststätte „Gondelteich"). Aber nicht nur ein großes Schwimmbad, einen kleinen Tierpark, eine Gaststätte und Gelegenheit zum Bootchenfahren entdecken wir, sondern auch den Campingplatz „Rabeninsel", wo man sich selbst ein lauschiges Plätzchen unter Bäumen aussuchen darf.

(131) WOMO-Campingplatz-Tipp: Porstendorf/Camping bei Jena

GPS: N 50° 58' 28.6" E 11° 39' 1.0"; Rabeninsel 1, 07778 Neuengönna.
Öffnungszeiten: April - September.
Zufahrt: Von Dorndorf Rtg. Jena, in Porstendorf links (ausgeschildert).
Ausstattung: sehr schattig, Badesee mit FKK, Gasverkauf, Gaststätte mit Biergarten; ca. 17 € (WOMO + 2 Personen), Quickstopp 5 €/Person; nächster Ort: 400 m.

Wem nur nach einem Kurz- und Badeaufenthalt ist, der kann das Freizeitangebot für eine geringe Gebühr ebenfalls nutzen. Noch 6 km sind es bis zur Universitätsstadt JENA.

KARTE TOUR 6

10 km
N
SACHSEN-ANHALT
SACHSEN
SACHSEN
ZEITZ
ALTENBURG
GERA
Skatbrunnen
Kohlebahn-Museum
Höhler
Weiße Elster
Weiße Elster
Mühltal
1000 j. Eiche
Tour 5
von JENA
Tour 7
nach Zwickau
Bürgel
Thalbürgel
Droschka
Trotz
Hainspitz
Waldeck
Eisenberg
Kursdorf
Weißenborn
Hermsdorf
Tautenhain
Rauda
Hartmannsdorf
Klein-Aga
Bad Köstritz
Giebelroth
Heuckewalde
Pölzig
Kayna
Spora
Meuselwitz
Prößdorf
Lucka
Ramsdorf
Wintersdorf
Treben
Focken-dorf
Windischleuba
Schmölln
Nobdenitz
Untschen
Posterstein
Großenstein
Ronneburg
Reust
Rußdorf
135
136
136a
137
138
139
140
141
142
143
144
144a
144b
145
146
147
148
149
150
151
152
152a
153
154
155
156
157
158
159
160
161
2
4
6
7
9
92
93
95
180

TOUR 6 (ca. 200 km)

Jena - Bürgel - Eisenberg - Bad Köstritz - Meuselwitz - Ramsdorf - Altenburg - Schmölln - Ronneburg

Freie Übernachtung:	Jena, Waldeck, Hainspitz, Mühlental, Heukewalde, Pölzig, Meuselwitz, Prößdorf, Fockendorf, Teichhaus, Windischleuba, Altenburg, Schmölln, Posterstein, Ronneburg.
Ver-/Entsorgung:	Eisenberg (V/E), Ronneburg (V/E).
Campingplätze:	Klein-Aga, Pahna.
Baden:	Klein-Aga, Meuselwitz, Prößdorf, Ramsdorf, Pahna, Schmölln.
Besichtigungen:	Cospeda, Thalbürgel, Meuselwitz, Altenburg, Ronneburg.
Wandern:	u.a. Jena, Waldeck, Mühlental, Teichhaus, Ronneburg.

Wir nähern uns JENA von Nordosten auf der B 88, halten direkt auf die lange Röhre des Intershop-Hochhauses zu, das in seiner schlichten Einfallslosigkeit einer Küchenrolle nicht unähnlich ist. Rechterhand, auf der Höhe, markiert der Landgrafenturm in etwa die Stelle, an der Preußens Gloria 1806 zwar nur die „erste Bataille“ gegen Napoleon verlor, in Wirklichkeit jedoch bereits den Glauben an ihre alte friderizianische Unbesiegbarkeit einbüßte.

1. Parktipp: Wir folgen zunächst den Wegweisern zum Zentrum, biegen dann **nicht** rechts in die B 7 Richtung Weimar ein sondern 50 m weiter rechts auf den **Lutherplatz** [N50° 55' 47.5" E11° 35' 31.6"].

Von hier aus sind es nur wenige Schritte zum **Zeiss-Planetarium** [N50° 55' 55.6" E11° 35' 14.5"], zum benachbarten **Botanischen Garten** und zur **Altstadt** Jenas.

2. Parktipp: Die B 88 weiter bis zum Bahnhof Jena Paradies fahren, gegenüber liegt das **Volksbad** mit einem Parkplatz dahinter. Dieser ist nachts kostenlos und wird mit einer Schranke verschlossen, man kann aber auf ihm stehen bleiben [N 50° 55' 33.1" E 11° 35' 10.5"; Vaertingstraße].

Jena: "Roter Hirsch" und Intershop-Tower

3. Park- und Übernachtungstipp: Am Lutherplatz links in die B 7 einschwenken, ihr über die **Saale** folgen und dahinter sofort rechts zum **Parkplatz am Gries** [**132:** N 50° 56' 3.7" E 11° 35' 44.2"; Wenigenjenaer Ufer], dort Gaststätte mit Biergarten und Fußgängerbrücke zum **Zentrum**.

Jena: Biergartenatmosphäre in der Wagnergasse

Der Naturforscher und Philosoph Ernst Haeckel, der im letzten Jahrhundert in JENA lehrte, schwärmte noch von:

„.... den lieben, schönen Jenenser Bergen mit ihren weißen Kalkfelsen und blumigen Abhängen"

und Schiller reimte:

„Donnerstags nach Belvedere, Freitag geht's nach Jena fort, denn das ist, bei meiner Ehre, doch ein allerliebster Ort."

Heute hängt eine graue Dunstwolke über der Stadt, die so lieblich in das Saaletal eingebettet liegt. Seit 1846 der **Mechaniker Carl Zeiss** seine optische Werkstatt eröffnete, um die Geräte der Uni zu warten und Mikroskope herzustellen, seit der **Physiker Ernst Abbe** diese Fertigung auf industrielles Niveau hob und schließlich **Otto Schott** ein Glaswerk baute, ließ die Industrie JENA nicht mehr aus ihrem Griff.

Im letzten Krieg kam die Abrechnung, denn Periskope, Scherenfernrohre und präzise Zieleinrichtungen aus Zeiss'scher Fertigung machten dem Gegner zu schaffen. JENA wurde künstlich eingenebelt, eine Geisterstadt auf freiem Felde für die suchenden Bomber strahlend beleuchtet. Aber die Radargeräte ließen sich nicht täuschen, JENA versank in Schutt und Asche, von seiner historischen Substanz blieb nur wenig.

Zeiss-Planetarium und **Botanischen Garten** haben wir direkt vor unserer Nase. Wer sich weder zu den fernen Sternen noch zu den Blütensternen der Botanik entführen lassen möchte, der folgt uns nach Süden, an der romanischen **Johanniskirche** vorbei, zum **Marktplatz**. Das spätgotische **Rathaus**, das eigentlich aus zwei Gebäuden besteht, die nur im Obergeschoss durch Arkadenöffnungen verbunden sind, **Uhrturm** und **„Schnapp-**

hans" sind die Attraktionen: Das Figurenspiel zeigt zur vollen Stunde den Hans von Jene, der nach einer Kugel schnappt, die ihm ein Pilger hinhält; ein Engel schlägt die Glocke. Gegenüber präsentiert sich die „Göhre", das ehemalige Mühlengebäude, im Glanz eines ehrwürdigen Fachwerks. Bliebe noch die **Michaeliskirche** mit dem hochstrebenden Achteckturm zu erwähnen. Unter dem Chor kann man hindurchlaufen! Dieses Unikum erklärt sich durch die Nähe zum nördlich gelegenen Kloster, das man auf diesem Wege schneller erreichte. Im Inneren fällt das hölzerne Standbild des Erzengels Michael auf und die Grabplatte Martin Luthers!? Richtig, der große Reformator ist in Wittenberg bestattet - bedeckt von einer Kopie der Grabplatte des Erfurter Glockengießers Heinrich Ziegler. Das Original verblieb in JENA, warum auch immer!

„Denn in Jene lebt sich's bene!" sangen und singen die Studenten – aber wie früher so zieht es sie auch heute in die schöne Umgebung. Wir haben deshalb auch für Sie drei Ausflüge ausgesucht, die Historie und Natur glücklich miteinander verbinden und so ganz nebenbei manch lauschiges Übernachtungsplätzchen zeigen.

Auf der B 7 verlassen wir JENA nach Nordwesten, tauchen sofort in das grüne Dämmerlicht des **Mühltales** ein.

Etwa 700 m nach dem Ortsendeschild und der Gaststätte „Papiermühle" verlassen wir das Tal der **Leutra** nach rechts (Wegweiser: Gedenkstätte 1806), gewinnen in Schleifen die Höhe, durchqueren das Dörfchen COSPEDA, halten vor der Gaststätte „Im grünen Baum zur Nachtigall" (geringer Parkraum).

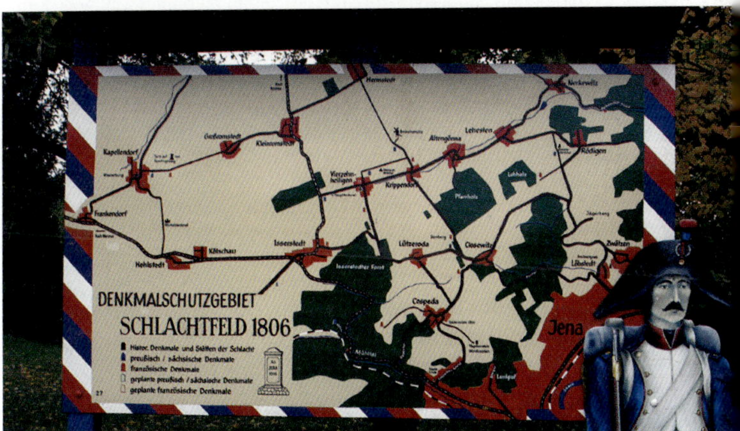

Jena-Cospeda

Dieser Gasthof war dem Schlachtenlärm am nächsten, hier erinnerte man sich am besten, bewahrte das eine oder andere Erinnerungsstück auf. Der Wirt, klein und korpulent, machte den zechenden Studenten die Freude, in französischer Uniform auf seinen weißen Gaul zu steigen, den kleinen, großen Korsen zu mimen, Geschäftstüchtigkeit war ja keine Schande. Schließlich erwuchs aus der kleinen Privatsammlung im Nebenraum der Gaststätte eine nationale Gedenkstätte, die alt und jung begeistern muss!

Mit militärhistorischer Perfektion und kindlicher Begeisterung wurde das Kriegsgeschehen bei COSPEDA mit bunten Zinnsoldaten nachgestellt, originale Erinnerungsstücke gibt es reichlich, und das Anschauungsmaterial mit umfangreicher Textinformation macht auch dem eiligen Betrachter

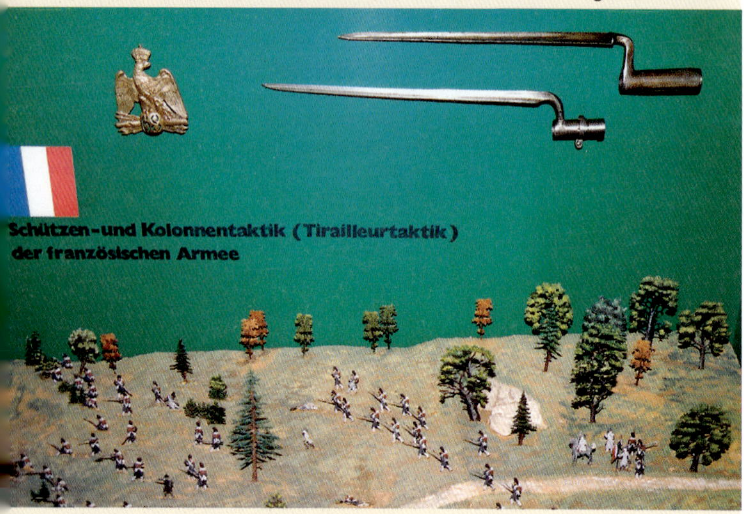

schnell verständlich, was sich nicht nur in COSPEDA am Tage der Schlacht, sondern im Europa des beginnenden 19. Jahrhunderts abspielte.
Die Ausstellung ist Mi - So von 10 - 13 und 14 - 17 Uhr geöffnet.

Uns gelingt es natürlich, knapp nach 13 Uhr einzutreffen, und so wollen wir die verbleibende Stunde nutzen, um den Stein zu besteigen, von dem aus Napoleon die Schlacht gegen die Preußen lenkte. Genau gegenüber der Gaststätte beginnt ein Feldweg, am Baum ist unmissverständlich ausgewiesen: „Napoleonstein!"
Nur zehn Minuten marschieren wir, vom Vogelgezwitscher aus den buschbestandenen Feldrainen begleitet, den Weg entlang, erklimmen dann eine Hügelkuppe in friedlich-idyllischer Landschaft, in der einst Tausende ihr Leben ließen.
Nicht nur vom Napoleonstein hat man einen schönen Blick über das Saaletal bis zu den dahinter leuchtenden Felsen des **Jenzig** und des **Hausberges** mit dem Fuchsturm, die die B7 nach GERA flankieren.

Angeregt von den Darstellungen in der Gedenkstätte machen wir eine kleine Rundfahrt über das gesamte Gebiet des Schlachtfeldes: Von COSPEDA über CLOSEWITZ (kurz vorher **Wanderparkplatz** "Windknollen" [N 50° 57' 29.3" E 11° 34' 5.0"], LÜTZELRODA und ISSERSTEDT (Autogas beim "Globus") rollen wir durch eine friedliche, sonnige Landschaft wieder zurück ins **Mühltal**, auf JENA zu.
Wir passieren den beliebten Ausflugsgasthof "Carl August" kommen wieder an der Abzweigung nach COSPEDA vorbei, die jetzt natürlich links liegt und biegen 200 m darauf rechts, nach MÜNCHENRODA/REMDERODA/Gasthaus Waldschlösschen 5 km.
Der Abstecher durch den **Münchenrodaer Grund** bis zum

„Naherholungsgebiet Schott-Platz" lohnt sich: Wir durchqueren ein Waldgebiet, das von bequemen Wanderwegen durchzogen ist und auf denen man immer wieder und speziell vom

Jena: Forstturm

Forstturm die herrliche Aussicht genießen kann. Nach 5,3 km gabelt sich der Weg bei einem kleinen **Wanderparkplatz** [**133:** N 50° 55' 8.8" E 11° 32' 48.4"] vor einem verwilderten Areal, das einst ein großes Ferienlager der Fa. Schott beherbergte. Rechts geht es zur Gaststätte "Waldschlösschen" (leider seit 2011 geschlossen), die besonders gerne von Studenten besucht wurde (kleiner Parkplatz!). Links rollen wir jetzt 700 m zur Gaststätte "Forsthaus" (Mi-So ab 11 Uhr) neben dem **Forstturm** aus dem Jahre 1871. Da die Parkplätze auch hier beengt sind, empfiehlt es sich, von der Wegegabelung aus zu spazieren!

Der dritte Ausflug ist unverzichtbar!

Wir überqueren auf der B 88 die Saale, schwenken dahinter sofort links in die Friedrich-Engels-Straße und haben damit schon die ersten Meter zum **Fuchsturm** zurückgelegt (ab hier ist die Zufahrt auch mehr oder weniger gut beschildert), dem schönsten Aussichtspunkt auf JENA mit gepflegter Gastlichkeit sowie einem umfangreichen Wander- und Picknickangebot mit vielen ruhigen Übernachtungsplätzen. Die Fahrstraße zieht hinauf auf die Höhe und durch ZIEGENHAIN hindurch, ist schmal und kurvig, man sollte die 30-km-Beschränkung um so ernster nehmen, je weniger andere an der schmalsten Stelle ein breites WOMO vermuten.

Knapp 4 km seitdem wir die Saale verlassen haben, kippt die Straße von 8% Steigung in die Horizontale und wendet beim sogenannten **Steinkreuz** scharf nach links. Hier kann man bereits prächtig parken, picknicken, grillen oder wandern.

(134) WOMO-Wanderparkplatz: Jena/Fuchsturm/Steinkreuz

GPS: N 50° 54' 55.4" E 11° 38' 23.3"; Holzweg **max. WOMOs:** >5.

Ausstg./Lage: Tisch & Bank, Grillstelle, Wanderwege, Gaststätte 1800 m/außerorts.

Zufahrt: Von B 88 hinter der Saalebrücke links (ausgeschildert: Fuchsturm).

Aber auch die letzten, ebenen 1800 m bis zum letzten Parkplatz vor dem Fuchsturm bieten eine Fülle von Plätzchen auf Wiese oder am Waldrand, der letzte Parkplatz ist allerdings nichts für große WOMOs.

Fuchstum, Blick von oben, Gemeindesteine

Der **Fuchsturm** ist der Bergfried der sonst völlig verschwundenen **Burg Kirchberg**. 116 wohlbeleuchtete Stufen führen auf den schlanken Söller, von dem aus man, windgeschützt, den Blick in die Runde schweifen lassen kann. Dabei stört ein wenig der letzte Sporn des **Hausberges**, der ausgerechnet die „Küchenrolle“ des Intershop-Turms verdeckt. Aber gerade dorthin, zum Ende des Spornes, der **Wilhelmshöhe**, führt ein besonders schöner Spazierweg ...

Die Gaststätte (offen: Di-Fr 11-22 Uhr, Sa 11-24 Uhr, So 10-20 Uhr) neben dem Fuchsturm bietet ein reichhaltiges und trotzdem preiswertes Speisenangebot.

Erst auf dem Rückweg zum WOMO entdecken

wir eine besondere, geologische Attraktion: 32 Berg-, Burg- und Waldgemeinden Thüringens haben ein Exemplar ihrer schönsten Felsen hierher gebracht, bieten dadurch eine Übersicht über alle Erdzeitalter, die den Thüringer Wald formten: Muschelkalk, Sandstein, Porphyr, Granit, Braun-

kohlenquarzit, Grauwacke, Travertin und Keupersandstein sind vertreten, schön im Kreis angeordnet und werben äußerst beständig für den Besuch „ihrer" jeweiligen Gemeinde.

Etwa 12 km sind wir von JENA auf der B 7 Richtung EISENBERG/GERA nach Osten gefahren. Von dem **Jenzig** links und der **Wöllmisse** rechts flankiert, von deren westlichstem Ausläufer uns noch lange der Fuchsturm nachschaut, hatten wir durchs **Gembdental** die Höhe bei GROSSLÖBICHAU gewonnen und zweigen dahinter von der Bundesstraße nach rechts, Richtung „Thalbürgel 1 km, Klosterkirche".

Auf den Anblick der **Klosterkirche** von THALBÜRGEL, einer spätromanischen Pfeilerbasilika, sollte man nicht verzichten, denn neben der Paulinzellaer Klosterruine haben wir hier zweifelsfrei den schönsten Thüringer Kirchenbau aus dem XII. Jahrhundert vor uns! Erhalten blieben von dem reichen Benediktinerkloster, das Besitzungen in mehr als vierzig Orten hatte, das Langhaus der Kirche und der südliche Seitenturm. Erst in den 60er Jahren wurden die Grundmauern des Staffelchores mit den fünf Apsiden und der romanische Lettner freigelegt und gesichert. Der gesamte Bau atmet kluniazensische Strenge, an Reformideen und Verzicht klösterlicher Prachtentfaltung fehlte es auch vor der Reformation nicht. Nur schwer erkennbar ist noch die strikte Trennung von Langhaus (Laienkirche) und Querhaus samt Chor (Mönchskirche), da ja der größte Teil der Mönchskirche fehlt. Nur zwei der Vierungsbögen sind erhalten. Während der eine, um das erhaltene Langhaus zu schließen, vermauert wurde, ragt der andere, sinnlos und doch äußerst fotogen, wie ein Tor zum Nichts, in die Leere.

Thalbürgel: Klosterkirche

Nach der Reformation waren Kloster und Kirche rasch verfallen, ihr Mauerwerk fand schnell neue Interessenten. Nur durch den Umbau des Langhauses zur Dorfkirche im 16. Jahrhundert lässt sich erklären, dass wir heute überhaupt noch solch reiche Überreste bestaunen können. Sogar zwei Kunstwerke der Kirche sind erhalten: Ein Vesperbild (Pietà) sowie das Kruzifix aus der Zeit um 1500, das man für ein Werk der Riemenschneider-Schule hält.
Seitlich der Grundmauern des Chores informiert ein Lageplan über die gesamte ehemalige Klosteranlage; schließlich gehörten selbst zu einem asketischen Klosterleben nicht nur Mönche! Ein Kloster unterhielt sich selbst mit den es umgebenden Ländereien, und so findet man um den sakralen

Bereich herum Stallungen, Wirtschaftsgebäude, den Zinsspeicher (jetzt Heimatmuseum), den Wirtschaftshof - und einen Klosterteich, nicht nur für die fleischlosen Fastentage.

Die Parkplätze [**135:** N 50° 56' 6.8" E 11° 44' 58.2"] vor der Kirche sind nur für kürzere WOMOs geeignet, größere gibt's, vorbei am Zinsspeicher-Museum, am Teich rechts.

Wir kehren nicht sofort zur B 7 zurück, weil wir entdeckt haben, dass sich südöstlich von THALBÜRGEL ein äußerst idyllischer Waldstreifen Richtung WALDECK zieht, der Beginn des mit Natur- und Landschaftsschutzgebieten nur so gespickten **Holzlandes**. Und richtig bekommen wir als Belohnung nach 4,5 km, am Ortsbeginn von WALDECK, einen schönen Wanderparkplatz geboten.

(136) WOMO-Wanderparkplatz: Waldeck

GPS: N 50° 54' 48.5" E 11° 47' 1.4"; Dorfstraße. **max. WOMOs:** 2.

Ausstg./Lage: Tisch & Bank (überdacht), Kinderspielplatz, Volleyballfeld, Basketballfeld, alles leider 200 m entfernt, Wanderwege (Waldecker Buchen)/außerorts.

Zufahrt: Von Thalbürgel 4,5 km nach Waldeck.

BÜRGEL, einst ein Besitz der Thalbürgeler Mönche, hat sich seit 300 Jahren der Töpferei verschrieben. Dabei werkelt man in den vielen Manufakturen nach dem Motto: Was bekannt ist, ist beliebt - und stellt immer wieder die gleichen Dekors her: Bürgeler Steinzeug ist blau mit weißen Tupfen, basta!

Nur ab und zu gesellt sich ein schüchternes Motiv, ein passender Spruch dazu; am besten hat mir die alte Weisheit auf einem Weinkrug gefallen: „Der Frauenzimmer schöne Blicke sind öfter nichts als schlaue Stricke!“ Ob allerdings der Blick in den Weinkrug dabei die Sinne schärft ...

Am Ortsbeginn rechts vor dem **Friedhof** ist ein erster, baumumstandener Parkplatz [N 50° 56' 30.0" E 11° 45' 3.6"].

Zentraler steht man in der Ortsmitte, hinter der **Kirche** [N 50° 56' 32.8" E 11° 45' 19.2"], denn dort erzählt das **Keramikmuseum** (offen: Di-So 11-17 Uhr) die Geschichte der Bürgeler Töpferkunst.

Bei ihrer Arbeit kann man den heimischen Künstlern durchaus über die Schulter gucken, z. B. in der Töpferei Reichmann (Töpfergasse 24), nur ein paar Schritte weiter. Dabei erfahren Sie auch, warum sich der Segerkegel krümmen muss ...

Bürgel: Weiße Tupfen auf blauem Grund

Nur noch wenige Kilometer, dann wird unsere B 7 die Autobahn nördlich des Hermsdorfer Kreuzes queren. Vorher haben wir aber noch drei nette Plätzchen für Rast und Ruhe oder auch beschauliche Gastlichkeit entdeckt:

1. 500 m hinter DROSCHKA kann man rechts ins Silberthal abzweigen, wo man vor der Gaststätte "Silberthal" einen schönen Wanderparkplatz [N50° 56' 32.7" E11° 47' 35.2"] findet.

2. In der Ortsmitte von TROTZ sind es nach rechts 3 km bis zur wohnmobilfreundlichen Hotel/Gaststätte "Zu den drei grauen Ziegenböcken" [**136a:** N50° 55' 41.6" E11° 49' 50.1"]. Das Wiesenareal ist riesig, Übernachtung ist kostenlos, Strom gibt's gegen Gebühr, mehrere Rundwanderwege.

3. Unmittelbar hinter dem Ortsschild HAINSPITZ zweigen wir rechts ab zum „Gasthof am See“. Ein reichliches **Picknickplatzangebot** direkt vor dem See rechts [N 50° 57' 36.0" E 11° 50' 9.5"] und in geziemender Entfernung von Straße und Gaststätte wird ergänzt durch den positiven Eindruck, den das Seecafé rechts der Straße mit Freiterrasse und der gediegene, wohnmobilfreundliche Gasthof "Am See" links der Straße machen.

(137) WOMO-Gaststätte: Hainspitz/"Am See"

GPS: N 50° 57' 33.7" E 11° 50' 17.0"; Seedamm. **max. WOMOs:** 3-4.
Ausstattung/Lage: Gaststätte, Spazierweg am See/im Ort.
Zufahrt: Vor der Gaststätte links zum Parkplatz.
Hinweis: Bitte mit dem WOMO-Buch in der Gaststätte anmelden, Einkehr wird erwartet.

Aber auch die Allee, die am Ufer entlang führt, ist mit ihren knorrig-alten Linden ein sehenswertes Prachtstück.
Gleich nachdem wir die Autobahn unterquert haben, rollen wir in EISENBERG ein.

Während man, wie der Name schon sagt, im Mittelalter mit der Eisengewinnung schlecht und recht sein Brot verdiente, war Herzog Christian von Sachsen-Eisenberg nicht nur auf weiße Brötchen aus! Da sein Vater, Herzog Ernst der Fromme von Gotha, mehrere Söhne hatte, bekam Christian nur einen winzigen Miniaturstaat ab. Aber Staat ist Staat und so wurde als erstes der Ausbau des barocken Residenzschlosses **Christianenburg** in Angriff genommen, dessen Ostflügel man als **Schlosskirche** gestaltete und mit einer geradezu phantastischen Stuckdekoration ausschmückte. Sie überzieht den Kanzelaltar, die Emporen und sogar die Orgel, verziert Kapitelle und Brüstungen und umrahmt die farbenprächtigen Stuckmalereien. Kein Wunder, dass Herzog Christian schnell nach Wundertätern suchen musste, um seinen finanziellen Ruin aufzuhalten. Alchemisten wurden ins Land geholt – und erfanden noch nicht einmal das Porzellan. Bereits nach 26 Jahren Regentschaft wurde Christian mit einem Berg Schulden ins Jenseits abberufen, erließ aber seinen Landeskindern vorher für drei Jahre alle Steuern!

Wer EISENBERG, auf der B 7 bleibend, nur durchquert, der entdeckt sehenswerte, mehrgeschossige Bürgerhäuser, von denen uns am besten das **Trompeterschlösschen**, ein über und über mit gotischem Rankenwerk, doppelgeschossigem Erker und reichem Portal verziertes Gebäude, gefallen hat. Biegt man vor ihm links, so findet er am **Markt** das **Rathaus** mit dem schlanken Achteckturm und die spätgotische **Stadtkirche**. Inmitten des Platzes erinnert der barocke **Mohrenbrunnen** daran, dass man auch dann noch Glück haben kann, wenn man es nicht mehr

erwartet: Der „Eisenberger Mohr“ sollte wegen eines Diebstahls hingerichtet werden, alle Unschuldsbeteuerungen halfen nichts, die Vorbereitungen für ein öffentliches Exekutionsspektakel waren abgeschlossen - da stellte sich seine Unschuld heraus ....

Eisenberg: Trompeterschlösschen und Mohrenbrunnen

Nach dem Ortsendeschild von EISENBERG findet man links einen (lauten) **Parkplatz** [N 50° 58' 0.1" E 11° 54' 48.9"] mit **WOMO-Ver- und Entsorgung** neben schattigen Bäumen. Von hier aus kann man nicht nur zum **Eisenberger Tierpark** (offen: 9-18 Uhr) hinaufsteigen. Nur wenig weiter ist es zum **Schloss** und dem **Marktplatz** ... Zur Zoologie gehört bekanntlich die Botanik und im **Mühltal** steigert sie sich zu einem wahrhaft optischen Genuss. Den Eingang zu dieser Idylle finden wir am Ortsende des nur 2 km entfernten KURSDORF - versehen mit einem großen Wanderparkplatz [**138:** N 50° 57' 20.0" E 11° 55' 33.9"].

Im Prinzip ist die Fahrt durchs **Mühltal** verboten, aber eben nur im Prinzip!

Anlieger (und das sind auch die Besucher der Gaststätten) dürfen weiterfahren, und so tuckern auch wir auf dem gepflegten, aber sehr schmalen (?) Teerweg hinein in das lauschige Tälchen, in dem ehemals elf (!) Wassermühlen klapperten. Die erhaltenen sind zu Ausflugsgaststätten geworden, bei einigen kann noch die Mühleneinrichtung besichtigt werden. Funktionsfähig sind alle Mühlen noch im **Miniaturpark Mühltal** nach 500 m; dort weiterer, großer **Parkplatz**. Nach gut 2 km schwenken wir rechts zur WOMO-freundlichen **Amtsmühle**.

(139) WOMO-Gaststätte: Mühltal/"Amtsmühle"
GPS: N 50° 57' 3.7" E 11° 54' 2.8"; Mühltal. **max. WOMOs:** 2.
Ausstattung/Lage: Gaststätte, Spazierwege/bei Einzelgebäude.
Zufahrt: Nach 2 km im Mühlental rechts.
Hinweis: Bitte mit dem WOMO-Buch in der Gaststätte anmelden, Einkehr wird erwartet.

Wir drücken uns an den wenigen Spaziergängern vorbei, die jetzt, in der Abendstunde, zurück zum Parkplatz eilen und uns nur mäßig empörte Blicke zuwerfen, rollen weiter an dem sich windenden Plätscherbächlein, während die Landschaft immer urwüchsiger, das Tal enger und felsiger wird, roter Buntsandstein, umklammert von knotigen Wurzelfingern, ragt in den Weg hinein. Bei der WOMO-freundlichen **Pfarrmühle** klappert noch das unterschlächtige Mühlrad.

(140) WOMO-Gaststätte: Mühltal/"Pfarrmühle"
GPS: N 50° 57' 2.2" E 11° 53' 17.5"; Mühltal. **max. WOMOs:** 3-4.
Ausstattung/Lage: Gaststätte, Spazierwege/bei Einzelgebäude.
Zufahrt: Nach 3 km im Mühlental rechts.
Hinweis: Bitte mit dem WOMO-Buch in der Gaststätte anmelden, Einkehr wird erwartet.

Zu unserer eigenen Überraschung endet der Fahrweg nicht am Parkplatz einer letzten Mühlgaststätte, sondern verlässt das Tal bei WEISSENBORN; am Ortsbeginn nochmals ein großer **Wanderparkplatz** [**141:** N 50° 55' 42.6" E 11° 52' 48.5"].

In der Ortsmitte von WEISSENBORN, bei dem großen, freien Platz, schwenken wir scharf links, halten in TAUTENHAIN (Parkplatz beim Gasthof "Zur Kanone") auf BAD KÖSTRITZ zu, das Schwarzbierstädtchen an der Weißen Elster.

Damit wäre auch schon fast alles Wissenswerte gesagt, wenn da nicht Heinrich Schütz wäre, der große Komponist aus der Barockzeit, dessen Werke auch heute noch zum Standardrepertoire aller Kirchenchöre gehören. So eigentümlich es klingt, aber ausgerechnet dieser Heinrich Schütz erblickte in einer Gaststätte das Licht der Welt, wir entdecken sie genau dort, wo wir wieder auf die B 7 treffen, am „Goldenen Kranich", der das Eckgebäude mit den Arkaden ziert. Im Gebäude wurde eine Schütz-Gedenk-

und Forschungsstätte eingerichtet.
Während wir noch überlegen, ob wir die Straße zum „Goldenen Kranich" hin überqueren sollen, sichten wir rechts die spärlichen Reste des barocken Schlosses, durch dessen Torbogen man (zu Fuß) in einen weitläufigen Landschaftspark gelangt. Dass seine Anlage nicht ein Profi wie unser Freund Pückler-Muskau für „führnehme Lütt", sondern die Manager des kleinen Solebades zur körperlichen Ertüchtigung gewöhnlicher Kurgäste angelegt haben, sieht man auf den ersten Blick. Lassen Sie sich aber vom ziemlich eintönigen Beginn nicht abschrecken. Weiter hinten wird er wesentlich abwechslungsreicher, und man kann sich und seine Kinder auch an einem kleinen Tierpark erfreuen.
Natürlich haben wir auch der **Schwarzbierbrauerei** [N 50° 55' 49.9" E 12° 0' 52.9"] einen Besuch abgestattet (bestens ausgeschildert). Um es gleich vorweg zu sagen: Die kleine Brauerei in SINGEN hat uns besser gefallen! Am Tor ist Schluss mit lustig – da könne ja jeder kommen?! Besichtigungen sind nur Mo-Do 9-14.30 Uhr, nur nach tel. Voranmeldung (036605-200 0), nur ab 10 Personen möglich - und mit "kostenlos" ist auch nichts. Aber man könne sich ja vor dem Tor im "Schwarz-Markt" mit Fan-Artikeln eindecken. Dieser sei Mo/Mi/Do 16-18 Uhr geöffnet...

Es fällt uns nicht schwer, GERA zunächst (rechts) liegenzulassen, um einen Abstecher in den östlichsten Zipfel Thüringens, ins Braunkohlerevier am Südrand der Halle-Leipziger Tieflandsbucht, zu machen.
800 Meter hinter dem Ortsschild GERA, der Vorort LANGENBERG ist längst eingemeindet, biegen wir links ab Richtung LEIPZIG.
Unser nordöstlichstes Ziel, MEUSELWITZ, stur auf thüringischen Straßen anzufahren, ist uns zu kompliziert. Bequemer ist es, durch ein Stück Sachsen-Anhalt abzukürzen.
Zunächst haben wir aber einen **Campingplatz mit Badesee** im Angebot. Nach 3 km, an einem Kreisverkehrshügel, folgen wir dem Wegweiser KLEIN-AGA und inspizieren nach 2,4 km links den Camping/Strandbad Aga.

(142) WOMO-Campingplatz-Tipp: Camping Aga

GPS: N 50° 57' 12.9" E 12° 5' 13.0" **Öffnungszeiten:** 1.4.-1.11.
Zufahrt: Von Gera Rtg. Leipzig, nach 3 km links Rtg Klein-Aga.
Ausstattung: kaum Schatten, Angel- und Badesee, Gaststätte; WOMO + 2 Personen 17,50 € incl. V/E, Strom 2,50 €, V/E nur für Platzgäste; nächster Ort: 800 m.

In KLEIN-AGA zweigen wir wieder rechts ab; beglücken 1 km die B 2, dann geht's in GIEBELROTH wieder rechts Richtung PÖLZIG. Aber bereits in HEUCKEWALDE ist wieder Kultur angesagt. Das alte, trapezförmige, barocke **Wasserschloss**

Heuckewalde: Schloss

rechts der Straße wird endlich restauriert und wenn man es umrundet, findet man nicht nur einen romantischen **Landschaftspark** mit schönem Baumbestand, sondern auch die **Schlosskirche** und das **Mausoleum** derer von Herzenberg, Schlossbesitzer von 1773-1945.

Und das schönste: Der Parkplatz neben dem Schloss ist eben und ruhig [**143:** N 50° 57' 56.3" E 12° 9' 7.5"].

2 km sind es noch bis PÖLZIG. Umrundet man den Dorfteich zur Hälfte, so findet man einen feinen **Picknickplatz** [**144:** N 50° 57' 9.9" E 12° 11' 28.8"].

Am Ortsende folgen wir nicht der Hauptstraße nach rechts, sondern den Wegweisern KAYNA/MEUSELWITZ nach links. Kleine Dörfchen durchqueren wir, jedes mit eigenem Dorfteich, die Straße ist neu, immer wieder baumgesäumt, seien es nun hagere, zerzauste Pappeln, rundköpfige Linden, über der Fahrbahn ein Dach bildende Eschen oder so nahrhafte Gehölze wie Pflaumen-, Kirsch- oder Apfelbäume.

KAYNA besitzt ein Wald- und Sommerbad – und nebenan einen schönen, großen **Wiesenparkplatz** [**144a:** N50° 59' 23.5" E12° 13' 50.7"], der außerhalb der Saison leider versperrt ist.

In SPORA bleibt unser kulturell schon fast ausgehungerter Blick an einem schönen Fachwerk-Kirchturm hängen. Am

Ortsende kann man links in den Brossener Weg einbiegen, der zum großen Wanderparkplatz am Penkwitzer See führt [**144b:** N51° 01' 58.7" E12° 16' 11.3"].
Genau 200 m hinter dem Ortsendeschild von SPORA zweigen wir rechts von der Straße ab zum Beginn eines kleinen Pappel-Birken-Wäldchens, das den lieblichen **Hainbergsee** vor unseren Augen verbirgt (der See entstand als Folge des Braunkohletagebaues "Vereinsglück", der bis zu seiner Auskohlung um 1900 betrieben wurde).
Ein Stück holpriger Feldweg, tiefhängende Zweige, dann tauchen wir ein zwischen schlanke Birken, die das Licht filtern zu einer lauschigen, grünen Märchenidylle am Rande des stillen Sees [N 51° 2' 4.3" E 12° 17' 3.0"].

Spora/Meuselwitz: Hainbergsee

Hier könnten wir es eine Weile aushalten, Steinchen werfen, um den See spazieren, lesen oder einfach die Natur genießen, faulenzen ....

MEUSELWITZ hatte einst ein schönes Barockschloss, Freiherr von Sekkendorff, Diplomat und österreichischer Gesandter am Hof Friedrichs des Großen erbaute es. Selbstverständlich gehörten dazu ein gepflegter, französischer Park mit verschnörkelten Blumenrabatten, sorgsam verschnittenen Bäumen und Büschen, Marmorfiguren auf kunstvollen Podesten, die vier Jahreszeiten und die Elemente versinnbildlichend - und ein Wintergarten, damals genannt „Orangerie“.
Das Schloss, im Kriege leicht zerstört, wurde als „Wahrzeichen der Unterdrücker“ schnell vollständig entfernt, der französische Garten und die Orangerie jedoch haben den Sozialismus leicht lädiert überlebt, und ein engagiertes Stadtparlament hat sich daran gemacht, den alten Glanz wieder neu zu beleben. Leider ist es ihnen bis heute nicht gelungen, neue Marmorfiguren für die lang verwaisten Podeste zu besorgen.

Drei Stellplätze haben wir in MEUSELWITZ für Sie ausgesucht, passend zu völlig verschiedener Interessenlage:

Besichtigen, baden, spazieren und faulenzen? Dann unterqueren Sie mit uns am Ortsbeginn die Bahnlinie, biegen dahinter rechts in die Bebelstraße, nach 700 m, bei der Ampel, wieder rechts (Georgenstraße), jetzt zunächst 1x die Bahn queren. Dahinter sichten wir rechts ein Schild: **Kohlebahnmuseum**, gegenüber einen **Parkplatz** [N 51° 2' 19.9" E 12° 17' 59.5"].

Hätten wir uns hier nicht umgesehen - alle Eisenbahn-Fans wären uns gram gewesen! Es ist bewundernswert, mit welchem Eifer die Loks, Wagen und Sonderfahrzeuge der ehemaligen Kohlebahn zusammenge"tragen", restauriert und für das Publikum zugänglich gemacht wurden. Immer mehr Material kam aus allen Ecken Deutschlands und des Auslandes zusammen, Kohlebahnfahrten (Meuselwitz-Wintersdorf-Haselbach-Regis-Breitingen) werden organisiert, und was ein 100%iger Bahnfan ist, der kann sich im Hochzeitswagen sogar trauen lassen. Aber damit nicht genug: An allen großen Feiertagen ist etwas los auf der Kohlebahn, seien es nun Westerntage (mit Indianerangriff), Oster- und Nikolausfahrten oder die Silvesterparty. Und das beste: Auf Wunsch können Sie Ihre ganz persönliche Party buchen, alles wird für Sie organisiert, auch die musikalische Unterhaltung (offen: Mo-Fr 7-16 Uhr; Infos: Tel.: 03448-752550 oder kohlebahn.meuselwitz@freenet.de).

Wir unterqueren eine weitere Bahnlinie, schwenken dahinter rechts zum großen Parkplatz am Ostufer des Hainbergsees; hier darf man baden, angeln, segeln, surfen, wandern und Pilze sammeln; zum (aufgeschütteten) Sandstrand bei der Gaststätte "Hainbergsee" muss man 500 m laufen.

(145) WOMO-Picknick- und Badeplatz: Meuselwitz/Hainbergsee

GPS: N 51° 2' 17.1" E 12° 17' 46.4"; Hainbergsee.

max. WOMOs: >5.

Ausstg./Lage: Tisch & Bank, Bademöglichkeit, Wanderwege, Gaststätte "Hainbergsee" mit Sandstrand 500 m/außerorts.

Zufahrt: Meuselwitz Rtg. Schmölln verlassen, nach der Bahnunterquerung rechts.

Biegt man an der Ampel nicht rechts, sondern links in die Georgenstraße, so kommt man, das Zentrum durchquerend zum Busbahnhof am Südende des Schlossparkes mit großem Parkplatz [N 51° 2' 38.7" E 12° 17' 56.8"; Fr.-Naumann-Str.]. Umrundet man den Park gegen den Uhrzeigersinn, so findet man den perfekten Schlosspark-Parkplatz [**146:** N 51° 2' 46.7" E 12° 17' 46.8"; Im Seckendorffpark] direkt neben der **Orangerie** mit Restaurant (offen: Di-So).

Meuselwitz: Orangerie

Wir verlassen MEUSELWITZ nach Nordosten Richtung LUCKA/ LEIPZIG, um ein Südseeparadies zu finden!
Nach 4 km, wir haben bereits BÜNAURODA durchfahren, wenden wir uns an der nächsten Gabelung links nach GROITZSCH und an der darauf folgenden Kreuzung rechts, durchfahren PRÖßDORF. 300 m nördlich PRÖßDORF biegen wir rechts auf einen großen Parkplatz, der von Pappeln eingefasst ist - stolpern, rennen, rollen über einen breiten, weißen Sandstrand bis zum leise plätschernden Ufer des **Prößdorfer Sees** - wahrlich ein Traum!

(147) WOMO-Badeplatz: Prößdorfer See

GPS: N 51° 5' 30.8" E 12° 18' 26.9"; Hauptstraße.
max. WOMOs: >5.
Ausstattung/Lage: Bademöglichkeit mit Sandstrand, Wander-Radweg, geringe Gebühr/außerorts.
Zufahrt: Meuselwitz Rtg. Lucka verlassen, hinter Prößdorf rechts.
Ausweichplatz: 600 m nördlich Parkplatz links der Straße [**147a:** N 51° 5' 47.3" E 12° 18' 34.8"].

Wer in der Presse vom landschaftszerstörenden

Braunkohlentagebau liest, der hat stets eine zerrissene, ausgeplünderte Erdoberfläche vor Augen. Dies ist die eine Seite! Eine umweltbewusste Rekultivierungsmaßnahme kann hingegen aus der ehemals topfebenen, öden Landschaft dadurch, dass die ausgeräumten Gruben meist mit Grundwasser volllaufen, ein lebendiges Biotop schaffen oder zumindest ein herrliches Freizeitgebiet - und vor solch einem stehen wir jetzt! „Eine prima BMX-Bahn ist dort hinten!“ und: „Im Sommer ist hier alles voll!“ bekomme ich aus zwei Buben heraus, die mit ihren Fahrrädern zwischen den Birken herumkurven. Jetzt im Mai sind wir die einzigen, die sich für den Sandstrand von Prößdorf interessieren - aber auch in der Hauptsaison, wenn die Wassertemperaturen über 20° C. liegen, dürften das Parkplatz, Liegewiesen- und Badestrandangebot ausreichen, denn im Dreieck MEUSELWITZ - BORNA - ALTENBURG sind die „Braunkohleseen“ so häufig, dass man sich in das Südschwedische Seengebiet versetzt fühlt.
Sie können das noch gar nicht glauben?
Dann folgen Sie uns weiter nach LUCKA, vorbei an einem **Picknickplatz** oberhalb des nächsten, bereits vollgelaufenen Braunkohlereviers. 50 m auf der Hauptstraße rechts und dann wieder links geht es nach RAMSDORF. Dort, am riesigen **Haselbacher See**, gibt es gleich zwei offizielle Badeplätze.
Durchquert man den Ort geradeaus Richtung BORNA, so kommt man 800 m nach dem Ort zum **Badeplatz** am Nordende des Sees. Der große Parkplatz [N 51° 5' 45.9" E 12° 23' 35.8"] ist kostenlos, nachts ist er geschlossen. Zum See muss man 500 m laufen.
Biegt man am Ortsende von RAMSDORF rechts, so kommt

Ramsdorf: Badeplatz am Haselbacher See

man nach 2,5 km zum **Badeplatz** am Südende des Sees [N 51° 4' 25.9" E 12° 23' 12.6"]. Der Parkplatz ist gebührenpflichtig (5 €), nachts ebenfalls geschlossen, zum Sandstrand stapft man viele Stufen hinab (immerhin war es einmal ein Tagebau!). Die nächste Station unserer "Südseereise" heißt FOCKENDORF. Wir schwenken in REGIS-BREITINGEN rechts, durchqueren HASELBACH und PLOTTENDORF. In der Ortsmitte von TREBEN treffen wir auf die B 93, der wir genau 100 m nach links die Ehre geben, um sie dann wieder nach rechts Richtung FOCKENDORF zu verlassen.

In FOCKENDORF haben wir die Qual der Wahl, denn von hier aus führen zwei Straßen zu zwei Seen, die **Talsperre Windischleuba** und den **Badesee** bei PAHNA.

Gucken wir zuerst rechts. An der Talsperre darf nicht gebadet werden - aber das Parkplatzangebot [**148:** N 51° 2' 32.0" E 12° 28' 15.4"] ist riesig und benachbart liegt die Ausflugsgaststätte "Am Stausee" mit großem Biergarten, rustikalem Speiseangebot und einem schönen **Wanderweg** am See entlang. Auch auf das benachbarte Papiermuseum (offen nur samstags 10-17 Uhr) sei hingewiesen.

Als nächstes stoppen wir beim "**Seecamping** Altenburg/Pahna" [**149:** N 51° 2' 37.0" E 12° 28' 47.7"]. Der Preis (WOMO+2 Pers. incl. Strom: 19 €) scheint uns recht günstig.

Fährt man am Campingplatz vorbei, so kann man nach 1 km links zu einem **Riesenparkplatz** abzweigen (offen: 8-22 Uhr), einbahnstraßengeregelt, durch Bäume und Büsche in Parzellen unterteilt, wirklich sehr hübsch. Aber zum Badesee muss man 2-3 min. hinabmarschieren (Foto).

Verweigert man auch diese Abzweigung, durchquert den Nordrand von ESCHEFELD geradeaus Richtung FROHBURG, so erreicht man nach nochmals 2 km rechts den Ahornbaum-umringten Wanderparkplatz vor der Naturschutzstation "Teichhaus" (www.nabu-sachsen.de).

(150) WOMO-Wanderparkplatz: Teichhaus

GPS: N 51° 2' 49.3" E 12° 32' 7.9"; Teichhaus **max. WOMOs:** 2.
Ausstg./Lage: Wanderwege, Nabu-Station, Gaststätte (Mo zu)/bei Einzelgebäuden.
Zufahrt: Von Fockendorf über Eschefeld Rtg. Frohburg, dazwischen rechts.

Sechs Teiche bilden das Naturschutzgebiet "Eschefelder Teiche", einen überregional wichtigen Reproduktions-, Rast- und Mauserplatz für Wasservögel. Im Mittelalter wurden die "Himmelsteiche" (sie hatten keinen Zufluss, bekamen nur Regenwasser "vom Himmel") zur Speisefischzucht (Karpfen, Schleie, Hecht) angelegt.
Zurück in ESCHEFELD sind es auf der B 7 nach links nur 3 km bis WINDISCHLEUBA. Dort schwenken wir am Ortsbeginn links zu einer der schönsten Jugendherbergen, untergebracht in einem süßen, märchengleichen **Wasserschlösschen** mit schönem, großen **Wanderparkplatz** [**151:** N 51° 0' 58.8" E 12° 28' 19.9"; Pestalozzipark] davor.

Bereits im XII. Jahrhundert war hier, im Tal der Pleiße, eine **Wasserburg** erbaut worden, mit dem Wechsel der Besitzer änderte sich jedoch auch ihre Gestalt: Von der alten Wasserburg sind nur noch die vier Ecktürme erhalten der Rest wurde im Renaissance-Stil umgebaut. Den Baumeistern gelang es dabei, ein malerisches Gesamtbild zu schaffen, das jeden Besucher zum Schwärmen bringen muss. Hier lebte bis 1945 der Balladendichter von Münchhausen (nicht zu verwechseln mit dem "Lügenbaron"). Man muss unbedingt das Wasserschlösschen umrunden und auch den **Park** besichtigen, um einen Gesamteindruck des Ensembles zu genießen. Die Umgebung ist von Wander- und Radwegen durchzogen, wie uns die Tafel im Torgewölbe beweist.

Windischleuba: JH & Schlosspark

Wir stoßen auf die B 7/B 93, die um ALTENBURG herum führt, verlassen sie bald nach rechts, fallen in ALTENBURG, der Stadt der Spielkarten, ein.

Seit 1810 hier das Skatspiel erfunden wurde, gelten international nur die Spielregeln, die vom „Altenburger Skatgericht“ festgesetzt werden. Aber ALTENBURG gab es schon, als man noch mit Knöchelchen um Bärenhäute würfelte! Seit 976 ist die Marktsiedlung urkundlich erwähnt, seit dem Mittelalter war sie ein wichtiger Handelsplatz. Wen wundert's, dass die Herzöge von Sachsen-Altenburg hier ihr Residenzschloss erbauten.

Altenburg: Skatbrunnen

Wenn man, am Bahnhof vorbei, sich dem Zentrum nähert, so stößt man unmittelbar auf ein schlossartiges Gebäude am Fuße des ansteigenden **Schlossparkes**, das **Lindenau-Museum**. Es beherbergt eine umfangreiche Kunstsammlung, in erster Linie griechische und etruskische Gefäße und Malerei der italienischen und deutschen Renaissance. Im Schlosspark liegen außerdem verstreut das **Naturkundliche Museum Mauritianum** sowie das **Teehaus mit Orangerie**.

Altenburg: Markt mit Rathaus

Natürlich sollte man auch das Schloss besuchen, einen Gebäudekomplex, an dem die Stilrichtungen neunhundertjähriger An- und Umbaumaßnahmen ihre Spuren hinterlassen haben: Das Burgrund deutet zwar noch die frühmittelalterliche Schutzfunktion an, die dazu gehörige Bausubstanz erkennt man indessen noch am ehesten am Flaschenturm aus dem XI. und dem Hausmannsturm, dem Bergfried aus dem X. Jahrhundert. Für den Bau des Residenzschlosses war bereits nicht mehr genügend Platz auf dem Felssporn, nur mit Hilfe umfangreicher Untermauerungen konnte eine Basis für die majestätischen Renaissance- und Barockbauten an der Südwestseite geschaffen werden. Die spätgotische Schlosskirche ist ein eigenständiges Kunstwerk mit einem perfekten Sterngewölbe - welch gewaltiger Klangkörper für die kunstvolle Orgel mit dem reichen Prospekt. Im Schlossmuseum sind drei Abteilungen besonders sehenswert: Die Waffen-, Porzellan- und Spielkartensammlung.

Vor dem Kunstgenuss steht jedoch die Parkplatzsuche: Wir passieren das Schloss, das Theater, erreichen an einem Kreisel den **Großen Teich**, an dem wir rechts entlang bis zu seinem südwestlichen Ende hinter dem **Inselzoo** rollen. Dort finden wir reichlich Parkraum und schließlich sogar den offiziellen WOMO-Stellplatz für insgesamt 13 Fahrzeuge.

(152) WOMO-Stellplatz: Altenburg/Großer Teich/Freibad Süd

GPS: N50° 58' 44.8" E12° 25' 48.7"; Aug.-Bebel-Str. **max. WOMOs:** 13.
Ausstattung/Lage: Stellplatz, Ver-/Entsorgung, Strom (jeweils gegen Gebühr), Spazierweg zum Zentrum (1000 m), Inselzoo 200 m, Freibad 300 m/Ortsrand.
Zufahrt: Ort nach Süden durchqueren Rtg. Gera, dann rechts am Teich entlang.

Altenburg; Zugang zum Zoo auf der Insel im Großen Teich

Hier können Sie nun entscheiden, ob Ihnen der Aufenthalt in der Natur lieber ist oder ein Bummel zur Altenburger Altstadt. Dieser beginnt am nördlichen Ende des Großen Teiches:

Wir wenden uns links, gehen in der Teichstraße bis zum **Rossplan**, sehen vor uns den romanischen Turm der schon im XVI. Jahrhundert abgetragenen **Nikolaikirche**. Hier wenden wir uns rechts und erreichen das **Marktareal** aus Topfmarkt, Kornmarkt und dem Hauptmarkt, in dessen Mitte sich das prächtige **Renaissance-Rathaus** erhebt. Vom schönen Portal, dem reichverzierten Giebel und dem figurengeschmückten Runderker steigt der Blick am schlanken, achteckigen Turm empor bis zu dessen Säulenlaterne. Überquert man den Markt nach Norden, so gelangt man durch eines der schmalen Gässchen zur Johannisstraße, die nach rechts, am abblätternden Putz einst würdiger Renaissance- und Barockbauten vorbei, zur Stadtkirche **St. Bartholomäus** hinabführt, zum **Seckendorffschen Palais**, zum **Alten Amtshaus** und zum **Landestheater**, dazwischen finden wir auch den **Skatbrunnen** [N 50° 59' 12.1" E 12° 26' 12.5"], der geradezu ein Pflichtbestandteil Altenburgs ist. Im spitzen Winkel wenden wir uns nun nach rechts und bummeln die Wallstraße zurück zur Teichvorstadt und unserem WOMO.

Wenn wir ALTENBURG verlassen müssen, umrunden wir zunächst den Großen Teich im Uhrzeigersinn und finden auf seiner Osteite den (öden) Riesenparkplatz (Festplatz) beim Hallenbad **[152a:** N50° 58' 39.4" E12° 26' 4.0"].

Kurz darauf münden wir in die B 7 ein, erreichen nach 12 km die Knopfstadt SCHMÖLLN. Hier lohnt sich ein Abstecher über den langen **Marktplatz** mit den schönen Bürgerhäusern, dem dreigeschossigen barocken **Rathaus** mit der großzügigen Freitreppe, der dreischiffigen, spätgotischen **Pfarrkirche St. Nikolaus** und dem neuen **Stadtwappenbrunnen**.

In SCHMÖLLN macht man nicht nur Knöpfe, man feiert auch; und zu jeder ordentlichen Schmöllner Feier gehört **Mutzbraten**. Wir starten eine Umfrage unter den Schmöllner Hausfrauen und wissen nach kurzer Zeit, dass jede ihr eigenes Geheimrezept hat, wie man das Fleisch für den Mutzbraten einlegt. Einig ist man sich, dass die Bratenstücke dann über offenem Birkenholzfeuer gegrillt werden müssen.

Die salomonische Lösung liefert ein Rentner, der sich in die Damendiskussionsrunde eingereiht hat: "Fahrt zum Wolf, der hat fertigen Mutzbraten!" Mit "Wolf" ist eine große Wurstfabrik gemeint, die 2 km südlich des Ortes im Industriegebiet (rechterhand der Straße zur A 4) nicht nur Wurst produziert, sondern auch einen Fabrikverkauf hat [N 50° 52' 42.8" E 12° 20' 57.9"; Am Lindenhof].

Unübersehbar ist in SCHMÖLLN der Wegweiser zum **Brauereiteich** mit großem **Parkplatz** [**153:** N 50° 53' 33.5" E 12° 21' 14.3"] 300 m südlich des Marktes (Foto).

Eine weitere Attraktion am westlichen Ortsrand ist **Tatami**, Freizeitbad und Sauna. Unmittelbar davor wartet rechts hinter einer **Picknickgruppe** [N 50° 53' 30.6" E 12° 20' 0.2"] der Kneipp- und Tastpfad mit Matschplatz, für Kinder ein geradezu überirdisches Vergnügen ...

Hinter UNTSCHEN überquert die B 7 die Sprotte. Dahinter kürzen wir über LOHMA und NÖBDENITZ (im Ort 1000- jährige Eiche. Nur dort erfahren Sie, wer zwischen ihren Wurzeln liegt!) zur **Burg Posterstein** ab.

Die Burg Posterstein, deren Rundturm, Sie verzeihen, ein wenig dem Papprest einer Klopapierrolle ähnelt, hatten wir bereits vor der Autobahn entdeckt. Das Märchenschlösschen, dessen Wurzeln bis ins XII. Jahrhundert zurückreichen, hat die Zeiten unversehrt überstanden und ist erst in den letzten Monaten makellos herausgeputzt worden. Etwas schwer tun wir uns, bis wir den Eingang zur Burg gefunden haben. Man muss sich zu ihren Füßen links halten (nicht rechts ins Dörfchen POSTERSTEIN fahren) und, immer im Uhrzeigersinn, um die Burg herumfahren, sozusagen bis zum Hintereingang. Der Parkplatz vor der Burg ist eben und ruhig.

(154) WOMO-Picknickplatz: Burg Posterstein

GPS: N 50° 51' 44.7" E 12° 15' 10.7"; Burgberg. **max. WOMOs:** 2.
Ausstg./Lage: Tisch & Bank (überdacht), Sportplatz, Museum/Ortsrand.
Zufahrt: Dorf Posterstein im Uhrzeigersinn umfahren.

Schloss Posterstein kann besichtigt werden! In mehreren Ausstellungsräumen erfährt man nicht nur Interessantes zur Burggeschichte, sondern auch zur Kultur des gemeinen Volkes, sprich der bäuerlichen Bevölkerung und der Entwicklung der heimischen Industrie (Knopfherstellung). Im Museumsbesuch sind inbegriffen das Burgverlies und die Besteigung des 25 m hohen Bergfriedes (offen: Di-Sa 10-17 Uhr).
Unbedingt sehenswert ist die spätgotische Burgkirche mit dem einmaligen barocken Schnitzwerk von 1689.

Wir durchqueren das Dörfchen POSTERSTEIN, wo man gut in der Gaststätte "Zur Burg" speisen kann, nach Westen geht's auf RONNEBURG zu. Hinter STOLZENBERG ziehen wir den Kopf ein bei einer 3-m-Bahnunterquerung (größere WOMOs müssen also Richtung SCHMÖLLN zur B 7 zurück).
Nach 3,3 km stoßen wir auf die neue Ortsumfahrung von RONNEBURG.
Den besten Überblick über die ganze Gegend bekommt man zweifelsohne vom Bismarckturm zwischen REUST und RUSSDORF. Wir schwenken deshalb nach links in die Vorfahrtsstraße ein, passieren die Abzweigung nach RONNEBURG, entdecken nicht nur die **Bismarcksäule** im Südwesten, sondern auch die Straße, die kurz vor REUST rechts nach RUSSDORF abzweigt, und von der nach 500 m nach links ein gepflasterter Weg bis zur Picknickwiese vor der Tür des Turmes führt.

(155) WOMO-Picknickplatz: Reust/Bismarcksäule

GPS: N 50° 49' 52.8" E 12° 11' 41.1" **max. WOMOs:** 2.

Ausstg./Lage: Tisch & Bank (überdacht), Wanderwege, offen: Sa/So 14-18 Uhr/ außerorts. **Zufahrt:** Zwischen Reust und Rußdorf links.

Wir steigen auf den Turm, der eine phantastische Aussicht über eine der teuersten Regionen Deutschlands bietet!

Vor tausenden von Jahren baute man dem Pharao, dem ägyptischen Gottkönig, riesige Pyramiden. Die Pyramiden der Wismut waren Wahrzeichen eines anderen Götzen, dem Uran. Den Glauben an die „strahlende Zukunft“ haben die Menschen (nicht nur in dieser Region) nun verloren. Bereits kurz nach dem Krieg wurde nach erfolgreichen Sucharbeiten die "Wismut" gegründet mit dem Ziel, das sowjetische Atomprogramm mit deutschem Uran zu versorgen. Mit einer Stammbelegschaft von 45.000 Beschäftigten war die Wismut ein "Staat im Staate DDR", stets mit Sonderrechten ausgestattet. Nach der Wende sichtete man die "Hinterlassenschaften": 1400 km offene Grubenbaue, 311 qm Haldenmaterial, 160 qm radioaktive Schlämme. Weltweit gab es keine vergleichbar katastrophale Situation; die Sanierung kostete bisher 6,2 Milliarden Euro.

Unter uns liegt jetzt eine schöne Landschaft, die "Neue Landschaft Ronneburg", fertiggestellt zur Bundesgartenschau 2007, die sich zu durchwandern lohnt.

Ronneburg: Neue Landschaft

Wir rollen auf RONNEBURG zu, dass von unserer hohen Warte aus bereits im Norden zu sehen war. Die Stadt bietet für den wohnmobilen Urlauber einiges.

In der Ortsmitte biegen wir beim **Rathaus** am **Markt** links in die Herrengasse, die uns zum **Schloss** führt (man darf in den Schlosshof hineinfahren, wenn man durchs Tor passt). Das i-Amt stattet uns mit einem Stadtplan aus, der einen interessanten Stadtspaziergang empfiehlt...

Ronneburg: Schloss

Biegt man hinter dem Rathaus rechts und nach 150 m wieder rechts in die Zeitzer Straße (Richtung ZEITZ/PÖLZIG), so führt uns diese, unter der A 4 hindurch, nach GROSSENSTEIN. Dort kann man am Ortsbeginn gleich links zum **Festplatz** mit viel Platz abbiegen.

(156) WOMO-Stellplatz: Großenstein/Festplatz

GPS: N 50° 53' 57.1" E 12° 11' 44.3"; Südrand. **max. WOMOs:** >5.
Ausstattung/Lage: Wasserhähne, Gaststätte im Ort/Ortsrand.
Zufahrt: In Ronneburg nach Norden (Zeitzer Str.) bis Großenstein, Ortsbeginn links.

Verlässt man RONNEBURG nach Westen, so kommt man an einen Kreisverkehr, über den es geradeaus auf der B 7 nach GERA geht. Wir empfehlen indes unbedingt einen Abstecher nach links (Grobsdorfer Straße)! Nicht nur wegen des offiziellen WOMO-Stellplatzes, der nach 50 m rechts liegt (ausgeschildert), sondern vor allem wegen des ehemaligen **Buga-Geländes**,

(157) WOMO-Stellplatz: Ronneburg

GPS: N 50° 51' 55.5" E 12° 10' 36.1"; Am kühlen Grund.
max. WOMOs: >5.
Ausstg./Lage: Tisch & Bank, Gebühr 6 €, Strom 1 €, Wasser/Ortsrand.
Zufahrt: Am westlichen Ortsrand beim Kreisel links (ausgeschildert).

dessen Haupteingang nur noch 1000 m entfernt ist und der mit reichlich Parkraum [N 50° 51' 44.1" E 12° 10' 4.5"] aufwartet. Von hier aus könnte man tagelang spazieren, ja wandern in der **Neuen Ronneburger Landschaft**.

Noch 9 km sind es, dann haben wir GERA erreicht.

TOUR 7 (ca. 180 km)

Gera - Weida - Berga - Greitz - Zeulenroda - Auma - Triptis - Neustadt (Orla) - Leuchtenburg - Kahla

Freie Übernachtung:	Gera, Weida, Clodramühle, Markersdorf, Teichwolframsdorf, Greiz (Waldhaus), Zeulenroda, Pahren, Triptis, Neustadt (Orla).
Ver-/Entsorgung:	Greiz (WC), Mylau (WC), Neustadt-Heinrichsruhe (VE)
Campingplätze:	Weida, Clodra.
Baden:	Weida, Zeulenroda, Triptis.
Besichtigungen:	Gera, Weida, Wünschendorf, Greiz, Ziegelbrücke, Zeulenroda, Auma, Neustadt (Orla), Wolfersdorf, Leuchtenburg.
Wandern:	Gera, Weida, Clodramühle, Berga, Greiz, Waldhaus, Zeulenroda, Neustadt, Wolfersdorf, Leuchtenburg.

KARTE TOUR 7

Wir nähern uns GERA von Osten auf der B 7, dann der B 92. Wie es der Zufall will, ist es zwar zu früh, sich einen Schlafplatz zu suchen, wir haben aber nicht mehr genug Zeit, einen Stadtbummel zu beginnen. Ideal wäre ein – ja, so etwas wie ein bayerischer Biergarten oder ein Gartencafé – und in Fußgängernähe ein ruhiges Schlafplätzchen ....
Eigentlich wollten wir GERA gegen den Uhrzeigersinn umrunden. Das avisierte Plätzchen finden Sie am schnellsten mit uns, wenn Sie sich an der großen Kreuzung 1 km hinter dem Flugplatz Gera-Leumnitz links Richtung GREIZ/SCHLEIZ/Zentrum halten und 500 m weiter rechts nach G.-LEUMNITZ abbiegen. Nach weiteren 500 m folgen wir nach links dem Wegweiser zum Ferberturm, passieren das „Sport- und Freizeitgelände Gera“ und landen schließlich am **Ferberturm** auf der **Ronneburger Höhe** (304 m), einer Speisegaststätte mit einem **Aussichtsturm** und vielen Parkplätzen zu seinen Füßen.
Falls Sie nun nicht ausgerechnet montags kommen, können Sie neben dem Gaststättengebäude auf der Gartenterrasse Platz nehmen, bei einem kühlen Hellen den Blick auf GERA genießen und sich für den Gera-Besuch ausschlafen.

(158) WOMO-Stellplatz: Gera/Ferberturm

GPS: N 50° 52' 17.4" E 12° 5' 56.0"; Zschippernweg.
max. WOMOs: 3-4.
Ausstattung/Lage: Gaststätte (Mo zu), Wanderwege/im Ort. **Zufahrt:** siehe Text.

Die Strahlen der Morgensonne im Gesicht verlassen wir unseren „Ferberturmschlafplatz“ auf der gleichen Straße, dabei könnte man durchaus „directement“ nach GERA hinabrollen, denn die zweitgrößte Stadt Thüringens liegt vor unseren Füßen im Tal der **Weißen Elster**.
Wir fahren zum Kreisverkehr vor dem Flugplatz zurück, schwenken links, lassen uns um den historischen Stadtkern herumleiten und zu dem riesigen P&R-Platz **Hofwiesenpark** [**159:** N 50° 52' 56.8" E 12° 4' 20.6"; Parkstraße, Mo- Sa 2 €/Tag].

Hier könnte man im westlich angrenzenden **Hofwiesenbad** schwimmen oder sich im **Buga-Gelände** von 2007 ergehen. Wir marschieren nach Norden 50 Schritte zur **Orangerie**. Die komplette, streng symmetrisch-französische Anlage wurde ebenso von dem Baumeister Gottfried Heinrich Krohne geschaffen wie das Dornburger Rokokoschloss, Schloss Ettersburg, die Gothaer Orangerie, das Schlösschen Molsdorf - welcher Genuss, immer wieder in Thüringen den Werken dieses feinsinnigen Baumeisters zu

Gera: Orangerie

begegnen. Während in der Orangerie heute statt südlicher Gewächse die Kunstgalerie untergebracht ist, macht man am gegenüberliegenden Ende des **Küchengartens**, im **Geraer Theater**, immer noch Theater.
Der wohlrestaurierte Bau im Jugendstil mit engelgekröntem Giebelportal vor der gestuften Kuppel wirkt trotz seiner streng geometrischen Linienführung etwas überladen. Die Bahnlinie unterquerend geht's weiter Richtung Zentrum die Ernst-Toller-Straße entlang zum **Puschkinplatz**. Dahinter beginnt die Fußgängerzone mit der Schlossstraße, die uns zum **Markt** führt.
Zwischen soliden Bürgerhäusern aus dem 18. Jahrhundert treten zwei Gebäude geradezu hervor: Das **Rathaus** und die **Stadtapotheke**.
Das Rathaus, vermutlich von dem gleichen Meister Nikolaus Gromann, dem wir das vergleichbare Prachtstück in ALTENBURG verdanken, ragt mit seinem sechsgeschossigen Treppenturm 57 m in die Höhe. Besonderer Blickfang ist der reich verzierte Portalvorbau an seinem Sockel mit Säulenfiguren, farb- und goldglänzenden Wappen und Widmungssprüchen - unbedingt sehenswert!
Der Eckbau der Stadtapotheke aus dem 16. Jahrhundert macht dem Rathausschmuck mit seinem Runderker Konkurrenz: Holzgeschnitzte, kolorierte Felder unterhalb der Fenster stellen Apostelfiguren und die vier Jahreszeiten dar, dazwischen prangen Wappentafeln.

Gera: Simsonbrunnen

Die Mitte des Marktplatzes wird beherrscht vom **Simsonbrunnen** aus dem 17. Jahrhundert, in dem ein jugendlicher Athlet gerade einen Löwen abmurkst. Über diesen Simson lesen wir im Alten Testament (Richter 14, 5): *„...., siehe, da kam ein junger Löwe brüllend ihm entgegen. Und der Geist des Herrn geriet über ihn, und er zerriss ihn, wie man ein Böcklein zerreißet, und hatte doch gar nichts in seiner Hand.“*
Was kann einer Stadt noch passieren, die sich in den Schutz eines solchen Helden begibt?

Verlässt man den Markt und geht zweihundert Schritte auf der Großen Kirchstraße nach rechts, so landet man am **Nicolaiberg** mit der barocken **Salvatorkirche** und dem **Schreiberschen Haus** (Nicolaiberg 3). Während die Kirche, deren floreale Innenausstattung auf den Jugendstil zu Beginn unseres Jahrhunderts zurückgeht, auch äußerlich dominiert,

Gera: Salvatorkirche

ist das Schreibersche Haus, vom figurengeschmückten Giebelportal abgesehen, von außen eher unscheinbar. Innen jedoch schwelgt man, zumal im Festsaal im ersten Stock, in einem barocken Stuckerlebis ersten Ranges. Wie schön, dass in diesem Gebäude auch noch das **Museum für Naturkunde** residiert, dessen Naturalienkabinett wissenswertes über Geologie, Flora und Fauna der Region vermittelt. Ein besonderes Erlebnis ist der Keller des Gebäudes! Aber was heißt schon Keller: Gruft, Gewölbe, Katakombe, ja Unterwelt wären passendere Titel für diesen **Höhler**, wie man in GERA solche uralten Tonnengewölbe nennt, die, zum Teil nicht ausgemauert, sondern in den massiven Fels geschlagen, im Mittelalter einzig und allein der Bierlagerung dienten (es gab zeitweise an die 250 Brauberechtigte in GERA!!). Heute, wo man auch in Thüringen Bier an jeder Ecke im Getränkeshop bekommt, nutzt das Naturkundemuseum diese Gruselräume für seine einmalige **Mineraliensammlung** mit 750 Exponaten allein aus Ost-Thüringen (Di - So, ca. 10 - 17 Uhr).

150 m südlich des Schreiberschen Hauses, Greizer Straße 37, steht ein barockes Doppelhaus, dessen schönes Portal mit dem figurengeschmückten Giebel noch aus der Zeit vor dem Stadtbrand von 1780 stammt. Auch hier, im **Ferberschen Haus**, wurden die historischen Räume zum angemessenen Rahmen für die Exponate des Museums für Kunsthandwerk (Di-So, 10 - 17 Uhr).

Gera: Höhler

Unweit südlich des Ferberschen Hauses entdecken wir Reste der alten **Stadtmauer** mit dem **Stadtmauerturm**, von dem aus wir über den schmalen **Kornmarkt** mit dem neuen Rathaus wieder zum **Markt** und von dort zu unserem WOMO zurückkehren.

Gera, Otto-Dix-Haus

Noch fit?
Dann überqueren Sie mit uns auf der Fußgängerbrücke die **Weiße Elster**! Direkt dahinter wartet rechts **St. Marien**, eine spätgotische Kirche, deren quadratischer Turm von vier Blendgiebeln und einem nadelspitzen Helm gekrönt ist. Als besonderen Schatz birgt ihr Inneres mit dem Holztonnengewölbe einen kostbaren, geschnitzten Flügelaltar, der Szenen aus dem Leben der Gottesmutter schildert. Im Gebäude direkt vor dem Kirchenportal steht das **Geburtshaus von Otto Dix**. Das Gebäude beherbergt eine der umfangreichsten Otto-Dix-Sammlungen und präsentiert die (bescheidenen) Wohnräume des Malers samt einer umfangreichen Dokumentation seines Lebens und Wirkens.
So, nachdem wir Sie nun schon einmal über den Fluss geschleppt haben, könnten Sie eigentlich noch 400 m die schmale Fahrstraße zum **Schloss Osterstein** hinaufsteigen.
Auf dem letzten Vorsprung des **Hainberges**, steil über der Weißen Elster, ragt es in die Höhe. Bei näherer Betrachtung sind nur noch der runde Bergfried, einige Schlossnebengebäude und der Aquädukt, der den Fürsten Reuß das Badewasser lieferte, vom letzten Kriege verschont geblieben. Auf der Mitte des ehemaligen Schlossplateaus steht das aussichtsreiche Terrassenrestaurant.

Gera: Blick vom Schlossplateau

Haben Sie jetzt müde Füße?
Dann dürfen wir für den „Rest" von GERA, zumindest was

wohnmobile Touristen interessiert, ins Fahrerhaus Ihres WOMOs bitten!

Wir tun so, als wollten wir GERA Richtung GREIZ/SCHLEIZ verlassen, überqueren dann nach rechts die **Weiße Elster** Richtung SCHLEIZ/B 2.

700 m nach der **Heinrichsbrücke** zeigt ein Schild nach links in eine Seitenstraße: „Tierpark". Dort [N 50° 51' 58.8" E 12° 3' 54.7"; Am Martinsgrund] kann man nicht nur zoologische Studien treiben oder sich auf dem Waldkletterpfad durch die Bäume hangeln, sondern 200 m links seines Tores, beim Radsportzentrum, auch recht ruhig stehen [**160:** N 50° 52' 53.4" E 12° 4' 4.0"; Häckelstr.].

Wer außer leisem Blätterrauschen nur der Stille lauschen möchte, der fährt noch 600 m weiter auf der Ausfallstraße und biegt dann nach rechts, den Symbolen zum Krankenhaus folgend, in den Stadtwaldhang (Dr.-Schomburg-Straße) ein. Am Krankenhauskomplex vorbei gewinnen wir nach 1200 m die Höhe. Rollt man noch 600 m weiter auf der Teerstraße und zweigt dann im spitzen Winkel, auf bequemem Teerbelag, nach rechts zum 400 m entfernten Waldrand ab, so findet man dort einen großen, absolut ruhigen, romantischen Parkplatz unter alten, rauschenden Buchen - unser Übernachtungstipp bei GERA.

(161) WOMO-Wanderparkplatz: Gera/Gladitschturm

GPS: N 50° 52' 31.7" E 12° 2' 50.6"; Schlossallee.
max. WOMOs: 2-3.
Ausstattung/Lage: Tisch & Bank, Wanderweg: 300 m Gladitschturm, 1000 m Gaststätte "Jagdhof" (Mo zu), 1500 m Burg Osterstein/außerorts. **Zufahrt:** s. Text.

Wir überqueren auf der Heinrichbrücke wieder die Weiße Elster, schwenken rechts nach WEIDA/GREIZ. Die monotonen Hochhausblöcke von GERA-LUSAN ziehen vorbei, einfallslose Riesendominosteine; man hätte Lust, den vordersten zu kippen, um eine Kettenreaktion auszulösen. Aber sie waren einst der Traum der jungen DDR-Familien ...

Etwa 10 km südlich GERA, an der Kreuzung nach KÖFELN (rechts) und WÜNSCHENDORF (links), verlassen wir die B 92 nach links - eine besondere verkehrshistorische Attraktion wartet auf uns - die hölzerne, überdachte Straßenbrücke über die Weiße Elster, die hier seit 1250 immer noch - und als einzige Brücke weit und breit überhaupt, die Verbindung mit dem östlichen Elsterufer herstellt. Allerdings darf man nur 2,10 m

hoch und 3,0 to schwer sein, um durch die lange „Bretterscheune" rollen zu dürfen (VW-Bus- Piloten wird es ein ganz besonderer Spaß sein, eine der ältesten Brücken dieser Art überhaupt auf der Welt durchrollen zu können)!
Ein sehr solide wirkendes Stahlrohrgerüst davor und dahinter verhindert, dass ein wild gewordener LKW-Fahrer das ehrwürdige Gebälk mit sich reißt. Eine Tafel im Brückeninneren legt auch gleich die Strafe „für zu schnelles Fahren und Reiten aufderselben" mit „10 Sge." - wieviel das im Jahre 1851 auch immer gewesen war - fest.
Vor der Brücke ist der Parkraum gleich Null! Hiermit ermahne ich Sie, den neu geschaffenen Parkplatz davor (links gegenüber der Turnhalle) zu beglücken [N 50° 47' 39.8" E 12° 5' 16.2"; Weidaer Str.]. Noch gemütlicher steht man 800 m vorher im Stadtteil WÜNSCHENDORF-MILDENFURTH vor dem Tor des ehemaligen **Schlosses Mildenfurth** [N 50° 47' 24.0" E 12° 4' 49.0"; Weidaer Str.], das man nach der Reformation der Einfachheit halber durch Umbau der Kirche eines Prämonstratenserklosters erhielt.
Hoffentlich übersehen Sie vor lauter hin- und hergelaufe (oder -gefahre) über das Brückle nicht die benachbarte **Veitskirche**, deren Bau auf das XI. Jahrhundert zurückt geht. Unaufhörlich wurde an ihr herumgebaut, so dass wir am Ende der Seitenschiffe eine romanische Kapelle, einen bergfriedähnlichen Westturm, gotische Fresken an Pfeilern und im Gewölbe und einen Flügelaltar aus dem XV. Jahrhundert bewundern können.
Vor WEIDA erwartet uns ein weiterer technischer Leckerbissen. Die B 92 sackt plötzlich zum Ufer der **Weida** hinab - und wird in schwindelerregender Höhe überquert von der Bahnlinie [N 50° 46' 54.2" E 12° 3' 43.8"; Bahnhofstr.]. Der schmale Schienenstrang, von unten gesehen scheint es nicht viel mehr zu sein, wird abgestützt von einem einzigen, total heruntergerosteten Eisengitterträger, auf dessen grazile Ausführung allerdings auch ein Herr Eiffel stolz gewesen wäre. Frisch herausgeputzt und bunt lackiert ist lediglich die gusseiserne Tafel, die uns kundtut,

dass die rostige, 29 m hohe **Pendelpfeiler-Konstruktion** bereits seit 1884, als sie unter Leitung des Geheimen Finanzrats Köpcke zusammengenietet wurde, ihren Dienst tut. Zum Fototermin kann man unmittelbar hinter der Brücke links parken. 200 m später biegen wir rechts nach WEIDA. Für einen kleinen Stadtrundgang lohnt es sich, am langgestreckten **Neumarkt** zu parken. Hier betrachten wir

Weida: Pendelpfeilerbrücke

Weida: Rathaus

das schöne **Rathaus**, von der ehemaligen Pfarrkirche blieb nur einer der Türme mit einer barocken Haube erhalten. Links neben dem Rathaus, hinter dem frisch lackierten, achteckigen **Brunnen**, führt die Straße weiter zur gewaltig von Fels herabdräuenden **Osterburg**.

Weida: Osterburg

Wer mit dem WOMO vor der steilen Schlossrampe hält, wagt sich zunächst kaum hinauf. Nach kurzem Aufstieg schwenkt die Straße jedoch nach rechts ab, wird wieder breiter und führt uns zum "Hintereingang" der Burg mit ruhigem Wanderparkplatz [**162:** N 50° 46' 20.3" E 12° 3' 20.0"; Aumaer Str.]. Der zweistöckig zinnengekrönte Bergfried der

Osterburg stammt, wenigstens zum Teil, noch aus dem XII. Jahrhundert, der Rest geht auf die Gotik zurück. In den Räumen der Burg erfährt man Interessantes aus der Geschichte von Burg und Stadt am Zusammenfluss von **Auma** und **Weida**.

Die **Auma** ist in ihrem Unterlauf, in einem romantischen Waldtal, zu einem See gestaut worden, ein Campingplatz betreut Bade- und Wandergäste. Wir finden den Weg zu Stausee und Campingplatz, wenn wir, an der Schlossrampe vorbei, zunächst ein Stück Richtung NEUSTADT fahren. Nach 1000 m biegen wir links, passieren die Sportstätten (mit großem Wiesenparkplatz [**163a:** N50° 46' 23.5" E12° 02' 11.8"] **Freibad**, Tisch & Bank und Spielplatz). Der Fahrweg endet am „Campingplatz Aumatal“ [**163:** N 50° 46' 2.6" E 12° 1' 28.1"].

Wem lauschige Natur über alles geht und wer doch nicht auf einen Campingplatz verzichten kann, der ist im Aumatal richtig! Für 17 € (WOMO+2 Pers. incl. Strom) darf man sich auf einem der Stellplätze niederlassen, der Ruhe lauschen, Bootchen fahren oder wandernd die schöne Natur beschauen.

Weida: Auma-Stausee

Wir kehren nach WEIDA und der B 92 zurück. Nach rechts nehmen wir dreispurig die Höhe und biegen dort links auf die B 175 Richtung ZWICKAU/BERGA.

Nach einigem Suchen haben wir am Ufer der **Weißen Elster** ein besonders romantisches Plätzchen für Sie gefunden, dessen Zufahrt folgendermaßen zu finden ist:

Nach 2200 m auf der B 175 führt links eine Stichstraße nach CLODRA. Am Ende dieses Dörfchens hat der **Camping "Am Töpferberg"** [**164:** N 50° 45' 34.4" E 12° 7' 28.1"; An der Holzecke] auf seiner grünen Wiese noch Plätze für Sie frei (15 € WOMO+2 Personen); die Gaststätte ist bekannt in der Region!

Wir fahren an dieser Abzweigung noch vorbei und biegen erst 900 m später, an der tiefsten Stelle des Tales und in einer Rechtskurve, links in einen recht ordentlichen Waldweg ab, der uns direkt zur Gaststätte **Clodra-Mühle** neben einem alternativen **Ziegenkäsehof** führt.

Die alte Mühle liegt idyllisch, am Waldesrand, nahe der **Weißen Elster**. Ihr unterschlächtiges Mühlrad mit den eisernen, rostbraunen Schaufeln schäumt in der munteren Flut.

Der Wiesenbereich bis zum Ufer ist ein herrliches Fleckchen Erde: Vor dem Restaurant wartet ein Biergarten auf Sie, der Parkraum ist allerdings knapp. Macht nichts, denn 200 m vorher liegt links des Fahrweges ein schöner Wanderparkplatz [**165:** N50° 45' 29.8" E12° 7' 46.6"].

Von hier aus könnte man zum Beispiel auf einem Fußgängerbrückchen die Elster überqueren (wenn es nach dem Hochwasser wieder repariert ist!), am jenseitigen Ufer, flussabwärts, 7 km bis WÜNSCHENDORF wandern, unterwegs den Märchengarten besuchen, die überdachte Holzbrücke als Fußgänger benutzen und am anderen Elsterufer wieder zur Clodra-Mühle zurückkehren (Gesamtstrecke 14 km, 3 - 4 Std.); eine kürzere Alternative wäre der Spaziergang an „unserem" Elsterufer flussaufwärts 4 km bis BERGA, von dort mit der Bahn eine Station durchs Elstertal bis WÜNSCHENDORF und von dort, über die Holzbrücke, wieder zurück zur Clodra-Mühle (Gesamtstrecke 10 km, 2 - 3 Std.).
Schon das Tal mit dem kleinen Plätscherbächlein, das zur **Clodra-Mühle** führt, ist ein Idyll für sich, am Wegesrand findet man weitere, ganz reizende, stille Übernachtungsplätze.

Zurück von unserem Elsterufer-Idyll geht's links über ZICKRA nach BERGA. Vor der Elsterbrücke liegt links die Stadthalle mit schönem Parkplatz [N 50° 45' 4.1" E 12° 9' 24.8"], noch besser hat uns der Wanderparkplatz sofort hinter der Brücke scharf links gefallen:

(166) WOMO-Wanderparkplatz: Berga/an der Elster

GPS: N50° 45' 5.5" E12° 9' 31.7" **max. WOMOs:** >5.
Ausstattung/Lage: Wanderweg/Ortsrand.
Zufahrt: In Berga auf B 175 über die Elsterbrücke, dahinter sofort links.
Hinweis: Empfohlene Gaststätte "Café Poser", August-Bebel-Straße 18 (gg. Bahnhof).

Im Bergaer Wappen prangt eine Eiche und 200 m hinter der Elsterbrücke steht das Original: Uralt, von der Zeit gezeichnet, dem Tode geweiht. Aber der rührige Heimat- und Geschichtsverein hat sie durch einen fachmännischen Baumschnitt gerettet.

Weiter auf der B 175 Richtung ZWICKAU. Nach 5 km, in SEELINGSTÄDT, schwenken wir rechts nach TEICHWOLFRAMSDORF. Keine Frage, dass es dort einen Dorfteich gibt - aber man kann auch dahinter links auf schmaler Betonbahn zum **Sommerbad** am Waldrand mit schöner Wasserrutsche und fußballplatzgroßem, idyllischem, baumumringtem Parkplatz rollen [**167:** N 50° 43.773' E 12° 15.197'].

In der Ortsmitte schwenken wir an der Vorfahrtsstraße rechts nach GREIZ, ein Tälchen mit naturbelassenem Plätscherbächlein nimmt uns auf, das dort in die Weiße Elster mündet, wo wir sie überqueren. Dahinter liegt ein hübscher **Picknickplatz** [N 50° 42' 10.9" E 12° 10' 22.8"] bei einem Stauwehr, das Wasser zur nahen Sägemühle leitet.

Die Straße zieht hinauf nach NITSCHAREUTH zum historischen Dorfanger mit dem **Bauernmuseum** (offen: 10-20 Uhr, Di/Do geschl.). Schräge Parkplätze gibt es überall im Dörfchen, nur unten, beim Schützenhaus, gibt es ebene Plätze [N 50° 41' 44.2" E 12° 9' 14.8"] mit Tisch und Bank und Kinderspielplatz.

Nitschareuth: Bauernmuseum

2 km später münden wir in die B 92 ein und schwenken links nach GREIZ. Kurz vorher sinkt die Straße steil hinab zur ehemaligen Residenzstadt des Fürstentums Reuß ältere Linie an der Weißen Elster.

Zu Fürstens Zeiten ging man offensichtlich zu Fuß - und seitdem hat man in GREIZ offensichtlich geschlafen. So etwa stellt sich die Parkplatzsituation dar. Folgen Sie also lieber unserem Parkvorschlag am Ufer der Elster - oder Sie werden bei der Suche in der Innenstadt graue Haare bekommen.
Wir passieren geradeaus einen Kreisverkehr, unterqueren eine Bahnlinie und sausen dahinter, bei einem Kiosk (gute Grillhähnchen), eine schmale Rampe hinab zum großen Parkplatz [N 50° 39' 21.5" E 12° 11' 48.1"] am Elsterflussbett mit öffentlichem **WC**.

Zu Fuß überqueren wir die Elsterbrücke und schwenken nach links ins Elsterufer ein. Unter der alten, verrosteten Eisenbahnbrücke hindurch, deren Gleise nach rechts in dem 270 m langen Schlossbergtunnel verschwinden, finden wir leicht den Weg zum großen Stadtpark.
Den Greizer Park muss man, zumindest in seinem vorderen Teil, durchwandert, nein, durchschritten haben: Vom oberen Schloss lugt ab und zu der achteckige Hauptturm mit der geschweiften Haube durch den prächtigen Baumbestand des Lustgartens, sicher einem der schönsten Landschaftsgärten Thüringens.
1769 wurde nahe des Flusses mit dem Bau des **Sommerpalais** begonnen. Der klassizistische Bau sollte mehrere Aufgaben erfüllen: Die großen Fenster im Erdgeschoss mussten genug Licht für die Orangerie hineinlassen, im Hauptgeschoss wurde eine Flucht großer Repräsentationsräume angelegt - und in den obersten Stock zog man sich privat zurück, bettete man sich zur Ruhe. Heute beherbergt das Sommerpalais eine einmalige Bücher- und Kupferstichsammlung.

Im hinteren Teil des Parkes, zwischen Fluss und Bahnlinie eingeengt, spaziert man zwischen seltenen Koniferen (Pinetum) um den Schlossteich mit den kleinen Inseln herum und entdeckt eine spätbarocke Rotunde mit einem sterbenden Krieger.

Die Bauten in der Greizer Altstadt wirken eher bescheiden - der Stadtbrand von 1802 hatte ganze Arbeit geleistet. Aber man kann fein schlendern und die vielen Jugendstilhäuser bewun-

Greiz: Goldschmied

dern. Finden Sie auch den Goldschmied?
GREIZ hat auch einen offiziellen **WOMO-Stellplatz**! Er liegt am östlichen Stadtrand im Bäderkomplex Aubachtal an der Werdauer Straße [**168:** N50° 39' 15" E12° 13' 41"; 15 €].
Zum Naherholungsgebiet WALDHAUS fahren wir ein Stück die B 94 entlang, bis uns nach 1,5 km die Wegweiser nach links leiten.
Wir folgen dem Verlauf der Hauptstraße, die sich durch POHLITZ den Berg hinauf-zickzackt. Die Höhe erklommen, verlässt die Straße das Häusergebiet, führt an einem Waldrand entlang und endet an einem Durchfahrtsverbotsschild mit einem großen Wanderparkplatz [**168a:** N 50° 41' 17.6" E 12° 13' 44.5"]. Von hier aus führen Wanderwege durch das umfangreiche **Werdauer Waldgebiet** und im Heimattiergarten kann man Pferde oder Eselchen streicheln.
Falls Ihnen nicht der Sinn nach beschaulichen Wanderfreuden steht, sondern mehr nach einem Weltrekord, dann dürfen wir Sie zu einem Abstecher ins **Göltzschtal** einladen (GREIZ am Kreisel links nach PLAUEN verlassen und nach 1,5 km wieder links Richtung REICHENBACH).

Göltzschtalbrücke

Die **Göltzsch**, die südlich GREIZ in die Elster mündet, hat ein tiefes Tal in die Hügel des **Vogtlandes** geschnitten – und die Bahnlinie überquert sie auf einer 574 m langen und 78 m hohen Ziegelbrücke, die zu ihrer eigenen Entlastung aus über 80 Bögen besteht. Es gibt nichts Größeres in dieser Art auf der Welt - und gleichzeitig stehen Sie an der garantiert südöstlichsten Ecke Thüringens, denn die Göltzsch bildet hier die Grenze zu Sachsen. Dass „unser" Weltrekord schon auf sächsischer Seite liegt, muss man ja nicht unbedingt weitererzählen ....
Hinter der Brücke gibt es einen ersten, kostenlosen Parkplatz und dahinter einen zweiten, kostenpflichtigen, aber schön angelegten mit Superbrückenblick, Info-Stelle und **WC** [169: N50° 37' 22.2" E12° 14' 56.5"].
Wir verlassen GREIZ auf der Straße, auf der wir es betreten haben, biegen 3 km vor dem Ort jedoch links auf die B 94 Richtung ZEULENRODA/SCHLEIZ. Flott brausen wir dahin, bis uns vor ZEULENRODA ein Wegweiser nach rechts (Richtung TRIEBES), am Fabrikgelände der Fa. Bauerfeind vorbei, zum **Tropenbad Waikiki** lockt (offen: täglich 9-22 Uhr).

(170) WOMO-Badeplatz: Zeulenroda/Tropenbad
GPS: N 50° 39' 57.6" E 11° 59' 35.9"; Flur Leize. **max. WOMOs:** 3-4.
Ausstg./Lage: Bad, Gebühr (10 € incl. Strom und Wasser), Wanderweg/außerorts.
Zufahrt: Vor Zeulenroda rechts Rtg. Triebes, ausgeschildert.
Ausweichplätze: Vor der Fa. Bauerfeind links zum Waldstadion oder Tiergehege.

In ZEULENRODA, dem Ort der hundert Karpfenteiche, stoppen wir etwas ratlos am Marktplatz.
Während die meisten Städte im christlichen Abendland vom Kreuz auf ihrer Kirchturmspitze beschützt werden, hält es ZEULENRODA mehr mit der griechischen Götterwelt: Im weithin blitzenden Gold thront Themis, Zeuss' Gemahlin und Erstinhaberin des Orakels von Delphi, auf dem klassizistischen,

dreigeschossigen **Rathaus-Palazzo** am leicht ansteigenden Marktplatz. Quadratische, turmartige Bauteile rahmen das selbstbewussten Bürgerstolz symbolisierende Bauwerk ein. Säulen und Halbsäulen heben den Eingang hervor, lockern das Dachgeschoss auf, leiten den Blick zum hohen Achteckturm mit der Statue der Göttin - ein Sinnbild für Recht, Ordnung und Sitte. Dann fesselt ein neuer **Brunnen** mit einer offensichtlich pfeifenden Figur unseren Blick, gegenüber wirbt das Gasthaus "Karpfenpfeifer" für sich!?

Die erste Passantin erzählt uns die Geschichte vom Dauergeplänkel mit GREIZ und dem **Karpfenpfeifer**:

Zeulenrodaer Bürger mussten bei einem fürstlichen Fest in Greiz mitarbeiten, bekamen wohl auch von den Resten der Tafel zu essen. Der gesottene Karpfen (Greiz hatte nur einen einzigen Fischteich) schmeckte nach Schlamm und die Zeulenrodaer äußerten ihren Unmut mit der Bemerkung: Auf euren Karpfen pfeifen wir - und hatten ihren Spitznamen weg!

Ein Herr vergrößert den Diskussionskreis, outet sich als Ehemann unserer Gesprächspartnerin, hält die passierende Dame vom Bauamt mit den Worten an: Die beiden (das waren wir) suchen einen WOMO-Stellplatz im Ort. Die Bauamtsdame schleppt uns zum Sachbearbeiter und inzwischen gibt es einen offiziellen WOMO-Stellplatz auf dem Parkplatz an der Jahnstraße.

(171) WOMO-Stellplatz: Zeulenroda/P Jahnstraße

GPS: N50° 38' 59.9" E11° 58' 35.0"; Ludwig-Jahn-Str. **max. WOMOs:** 1.

Ausstattung/Lage: Gaststätten unweit, besonders empfehlenswert der "Ratskeller" und das Chinarestaurant "Khanh Lenh" in Marktplatznähe/im Ort.

Zeulenroda, Blick auf das Strandbad

ZEULENRODA hat nicht nur viele Fischteiche, sondern auch einen großen See, den **Zeulenrodaer Stausee**. Ein Strandbad gibt es bereits, die Zufahrtsstraße wird neu angelegt – und einen **WOMO-Stellplatz** hat man uns dort auch versprochen [**171a:** N50° 39' 28.2" E11° 57' 57.0"; Bleichenweg].
Baden oder nicht - wir starten eine Seeumrundung im Uhrzeigersinn, indem wir am Markt nach Norden Richtung TRIPTIS/ GERA fahren und nach 300 m wieder links (Westen) nach KLEINWOLSCHENDORF. 1,5 km westlich des Ortes liegt der erste **Wanderparkplatz** [**172:** N 50° 38.521' E 11° 55.573'] mit überdachter Tisch-Bank-Kombination versteckt hinter Busch und Baum, 200 m bevor die Straße einen Stauseezipfel nach PAHREN überquert.
PAHREN hat einen "Judenstern" über dem Kirchenportal. Man muss erst ein bisschen in seinen Geschichtskenntnissen kramen, um ihn als alttestamentarischen Davidsstern zu begreifen, der im Mittelalter auch christliche Kirchen zur Abwehr gegen Dämonen schützte (Quelle: abgekürzt aus Wikipedia).
Vor der Kirche von STELZENDORF steht ein äußerst praktischer Hydrant. Für die Feuerwehr hat er einen C-Rohr-Anschluss, für WOMO-Passanten einen **Wasserhahn**. Am Ortsende liegt ein kleiner **Picknickplatz** beim Mühlendenkmal.
Jetzt überquert die Straße den nächsten Stauseezipfel, dahinter haben die Bewohner vom „Bungalowdorf Zadelsdorf" Sonderrechte. Normale Sterbliche, und zu denen gehören in diesem Fall auch Wohnmobilbesitzer, müssen den **Wanderparkplatz** [**173:** N 50° 39' 29.2" E 11° 55' 40.7"] direkt an der Straße benutzen, Bungalowdörfler dürfen bis zu ihren Datschen fahren. Aber auch der Parkplatz an der Straße liegt ruhig direkt am See-Umrundungs-Wanderweg. An der Vorfahrtsstraße haben wir den See fast vollständig umrundet, schwenken links nach AUMA. Dort sollte man kurz am Marktplatz halten, um sich von einem „Zeitzeugen" vor Augen halten zu lassen, wie bequem und doch schnell man als WOMO-Urlauber die Lande durchzieht: Die originalgetreue Kopie einer **Postsäule** aus dem Jahre 1722 trägt nicht nur, coloriert und vergoldet, Stadtwappen, Königskrone und Posthorn,

Auma: Postsäule am Markt

sondern sie zeigte dem Kunden vergangener Jahrhunderte auch an, wie lang die zu erwartende Tortur auf den üblen Straßen in dem schlecht gefederten Marterinstrument, genannt Postkutsche, mindestens dauern würden: „Dresden, 35 St." lese ich unter anderem, schlage im Autoatlas nach - es sind knapp 160 km von AUMA nach DRESDEN. Die Reisegeschwindigkeit betrug 1722 also noch nicht einmal 5 km/h! Gegenüber lohnt sich ein Blick auf das **Standesamt** im Jugendstil.

Am Ortsende von AUMA macht die Hauptstraße Richtung TRIPTIS einen Knick nach rechts - und anschließend einen 6-km-Umweg! Wir fahren geradeaus, überqueren vor der Maschinenfabrik Schmidt die Bahngleise (auf dem Schotterbett wachsen schon meterhoch die Birken) und sind auf der direkten Straße nach TRIPTIS (über GÜTTERLITZ). In TRIPTIS folgen wir zunächst nach rechts den Wegweisern Sportplatz/Freibad (am Platz der Jugend rechts halten!) und finden vor letzterem ein ruhiges Übernachtungsplätzchen.

(174) WOMO-Badeplatz: Triptis/Schwimmbad

GPS: N 50° 43' 54.0" E 11° 52' 15.3"; An der Stadthalle. **max. WOMOs:** 2.

Ausstattung/Lage: Schwimmbad, Gaststätten vom Schützenverein und am Sportplatz unweit/Ortsrand. **Zufahrt:** Im Ort ausgeschildert.

Am nächsten Morgen folgen wir den Wegweisern zur Autobahn, stoppen jedoch hinter der Kirche, beim Dorfteich mit der Mini-Insel, der umgeben ist von einem kleinen **Park**. Von hier aus führt ein Fußweg, durch den Park hindurch, in den alten Stadtkern von TRIPTIS, der überragt wird vom 25 m hohen **Bergfried** einer einstigen Wasserburg. Er ist rund, dick, nahezu fensterlos und zinnenbewehrt - und trägt ein kegelförmiges Dächlein. Hinter dem Stadtpark biegen wir nach links in die B 281 Richtung SAALFELD/NEUSTADT ein.

Kurz darauf unterqueren wir die Autobahn, halten genau nach Westen. Weiter geht's rechts ab über DREITZSCH (die B 281 verlassend) nach NEUSTADT. Im Industriegebiet MOLBITZ biegen wir nach rechts Richtung ZWACKAU/Bismarckturm – wir haben ein zusammenhängendes Waldgebiet entdeckt, aus dem vorwitzig der massive Bismarck-Turm herauslugt. Dort könnte ein ruhiger Übernachtungsplatz liegen (siehe Karte Tour 8)!

Wir fahren, immer der Hauptstraße nach, bergauf auf den Turm zu. Auf der Höhe und bereits im Wald zweigen wir von der Zwackauer Straße links ab, halten noch 300 m auf STRÖSSWITZ zu. Da schaut er links aus einem Waldweg heraus, „unser" Turm. Wir biegen ab, halten auf ihn zu und haben nach 200 m unser Ziel auf dem 426 m hohen **Kesselberg** erreicht, einen **Wanderparkplatz** [**175:** N 50° 45' 26.8" E 11° 46' 12.9"] im Hochwald, 400 m vor dem **Bismarckturm** (dort Tisch & Bank, überdacht, Kinderspielplatz; Turmbesteigung nur So 13-16 Uhr). Wenn Sie von dort noch hundert Meter weiter spazieren, dann finden Sie am Rande eines Birkenwaldes ein Abendsonnenbänkchen.

Falls Sie das Gefühl haben, Ihre Füße etwas mehr bewegen zu müssen - an ruhigen Wanderwegen mangelt es hier wahrlich nicht!

An der B 281 am Ortsbeginn von NEUSTADT zurück (der Abstecher war, eine Strecke, genau 3 km weit) fahren wir rechts, ins Zentrum, folgen dem Wegweiser zum P 4 an der Hugo-Hartung-Straße [N 50° 44' 10.1" E 11° 45' 3.1"].

Neustadt/Orla: Rathaus

Zwei wuchtige Türme beherrschen den Stadtkern, der eine gehört zum **Barockschloss**, der zweite zur gotischen **Stadtkirche St. Johannis** (mit Cranach-Altar). Das schönste Bauwerk der Stadt ist indes zweifelsohne das **Rathaus**, ein spätgotischer Bau, der zwischen 1495 und 1520 entstand. Das Rathaus schließt den Marktplatz nach Norden, zur Durchgangsstraße ab, entfaltet jedoch seine Pracht weitestgehend nach Süden. Dabei wird deutlich, dass die Neustädter mitten im Baugeschehen ans große Geld kamen: Während der ältere, westliche Teil sich noch recht schlicht gibt, prangt und prunkt der östliche mit einem zweigeschossigen Erker mit Spitztürmchen und gestaffelten vierteiligen Fenstern, die des Rathaussaales sind gar sechsteilig und darüber erhebt sich, in zierlicher Steinmetzarbeit, ein reichverzierter Schmuckgiebel.

Neustadt/Orla: Postsäule

Links des Rathauses, an der Ostseite des Marktes, versucht ein Kaufmannshaus, nicht ohne Talent, mit der Rathauspracht mitzuhalten: Aus dem Fachwerkgiebel unter dem schlichten Walmdach ragt ein sehenswerter, zweistöckiger, verzierter Erker heraus, der sich nach unten gestuft abstützt. Links vor diesem Gebäude steht auf dem Markt eine Postsäule, die der in AUMA stark ähnelt, sie trägt die Jahreszahl 1728. Wir schauen natürlich auf die Entfernung nach DRESDEN: 38 St. - in AUMA waren es noch 35 St. Drei Stunden Unterschied, und seit AUMA haben wir ganze zwölf Kilometer zurückgelegt!

Den schönen **Marktbrunnen** ziert weder ein Adler (noch ein Karpfenpfeifer), sondern eine Dohle (zu Faschingszeiten heißt NEUSTADT auch Duhlendorf). Folglich ist auch der schöne Stadtrundgang mit Dohlen markiert.

Im engen Durchgang zwischen Markt und Kirche war die Metzgerzunft zu Hause. Ihre alten **Fleischbänke** aus dem 16. Jahrhundert sind noch zu begucken.

Fährt man an Rathaus und Stadtkirche vorbei, so entdeckt man an der Durchfahrtsstraße rechts eine weitere, toll restaurierte, alte **Postsäule**.

Neustadt/Orla: Fleischbänke

Da wir weiter nach WOLFERSDORF wollen, schlängeln wir uns, Hauptrich-

tung Nordwest, durch den Ort, halbrechts vor uns grüßt der **Bismarckturm** wie ein alter Bekannter herab, die Richtung stimmt!
Unmittelbar nach dem Ortsende führt eine Eschenallee rechts wieder bergauf zur WOMO-freundlichen Gaststätte "Heinrichsruhe" mit schönem Blick über das Tal und auf Neustadt/Orla.

(176) WOMO-Gaststätte: Neustadt/"Heinrichsruhe"
GPS: N 50° 45' 20.1" E 11° 45' 23.0" **max. WOMOs:** 10.
Ausstattung/Lage: Wanderwege, Gaststätte, Stellplätze, Ver-/Entsorgung, Strom gegen Gebühr/bei Einzelgebäude.
Zufahrt: Von Neustadt Rtg. Jena, am Ortsende rechts.
Hinweis: Bitte mit dem WOMO-Buch in der Gaststätte anmelden, Einkehr wird erwartet.

Wir durchqueren nun ein Waldgebiet, das von Wanderwegen durchzogen ist - der Waldparkplatz 1600 m nach dem Ortsschild beim NSG Weißacker wäre ein hübscher **Picknickplatz** [N 50° 45' 23.5" E 11° 43' 49.5"] und gleichzeitig günstiger Ausgangspunkt für einen Verdauungsspaziergang ....
Das Jagdschlösschen „Frohe Wiederkunft“ in WOLFERSDORF *„ist durch die Kurfürstin Sybilla und deren Söhne um 1550 erbaut und durch Herzog Joseph und dessen Tochter, die Großfürstin Alexandra, 1858 erneuert worden“* – so lesen wir auf einer Tafel im Durchgang des Schlösschens vom Innenhof zum anschließenden romantischen Park, der den teichartigen Wasserring kunstvoll mit einbezieht.

Der Name „Fröhliche Wiederkehr“ bezieht sich auf die Feier, die Kurfürst Johann Friedrich I. nach seiner Freilassung aus kaiserlicher Gefangenschaft hier abhielt. Johann Friedrich, auch genannt „der Großmütige“, hatte das Pech, gegen seinen Kaiser den Schmalkaldischen Krieg 1546/47 zu verlieren. Die fünf Jahre Kerker wären ja noch zu ertragen gewesen, aber auch seine Kurwürde und die nördliche Hälfte seines Landes wurde er los - mit der Universität Wittenberg. Er schuf sich einen „Ersatz“ - und gründete die Universität Jena.

Erst im 19. Jahrhundert entdeckten die Altenburger Herzöge das Schlösschen und seine malerische Lage wieder für sich als Sommerresidenz. Aber bevor man einzog, musste das „alte Gemäuer" natürlich modernisiert werden: Neogotik im englischen Stil war gerade „in" - und in diesem „Märchenstil" finden wir das Schlösschen heute vor. Herzöge und ihren Hof entdeckt man jedoch nicht - die Räume werden z. Zt. restauriert, beherbergen schon ein Museum und ein Café.

Wolfersdorf: Jagdschlösschen

Gegenüber dem Jagdschlösschen führt ein 700 m langer Stichweg, an Fischteichen und am Waldschwimmbad vorbei, zur **Grünbachhütte**, einer schönen Nurdachhütte mit zwei Grillstellen, umgeben von Tischen und Bänken. Vor dem Schwimmbad kann man das WOMO unter Kastanien parken, baden und sonnenbaden - und von der Grünbachhütte aus wandern ...

(177) WOMO-Wanderparkplatz: Wolfersdorf/Grünbachhütte

GPS: N 50° 46' 55.5" E 11° 42' 23.6" **max. WOMOs:** 3-4.

Ausstattung/Lage: Schwimmbad, Grill- und Wanderhütte/außerorts.

Zufahrt: Im Ort gegenüber dem Jagdschlösschen 700 m, ausgeschildert.

Von WOLFERSDORF bis zur Saalebrücke vor KAHLA sind es noch genau 10 km, die durch üppigen, abwechslungsreichen Waldbestand führen. Die Gegend ist so einsam, dass bereits am frühen Abend die Rehe auf den Wiesen äsen und bei unserer Vorbeifahrt noch nicht einmal mit der Wimper zucken. Dann liegt sie links vor uns, die „Königin des Saaletales“, auf einem 395 m hohen, halbrunden, bewaldeten Bergkegel - die **Leuchtenburg**, ein „Nebensitz“ der Herren von Jena-Lobeda - und in Sichtverbindung mit ihrem Hauptsitz, der Lobdeburg.

Heute ist zwar nur noch die Hauptburg vorhanden, aber die beeindruckt bereits zur Genüge: An den strategisch wichtigsten Stellen klotzen vier mächtige Wehrtürme, Schießscharten starren den kleinen, bergan stapfenden Touristen drohend an. Unbehelligt passieren wir das Torhaus und stehen vor dem 30 m hohen, genau 8,65 m dicken Bergfried, dessen Eingangshöhe, 12 m über dem Burghof, früher auch nicht gerade besucherfreundlich war. Ganz schön hoch, werden Sie denken! Nun, dann schauen Sie mal in den Burgbrunnen, dort geht's runde 80 m hinab - wohl kaum vorstellbar, dass jemand diese Arbeit, nur mit Hammer und Meißel, freiwillig verrichtet hat.

Leuchtenburg: Blick vom Dorf auf die Burg

Vom Söller des Bergfrieds hat man, wegen der isolierten Lage des Bergkegels, einen fantastisch weiten Blick übers Saaletal mit seinen Schleifen bis zum Thüringer Wald - und in der Burgschänke können Sie von 11 - 18 (22) Uhr einen tiefen Blick ins Bierglas werfen. Wer noch mehr Information braucht: Im Herrenhaus zeigt das Museum Exponate aus der Geschichte der Burg, des Weinbaues an der Saale (oh ja!) - und natürlich der Porzellanherstellung in KAHLA.

Der (kostenpflichtige) Parkplatz [N 50° 48' 8.6" E 11° 36' 46.5"] unterhalb der **Leuchtenburg** verdient den Titel „reisebusfreundlich“, so öde, riesig und gut geteert ist er. Als Übernachtungsplatz ist er, direkt neben der Straße, nicht geeignet.
Da folgen Sie uns, im nächsten Kapitel, lieber zum nahen Leubengrund südlich von KAHLA.
Bis zu diesem kleinen, mittelalterlichen Städtchen an der Saale schlängelt sich die Straße, durchs bröselige Kalkgestein, noch 2 km hinab, und wir sind ganz beglückt, Ihnen unmittelbar nach der **Saalebrücke** links den großen Parkplatz "Gries" [N 50° 48' 1.6" E 11° 35' 21.3"] vor dem **Schwimmbad** empfehlen zu können. Im nur 500 m entfernten, **historischen Stadtkern** können wir Ihnen keine Parkmöglichkeit garantieren ....

TOUR 8 (ca. 210 km)

Kahla - Leubengrund - Rieseneck - Hummelshain - Neustadt - Plothen - Schleiz - Bad Lobenstein - Ziegenrück - Ranis - Saalfeld - Rudolstadt

Freie Übernachtung:	Leubengrund, Hummelshain, Linda, Plothener Teiche, Zollhaus, Burgk, Burgkhammer, Ebersdorf, Lobenstein, Karolinenfield, Ziegenrück, Weisbach, Unterwellenborn, Kulmberg, Saalfeld.
Ver-/Entsorgung:	Kahla (W), Linda (W, Strom), Saalburg (WC), Lobenstein (W), Ziegenrück (WC), Hohenwartestaumauer (WC), Ranis (WC).
Campingplätze:	Plothener Teiche, Gräfenwarth, Saalburg.
Baden:	Kahla, Plothener Teiche, Gräfenwarth, Lobenstein, Saalfeld.
Besichtigungen:	Kahla, Jagdanlage Rieseneck, Hummelshain, Schleizer Dreieck, Burgk, Lobenstein, Maxhütte, Saalfeld (Feengrotten).
Wandern:	u.a. Leubengrund, Rieseneck, Plothener Teiche, Ziegenrück, Weisbach, Kulmberg.

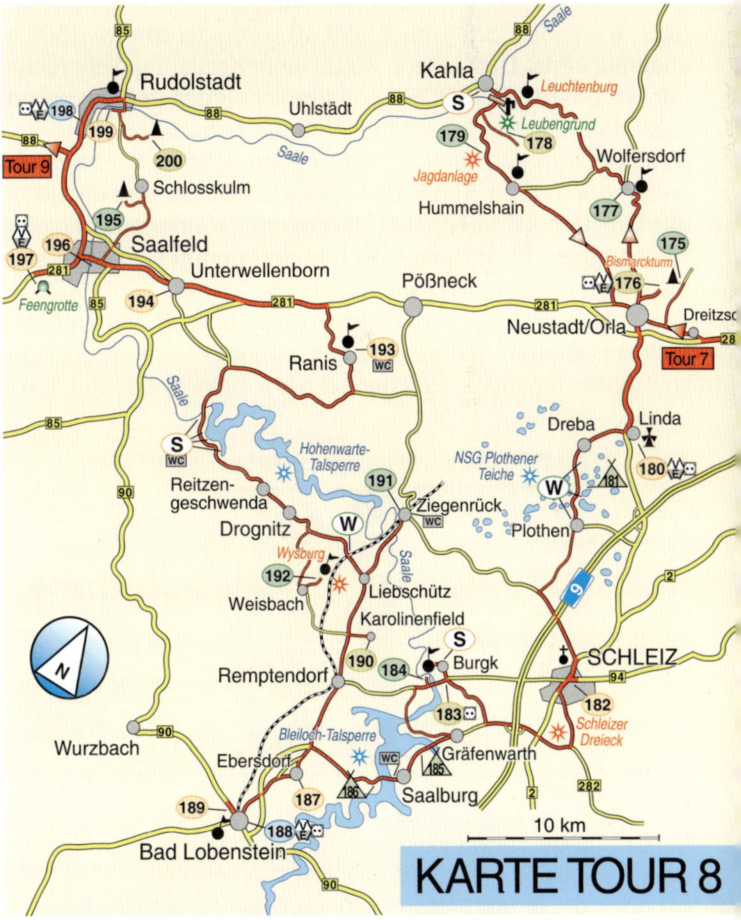

Vom mittelalterlichen KAHLA haben sich außer Teilen der **Stadtmauer** und ihren **Türmen** einige enge Gassen im Anschluss an den **Marktplatz** erhalten (fährt man weiter durch die Stadt, so kommt man zum Werksverkauf von **Kahla-Porzellan** [N50° 48' 38.7" E11° 34' 58.2"]).

Kahla: Marktplatz

Nach einem kurzen Bummel rollen wir wieder nach Osten über die Saale, schwenken rechts ein Richtung NEUSTADT. An einem flott fließenden **Doppelröhrenbrunnen** [N 50° 47' 54.0" E 11° 35' 35.3"] (nach 300 m) vorbei fahren wir 1500 m saaleaufwärts. Dort biegen wir an einer Kreuzung nicht rechts nach KLEINEUTERSDORF, sondern links in den **Leubengrund**, auch das Waldhotel „Linzmühle“ preist sich an.

Der Leubengrund erinnert mit seinem schmalen Sträßchen entlang des roten Sandsteinhanges zunächst verblüffend an das Mühltal bei EISENBERG, im breiteren, sonnendurchfluteten Wiesentalgrund war indes da und dort genug Platz, um eine Kette von Fischteichen anzulegen.

Wir halten nicht nur vergeblich Ausschau nach vernünftigen Picknick- und Wanderparkplätzen, sondern auch nach einem Übernachtungsplatz. Erst nach 2,5 km, beim Waldhotel "Linzmühle", haben wir Glück.

(178) WOMO-Gaststätte: Leubengrund/"Linzmühle"

GPS: N 50° 46' 56.4" E 11° 36' 50.7"
max. WOMOs: 2-3.
Ausstattung/Lage: Gaststätte, Wanderwege/bei Einzelgebäude.
Zufahrt: Von Kahla nach Süden Rtg. Neustadt, nach 1,5 km links, ausgeschildert.
Hinweis: Bitte mit dem WOMO-Buch in der Gaststätte anmelden, Einkehr wird erwartet.

Fährt man am Hotel vorbei, so findet man nach weiteren 800 Metern (beim neuen Hochbehälter) und nach 1,5 km (neben dem "Goldfischteich") bescheidene Plätzchen ...

Als Ausgangspunkt für kleine oder ausgedehnte Spaziergänge

ist der Leubengrund sehr zu empfehlen, zum Beispiel zum **Schloss** von HUMMELSHAIN und zur **Jagdanlage Rieseneck** westlich davon.

Wir fahren wanderfaul den ganzen **Leubengrund** zurück, biegen an der Hauptstraße links, lassen uns von der Straße bergauf durch den Mischwald führen. Nach 2,6 km haben wir die Höhe erreicht, ein Schild weist uns nach rechts zur „Jagdanlage Rieseneck". Der abseits der Straße gelegene **Wanderparkplatz** [**179:** N 50° 46' 20.3" E 11° 35' 44.7"] am Waldrand ist leer bis auf eine Übersichtskarte, die uns zeigt, dass das Zentrum der Anlage noch etwa 1300 m entfernt ist. Dorthin kann man gemütlich durch den Wald schlendern ...

Die letzten paar Meter führen durch eine schmale Birkenallee auf das „Blasehaus" zu, das flankiert ist von Natursteinmauern, kleinen Hütten, Laufgängen, unterirdischen Stollen. Wir gucken, untersuchen, grübeln, staunen - und erfassen erst nach und nach des Ausmaß der Gemeinheit, ja der absoluten Arroganz dieser „Jagdeinrichtung", die weiter nichts ist

als eine dekadente Abschlachtanlage für Sonntagsjäger: Ausgehend von einem Wildacker, wo die Tiere durch allerlei leckere Früchte an den Anblick von Mauern und Schießscharten „gewöhnt" wurden, erhöhte man den „Jagderfolg", indem man einen unterirdischen Gang für Treiber aushob, durch den diese unbemerkt in den Rücken der Tiere schleichen konnten, um sie ihren Schlächtern zuzutreiben. Diese feierten derweil ihren zu erwartenden Erfolg im Blasehäuschen, begaben sich dann durch Stollen zu den Abschusshäuschen oder standen bequem und vor allem sicher hinter den Schießscharten der Mauern - der „Jagderfolg" war ihnen gewiss. 500 m vor der Schießanlage fand der Abschluss des Vergnügens statt: Einige Holzhäuschen für die Treiber und die Küche umgeben das „Grüne Haus", ein Lustschlösschen, wo der Abend mit Wein, Weib, Gesang - und Hirschbraten seinen Höhepunkt fand.

Wer die lustigen Jäger waren? Die Altenburger Herzöge. Nein, nein, ein richtiges Lustschloss war das „Grüne Haus" nicht, aber man wollte ja nach der anstrengenden Jagd nicht auch noch kilometerweit fahren - schließlich lag das nächste „richtige" Schloss ja über 2 km entfernt, in HUMMELSHAIN. Dort

Hummelshain: Neues Schloss

entstand nach Plänen des Berliner Schlossbauleiters Ernst von Ihne ein „Neorenaissance-Schloss". Wir müssen etwas lachen, als wir vor dem prächtigen, aber reichlich überladenen Bau aus dem Jahre 1880 stehen: Renaissance sollte ja eigentlich die Wiedergeburt klassischer Schlichtheit sein, erinnern wir uns! Schlichtheit der Linienführung entdecken wir auch - da und dort. Aber dann müssen doch die Rundfenster unter den antiken Giebeln noch ein Maßwerk bekommen, Ziergiebel aufgesetzt werden. Alles wird noch übertroffen von einem Turm, den wir in Wald Disneys "Alice im Wunderland" schon mal gesehen haben! Richtig - als die Hexen auf dem Besenstiel ...

300 m hinter HUMMELSHAIN winkt nochmals ein Wanderparkplatz [N 50° 45' 55.4" E 11° 38' 25.2"] mit Tisch & Bank.

Über LICHTENAU (mit überdachten Tisch-Bank-Kombinationen am Dorfteich hinter der alten Dorflinde) rollen wir weiter nach NEUSTADT, das wir bereits kennen. Die schmucke **Postsäule**, das prächtige **Rathaus**, das **Schloss** - alte Bekannte. Wir biegen rechts Richtung SCHLEIZ, unterqueren die Bahnlinie, es geht über flaches Land. Nach 6 km, am Ortsrand von LINDA, liegt linkerhand die sehenswerte, fünfstöckige **Knappmühle** mit **Museum**.

Der WOMO-Stellplatz davor kostet 6 € (incl. VE, Strom nach Zähler). [**180:** N 50° 41' 5.3" E 11° 46' 59.4"].

Dort, wo es links nach LINDA geht, biegen wir rechts Richtung ZIEGENRÜCK/KNAU, passieren nach 1,5 km KLEINA und folgen in DREBA der Hauptstraße zu den Mönchen von PLOTHEN.

Linda: Knappmühle

Nein, keine Angst, wir wollen Sie diesmal nicht zu einer Klosterbesichtigung schleppen, in der ganzen Gegend gibt es weder ein Kloster noch einen Mönch - aber das Ergebnis ihrer Arbeit, die sie sich im Mittelalter machten, um gut über die Fastentage zu kommen, hat sie um Jahrhunderte überlebt: Im Landschaftsschutzgebiet „Plothener Teiche" warteten einst in über eineinhalbtausend Teichen Karpfen und Schleien darauf, von fachkundiger Klosterbruderhand gesotten oder gebraten zu werden.
In den 50er Jahren besann man sich auf die leckere Fastenspeise, baggerte aus, grub Kanäle - und erhielt außer einer florierenden Fischzucht gleich noch ein sehenswertes Naherholungsgebiet, denn viele der Teiche sind seengroß - und allemal gut für reichliche Badefreuden.

Bereits am Ortsende von DREBA können wir uns an einer Info-Tafel über das NSG Dreba/Plothener Teiche informieren, erreichen nach 800 m einen ersten Parkplatz [N 50° 39' 34.3" E 11° 45' 23.6"] mit Schutzhütte und Naturlehrpfad.
Dann fahren wir, links in eine Sackgasse abbiegend (max. 3,5 t), zwischen **Fürstenteich** und **Hausteich** zum ausgesprochen idyllisch gelegenen Campingplatz.

(181) WOMO-Campingplatz-Tipp: Plothener Teiche

GPS: N 50° 39' 11.6" E 11° 46' 11.0" **Öffnungszeiten:** 1.5.-31.10.
Direkte Zufahrt: Von AB 9 Ausfahrt 27 Dittersdorf über Plothen.
Ausstattung: viel Schatten, Badesee, Wander- und Radwege; knapp 12 € (WOMO + 2 Personen), Strom 2,20 €, Hunde willkommen; nächster Ort: 2 km.

500 m südlich des Campingplatzes erblickt man links, bei einem schönen **Wanderparkplatz** [N 50° 38' 46.3" E 11° 45' 54.4"], den **Semmlergruppenteich**. An ihm vorbei und über einen Damm zwischen **Hausteich** und **Neuem Teich** kann man auf einer wunderschönen Buchen- und Eichenallee fein spazieren gehen zu einer Fotoattraktion, dem **Stelzenhaus** mit Picknickbank, das ein wenig an die Bodensee-Pfahlbauten in Unteruhldingen erinnert.
500 m weiter südlich sind wir in PLOTHEN, wo man (rechts)

Plothen: Stelzenhaus

in der Gaststätte "Zum Plothenteich" garantiert deutschen Karpfen essen kann, nachdem man (links) sein WOMO auf dem letzten **Wanderparkplatz** [N 50° 38' 22.6" E 11° 46' 7.8"; Ortsstraße] abgestellt hat.

Mit vielen positiven Eindrücken verlassen wir das romantische Plothener Teichgebiet, nähern uns über PAHNSTANGEN und NEUNDORF (mit einem bzw. zwei Dorfteichen) SCHLEIZ, der Residenzstadt der Fürsten Reuß-Schleiz, von Norden.

Am Ortsbeginn machen wir einen Stopp bei der imposanten **Bergkirche**, deren Stilspektrum von romanischen Anfängen (Portal), über den gotischen Gesamtbau (sowie Kanzel und Annengewölbe) bis zur prachtvollen Innenausschmückung in barockem Einfallsreichtum einen weiten und trotzdem harmonischen Bogen spannt.

Schleiz: Bergkirche

Vom großen Parkplatz [N 50° 35' 0.8" E 11° 48' 15.0"] unterhalb des Friedhofs hat man SCHLEIZ in einem Breitformatpanorama direkt vor, ja unter sich. Das alte Slewitz, wohl slawischen Ursprungs, hat sich selbst gleich zweimal vernichtet: 1689 und 1837 räumten zwei Stadtbrände alles weg, was nicht steinern den Flammen trotzte – und diese spärlichen Reste wurden 1945, in den letzten Kriegstagen, von den Bomben ausradiert. Das Schloss der Reuß-Schleizer Fürsten bekam noch am wenigsten ab, man hätte es restaurieren können...

Blick auf Schleiz

Zwei imposante Rundtürme ließ man, warum auch immer, stehen – sie prägen das Gesicht der Stadt, die auf zwei ihrer Söhne besonders stolz ist: 1682 wurde hier Johann Friedrich Böttger geboren, der europäische Erfinder des Porzellans, und am Gymnasium lehrte von 1869-76 Konrad Duden, dessen Nachschlagewerk seit über hundert Jahren festlegt, was wie geschrieben wird.

Der schönste Parkplatz von SCHLEIZ liegt zu Füßen der Schlossrundtürme neben einem kleinen Park. In der Stadtmitte, am Nikolaiplatz, schwenkt man links und erreicht ihn über Agnesstraße, Teichstraße, Elisenstraße, Schlossgasse und Am Schloss [**182:** N 50° 34' 34.9" E 11° 48' 50.5"; Parkallee].

Schleiz: Schlosspark

Wer möchte nicht einmal am Autorennen teilnehmen - oder wenigstens mal „heißen Asphalt" unter seinen Pneus gehabt haben! SCHLEIZ bietet auch WOMO-Fahrern dieses Vergnügen - und sogar kostenlos! Man braucht SCHLEIZ nur nach Süden, auf der B 282 Richtung PLAUEN zu verlassen. Unverhofft, noch vor OBERBÖHMSDORF, sieht man sich von Tribünen und den typischen Werbeplakaten am "Schleizer Dreieck" umgeben – ich hoffe, Ihr Puls geht schneller!?

Wir sausen auf dem rechten oberen und unteren Schenkel, schwenken dann links in die B 2 ein, verlassen sie wieder am nächsten Kreisel nach SAALBURG/Museum Schloss Burgk, überqueren die Autobahn, müssen 1 km darauf schon wieder rechts abzweigen, REMPTENDORF/Schloss Burgk lesen wir

Schleizer Dreieck: Pole position

auf dem Hinweisschild. Wir durchqueren ein Waldgebiet, das am Bahnhof Burgk, wo wir die Gleise überqueren, seinen Abschluss findet.
Eine letzte Kreuzung bei der WOMO-Gaststätte "Spitzbergs Zollhaus".

(183) WOMO-Gaststätte: Burgk/"Spitzbergs Zollhaus"

GPS: N 50° 33' 16.9" E 11° 44' 5.7"
max. WOMOs: 3-4.
Ausstattung/Lage: Gaststätte, Wanderwege, Strom 3 €, Entsorgung erfragen/bei Einzelgebäude.
Zufahrt: Von Kahla nach Süden Rtg. Neustadt, nach 1,5 km links, ausgeschildert.
Hinweis: Bitte mit WOMO-Buch in der Gaststätte anmelden, Einkehr wird erwartet.

Dahinter links sind es noch 2 km, bis wir rechts vor BURGK auf den großen **Parkplatz** [N 50° 33' 24.2" E 11° 43' 15.2"] einbiegen. Unser Burgk-Rundgang belehrt uns schnell, dass für WOMOs im Bereich von Dorf und Schloss Burgk kein Platz (und kaum eine Wendemöglichkeit) ist, denn die ganze Anlage balanciert förmlich auf einem schmalen Felssporn über einer serpentinenartigen Saaleschleife.

Die Kemenate, ein typischer Breitwohnturm und die Kapelle stammen noch aus der Gründerzeit des frühen 15. Jahrhunderts, die übrigen Flügel der Schlossanlage wurden im 16. und 17. Jahrhundert dazugebaut. Langsam ging der Platz aus - und so zwängte man ausgerechnet die Küche in die Ringmauer. Während der Renaissance kamen Malereien, besonders in der Kapelle und an der Decke des großen Jagdsaales dazu und im Rokoko, wen wundert's, mussten, wo es ging, verschnörkelte Stuckdekorationen angegipst werden.

Schloss Burgk

Wie schön, dass alles – weil Museum – heute besichtigt werden kann (Di-So 10-16.30 Uhr)! Aber übersehen Sie ja nicht den armen Hund in der Wand des Torhauses: Lebendig eingemauert, mit einer letzten Mahlzeit versehen, sollte er, wie der Aberglauben seiner Henkersknechte erwartete, für die ewige Unversehrtheit der ihn einschließenden Mauern sorgen. Übrigens: Burg Burgk steht jetzt noch ....

Burgkhammer: Blick auf Schloss Burgk

Wir kehren zur letzten Kreuzung zurück, turnen steil hinab zur Saale bzw. dem gestauten Ausgleichsbecken BURGKHAMMER.

Gleich vor der Brücke findet sich links ein bequemer **Picknickplatz**. Wer's noch einsamer möchte, fährt hinter der Brücke rechts in die Straße hinein, die für uns eine Sackgasse ist - nur die Bewohner von BURGKHAMMER dürfen an ihrem Ende weiterfahren.

Für normale Sterbliche ist genau dort, wo sie nicht weiter dürfen, ein

Wanderparkplatz [**184:** N 50° 33' 6.9" E 11° 43' 10.9"] angelegt worden, unmittelbar unter dem Burgfelsen von BURGK. Es gibt wohl kaum eine Stelle, von der aus man eine bessere Froschperspektive auf **Burg Burgk** hat wie von hier aus. Von dem Wanderparkplatz (mit überdachter Tisch-Bank-Kombination) führt ein aussichtsreicher Spazierweg über das Stauwehr hinauf zur Burg.

Wir kehren zur Abzweigung zurück, kurven jetzt nach rechts genau so steil empor, entdecken rechterhand einen idyllischen Parkplatz im Waldesgrün und 1000 m weiter links die Abzweigung nach GRÄFENWARTH, die uns zur Staumauer der **Bleiloch-Talsperre** hinab führt.

Vor und hinter dem sehenswerten Bauwerk wurden große Parkplätze eingerichtet - und wer will, kann auf dem vorderen parken und nach rechts an der Talsperre entlangspazieren.

Von der 65 m hohen Staumauer, die seit ihrer Fertigstellung im Jahre 1932 den Oberlauf der Saale 28 km zurückstaut und dadurch eine ganze Seenlandschaft geschaffen hat, geht es hinauf Richtung GRÄFENWARTH, kurz vor dem Ort jedoch schon wieder im spitzen Winkel hinab zum Wasser, eine Brücke überquert einen östlichen Zipfel der Talsperre, wir haben nun das breiteste Stück der gestauten Wasserfläche vor uns.

Die Gebäude am See, einen knappen Kilometer weiter im Süden, gehören zum ehemaligen „Zisterzienserinnenkloster Heiligenkreuz". Links von der „Gaststätte Kloster" führt ein schmales Sträßchen hinab zum „See", denn wie ein See wirkt hier die Talsperre in ihrer Ausdehnung. Am Giebel der Klosterruine aus dem 14. Jahrhundert vorbei und über die unbeschrankte Bahnlinie gelangen wir zum **Campingplatz "Saalburg-Kloster"** [**185:** N 50° 30' 55.6" E 11° 43' 50.2"], der das gesamte Seeufer einnimmt (WOMO + 2 Pers. 16-20 € incl. Strom). Eltern mit Kleinkindern lieben diesen Platz über alles – kann man doch vom Campingtisch aus das Treiben des Nachwuchses problemlos überblicken!

Malerischer liegt SAALBURG südlich von KLOSTER, eine neue Brücke spannt sich zum Westufer der gestauten Saale, davor rechts, neben dem Café Harmonie, öffentliches **WC**.

Am 8. Oktober 1806 standen hier die vereinigten Sachsen und Preußen unter Tauentzien, versuchten vergeblich, den Übergang gegen Napoleons Truppen zu verteidigen – sechs Tage später gab es bei Jena und Auerstedt keine Preußische Armee mehr.

Damals war SAALBURG noch ein Drittel größer, denn ein Teil des Ortes wurde durch den Stau der Saale überflutet. Noch erhalten haben sich aus alter Zeit Teile der Stadtbefestigung, unter anderem das Stadttor, die gotische Stadtkirche aus dem

15. Jahrhundert wurde in ihrem Inneren später "barockisiert". Vor dem Übergang über die gestaute Saale führt nach links ein Fahrweg zum 8 km entfernten Ortsteil SAALDORF mit dem einstigen Jagdschlösschen „Waidmannsheil“. Den schönsten Blick auf den reizvollen neogotischen Bau, malerisch oberhalb einer Schlucht gelegen, soll man vom Wasser aus haben - Ausflugsschiffchen starten ab SAALBURG ....
400 m nach der Saaleüberquerung liegt linkerhand der **Camping "Saalburg-Bad"** [**186:** N 50° 29' 40.0" E 11° 43' 49.4"] mit gleicher Preisgestaltung wie "Kloster".

EBERSDORF, etwa 7 km westlich SAALBURG, war einst die Residenz eines Mini-Fürstentums. Die Historie berichtet, dass einst ein Schlossherr, seiner Geliebten überdrüssig, ihr 24 Stunden gab, um sich über die Grenzen „seines Reiches“ zu verdrücken. Sie antwortete schnippisch: „Dafür brauche ich nicht mal eine halbe Stunde!“
Hier herrschte seit 1678 eine Seitenlinie des Hauses Reuß. Der erste hieß Heinrich X., und als der letzte Reuß 1848 abdankte, war man immerhin bei Heinrich LXXII. angekommen - was in schlichten, arabischen Ziffern der 72. heißt!
Übrig geblieben ist ein schöner **Schlosspark** im englischen Stil, in der ehemaligen **Orangerie** hatte sich ein Gartenrestaurant etabliert (z. Zt. geschlossen). Am Beginn des Parkes, beim Ententeich, liegt ein ruhiger, großer Parkplatz abseits der Straße.

(187) WOMO-Stellplatz: Ebersdorf/Schlosspark

GPS: N 50° 29' 5.4" E 11° 39' 53.9"; Friesauer Weg. **max. WOMOs:** 2-3.
Ausstattung/Lage: Schlosspark/im Ort.
Zufahrt: Ortsmitte rechts (nicht die Umgehungsstraße benutzen).

Greiz, Schleiz und Lobenstein, diese drei Städte bedeuten soviel wie klein, ganz klein, klitzeklein – und meinen die Zersplitterung Thüringens zur Zeit der Kleinstaaterei.
BAD LOBENSTEIN, inzwischen zum Moorbad avanciert, ist die letzte im Reußschen Dreierbunde, die wir besuchen.
Wir folgen nach links dem Wegweiser zur **Ardesia-Therme** mit WOMO-Stellplatz.

(188) WOMO-Badeplatz: Bad Lobenstein/Ardesia-Therme

GPS: N 50° 26' 59.6" E 12° 38' 36.7" **max. WOMOs:** 5.
Ausstattung/Lage: Thermalbad, Gebühr 2,50 € (wird mit Thermenbesuch verrechnet)/ Strom nach Verbrauch, VE auf Nachfrage/im Ort.
Zufahrt: Am Ortsbeginn vor dem Kurpark links (ausgeschildert).

Wesentlich ruhiger steht man am **Waldschwimmbad** im Koseltal, das vom Stadtzentrum aus angezeigt ist. Die Zufahrt ist so schmal, dass man die Straße für den Durchgangsverkehr gesperrt hat.
Verlässt man LOBENSTEIN nach Nordwesten, Richtung SAALFELD, auf der B 90, so entdeckt man die erlaubte Zufahrt unmittelbar vor dem Waldbeginn, hinter einer Datschensiedlung links (Wegweiser: Sportstätte Koseltal). Außer dem Waldschwimmbad finden Sie dort eine Gaststätte, einen Kiosk, Tennisplätze und einen Sportplatz, wo Sie Ihre morgendlichen Joggingrunden drehen können. Den günstigsten **Übernachtungsplatz** [**189:** N 50° 27' 12.2" E 11° 37' 33.3"] finden Sie neben den Tennisplätzen.

Lobenstein: Blick vom Bergfried

BAD LOBENSTEIN lädt zum Stadtbummel ein. Durch steile Gässchen steigt man hinauf zum 30 m hohen, dicken **Bergfried**. Da dieser bereits auf dem 547 m hohen **Schlossberg** steht, können Sie (nach Adam Ries), aus 577 m Höhe auf LOBENSTEIN hinab und weit in die südthüringische Landschaft hineinblicken - wenn er (samt Museum) geöffnet ist. Auf jeden Fall entdecken Sie, dass im **Rathausturm**, direkt unter der Uhr, ein Mannsbild (Sie entschuldigen, meine Damen) in ein Fass pisst. Diese etwas derbe Plastik soll an die Zunft der Lobensteiner Gerber erinnern – und Urin gehört nach altem Brauch zur Lohe, die das Leder so kuschelig weich macht. Haben Sie nicht auch so eine weiche Lederjacke? Gegenüber speisen wir sehr reichlich beim örtlichen Chinesen.

Lobenstein: Bergfried

Von unserem Lobenstein-Abstecher kehren wir zurück nach EBERSDORF, düsen, soweit es die Straße zulässt, genau nach Norden.

War da nicht ein WOMO-Zeichen?

Genau zwischen REMPTENDORF und LIEBENGRÜN führt eine 1800-m-Stichstraße nach rechts zum Weiler KAROLINENFIELD, wo die Gaststätte "Waldhaus" beschlossen hat, etwas für die Wohnmobilfreunde zu tun. Wir haben sie kräftig in ihrem Vorhaben unterstützt!

(190) WOMO-Gaststätte: Karolinenfield/"Waldhaus"

GPS: N 50° 32' 53.7" E 11° 40' 38.5" **max. WOMOs:** 3-4.
Ausstattung/Lage: Gaststätte, Liegewiese, Ponyhof, Wanderwege/Ortsrand.
Zufahrt: Zwischen Remptendorf und Liebengrün rechts, ausgeschildert.
Hinweis: Bitte mit dem WOMO-Buch in der Gaststätte anmelden, Einkehr wird erwartet.

Bald haben wir ZIEGENRÜCK erreicht. Das kleine, malerische Städtchen ist zwischen die kurvige **Saale** und steile, bewaldete Berghänge eingeschmiegt. Drei Flüsschen plätschern, aus Nord, Nordost und Ost, durch liebliche Tälchen herab - Drebe, Sormitz und „unsere" Plothe - und münden fast nebeneinander in die hier gerade mal nicht gestaute Saale.

Wundert es Sie jetzt noch, dass wir gerade ZIEGENRÜCK als Ausgangspunkt für eine aussichtsreiche Wanderung ausgesucht haben?

Zunächst fahren wir, von Süden kommend, an der Saale entlang durch ZIEGENRÜCK, passieren das „Hotel am Schlossberg", überqueren dahinter die Saale und landen rechts auf einem großen Parkplatz direkt am Fluss.

(191) WOMO-Wanderparkplatz: Ziegenrück

GPS: N 50° 36' 42.3" E 11° 38' 46.5"; Schulstr.
max. WOMOs: >5.
Ausstattung/Lage: Wanderwege, oberhalb des Platzes ein Picknickplatz mit Tisch & Bank. 500 m entfernt, in der Mühlstraße (Altstadt) öffentliches WC/Ortsrand.
Zufahrt: Hinter der Saalebrücke rechts.

Die Straße führt nicht weiter – also kein Durchgangsverkehr; Sie könnten sich vom Rauschen des Flusses in den Schlaf wiegen lassen und die Wanderung erst am nächsten Morgen antreten, so wie wir es gemacht haben – dann, wenn die Morgennebel sich fotogen vom Fluss abheben und in der Höhe zerflattern...
Auf der anderen Flussseite, genau gegenüber unserem Parkplatz, beginnt beim Imbiss "Waldschenke" der mit einem blauen Kreuz markierte Aufstieg zur Reißertsruhe, einer Aussichtskanzel mit Schutzhütte, die man auch von hier unten sehen kann, und von der aus wir weiter bis zur Teufelskanzel an der nächsten Saaleschleife wandern wollen.

Zunächst werfen wir noch einen Blick auf einen geologischen Aufschluss, einen 250 Millionen Jahre alten, steinernen Sattel aus Kulmschichten, dann beginnen wir den Aufstieg durch dichten Fichtentann.
Auf halber Höhe kommen wir an der Marienquelle vorbei, der die ortsansässigen Wanderfreunde vielleicht mal einen Hahn spendieren sollten - vielleicht sprudelt sie dann auch wieder.
Nach 15 min. haben wir die Höhe erreicht, gehen zunächst an der Kante einige Schritte nach links bis zur anvisierten Reißertsruhe. Der Blick gleicht

Ziegenrück: Blick von der Karl-Rühl-Hütte auf die Saaleschleife

dem aus einer Flugzeugkanzel: Weit unter uns die Saale, Nebelbänke, aufsteigende Schwaden, die Hügel in der Ferne werden immer blasser, verschwimmen in einem zarten Violettton.
Von der Stelle aus, wo wir die Höhe erreicht hatten, führt ein Blauer-Balken-Weg über die Ebene, links am Waldrand entlang. Nach 5 min. erreichen wir einen einzeln stehenden Baum mit Wegweisern, gleichzeitig entdecken wir rechts oben, auf dem Hügel, zwischen zwei Hochspannungsmasten, eine zweite Schutzhütte. Das ist nicht unser Ziel, die Teufelskanzel, sondern die Karl-Rühl-Hütte (470 m), von der aus man allerdings die schönste Aussicht auf die Saaleschleife um den Eichenberg hat.
Wir marschieren geradeaus weiter, kreuzen an der gegenüberliegenden Abbruchkante einen Waldweg (Markierung: Roter Balken) und folgen weiter unserem Pfad, der jetzt, durch lichten, jungen Eichenwald, sacht abwärts am Steilhang entlang führt, bis wir 10 min. später, auf halber Höhe gegenüber dem Eichenberg, die Teufelskanzel, zwei prägnante Felsen, erreicht haben. Sie bieten einen malerischen Vordergrund für das Hauptmotiv - die still und petrolgrünglänzend unter uns liegende Saaleschleife mit dem tannengrünen Buckel des Eichenberges dahinter - ein einmaliges Panorama.
Wer jetzt noch Mumm in den Knochen hat, der steigt die „paar Schritte" hinab bis zur Linkenmühle im Westen - und nimmt von dort aus einen Parallelweg zurück zur schon erspähten Karl-Rühl-Hütte. Nur faule Leute gehen mit uns zurück zum Roten-Balken-Weg, der direkt links zu dieser Hütte mit der besten Aussicht führt. Ein „technisch" aussehendes Gebäude am linken Saaleufer gibt uns Rätsel auf, es kann nur das alte Conrod-Kraftwerk sein. Aber woher bekommt es seine (Wasser-)kraft?
Erst viel später erfahren wir, dass diese bereits 1920 von der Firma Zeiss erbaute Anlage durch einen etwa 1500 m langen Stollen an die Saale - allerdings eine Schleife oberhalb - angeschlossen wurde. Dadurch kamen, auf kürzester Strecke, 16 m Gefälle zustande - und die aufwändigen Druckrohre sparte man sich auch! Heute stehen die Turbinenschaufeln still - durch die Stauung der Saale ist der Höhenunterschied natürlich ausgeglichen.
Von dort aus sehen wir auch unseren einsam stehenden Wegweiserbaum, an dem vorbei wir wieder nach ZIEGENRÜCK hinabsteigen. Die schöne Wanderung mit den malerischen Ausblicken hat nicht mehr als 1 1/2 Stunden gedauert.

Auch ZIEGENRÜCK selbst ist sehenswert!
Verwinkelte, enge Sträßchen führen steil empor, keineswegs stangengerad - aber lanzenbreit! Enger durften die mittelalterlichen Häuser nicht zueinanderrücken - das kaiserliche Stangenrecht verlangte, dass das Heer unbehindert passieren konnte. An Autofahrer dachte damals offensichtlich noch niemand!
Ziegen haben wir in ZIEGENRÜCK keine entdeckt, auch keiner der umliegenden Bergrücken kam als Pate in Frage. Aber „Cygenruke" ist auch slawisch, bedeutet so viel wie Flussschlinge - und danach braucht man in ZIEGENRÜCK ja nun wahrlich nicht zu suchen.
Von der Adlerhorstburg, die sich einst der Graf von Orlamünde an der Kante des Steilhangs über der Saale errichten ließ, ist nur noch die hohe **Kemenate** übrig - und wird praktischerweise als JH genutzt. Wer auf Schusters Rappen dieses „Berghotel" erklommen hat, der macht keinen Unfug mehr....

Nicht erst seit 1920 wird in ZIEGENRÜCK mit Wasserkraft Strom erzeugt. Dort, wo die Straße von SCHLEIZ auf den Fluss trifft, wurde bereits 1900, neben einer noch älteren Mühle die Fernmühle, das erste Wasserkraftwerk an der oberen Saale überhaupt, errichtet. 65 Jahre lieferte sie Strom - jetzt liefert sie als **Wasserkraftmuseum** hochinteressante Informationen nicht nur über Wasserkraft und die Entwicklung ihrer Nutzung, sondern auch über die Bedeutung des Wassers für uns Menschen überhaupt - ein Museum zum Anfassen, denn die Funktionsmodelle darf man selbst in Betrieb nehmen!

Von ZIEGENRÜCK (326 m Höhe) fahren wir nach Wanderung und Wasserkraftbelehrung wieder saaleaufaufwärts Richtung LOBENSTEIN. Aber nur 4 km rollen wir auf unseren Spuren zurück, überqueren bald die Saale und gewinnen durch schwarzen Tann schnell die Höhe. Eine schmale Eschenallee nimmt uns dann auf, ich jongliere das WOMO zwischen den ausladenden Ästen mit den dicken, schwarzen Knospen hindurch.

Beim alten Bahnhof von Liebschütz

In der Ortsmitte von LIEBSCHÜTZ (500 m Höhe) zweigen wir rechts ab nach DROGNITZ. Als wir wieder auf 386 m Höhe sind, liegt rechts der (stillgelegte) Bahnhof von LIEBSCHÜTZ. Hier könnten Sie rechts der Straße [N 50° 34' 56.7" E 11° 37' 31.4"] parken und eine Wanderung der besonderen Art beginnen: Bahnschwellenspaziergang zur aufsehenerregenden **Ziemestalbrücke**! Nur 2 km sind es bis zu diesem einmaligen, gekrümmten Eisengitterbauwerk auf der stillgelegten Bahnstrecke...
Die Brücke würden Sie gerne sehen, aber ohne Bahnschwellenwanderung? Machen wir für Sie, folgen Sie uns!

Der **Zschachengrund** nimmt uns auf, an vielen Stellen kann man anhalten und die Umgebung genießen: Zitronenfalter spielen in den Sonnenstrahlen, die durch die Zweige fallen, ein Eichelhäher meldet schrill kreischend die Ruhestörer ....
Im Talgrund, bei der Gaststätte "Ottermühle", kommt uns ein neues Rinnsal über bemooste Steine hüpfend entgegen, begleitet uns zur Höhe hinauf.

Vor DROGNITZ können wir links abbiegen bis nach WEISBACH, wo es links hinab geht auf gepflegter Bahn (vorbei an der Rekonstruktion einer Steinschleuder) bis zum **Wanderparkplatz** [**192:** N 50° 34' 14.6" E 11° 36' 22.5"] mit überdachter Tisch-Bank-Kombination 500 m vor der sehenswerten Ruine der **Wysburg** (Foto). Dort können Sie nach dem Goldschatz

suchen, den die Raubritter schnell noch vergruben, bevor es ihnen an den Kragen ging oder links der Burgruine den Waldweg 5 min. bergab stapfen, bis Sie an der gegenüberliegenden Talseite die **Ziemestalbrücke** erspäht haben.

Ziemestalbrücke

Das ist Ihnen immer noch zu mühsam?
Dann folgen Sie uns über DROGNITZ zum **Volkskundemuseum** von REITZENGESCHWENDA. Dort ist an einer Modellbahnanlage 1:100 u.a. die Ziemestalbrücke aufgebaut – aber zu sehen gibt es noch viel mehr. Nicht nur im Museum, denn der Ort hat auch eine ganz reizende Kirche ...
Dann tauchen wir wieder hinab zu den dicken Saaleschleifen – der **Hohenwarte-Talsperre**.
An der Gaststätte "Lothramühle" erreichen wir das Flussufer

Hohenwarte-Talsperre

und finden bereits dort reichlichen Platz für Picknickfreunde. Knapp 5 km rollen wir nun unmittelbar am Rande der Talsperre entlang - und es ist nicht übertrieben, wenn man diese Strecke als eine einzige Picknickanlage bezeichnet: Unmengen von Park- und Rastgelegenheiten rechts der Straße, mal so klein, dass nur ein WOMO Platz hat, mal größer, unter Birken oder unter Fichten, warten auf „Kunden“, denen sie zwar nicht mit absoluter Ruhe, aber mit einem weiten Ausblick auf den See dienen können.

Wartet man bis zum riesigen **Parkplatz** [N 50° 36' 41.3' E 11° 29' 26.5"] an der Staumauer (mit öffentlichem **WC**) - so wird man tags die Parkuhr füttern müssen, im hinteren Teil steht man nachts sicher ruhig.

Die 66 m hohe, geschwungene Staumauer der Hohenwartetalsperre muss seit 1942 dem Druck von 185 Millionen Kubikmetern Wasser standhalten - und sorgt durch den Höhenunterschied zwischen Talsperre und Ausgleichsbecken für die Gewinnung von 320 MW Strom.
Nur 200 m von Staumauer und Parkplatz entfernt bieten Wasserski-, Surfbrett- und Bootsverleiher ihre Dienste an, das Ausflugsschiffchen legt hier an - und munteren Wanderfreunden empfehlen wir einen Trip zum 300 m höher gelegenen Oberbecken des Pumpspeicherwerks II, von dessen Rand man nicht nur einen schönen Überblick über die Landschaft hat, sondern auch auf das technische Wunderwerk der 700 m langen Rohrbahnen, durch die das nachts emporgepumpte Wasser zu Spitzenzeiten wieder hinab auf die Turbinenschaufeln schießt.

Wir überqueren die Staumauer und machen uns, dahinter rechts biegend, auf zur 11 km entfernten **Burg Ranis**.

Sofort geht es wieder, zwischen roten Porphyr eingesprengt, steil empor - und an den schrägen Park- und Aussichtsplätzen würde sich ihr WOMO-Kühlschrank über kurz oder lang in ein stöhnendes Heizöfchen verwandeln. In BUCHA biegen wir unmittelbar hinter der Kirche rechts ab nach ZIEGENRÜCK. Kurz darauf durchqueren wir den Weiler KALTE SCHENKE, wo in der Gaststätte „Saaletalbaude“ durchaus auch warme

Gerichte gereicht werden. Wieder begleiten uns rechts und links die riesigen, durch keinen Feldrain, weder Baum noch Strauch unterbrochenen Grünflächen der ehemaligen LPGs. Jetzt haben wir sie durch das linke Seitenfenster entdeckt: Auf dem abgehackten Rande des **Preißnitzberges**, einem Riffberg des ehemaligen Zechsteinmeeres, steht - groß, wuchtig, selbstbewusst - die **Burg Ranis**, vermutlich bereits Anfang des XI. Jahrhunderts als Kaiserpfalz angelegt.

Blick auf Burg Ranis

Eine letzte Kreuzung auf freiem Felde. Wir halten links auf RANIS zu. Die Zufahrt zur Burg ist nicht schwer zu entdecken - und unmittelbar am Beginn des Burgweges wartet rechts ein erfreulich großer Parkplatz (mit WC), der außer der Nähe zu Burg und Städtchen auch genügend Ruhe als Schlafplatz bietet.

(193) WOMO-Stellplatz: Burg Ranis

GPS: N 50° 39' 51.3" E 11° 34' 0.8"; Friedrich-Engels-Platz. **max. WOMOs:** 2.
Ausstattung/Lage: Gebühr 3 €/Tag, Wanderwege, WC(Gebühr)/Ortsrand.
Zufahrt: Im Ort ausgeschildert.

Burg Ranis muss eine wichtige Rolle zur Sicherung des Reichsgebietes gespielt haben - aber die Zeiten waren stürmisch, und so wechselte das wehrhafte Gemäuer nicht nur häufig seinen Besitzer, sondern wurde auch bereits im 14. Jahrhundert zum ersten Mal zerstört. Vom Markgrafen von Meißen wieder schöner aufgebaut, kam es über Umwege schließlich in „niederen Adelsbesitz", ein Blitzschlag führte 1646 zu einem Großbrand, der die ältesten Gebäude am westlichen Bergsporn vernichtete.
Wir passieren eine Flankieranlage, von der aus, der Name sagt es schon, kriegerische Angreifer eine in die Flanke bekamen, betreten die weitläufige Burganlage von Westen. Zwei Tore sind zu stürmen, bis wir erst einmal die Vorburg mit dem Hungerturm eingenommen haben. Dort blicken wir durchs „Angstloch" ins 9 m tiefe Verlies, ärgern uns darüber, dass wir beim Museum vor verschlossenen Türen stehen, obgleich wir zur Öffnungszeit anklopfen (8 - 12, 13 - 17 Uhr). Gerne hätten wir einen Blick auf die Exponate zu den Themen Burggeschichte, Ur- und Frühgeschichte, Geologie und Mineralien der Umgebung geworfen sowie einer Sonderausstellung zum Thema Erdbebenforschung besucht, zu dem die seismologische Station unweit RANIS Geräte und Dokumente beisteuert.
Wir durchschlendern, am Bergfried vorbei, den hinteren Burghof. Nun kommt nur noch der ehemalige Kräutergarten, dann fällt das Riff steil ab - wir jedoch haben nach Westen einen weiten Blick: Dort liegt UNTER-WELLENBORN, rechts dahinter der Waldrücken der **Uhlstädter Heide** mit dem Aussichtsturm auf dem 481 m hohen **Kulm**.
Das Landschaftsschutzgebiet Zechsteinriffe, an dessen südlichem Rand Burg Ranis liegt, ist ein reizvolles Wandergebiet, in dem vorgeschichtliche Hügelgräber, die Ilsen- und die Hertahöhle Beweise für die Besiedlung seit der Altsteinzeit beisteuerten; die Burg Brandenstein wird als JH genutzt.

Wir verlassen RANIS nach Nordwesten, stoßen in KRÖLPA auf die B 281 und biegen links nach SAALFELD.
Bereits 1872 wurde in UNTERWELLENBORN ein Eisenwerk gegründet, aber erst seit 1931 machte ein gewisser Herr Flick dort Nägel mit Köpfen. Pardon, natürlich gab er sich nicht mit Kleineisenteilen ab, sondern produzierte in der Maxhütte (Na-

Unterwellenborn: Ausgemusterte Teile der Maxhütte

mensgeber war Maximilian II., König von Bayern) Panzerplatten und andere, für großdeutsche Zeiten wichtige Rüstungsgüter.

Nach 1945 war die Maxhütte das einzige Stahlwerk der sowjetischen Besatzungszone und musste dringend auf Vier-Ofen-Betrieb erweitert werden. „Max braucht Wasser"! war ein Hilferuf, dem tausende von Jugendlichen folgten und im Winter 1948/49 eine Wasserleitung von der Saale zum Werk bauten (für Nichtfachleute: Auch Hochöfen müssen mit Wasser gekühlt werden!).

Unterwellenborn: Im Industriedenkmal Gasmaschinenzentrale

Nach der Wende wurde die Maxhütte total umgekrempelt, denn nun konnte hochwertigeres Erz als zu DDR-Zeiten verhüttet werden. Die "alten Maschinen", unter ihnen die riesige, 22 m lange Gasdynamomaschine, sind im unbedingt sehenswerten **Industriedenkmal "Gasmaschinenzentrale"** zu bestaunen. Ein lückenloser Überblick über die Produktionsabläufe lässt die Arbeit der Kumpel lebendig werden (offen: Mo-Do 8-15 Uhr, Fr 8-11.30 Uhr).

WOMO-Fahrer sind herzlich eingeladen, auf den **Parkplätzen** [**194:** N50° 39' 18.3" E11° 25' 28.3"; Bergweg] des Museums zu übernachten.

Sofort am Ortseingang von SAALFELD (hinter der Eisenbahnbrücke) schwenken wir nach rechts (Wegweiser: Kulm/ Kulmberghaus 6 km).

Die breite, gute Teerstraße führt zunächst in Schleifen bergan durch einen schönen Kiefernwald Richtung LANGENSCHADE. Auf der Höhe biegen wir links Richtung SCHLOSSKULM. Etwa 2 1/2 km später gabelt sich die Straße: Rechts geht es hinab zum Dörfchen SCHLOSSKULM, links wieder steil bergauf zum **Kulmberghaus** - wir halten uns links durch den lichten Wald, in dem ganze Felder von himmelblauen Leberblümchen blühen, ein Zeichen dafür, dass wir wieder über den Buntsandsteinschichten, im Muschelkalkgebiet sind.

Herbstfahrt zum Kulmberghaus

500 m vor der Gaststätte „Kulmberghaus“ (offen: Di-So 11-19 Uhr) und dem benachbarten Aussichtsturm wartet rechts ein erster, großer Parkplatz [**195:** N 50° 41' 7.7" E 11° 22' 7.3"]. Auf dem **Kulm**, neben dem Kulmberghaus, findet man nochmals leicht schräge Parkplätze.

Schlosskulm: Kulmturm

Der **Kulmturm**, so belehrt uns seine Baubeschreibung, wurde 1848 von der Königin-Marien-Hütte in CAINSDORF (bei Zwickau/Sachsen) hergestellt. Er ist 19 m hoch und beschert seinen Besteigern folglich einen Rundblick aus genau 500 m Höhe: Nach Norden bis zur Autobahn Eisenach - Gera, nach Süden bis zum Rennsteig, nach Westen bis Arnstadt und Ilmenau und nach Osten bis Pößneck und Schleiz.

Kleine, noch nicht rundblickzubegeisternde Kinder, finden am Fuße des Kulmturm Gelegenheit, Schaukel und Karussell auszuprobieren - und können dann mit Ihnen, auf der großen Aussichtsterrasse, Eis, Getränke und die Aussicht auf SAALFELD genießen.
Die Uhlstädter Heide, auf deren höchstem Punkt wir rundblicken, ist ein Erholungs- und Wandergebiet ersten Ranges. Von beiden Parkplätzen aus starten Wanderwege ...

Die industriell-betonte Umgebung ließ uns eigentlich für SAALFELD selbst nichts Gutes vermuten - von der historischen Altstadt sind wir allerdings äußerst angetan!
Wir bleiben nach SAALFELD hinein auf der B 281, parken vor der Saalebrücke links auf P 6 beschaulich direkt am Saaleufer.

(196) WOMO-Stellplatz: Saalfeld/P 6

GPS: N 50° 38' 57.2" E 11° 22; 3.9" Huttenstraße. **max. WOMOs:** >5.
Ausstattung/Lage: keine/Ortsrand.
Zufahrt: Vor der Saalebrücke links, ausgeschildert P 6; zum Zentrum 400 m.
Hinweis: Weiterer, offizieller WOMO-Stellplatz in der Südstadt Nähe Freibad [**196a:** N 50° 38' 14.2" E 11° 22' 4.8"], ausgeschildert mit WOMO-Piktogramm.

Hinter der Saale, beim ersten Überbleibsel der alten Stadtbefestigung, dem quadratischen **Darrtor** mit dem Treppengiebel, beginnt der **Altstadtbereich** und die Saalstraße, die zum **Markt** führt, ist eine zum Bummeln verführende Fußgängerzone.
Rechterhand fällt uns die reich verzierte Renaissancefassade der **Stadtapotheke** auf. In diesem ältesten Gebäude der Stadt dreht seit 1682 der Marktapotheker seine Pillen.
Das herrliche, romanische Gebäude in der Grundgestalt eines Wohnturmes mit verzierten Arkaden im ersten Stock, die jeweils zwei Rundbogenfenster überspannen, Zwillingsfenster im zweiten Stock mit spätromanischen Kleeblattbögen und krönenden Treppengiebeln, brannte allerdings 1882 nieder und wurde (weitestgehend) stilgetreu wieder aufgebaut.
Dahinter ragen die nadelspitzen Türme der gotischen **Stadtkirche St. Johannis** in den Himmel, deren reich mit Figuren verziertes Bogenfeld über dem Portal man nicht übersehen sollte.
Etwas Märchenhaftes hat auch das Renaissance-**Rathaus** mit Treppenturm, zweistöckigem, ornamentverziertem Runderker, Kleeblatt-Schmuckgiebeln und nadelspitzem Türmchen - ein Schmuckstück, dem man ruhig näher treten sollte, denn es wartet an seiner Fassade auch mit einem sehr übersichtlichen Stadt- und Stadtumgebungsplan auf.

Saalfeld: Rathaus

Wir verlassen nun den Markt, links am Rathaus vorbei, durch die Köditzgasse. Dort, wo sie auf die Stadtmauer stößt, schwenken wir nach links, haben nach 500 m den **Hohen Schwarm** vor uns, ebenfalls ein ehemaliger Wohnturm aus dem Mittelalter, malerisch zerborsten. Auf zwei Ecken der vierstöckigen Ruine hocken noch, wie abgesägte Schornsteine, die runden Dachtürme. Wenige Schritte später kommen wir am **Schlösschen Kitzerstein** vorbei, aus dem die noch nicht immer wohltuenden Klänge der Musikschule hallen: Hier wohnte der Burghauptmann vom Hohen Schwarm - privat. Der mit Ziergiebeln und Erker ausgestattete, auch durch geschickte farbliche Kontrastierung sehr ansprechend restaurierte Bau zeigt sich, am Übergang von Gotik und Renaissance erbaut, trotzdem als sehr harmonische Einheit.

Wir folgen weiter dem Verlauf der Gasse und stehen kurz darauf an unserem WOMO.

Saalfeld: Rathauserker

Die Haupt-Touristenattraktion Saalfelds ist jedoch viel, viel älter als Romanik und Gotik!

Wir verlassen SAALFELD auf der B 281 nach Südwesten Richtung NEUHAUS, die Wegweiser zu den **Feengrotten** sind nicht zu übersehen! Dort, am großen Parkplatz, hat man die Zeichen der Zeit schnell verstanden: Der hintere Teil, schön gelegen, ist für WOMOs reserviert.

(197) WOMO-Stellplatz: Saalfeld/Feengrotten

GPS: N 50° 38' 3.7" E 11° 22; 19.9"; Feengrottenweg. **max. WOMOs:** >5.
Ausstattung/Lage: Grottenbesichtigung, Gaststätten, WC, Tisch & Bank, Strom, Ver-/Entsorgung (Gebühr)/Ortsrand. **Zufahrt:** überall ausgeschildert.

Auslassen kann man einen Besuch, trotz des unglaublichen Trubels (american style) keinesfalls, denn man würde sonst auf ein einmaliges Naturwunder verzichten!

Der Thüringer Wald ist reich an Mineralquellen. 1910 entdeckte man auf der Suche nach heilkräftigem Wasser 2 km südwestlich Saalfelds den eingestürzten Zugangsstollen zu einem seit Jahrhunderten vergessenen Alaunschieferbergwerk. Alaun, das man aus diesem Mineral herstellt, ist seit Jahrtausenden ein unverzichtbares Hilfsmittel bei der Weißgerberei. Warum das Bergwerk aufgegeben wurde, weiß niemand mehr. Die Natur bemächtigte sich also des Menschenwerkes. Tropfendes Wasser, mit Kalk und den verschiedensten Mineralien angereichert, ließ ein unterirdisches Märchenreich aus Stalaktiten und Stalagmiten entstehen, die in den verschiedensten Farben schillern.

Hauptattraktion ist der „Sonnenaufgang" im Märchendom, der aus atemlosem Dunkel wieder die Wunderwelt der Gnome und Zwerge erstrahlen lässt.

Wir kehren zurück nach SAALFELD, biegen dort links auf die B 85 nach RUDOLSTADT, das nur noch 12 km entfernt ist.

TOUR 9 (ca. 145 km)

Rudolstadt - Bad Blankenburg - Paulinzella - Schwarzburg - Oberweißbach - Neuhaus am Rennweg - Lauscha - Sonneberg - Stelzen - Eisfeld

Freie Übernachtung:	Rudolstadt, Rottenbach, Bad Blankenburg, Unter-, Oberweißbach, Ernstthal, Lauscha, Sonneberg, Rauenstein, Theuern.
Ver-/Entsorgung:	Bad Blankenburg (WC), Unterweißbach (W), Lauscha (VE), Sonneberg-Neufang (W), Stelzen (W).
Campingplätze:	Bad Blankenburg.
Baden:	u.a. Rottenbach, Schwarzburg, Unterweißbach, Rauenstein.
Besichtigungen:	Rudolstadt, Paulinzella, Schwarzburg, Oberweißbach, Lauscha, Steinach, Sonneberg, Theuern, Eisfeld.
Wandern:	Paulinzella, Bad Blankenburg, Unter-, Oberweißbach, Neuhaus, Lauscha, Sonneberg, Rauenstein, Stelzen.

Wir nähern uns RUDOLSTADT, der alten Residenz der Fürsten Schwarzburg-Rudolstadt, von Süden, durchqueren die Vororte SCHWARZA und VOLKSTEDT.
Hier wurde ein weiteres der so beliebten Spaßbäder erstellt. Folgt man den Wegweisern nach links zum **Saalemaxx**, so findet man auf dem großen Parkplatz neun spezielle WOMO-Plätze [**198:** N 50° 42' 18.2" E 11° 19'0.0"] mit Ver-/Entsorgung und Strom. Fürs Parken werden 7 €/Tag berechnet, der "Rest" kostet extra.
Aber: Man bekommt eine Eintrittsermäßigung.
Im Zentrum versuchen wir zunächst (mit Erfolg), einen günstigen Ausgangspunkt für einen Stadtbummel, die Besichtigung des Residenzschlosses **Heidecksburg** - und eventuell gleichzeitig einen ruhigen Übernachtungsplatz zu finden.
Wir fahren (Richtung Zentrum, B85/88, JENA) am Bahnhof vorbei und biegen 1200 m dahinter rechts über die Bahnlinie und die **Saale** Richtung CUMBACH/Bauernhäuser/Freibad. Rechts hinter der Brücke passieren wir den **Parkplatz Bleichwiese** [N 50° 43' 4.0" E 11° 20' 45.3"; Röntgenstr.], groß wie drei Fußballfelder – mit **WC** und einer Fußgängerbrücke zurück über die Saale zum Zentrum.
An ihn schließt sich der **Heinrich-Heine-Park** an, an dem entlang wir bis zum großen Wiesenparkplatz der Sportstätten und des Freibades rollen.

(199) WOMO-Stellplatz: Rudolstadt/Heinrich-Heine-Park

GPS: N 50° 42' 56.6" E 11° 20' 14.8"; Kleiner Damm. **max. WOMOs:** >5.
Ausstattung/Lage: Fußgängerbrücke zum Zentrum, Freibad, Liegewiese, Park, Museum, Gaststätten/Ortsrand. **Zufahrt:** siehe Text.

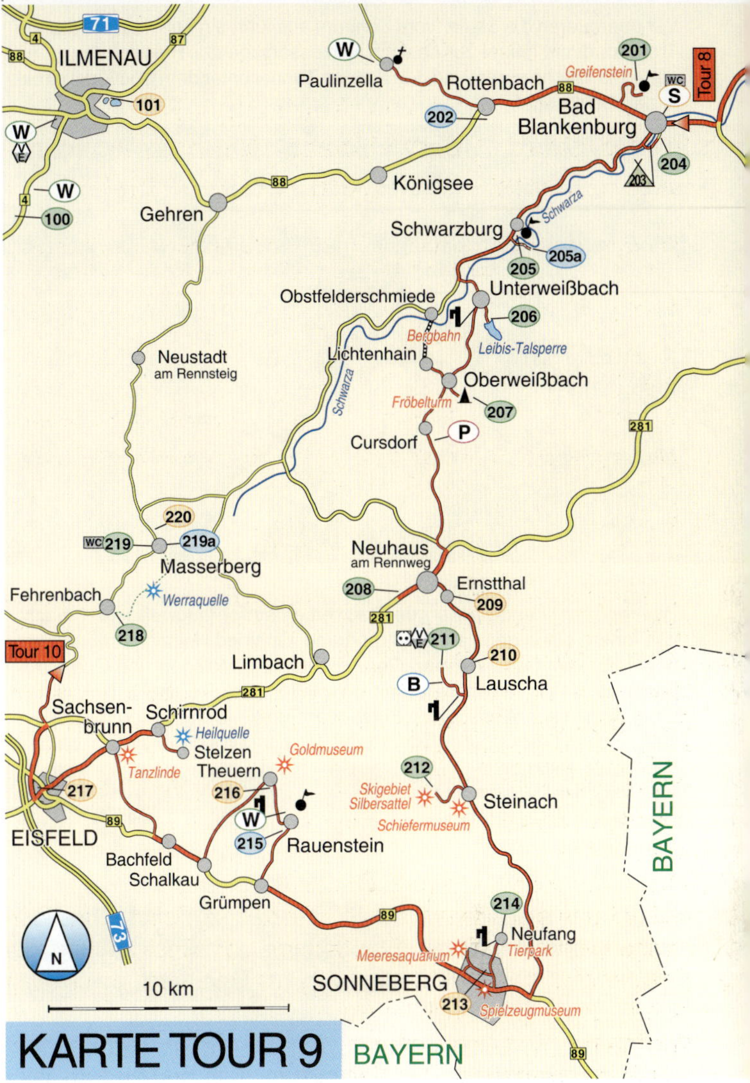

KARTE TOUR 9

Durch den Park kann man fein schlendern, zum Beispiel zum „Freiluftmuseum Thüringer Bauernhäuser". Die pittoreske Hofanlage aus mehreren

Fachwerkhäusern wurde bereits 1914 vor dem Verfall gerettet und hierher versetzt (tgl. 11-18 Uhr). Die Gebäude sind komplett im Stil des 17./18. Jahrhunderts eingerichtet.

Besonders interessant ist die alte Dorfapotheke, in der u.a. der historische Olitätenhandel der Region erläutert wird.

Wir überqueren die Saale. Vom Zentrum aus führt ein Fußweg, die „Lange Treppe", direkt hinauf zur riesigen Schlossanlage der **Heidecksburg**, an der Alten Wache vorbei und durch einen Tunnel unter dem Südflügel direkt in den Schlosshof.

Rudolstadt: Schloss Heidecksburg

Während das strenge Äußere der Bauwerke ziemlich langweilig wirkt, macht das Innere einen ganz anderen Eindruck. Gottfried Heinrich Krohne, uns bereits bekannt aus Weimar, Gera, Ettersburg, Molsdorf und Dornburg, gestaltete das Innere in heiterem, verspieltem Rokoko, mal in Rot, mal in Grün, ganz nach Wunsch von Fürst oder Fürstin. Dann waren die besten italienischen Stuckateure an der Reihe, Sie können sich vorstellen, welche Pracht Sie erwartet!?

Verschiedene Museumsabteilungen nutzen die fürstlichen Räume:

Zunächst einmal ist die „normale" Einrichtung Museum genug, dann geht es in die große Kunstsammlung mit Gemälden, Plastiken und diversem Kunsthandwerk von Porzellan über Möbel bis zum ostasiatischen Spiegelkabinett.

Die fürstliche Absurditätensammlung, auch Naturalienkabinett genannt, wurde zu einem umfangreichen Naturkundemuseum, das Mineralien, Tier und Pflanze aus der näheren Umgebung, aber auch Exponate aus der tropischen Tierwelt zeigt.

Zuletzt sei noch auf die Historische Ausstellung hingewiesen mit vor- und frühgeschichtlichen Funden sowie Waffen und Gerät aus dem ehemaligen Zeughaus.

Vorbei an **Schloss Ludwigsburg** und der gotischen **Stadtkirche St. Andreas** marschieren wir hinab in der Altstadt, wo wir am alten und neuen **Rathaus** sowie einer ganzen Reihe von sehenswerten alten Bürgerhäusern vorbei zum Heine-Park und unserem WOMO zurückkehren.

Hinweis: Fußfaule können auch zur **Heidecksburg** hinauffahren und finden dort, direkt vor der Schlossanlage links, sogar einen Parkplatz, auf dem man mit Parkscheibe 3 Std. stehen darf [N 50° 43' 28.0" E 11° 20' 11.7"].

Den besten Blick auf Stadt und Schloss hat man vom 354 m hohen **Langen Berg** aus. Dieser nordwestlichste Gipfel der uns bereits bekannten **Uhlstädter Heide** südöstlich von CUMBACH trägt nicht nur einen Aussichtsturm (Marienturm), sondern auch ein 4-Sterne-Hotel mit WOMO-Gaststätte.
Die Zufahrt findet man einfach, wenn man zwischen Bleichwiesenparkplatz und Heinrich-Heine-Park nach CUMBACH und dort links 3 km steil bergauf nach Süden fährt.

(200) WOMO-Gaststätte: Rudolstadt/"Marienturm"

GPS: N 50° 42' 25.8" E 11° 21' 44.5"; 337 m. **max. WOMOs:** 2-3.
Ausstattung/Lage: Gaststätte mit Terrasse, Wanderwege/bei Einzelgebäude.
Zufahrt: Durch den Vorort Cumbach nach Süden, ausgeschildert.
Hinweis: Bitte mit dem WOMO-Buch in der Gaststätte anmelden, Einkehr wird erwartet.
Alternative: Die Restaurantküche ist ausgezeichnet, die Preise sind entsprechend. Wer nicht einkehren möchte, findet 200 m vor der Gaststätte, bei den acht Birken, einen ebenen Parkplatz am Waldrand.

Wir verlassen RUDOLSTADT nach Süden, überqueren im Industrievorort SCHWARZA die **Schwarza** und biegen dann nach rechts Richtung BAD BLANKENBURG/SCHWARZBURG. Unser Hauptziel ist zwar das wildromantische **Schwarzatal**, vorher müssen wir aber unbedingt einen Abstecher zu zwei sehenswerten, völlig unterschiedlichen Ruinen machen: Der Ruine **Greifenstein** oberhalb BAD BLANKENBURG und der Klosterruine **Paulinzella**.
Folglich biegen wir in der Ortsmitte von BAD BLANKENBURG, gleich hinter der Brücke über die Schwarza, nicht links nach SCHWARZBURG, sondern fahren auf der B 88 zunächst geradeaus durch den Ort
Hinweis: Hinter der Schwarzabrücke rechts großer Parkplatz mit öffentlichen Toiletten.
Am Ortsende folgen wir nach rechts dem Wegweiser zur Adler- und Falkenburg **Greifenstein**.
Bald gabelt sich der Fahrweg, wir halten uns rechts, passieren den P 1, dröhnen 18 % Steigung empor, landen schließlich an dem geschützten, einsamen Wanderparkplatz P 2 [**201:** N 50° 41' 32.6" E 11° 15' 44.3"] mitten im Buchenwald. Ein kurzer Fußweg, ganz neu angelegt, leitet uns zur Ruine einer der größten deutschen Feudalburgen.

Eigentlich sind es die Reste von zwei Befestigungsanlagen, unmittelbar nebeneinander: Die erste entstand wahrscheinlich schon im 12. Jahrhundert unter Heinrich II. Die Schwarzburger Grafen bauten daneben die Burg Blankenberg, in deren Schutz sich seit dem 14. Jahrhundert der gleichnamige Ort entwickelte.

Die Hauptburg mit den dicken Mauern, die nur durch ein einziges Tor mit Zugbrücke betreten werden konnte, war zusätzlich gesichert durch einen doppelten Wallgraben und eine Ringmauer mit sechs Basteien. Nie wurde sie erobert, nie zerstört - aber eines Tages zogen die Schwarzburger Grafen nach Rudolstadt, bauten sich die Heidecksburg, und seit dem 15. Jahrhundert zerfielen die Bauwerke, nur Raubvögel nisteten noch in ihren Mauern - der Name Greifenstein entstand (Flugvorführungen der Greifenwarte finden Di-So 11 & 15 Uhr statt).

Erst seit 1927 bemüht man sich um die Erhaltung des umfangreichen Ruinenkomplexes, in dem man fein umherschlendern kann, und auf dem zinnenbewehrten Bergfried fühlt man sich wie Burgherr bzw. -fräulein. Rittersleut' pflegten gut zu speisen - und so bemühen sich in der Gaststätte im Palas der Burg (offen: Di-So ab 10 Uhr) auch dienstbare Küchengeister entsprechend um Ihr leibliches Wohl. Ritter sollen ja toll gesoffen haben!

Falls Sie bei Ihrem Studium der mittelalterlichen Trinkgewohnheiten versehentlich zu tief in den Humpen geschaut haben – auf dem Parkplatz im Buchenwald kann man ungestört seinen Rausch ausschlafen.

Wir kurbeln das WOMO wieder hinab zur B 88, schwenken rechts ein und folgen ihr bis ROTTENBACH. Hier muss man die Bundesstraße nach rechts verlassen und gelangt über MILBITZ zur berühmten Klosterruine.

Dort, wir haben es getestet, schläft man auf dem großen Parkplatz unterhalb des hohen Bahndammes so, als würden die Güterzüge „mittenmang" durchs Geschirrfach rattern - deshalb unser Tipp:

In ROTTENBACH, unmittelbar vor dem Bahnübergang, zeigt ein Schild nach links zum **Waldbad**. Nach nur 500 m haben Sie den Ort sommerlicher Bade- und Sonnenbadefreuden erreicht - und direkt am Waldrand einen nächtens sicher absolut ruhigen Übernachtungsplatz.

(202) WOMO-Badeplatz: Rottenbach/Freibad
GPS: N 50° 41' 4.4" E 11° 9' 55.6"; Bechstedter Weg. **max. WOMOs:** 2-3.
Ausstattung/Lage: Freibad, Liegewiese, Wanderwege/Ortsrand.

Kurz hinter dem Bahnübergang biegen wir rechts Richtung STADTILM/PAULINZELLA. Von hier aus fahren wir noch etwa 5 km am Ufer des Rottenbaches entlang, bis wir an den hohen Mauern der romanischen „Baustelle" **Paulinzella** vorbeirollen, der große „Eisenbahndammparkplatz" liegt, wenige Meter weiter, auf der linken Seite [N 50° 42' 7.8" E 11° 6' 4.5"].

Klosterkirchenruine Paulinzella

Wir treten durch das türlose Portal, schreiten staunend durch das gewaltige, dreischiffige Langhaus, sonnenbeschienen; der Blick steigt, ungehemmt von Decke oder Gewölbe, bis zum Himmelsblau: Seit über 500 Jahren steht die Ruine der ehemaligen Benediktinerklosterkirche hier im romantischen Tal, länger, als sie zwischen ihrer Weihe 1124 und ihrer Schließung nach der Reformation unversehrt bestanden hatte.
Freilich, bereits kurz nach der Schließung des Klosters begann eine rege „Steinbruchtätigkeit", der die Klausur, der Nordwestturm, schließlich auch der Chor mit den drei Apsiden zum Opfer fielen. Aber an das eigentliche Kirchenschiff wagte man sich nicht so recht - und in der Zeit der Romantik, die so glücklich die belebte und unbelebte Natur mit Altem, Verfallenem in Einklang brachte, wandelte sich die Ruine zum Denkmal.
Bereits Schiller hatte das Bauwerk bewundert, nun ist es als Kunstwerk gesichert. Der ehemalige Zinsboden, wo die Naturalabgaben an das Kloster gespeichert wurden, dient heute als Museum.

Der Naturrahmen rings um PAULINZELLA zeigt sich dem Bauwerk würdig, man muss einfach einen kleinen Spaziergang durch das stille Waldgebiet machen:

Wir folgen dem Fahrweg durch den Viadukt neben dem Parkplatz, schwenken aber sofort dahinter links, übers Bächlein, ein Grüner-Balken-Wanderweg führt Richtung HORBA, ein dichter, schlanker Kiefernwald verschluckt uns.
Wir umrunden gegen den Uhrzeigersinn einen Hügel, erreichen nach knapp 20 min. eine braune Jagdhütte mit grünen Fensterläden, Sitzbänken, einer Feuerstelle - und haben nichts zum Grillen dabei!
10 m links der Hütte tröpfelt ein müder Quell, reicht jedoch als Labsal für trockene Kehlen. 5 min. später, wir haben uns immer links gehalten, erreichen wir die Höhe und mit ihr eine 7-Wege-Spinne. Wir wenden im spitzen Winkel nach links und entziffern an der nächsten Kreuzung einen verwitterten Wegweiser aus Mönchstagen: Paulinzella-Fußweg.
Kurz darauf sichten wir links unter uns die braune Jagdhütte. Wer also abkürzen will, braucht nur von dort 100 Schritte den Berg hinaufzusteigen und sich dann links zu wenden.
Federnd schwingt der Waldboden unter uns, Tannennadellager wechseln mit Moospolstern, Adlerfarnwiesen durchwandern wir, angeritzte Kiefernstämme tränen ihr Harz in angehängte Tontöpfe ....
Unser Waldweg führt nun hinab zum Bahnhof von PAULINZELLA, rechts davon passieren wir eine Unterführung, ein zweites Mal nehmen wir unseren Weg durch die gewaltige, dachlose Kirchenhalle, dann stehen wir, nach einer knappen Wanderstunde, wieder an unserem WOMO.

Romantisch ist das ganze Tal bis BAD BLANKENBURG, neben uns her schlängelt sich der völlig naturbelassene, erlengesäumte Flusslauf der **Rinne**, die im breiten Tal zwischen Straße und Bahnlinie, ähnlich einem jungen Hund, mindestens die dreifache Strecke zurücklegt wie die Straße.
Der alte Ortskern BAD BLANKENBURGs liegt links der B 88, unterhalb der Burg. Dort eröffnete der Oberweißbacher Pädagoge Friedrich Wilhelm August Fröbel 1839 seine erste „Spiel- und Beschäftigungsanstalt“, was ihn zum „Vater des Kindergartens“ machte. Ein Museum wurde in dem Gebäude Johannisstraße 4 eingerichtet, zeigt das Spielzeug, das Fröbel entwickelte, würdigt Leben und Werk des Erziehers.
Wir biegen vor der Schwarzabrücke rechts ab ins wildromantische **Schwarzatal**. Zwischen Straße und Schwarza begleitet uns der **Kurpark**, an dessen Ende man die **Schwarza** überqueren, rechts das WOMO bequem parken - und zu Fuß das Naturschutzgebiet erobern kann.
Für einen längeren Aufenthalt schwenkt man hinter der **Schwarza** links zum **Caravanpark Schwarzatal** [**203:** N 50° 40' 27.0" E 11° 16' 8.7"] neben der Gaststätte "Flößerhütte" (WOMO + 2 Personen incl. V/E 14 €, Strom 2,50 €).
Oder man rollt noch 400 m weiter nach Norden bis zu den Sportanlagen und dem **Schwimmbad**, wo man nicht nur Parkplätze [**204:** N 50° 40' 33.5" E 11° 16' 20.0"], sondern auch die

Antoniusquelle im **Kurpark** findet. Haben Sie keine funktionelle Störung der Sekretion und Motorik des Magens? Dann brauchen Sie den sicher sehr heilsamen Quell nicht unbedingt zu kosten!
Namen wie Katzhütte, Schwarzmühle, Obstfelderschmiede und Blechhammer deuten im Schwarzatal ebenso auf die ehemaligen Mühlen, Hammer- und Pochwerke hin wie uns Teufelstreppe, Wendelstein und Ingoklippe klar machen, dass wir statt der Sandalen lieber Wanderschuhe anziehen sollten. Aber auch entlang der **Schwarza** lässt sich's beschaulich spazieren. Direkt vorm Parkplatz rechts der Brücke rauscht die Schwarza weiß schäumend über Felsstufen, die fast schon die Bezeichnung **Katarakte** verdienen, dann taucht der Weg links des Flüsschens in den Wald ein, folgt ihm durch die romantische Dämmerung.

Bad Blankenburg: Schwarza-Katarakt

Wir kurven, parallel zum felsigen Bett der schäumenden **Schwarza**, zwischen den steilen Hängen, neben senkrechten Felswänden dahin, auf der anderen Seite des Flussufers ist gerade noch Platz für den Talwanderweg, dann steigt auch dort der bewaldete Hang empor. Wie ein Baldachin verschlingen sich über uns die Äste der Bäume, versperren meist den Blick aufs Himmelsblau.

Die nächste Parkgelegenheit bietet sich erst knapp 6 km später, links der Straße, bei der Gaststätte „Schweizerhaus“ [N 50° 39' 29.4" E 11° 12' 57.4"]. Auch von hier aus kann man das Wanderbein schwingen, zum Beispiel über den Trippstein (anerkannt beste Aussicht auf Schloss Schwarzburg) nach SCHWARZBURG und am anderen Schwarzaufer zurück zum „Schweizerhaus“.

Die Straße verlässt nun das Flussufer, gleitet langsam am Hang hinauf, bis wir den oberen Ortsteil von SCHWARZBURG erreicht haben (nicht zum unteren Ort fahren!).

Um es gleich vorweg zu sagen: In der Hauptreisezeit in SCHWARZBURG einen Parkplatz zu bekommen, gleicht einem Wunder. Falls Sie sich also nicht damit begnügen wollen, vom WOMO-Fenster einen Blick auf die Reste des Barockschlosses der Schwarzburger Reichsfürsten zu werfen, sollten Sie von SCHWARZBURG wieder zur Schwarza hinabfahren, auf SITZENDORF zu. Nach 1 km kommen sie an einen riesigen **Wanderparkplatz** [**205:** N 50° 38' 19.9" E 11° 11' 1.4"] am Fluss. Wer ihn über die **Pocherbrücke** überquert, findet einen zweiten, kleineren, ruhigeren dahinter rechts. Hier beginnt auch der Fahr- oder Wanderweg, der zum Schwarzburger **Waldschwimmbad** [**205a:** N 50° 38' 23.6" E 11° 11' 26.1"] und zum Mariannensteg führt, auf dem man zur Burg hinaufkraxeln kann.

Die Schwarzburg, auf einem Bergsporn, der auf drei Seiten nahezu senkrecht zur Schwarza abfällt, war einst ein uneinnehmbares Bollwerk, und aufgrund der entlegenen Lage blieb der Bau sogar von den Ereignissen des Dreißigjährigen Krieges verschont.

Seit 1736, die Schwarzburger waren Reichsfürsten geworden, zierte ein barockes, repräsentatives Schloss den steilen Fels, doch heute sind wir eher enttäuscht von den finster-schäbigen Mauern: 1943 begann man, das Schloss zu einem „Reichsgästehaus“ umzubauen. Eigentlich konnte man nur noch einen Teil der Außenmauern gebrauchen. Als man jedoch mit den notwendigen Abrissarbeiten fertig war und die leere Hülle wieder gefüllt werden sollte, hatte das Dritte Reich seinen Geist ausgehaucht. Es wundert Sie sicher nicht, dass seither am Schloss nur der Zahn der Zeit genagt hat!

Lediglich das Kaisersaalgebäude, der Mittelteil eines separaten, kleinen Schlosses im ehemaligen Schlossgarten, wurde restauriert. Dort kann man nicht nur die Schwarzburger Ahnengalerie bewundern, sondern auch 48 Kaiserbilder. Abgerundet wird der historische Rückblick von einer Waffensammlung des „Schwarzburger Zeughauses“.

Schwarzburg: Kaisersaalgebäude

1 km weiter Schwarza-aufwärts erreichen wir SITZENDORF. Seit 1850 wird hier, in der Sitzendorfer Porzellanmanufaktur (Vormals: Alfred Voigt KG), feinstes Porzellan produziert. Es soll weniger die festliche Tafel schmücken und Soße und Braten kommen mit ihm kaum in Berührung!

Sitzendorfer Porzellan ist der pure Luxus: Nippes in höchster Vollendung, barocke Porzellanfiguren, meisterhaft bemalt, zu nichts Nutze als einfach schön zu sein. Auf diesem Gebiet haben die Sitzendorfer allerdings Weltniveau, stehen Meissen in nichts nach!
Ein Fabrikverkauf direkt an der Hauptstraße [N 50° 37' 53.6" E 11° 10' 5.1"] ist eine Besichtigung wert, auch wenn Sie nichts kaufen wollen oder wegen des geringen Umfangs Ihres Geldbeutels nichts kaufen können - eine Augenweide!

Einen guten Kilometer hinter SITZENDORF verlassen wir das **Schwarzatal** und biegen nach links, über die Bahnlinie und die Schwarza, Richtung OBERWEISSBACH/NEUHAUS ab.
In UNTERWEISSBACH entdecken wir unmittelbar hinter der Gabelung rechts einen **Brunnen**, machen aber zunächst nach links einen Abstecher, vorbei am **Erlebnisbad** (P 5), zum **Wanderparkplatz** [**206:** N 50° 36' 11.8" E 11° 10' 30.2"] unterhalb der schwarzen, hohen Wand der **Leibis-Talsperre** (P 1). Ein kurzer Spazierweg führt hinauf zur Krone des Dammes. Unsere Straße nach OBERWEISSBACH führt auf den Kamm des Thüringer Waldes hinauf, das merken wir sofort an der Steigung und zwei satten Serpentinen.

Die Dörfer des Thüringer Waldes ernährten ihre Bewohner in den vergangenen Jahrhunderten mehr schlecht als recht. Jede Idee, die Not zu lindern, wurde freudig begrüßt. In OBERWEISSBACH sammelte man Kräuter, Wurzeln und Früchte des Waldes, stellte aus ihnen Auszüge her und verkaufte sie als Heil- und Wundermittel. Leider schoss man weit übers beabsichtigte Ziel hinaus, Vollmond und Krötenbein spielten bei den alchemistischen Prozeduren oft eine größere Rolle als die gewünschte Wirkung - und so geriet der „Olitäten"-Handel in Verruf und wurde schließlich sogar untersagt.

Wir fahren am Oberweißbacher Pfarrhaus vor, einem schönen Fachwerkhaus, dem **Geburtshaus** des Erziehers Friedrich Fröbel, in dem ein kleines **Museum** eingerichtet ist:
Die hölzernen Spielzeuge Kugel, Walze und Würfel, Erfindungen des „Vaters des Kindergarten", sind ebenso zu sehen wie Exponate zum Lebenswerk des Erziehers.
Sehenswert ist auch die große **Barockkirche** gegenüber, die mit ihren drei Emporen (theoretisch) 2000 Besucher fasst. Auf

Oberweißbach: Fröbelhaus

dem Platz vor der Kirche kann man sich an einer riesigen Tafel über die Wanderwege rings um OBERWEISSBACH informieren, findet dort auch unsere nächsten Ziele, die Bergstation der **Oberweißbacher Bergbahn** und den **Fröbelturm** auf dem 785 m hohen Kirchberg.

Rechts an der Kirche vorbei rollen wir hinüber zum 2 km entfernten LICHTENHAIN.

Unbeweglich steht der rotweiße Wagen der **Bergbahn** in seiner großen, frischlackierten Privatgarage. Eine vertrauenerweckende Stahltrosse verbindet ihn über eine Umlenkrolle mit seinem Partner, die abwechselnd die einspurige Schienenstrecke zwischen OBSTFELDERSCHMIEDE und LICHTENHAIN hin und her pendeln. Nur genau auf halber Strecke braucht man

Lichtenhain: Bergbahn

ein paar Meter doppelten Schienenstrang, um sich gegenseitig auszuweichen. Von 6.30 - 20.30 Uhr können Sie sich etwa jede Stunde das Vergnügen einer „bodenständigen Seilbahnfahrt" machen - auf der steilsten Schienenstrecke der Welt für normalspurige Eisenbahnwagen!

Wir kehren nach OBERWEISSBACH zurück, biegen am Kirchplatz rechts in die Hauptstraße ein, verlassen sie 1000 m später wieder nach links, rollen auf ein schmales Teersträßchen (Wegweiser: Fröbelturm) und halten beim **Wanderparkplatz [207:** N 50° 34' 42.7" E 11° 9' 15.5"; 737 m] unterhalb des **Fröbelturmes**. Dieser Parkplatz, am Waldrand gelegen, bietet nicht nur beste Aussicht über die bewaldeten Höhen des Thüringer Waldes, sondern auch eine absolut ruhige Übernachtungsmöglichkeit und ist der bequemste Ausgangspunkt für die „Wanderung" zum nur noch 400 m entfernten Fröbelturm (oben nochmals ein schöner Parkplatz).

1890 errichteten die Mitglieder des Thüringer-Wald-Vereins diesen Aussichtsturm zum Andenken an den Oberweißbacher Pädagogen - und weil Wandern hungrig und durstig macht, baute man an den Fuß des Turmes gleich eine Gaststätte an, die sommers Di-So von 11 - 17(19) Uhr gastlich ist, von September bis April ruht sie mittwochs und donnerstags. Eine Reihe von Tisch-Bank-Kombinationen im Freien soll dann den enttäuschten Wandersmann trösten. Am Wegweiserbaum vor der Gaststätte werden nicht weniger als 26 Wanderziele angepriesen so als wollte man sagen: „Erst die (Wander-)Arbeit, dann das (Gaststätten-)Vergnügen."

Der **Kirchberg**, auf dem der Fröbelturm in die Runde schaut, liegt mit 785 m genau 6 m höher als die Ortsmitte von NEUHAUS AM RENNWEG. Folglich ziehen wir fast auf einer Ebene dahin, als wir uns über OBERWEISSBACH und CURSDORF (dahinter schöner **Picknickplatz**) der ehemaligen Glashüttensiedlung am Rennsteig nähern. Kurz vor NEUHAUS biegen wir nach rechts in die B 281 ein und fahren bis zur Ortsmitte. Dort wollen wir hinter der Kirche zwar später links nach LAUSCHA fahren, zunächst bleiben wir aber auf der B 281, verlassen NEUHAUS Richtung EISFELD. Nach ungefähr 1,5 km halten wir rechts an der Gaststätte „Rennsteigbaude", durch die die Rennsteigwanderer fast hindurchlaufen müssen. Auf einem großen **Wanderparkplatz [208:** N 50° 30' 2.1" E 11° 6' 54.7"; 823 m] können Sie Ihrem WOMO etwas Ruhe gönnen und selbst unter drei verschiedenen Aktivitäten wählen:

Die anstrengendste, aber sicher erlebnisreichste wäre die 7-km-Wanderung entlang des Rennsteigs, über Sandberg, Petersberg und LIMBACH zum **Dreistromstein**, einem dreiseitigen **Obelisken**, der die Wasserscheide zwischen den Flüssen Elbe, Weser und Rhein markiert. Auf ihm sind die Namen der Flüsse und Bäche notiert, die von hier aus zu diesen Strömen hinabfließen und die Wappen der Länder Schwarzburg-Rudolstadt, Sachsen-Coburg-Meiningen und Sachsen-Hildburghausen, denn gleichzeitig berühren sich hier auch drei ehemalige Fürstentümer. Der Fuß des Obelisken ist gemauert aus den für die drei Flussbereiche typischen Gesteinsarten Granit (Elbe), Grauwacke (Weser) und Quarz (Rhein). Eigentlich wäre an dieser Stelle also gar kein Dreiherrenstein mehr nötig, aber es gibt ihn, gleich gegenüber, und zwar schon seit 1733, während der Dreistromstein erst 1906 errichtet wurde.
Unser zweiter Aktivitätentipp wäre ein Besuch des schönen **Waldschwimmbades** gegenüber der „Rennsteigbaude" und der dritte, richtig, ist natürlich ein Besuch selbiger Wanderergaststätte, um wenigstens aus erster Hand etwas von den Wandererlebnissen auf dem „Rennstieg" zu erfahren.

Wir fahren zur Ortsmitte von NEUHAUS zurück, halten uns dort rechts Richtung ERNSTTHAL/LAUSCHA.
Auch ERNSTTHAL entstand, wie NEUHAUS, aus einer Glashüttensiedlung. Die Produkte der fleißigen Glasbläser, Glasperlen, künstlerische Gläser, aber auch Tablettenröhrchen und- fläschchen, fanden sich in ganz Europa wieder, denn fliegende Händler sorgten für weiten Absatz.
Ein Erlebnis der besonderen Art bietet die Krebs-Glas-Lauscha GmbH in ERNSTTHAL mit ihrem Christbaumschmuckwerksverkauf, der vor allem im Hochsommer einen geradezu umwerfenden Stimmungswandel hervorruft. Hinter bzw. unterhalb des Gebäudes darf man gerne kostenlos übernachten, auch wenn man nichts kauft (bitte sagen Sie aber an der Kasse Bescheid).

(209) WOMO-Stellplatz: Ernstthal/Fa. Krebs-Glas

GPS: N 50° 29' 39.9" E 11° 9' 56.2"; Bahnhofstr. **max. WOMOs:** >5.
Ausstattung/Lage: Christbaumschmuckverkauf, Wanderwege/Ortsrand.

Den besten „Durchblick" hatte Ludwig Müller-Uri aus LAUSCHA, dem nächsten Glasbläser-dörfchen. Ihm gelang es erstmalig, Glasaugen herzustellen. Auch versilberte Christbaumkugeln gibt es nicht schon ewig – LAUSCHA hatte jahrelang das Weltmonopol auf diesem Gebiet. Haben Sie jetzt Blut geleckt und möchten mehr über die Glasbläserzunft erfahren? Dann sind Sie in LAUSCHA richtig:

Im Museum für Glaskunst erfährt man nicht nur alles über die Entwicklung der Glasbläserei und sieht gläserne Kunstwerke aus verschiedenen Epochen, sondern kann auch in der Schauglasbläserei bei der Produktion zusehen (offen: Di-So 10 - 17 Uhr). Vorher brauchen Sie aber in dem schmalen Tal einen vernünftigen WOMO-Parkplatz! Biegen Sie vor der Skischanze unbedingt links zum **P 4 Obermühle [210:** N 50° 28' 52.0" E 11° 10' 5.0"] ab!

Am Ortsende von LAUSCHA (das kommt erst nach fast 2 km) geht es rechterhand in den engen **Steinachgrund**, einem besuchenswerten Geheimtipp!

Vorbei an dem natursteingemauerten **Brünnlein** (neben dem auf einer Tafel die Lauschaer Brunnenroute noch eine Zahl weiterer Brunnen aufzeigt) und am **beheizten Erlebnisbad** [N 50° 28' 30.9" E 11° 8' 35.0"] kommen wir nach 3 km zum **Wanderparadies**, einem naturnahen Areal aus Spielwiese, Kinderspielplatz, Ferienhütten und einigen WOMO-Stellplätzen.

(211) WOMO-Wanderparkplatz: Wanderparadies

GPS: N 50° 28' 39.8" E 11° 8' 2.4" **max. WOMOs:** 4.
Ausstattung/Lage: Ver-/Entsorgung, Strom, Dusche, Kinderspielplatz, Liegewiese, Wanderwege, pauschal 12 €/bei Einzelgebäuden.

Am Ortsbeginn von STEINACH geht es rechts steil hinauf. Aber diese Stichstraße wird winters besonders gut geräumt, damit die Skihasen erst oberhalb des Liftparkplatzes der "Skiarena Silbersattel" ins Rutschen kommen. Sommers, sollte man meinen, ist das große **Parkplatzgelände [212:** N 50° 26' 13.9" E 11° 8' 31.2"] fast menschenleer!?
Nein, das Areal heißt dann "Bikepark Silbersattel" und der Sessellift befördert Sie samt dem, was Laien vielleicht "Fahrrad" nennen würden, 150 m hoch, damit Sie dann, je nach Traute, "freeride downhill" drei Pisten (blau, rot und schwarz) hinabrasen können (offen: Ende April - Anfang Oktober).
Ja, Sommer- und Winterwanderwege gibt es auch. Dabei könnten Sie auf Tagebaulöcher stoßen. Mit ihnen hat es eine besondere Bewandtnis:
Als unsere Großeltern in die Schule kamen, hatten sie nicht schwer zu tragen: Tafel, Griffel und Schwämmchen waren die Grundausrüstung - und es könnte sein, dass sie Schiefergriffel aus STEINACH hatten, denn das waren die besten, die ganze Welt verlangte nach ihnen! Heute erinnern nur noch die Schie-

Steinach: Klassenzimmer im Schiefermuseum

fergruben an den umweltfreundlichen Schulbeginn unserer Altvorderen - und das unbedingt sehenswerte **Schiefermuseum** [N 50° 26' 5.1" E 11° 9' 20.3"] in der Ortsmitte (offen: Di-Sa 13-17 Uhr, So 14-17 Uhr).

In STEINACH, zwischen Ober- und Unterdorf, gähnt ein riesiger Platz, fast einen Hektar groß, welcher Ort kann sich noch solch einen großen Marktplatz leisten?
In anderen Dingen waren die Steinacher Stadtväter ebenfalls nicht kleinlich: 1899 ließen sie sich eine neue Kirche bauen, der Architekt der Kaiser-Wilhelm-Gedächtnis-Kirche war ihnen gerade gut genug, und 100.000 Goldmark waren ihnen nicht zu viel. Auch dem Bildungshunger der Jugend wurde Rechnung getragen, und so präsentieren sich Schule und Kirche als denkmalgeschütztes, sehenswertes Gebäudeensemble nahe des Marktplatzes, wo Sie auf 1 ha sicher einen Parkplatz finden werden.
Mit Schiefergriffeln hatten die Steinacher das viele Geld sicher nicht verdient. Vielleicht waren sie Kriegsgewinnler?
Um 1900 jedenfalls waren im Tal der Steinach eine ganze Reihe von Märbelmühlen in Betrieb. Salzburger Emigranten hatten den Steinachern die Märbelmüllerei beigebracht, deren Produkte in Friedenszeiten alle Kinder als Murmeln heiß und innig liebten. In Kriegszeiten pflegte man damit vorzugsweise die Takelage von Segelschiffen zu durchsieben - die Engländer waren die Hauptabnehmer.

Weiter begleitet uns der Lauf der **Steinach** zu Tale, bis wir kurz vor SONNEBERG nach rechts in die B 89 einschwenken, uns der Spielzeugstadt also von Osten nähern.
Die Sonneberger haben zwar dem Touristen nicht nur ihr **Spielzeugmuseum** zu zeigen, dieses ist aber bestens ausgeschildert, wir brauchen nur den Schildern „Parkplatz Museum" zu folgen. Dabei merken wir uns eine Abzweigung SONNEBERG-NEUFANG, hinter der wir, 100 m später, nach rechts zum Parkplatz Schießhaus (eben, ruhig) finden [**213:** N 50° 21' 36.4" E 11° 10' 54.4"]. Ab jetzt sind es noch 300 m zu Fuß. Wer Glück hat, findet auch direkt vor dem Eingang (Beethovenstraße Nr. 10) einen freien Platz.

Das Sonneberger Spielzeugmuseum zeigt, logisch, zunächst einmal Spielzeug aus vielen Jahrhunderten und aus allen Gegenden der Welt, mit Schwerpunkt Deutschland und natürlich Sonneberg. Keine Sparten wurden ausgelassen! Von den Zinnsoldaten über Puppen bis zum mechanischen Spielzeug ist bei über 70.000 Spielsachen alles vertreten.
Attraktionen ersten Ranges sind „Gulliver in Liliput" und die „Thüringer Kirmes", Spielzeugensembles, die für Weltausstellungen zusammengestellt wurden und die Spielzeughersteller vor besondere Probleme stellten. Beurteilen Sie selbst, wie diese ihre Aufgaben bewältigten! Spielzeugherstellung war kein Freizeitvergnügen, bittere Armut, Hunger und häufige Krankheiten zwangen auch die Kinder der Heimarbeiter zur Mithilfe; die Ausstellung „Kinder der Spielzeugmacher" ist bedrückend (offen: Di - So, 9-17 Uhr).

Von unserem Parkplatz zeigen Hinweisschilder auch zum Heimattiergarten in NEUFANG. Da wir 100 m vor unserem Parkplatz an der Abzweigung nach NEUFANG vorbeigekommen waren, finden wir schnell die Stelle, von der die Straße sofort steil ins

Gebirge führt - schließlich steht in NEUFANG, in 638 m Höhe, auch die höchste Sternwarte Thüringens!
Auf halber Strecke beginnt rechts der **forstliche Naturlehrpfad Schönberg**. Vom Forstrevier Neufang werden hier an elf Stationen, beginnend mit einem Steinbruch, verschiedene geologische Eigenheiten des südlichen Thüringer Waldes erläutert. Der Lehrpfad endet an einem Parkplatz mit der Gaststätte „Blockhütte“ (Mo/Di zu) und dem Heimattiergarten.
Die erste Hälfte des Lehrpfades, bis zur **Gaststätte „Waldhaus“** [N 50° 21' 36.0" E 11° 11' 22.2"] , kann man auch per WOMO zurücklegen, dann wird der Weg immer schlechter und steiler – wirklich nur was für Fußgänger!
Wir fahren also lieber auf der Teerstraße bis zur Ortsmitte von NEUFANG, wo der **Heimattiergarten** nach rechts gut ausgeschildert ist. Von 9 - 16 (18) Uhr kann man zwischen Schwarz- und Rotwild herumschlendern - und am Parkplatz in Wald hinter dem **Gasthaus „Blockhütte“** wird man außer dem Röhren der Hirsche nachts sicher keinen Laut vernehmen.

(214) WOMO-Wanderparkplatz: Neufang/Heimattiergarten
GPS: N 50° 21' 52.3" E 11° 11' 22.5"; Waldstraße. **max. WOMOs:** 2-3.
Ausstattung/Lage: Gaststätte, Wanderwege, Heimattiergarten/bei Einzelgebäude.

Fährt man an der Abzweigung zum Heimattiergarten vorbei und in die zweitnächste Straße rechts (Sternwartestraße), so kommt man zum **Astronomiemuseum-Sternwarte Sonnenberg** (offen: Di-So 13-17 Uhr) [N 50° 22' 36.6" E 11° 11' 23.0"].

Sonneberg: Altes Rathaus

Wir kehren nach SONNEBERG zurück, folgen, am Museumsparkplatz vorbei, 1000 m den Wegweisern zum **Meeresaquarium Nautiland** [N 50° 22' 9.0" E 11° 10' 35.4"; Unterer Markt] (offen: Di-So 10-17 Uhr) gegenüber dem schönen, alten **Rathaus** mit Treppengiebel.
Nun verlassen wir SONNEBERG auf der B 89 nach Westen Richtung MEININGEN/SUHL. Die Straße durchkurvt die südlichen Ausläufer des Thüringer Waldes, durch Waldgebiete, über Weideland, immer mit Blick auf den Rennsteigkamm im Norden. Ab GRÜMPEN machen wir einen Abstecher, richten den Bug unseres WOMOs direkt auf den Gebirgskamm, rollen durchs **Grümpental** bis RAUENSTEIN.
Gleich am Ortseingang, vor dem Gewerbegebiet, geht links ein schmaler Teerweg ab, der zum Sportplatz und dem dahinter gelegenen **Freibad** führt. Hier kann man parken, sich in die Fluten stürzen [**215:** N 50° 25' 1.6" E 11° 2' 13.2"] und anschließend die Gaststätte "Urmel" (Di geschl.) am benachbarten Sportplatz beglücken.

Rauenstein: Schwimmbad im Herbst

Fährt man bis in die Ortsmitte von RAUENSTEIN, so gabelt sich das Touristenangebot: Links geht es, steil, im ersten Gang, 2300 m hinauf zur **Triniushütte** (offen: Do-Di 11-20 (24) Uhr) im Hangwald, zu der man auch schön hinaufwandern kann, um sich den Nachmittagskaffee zu verdienen. Von dort hat man einen wunderschönen Blick über die südlichen Ausläufer des Thüringer Waldes.

Auf halbem Wege können Sie bei einem **Picknickplatz** [N 50° 25' 13.1" E 11° 2' 59.7"] mit **Brunnen** rasten.

Hält man sich in der Ortsmitte rechts, so findet man vielleicht einen Parkplatz auf dem Marktplatz. Von dort aus führt, vorbei am **Neuen Schloss** mit **Porzellanmuseum**, ein schöner Wanderweg zu den nadelförmigen Resten der **Burg Schaumberg**, die mit der vorgelagerten schmalen Kirche ein pittoreskes Ensemble bildet.

Der Anblick von RAUENSTEIN stimmt mich traurig. Zunächst kann ich diesen Eindruck nicht deuten, weil Ort und Umgebung eine durchaus idyllische Einheit bilden. Dann wird mir klar - es sind die schwarzen Häuser:

Rauenstein: Ortsbild

Schiefergedeckt, oft sogar schieferverkleidet, scheinen sie auf dem Weg zum Friedhof stehengeblieben zu sein. Sie prägen das Ortsbild vieler Bergdörfer und -städtchen und erst, wenn die Sonne ihren glatten Platten Silberglanz verleiht, wird das Gefühl der Trauer von Feierlichkeit überstrahlt.

Vorbei an der Abzweigung zur Triniushütte führt uns die Landstraße nach THEUERN. Gleich am Ortsbeginn hat die **Gaststätte "Sonneneck"** WOMO-Stellplätze [**216:** N 50° 25' 33.3" E 11° 2' 17.7"] eingerichtet. Eine Einkehr wird nicht unbedingt erwartet, da man ohnehin einen Obolus von 7 €/ Nacht (incl. Strom und Frischwasser) erhebt.

Weitaus interessanter ist schräg gegenüber das **Deutsche Goldmuseum** [N 50° 25' 35.7" E 11° 2' 20.0"] (offen: 9-17 Uhr), wo Ihnen Frau Schade nicht nur zeigt, wo und wie man Gold wäscht, sondern man wird auch auf Tagestouren zu Goldbächen in die nähere

Theuern: Goldgräbergrab

Theuern: Im Goldmuseum

Umgebung begleitet. Aber man organisiert für Sie auch Reisen zu Fundstätten in Australien oder Amerika (Info: Tel. 036766-87814, info@goldmuseum.de).
Wir kehren zur B 89 zurück, biegen nach rechts ein.
SCHALKAU entstand im 12. Jahrhundert, wie üblich, im Schutze einer Burg. Die **Schaumburg** südwestlich des kleinen Städtchens wurde im dreißigjährigen Krieg so gründlich zerstört, dass die spärlichen Reste kaum zu einem Ausflug reizen.
Da sollten Sie uns schon eher 3 km westlich, am Ortsende von BACHFELD, nach rechts über WEITESFELD nach SACHSENBRUNN folgen.
Im Ort kaum rechts abgebogen, entdecken wir an der Straße eine Attraktion, die Ihnen wohl noch nicht vor die Linse gekommen ist: Die **Tanzlinde** [N 50° 22' 39.1" E 10° 56' 40.3]!

Sachsenbrunn: Tanzlinde

Eine solide Treppe führt in die "erste Etage" des behäbigen Baumes hinauf, zum Tanzboden. Bereits vor vierhundert Jahren bogen sich die Sachsenbrunner ihre Linde zurecht, so dass die mächtigen Äste zu einer soliden Unterkonstruktion für die Tanzdielen heranwuchsen – sehenswert!

Falls Ihnen ein Gebrechen das Tanzen verwehrt, Sie gar an "Stelzen" gehen müssen, weil der letzte Beinbruch noch nicht verheilt ist, dann düsen Sie mit uns noch 2 km auf der B 281 nach Osten bis SCHIRNROD und dann weitere 2 km nach rechts bis STELZEN.

Stelzen: Itzquelle

Dort quillt links, im Buchenwald, neben einer Wallfahrtskapelle, die **Itzquelle** [N 50° 26' 34.2" E 10° 59' 27.8"] aus dem Fels. Falls die Wirkung des heilkräftigen Wassers nicht nachgelassen hat, so können Sie bereits nach einmaligem Genuss Ihre Stelzen wegwerfen und unternehmungslustig zur Sachsenbrunner Tanzlinde zurückkehren:

"Der Quell, der einstens in der Väter Tagen,
vieltausend Kranken wundertätig Hilfe bot,
in diesem gottgeweihten, stillen Raum,
der will auch Dir, oh Dürstender, Erfrischung bieten
und kühlen Deinen heißen Gaum."

Mit diesem Gedicht ist der Quellstein der **Itzquelle** verziert. Wir sind völlig allein in dem ruhigen, schattigen Wald, genießen Kühle und Heilwasser.
Von hier aus könnte man zur Kuppe des Bleßberges (866 m) aufsteigen, dessen Antennenmasten uns bereits mehrfach herangewunken haben. Seine heidetrockene Südflanke ist als Biotop einer ganzen Reihe seltener Orchideenarten bekannt ...
Wir rollen aus Richtung SACHSENBRUNN nach EISFELD hinein, passieren die spätgotische **Stadtkirche**, werden dahinter zu dem riesigenWOMO-Stellplatz mit Wiesenareal am Volkshaus geschickt [**217:** N 50° 25' 34.6" E 10° 54' 37.8"].

Um die Kirche herum ist eine ganze Reihe von sehenswerten Fachwerkhäusern aus dem 17. Jahrhundert gruppiert: Das baufällige Fachwerkhaus links der Kirche, direkt an der Straße, ist die alte Schule. An seinem Eck entdecken Sie eine **Sandsteinplastik**, die einen alten, vollbärtigen Schäfer mit Knotenstock und Wachhund zeigt.
Um dieses „Schulmännle" rankt sich eine wundersame Geschichte: Der alte Schäfer findet einen großen Goldschatz – und weiß damit nichts besseres anzufangen, als damit eine Schule zu gründen.... Falls Sie sich wundern, warum der Sandstein dem SO_2 der Auspuffgase so standhaft getrotzt hat – das Original finden

Eisfeld: Haus der Superintendentur hinter der Kirche

Sie im **Museum** im Schloss.
Im schönsten Fachwerkhaus, hinter der Kirche, ist die Superintendentur zu Hause.
Die Kirche selbst hat eine lange Baugeschichte: 1488 begonnen, 1601 und 1632 abgebrannt, im Inneren seit dem 17. Jahrhundert dem Zeitgeschmack entsprechend erneuert. So wirkt das Gebäude von außen älter, als es sich im Inneren präsentiert.
Ist man an der Kirche vorbeispaziert, geht es nach rechts zum **Marktplatz** mit schönem **Brunnen** und dem dahinter liegenden **Schloss Eisfeld**. Seine Grundmauern gehen auf eine fränkische Befestigung aus dem 9. Jahrhundert, die Burg Esefeld zurück. Der „Neubau" aus dem 17. Jahrhundert bezog die Stadtbefestigung mit ein, sehenswert sind:
Das Steinerne Haus, der Bergfried, Zwinger, Ringmauern – und das griechische Restaurant.

Eisfeld: Schlossturm

KARTE TOUR 10

TOUR 10 (ca. 210 km)

Steinbach - Masserberg - Neustadt a.R. - Schmiedefeld - Oberhof - Ohrdruf - Zella-Mehlis - Suhl - Schleusingen - Kloster Veßra - Hildburghausen

Freie Übernachtung:	Steinbach, Fehrenbach, Masserberg, Vesser, Oberhof, Frankenhain, Ohrdruf, Zella-Mehlis, Suhl, Breitenbach, Schleusingen, Ratscher, Kloster Veßra, Themar, Hildburghausen.
Ver-/Entsorgung:	u.a. Biberschlag (W), Steinbach (WC), Masserberg (WC), Vesser (VE), Oberhof (VE, Strom), Themar (VE, Strom).
Campingplätze:	Lütsche-Talsperre, Erlau, Breitenbach, Ratscher.
Baden:	Masserberg, Frauenwald, Lütsche, Ratscher.
Besichtigungen:	Ohrdruf, Oberhof (Rennsteiggarten), Zella-Mehlis, Suhl, Kloster Veßra, Themar, Hildburghausen.
Wandern:	u.a. Fehrenbach/Masserberg (Werraquelle), Allzunah (Rennsteig), Luisenthal (Ohra-Talsperre), Oberhof, Vessertal.

Wir verlassen EISFELD auf der B 281 nach Norden, Richtung SCHLEUSINGEN/A 73, biegen außerorts am Kreisverkehr rechts ab nach MASSERBERG. Bedächtig, aber stetig machen wir uns an den Aufstieg. Wiesen und Felder gehen in dichten Fichtenwald über. Dann haben wir eine wellige Hochfläche erreicht, wo wieder Felder und Weiden dominieren und uns den Blick auf die Thüringer-Wald-Höhen frei geben.

Waffenrod: Sin(t)flut

Als erste Orte durchqueren wir HINTERROD und WAFFENROD (am Ortsende rechts der Freizeitpark Sin(t)-flut mit Bergbaude, **Sommerrodelplan** und Abenteuerspielplatz, dann schlängelt sich die schmale Bahn durch ein liebliches Wiesen- und Waldtal hinab nach EINSIEDEL mit einer Straßengabelung, an der wir links abbiegen und über EINSIEDEL, TELLERHAMMER, BIBERSCHLAG (Ortsmitte rechts **Brunnen** mit Betonlöwenkopf) und LICHTENAU durchs romantische **Bibertal** tuckern. Bei aller Romantik ist es doch viel zu eng, um einen Übernachtungsplatz zu bieten, der uns weit von der Straße die erwünschte Ruhe garantieren könnte. Aber wir sind ja nicht zum ersten Mal in der Gegend, und wir

haben einen bequemen, ruhigen Parkplatz in Erinnerung, auf dem Platz für hunderte (!) von Autos ist – den Parkplatz am bekannten **Naturtheater** von STEINBACH. Schwierig zu finden ist er auch nicht, denn nachdem wir in LICHTENAU nach links abgebogen sind, brauchen wir uns nur noch nach den Wegweisern "Naturtheater Steinbach" zu richten. Wir werden noch vor WALDAU nach rechts Richtung STEINBACH/FRAUENWALD geschickt, schnaufen 3 km recht steil ein Waldtal hinauf, erreichen das Straßendorf STEINBACH.
Kurz hinter dem Ortsschild sprudelt ein kräftiger **Wasserstrahl** so nah der Straße in einen ummauerten Eisentrog, dass man ihn bequem in den WOMO-Tank umleiten kann, dann führt uns der Wegweiser rechts von der Hauptstraße ab, das Naturtheater und sein schöner Parkplatz sind nur wenige Schritte weiter am Orts- und Waldrand.

(218) WOMO-Wanderparkplatz: Steinbach/Naturtheater

GPS: N 50° 31' 28.8" E 10° 50' 57.0"; 604 m. **max. WOMOs:** >5.
Ausstattung/Lage: WC, Gaststätte, Wanderwege/außerorts.
Zufahrt: In Steinbach rechts, ausgeschildert.

Nun werden Sie denken: „Tiefste Provinz, das wird so ein Theater sein!?“ Aber weit gefehlt! Das Repertoire reicht von Volksmusik über Schlagergala bis zu Operetten!
Die Beliebtheit Steinbachs hat indes weitere Gründe: Da ist zunächst die besondere Atmosphäre eines Naturtheaters überhaupt und wenn Sie, auch außerhalb einer Vorstellung, sich auf den Bänken des Theaterrunds niederlassen, so umgibt Sie ein klassisches Idyll, denn wie in einem römischen Amphitheater finden über 3000 Besucher in einem ansteigenden Halbrund nahezu gleich gute Sitzplätze.
Wir haben hier mit unseren Kindern "Pippi Langstrumpf" gesehen und waren ganz gefangen von deren Begeisterung. Wir haben das "Schwarzwaldmädel" genossen, das sich im Naturrund des Thüringer Waldes offensichtlich wohl fühlte – und waren nach jeder Vorstellung allein auf "unserem" Übernachtungsplatz.

Zurück in EINSIEDEL (ab STEINBACH ist die Straße nur bis 2 m Breite zugelassen) halten wir links auf FEHRENBACH, einen langgestreckten Luftkurort, zu. Knapp 1400 m nach dem Ortsschild, vor der Gaststätte "Werraquelle", dröhnen wir rechts steil den Berg hinauf, passieren das Sportlerheim und den Sportplatz, biegen vor dem Schild, das uns die Weiterfahrt auf der schönen Asphaltbahn zur **Werraquelle** verwehrt, rechts zu einem ausgedehnten Wiesenplatz am Waldrand.

(219) WOMO-Wanderparkplatz: Fehrenbach
GPS: N 50° 29' 50.5" E 10° 56' 52.4" **max. WOMOs:** 3-4.
Ausstattung/Lage: Gaststätte, Wanderwege/außerorts.
Zufahrt: Vor der Gaststätte "Werraquelle" rechts, oberhalb des Sportplatzes.

Nur 2500 m (und 115 Höhenmeter) sind es bis zum Endpunkt des schmalen Teerbandes neben der Gaststätte "Werrabaude", die einen geschickten Ausgangspunkt für eine idyllische Rundwanderung bietet:

Aber zunächst wenden wir uns, unterhalb des Fahrweges, dem gusseisernen Löwenkopf zu, aus dem der Beginn eines Wasserbandes quillt, das zunächst einmal 293 km als Werra bis MÜNDEN fließt, sich dort mit der Fulda zur Weser vereinigt (Wenn Fulda und Werra sich küssen, sie ihren Namen lassen müssen!) um schließlich, nach insgesamt 733 km, bei BREMERHAVEN an der Füllung der Nordsee mit zu arbeiten. Ihren Namen hat sie übrigens gar nicht gelassen, denn über das althochdeutsche Wisuraha, Wisara, Wisera, Wirhuha und Werraha lassen sich beide Flussnamen voneinander ableiten – und die "nur" 218 km kurze Fulda wird dadurch eindeutig zum Nebenfluss degradiert.
Warum es im mitteleuropäischen Fichtenwald unbedingt ein Löwenkopf sein musste

und nicht ein Reh- oder Wildschweinschädel, das weiß wohl nur sein Schöpfer, der Forstmeister Georg Schröder allein – und der nahm sein Geheimnis 1925 mit ins Grab. Finden wird es wohl niemand mehr, denn nach des Försters letztem Willen musste seine Asche "an unbekannter Stelle" in der Nähe seiner geliebten Quelle beigesetzt werden. So sprudelt seit 1897 die Werra in 797 m Höhe über ihrer Mündung (wie ausdrücklich durch das Kürzel N.S. = Nordseespiegel statt NN vermerkt ist) durchs Löwenmaul aus dem Berghang an der Köpfleswiese und bietet mit der benachbarten "Werrabaude" (Mo-So, 10-17 Uhr) einen zentralen Anlaufpunkt für eine ganze Reihe von Wanderwegen.

Wir haben für Sie einen Rundkurs erwandert, dessen Kombination Ihnen sicher behagen wird: Rechts der jungen Werra stolpern wir über herausstehende Wurzeln bergab durch Fichtenschonungen, kniehohes Gras und Farnwedel auf einem schmalen Pfad. Bald nimmt uns der schattige Hochwald auf, nur ein leises Murmeln erinnert an unser Werra-Bächlein, das oft unter Gesträuch und zwischen Felsgestein verschwindet.
Erst nachdem wir uns Finger und Mund reichlich mit den überreifen Heidelbeeren verschmiert haben, treffen wir auf den markierten Wanderweg zum Werrateich (roter Balken), einen breiten Waldweg und folgen ihm. Die einzigen, die unsere Wanderlust nickend begrüßen, sind Büschel roter Fingerhüte am Weghang.
Ein knappes halbes Stündchen ist es von der Werrabaude bis zum Werrateich, einem kleinen Flößerteich, an dessen unterem Ende uns der Wegweiserbaum belehrt, dass wir den roten nach links gegen einen gelben Balken eintauschen müssen, um nach 2,5 km an die "Eisfelder Ausspanne" und damit an den Rennsteig zu gelangen.
Wir haben nun unter den Tretern einen breiten Holzabfuhrweg, der auch schon bessere Tage gesehen haben muss, denn auf halbem Wege altert ein unübersehbarer Kilometerstein mit der Markierung "Hildburghausen 25 km". Nur sacht geht es bergan, und nach einem weiteren halben Stündchen haben wir den Gebirgskamm und damit den Rennsteig erreicht: Eine dürftige Hütte, ein Steinklotz mit verwitterten Aufschriften und eine Fülle von Wegweisern – die "Eisfelder Ausspanne". Hier wurden früher die Pferde gewechselt, denn auch die Talfahrt war mit den schweren Fuhrwerken keine Erholung. Wir wenden uns scharf nach links und folgen dem Rennsteig-"R" Richtung MASSERBERG. Dass der Rennsteig ein echter Grenzweg war, erkennen wir an der Unmenge von Grenzsteinen, die eine zusätzliche Markierung fast überflüssig machen. Viele von ihnen sind schön mit den Wappen der angrenzenden Herzogtümer verziert, fast alle tragen Jahreszahlen aus dem 17. und 18. Jahrhundert.
Bereits nach zehn Minuten Rennsteigwanderung will uns bei einer Schutzhütte ein Wegweiser "Werraquelle 1,5 km" nach links weglocken. Wir folgen jedoch weiter standhaft dem Kammweg, bis wir nach 30 Minuten, mitten im Wald, auf einen der dreizehn Dreiherrensteine des Rennsteiges treffen müssten. Hier berührten sich einst die Fürstentümer Schwarzburg-Sondershausen, Schwarzburg-Rudolstadt und das Herzogtum Sachsen. Wir entdecken die Heidehütte, eine Schutzhütte, einen einfachen Grenzstein – und drei verbogene Stahlstifte auf einem Betonsockel! Der Dreiherrenstein, auf den wir uns gefreut hatten, ist offensichtlich geklaut worden. Wir wünschen dem Dieb die Krätze an den Hals und zu kurze Arme zum kratzen!
Von den Resten des Dreiherrensteines aus folgen wir nach links einem geschotterten Wegle wieder bergab (Wegweiser: Werraquelle 1 km). Nach einer halben Stunde kreuzen wir einen breiten Waldweg. Aufpassen! Der Trampelpfad führt 20 m weiter rechts talwärts zur Werraquelle und zur "Werrabaude".

Knapp zwei Stunden waren wir unterwegs, schön und nicht anstrengend war's. Jetzt geht's gemütlich 115 Höhenmeter hinab bis zu unserem WOMO am Waldrand ...
Ich gebe ja zu, nicht jedermann ist für diese Wanderung zu begeistern – aber wir haben auch eine Minivariante im Gepäck: Zurück an der Durchgangsstraße in FEHRENBACH tuckern wir rechts nach MASSERBERG hinauf, wo gleich am Ortsbeginn der große **Wanderparkplatz [220:** N 50° 31' 4.9" E 10° 57' 53.7"] (geringe Gebühr) direkt am Rennsteig wartet.
Gegenüber zeigt Ihnen der Plan mit den Terrain-Kurwegen, dass Sie von hier aus ebenfalls auf dem Rennsteig und zur Werraquelle wandern können bei einem Höhenunterschied von nur 40 m.
Aber MASSERBERG bietet mehr!

Masserberg: Badehaus

Das **Badehaus Masserberg** – mit Sprudelbecken, Klangbecken, Whirlpools, Soleaußenbecken, Dampfbad, Saunen, Duftschränken und Schallliegen und, bei Unterfunktion der Schilddrüse, die Totes-Meer-Salzgrotte – und einen **Parkplatz [220a:** N50° 31' 1.8" E10° 58' 12.3"], auf dem auch WOMOs für 5 €/Tag stehen dürfen – reicht das?
Ach ja, einen kostenlosen Parkplatz haben wir auch noch gefunden! Man verlässt MASSERBERG Richtung NEUSTADT bis zum Skiliftparkplatz "Ersteberg" [**221:** N 50° 31' 29.9" E 10° 57' 30.5"].
An dem Skiliftparkplatz vorbei folgt unsere Straße dem Rennsteig Richtung NEUSTADT a.R. Einen der Picknickplätze für Rennsteigwanderer am "Hohen Stock" [N50° 32' 54.3" E10° 56' 28.5"], 4,5 km nach MASSERBERG, besetzen wir eine Weile, um uns die Beine zu vertreten. Tisch & Bank laden auch zu einer Vesperpause ein.

In KAHLERT wenden wir uns an der Vorfahrtsstraße rechts und registrieren, dass wir uns genau in der Mitte des Rennsteigs befinden (wer hat das wohl abgeschritten?).
In NEUSTADT AM RENNSTEIG geht er zumindest mitten durch den Ort, fast jede Laterne ist mit dem Rennsteig-R verziert. Aber es ist noch wesentlich mehr geboten:
Glasbläsern kann man bei der Arbeit zuschauen und rechts der Straße ist vor dem Rennsteighotel "Kammweg" ein Teil des großen Parkplatzes für drei WOMOs reserviert [**221a:** N50° 34' 54.1" E10° 56' 04.0"].

Neustadt am Rennsteig: Holzkirche

Der ist um so praktischer, als sich gleich gegenüber die Haupt-Attraktion des Ortes erhebt, denn die Kirche von NEUSTADT ist die größte **Holzkirche** Thüringens (aus Witterungsgründen komplett mit Schiefer verkleidet). Die Kirche entstand 1892 nach dem Vorbild der englischen Gotik und dient (ein kleines Wunder) sowohl den evangelischen wie den katholischen Christen als Gotteshaus.
Wenige Schritte weiter, beim Kreisverkehr, wartet im **Heimatmuseum** ein Spaziergang durch die historische Entwicklung der Stadt auf Sie – und am Schluss dürfen Sie NEUHAUS aus der Vogelperspektive erleben.

Schon seit MASSERBERG bietet uns der Thüringer Wald einen Komfort besonderer Art, den Sie aber nicht als "Allgemeinaufforderung" auffassen sollten: Rennsteig per WOMO!
Fast 40 km können wir, Hauptrichtung "Nordwest", zwischen 770 m Höhe (Masserberg) und 921 m Höhe (Suhler Aus-

spanne) mehr oder weniger parallel des schönsten Thüringer Wanderweges entlang rollen, an praktischen Parkplätzen die Aussicht genießen oder zu kleinen Wanderungen aufbrechen. Ein besonders praktischer Wanderparkplatz erwartet uns 4,5 km

nach NEUSTADT vor der "Waldbaude großer Dreiherrenstein". Seit 1596 markiert der ehrwürdige Fels, wo die Länder Königreich Preußen, Herzogtum Meiningen, Großherzogtum Sachsen-Weimar-Eisenach und Fürstentum Schwarzburg-Sondershausen aneinanderstießen – also eigentlich vier "Herren".

Wir spuren uns wieder in die "Rennsteigfahrstraße" ein, halten auf OBERHOF/SCHMIEDEFELD zu. 2100 m nach ALLZUNAH lockt uns ein merkwürdiges Schild nach rechts: "Waldhotel Rennsteighöhe, Bunkermuseum". 600 m weiter haben wir die WOMO-freundliche Hotelgaststätte erreicht.

(222) WOMO-Gaststätte: "Rennsteighöhe"

GPS: N 50° 36' 26.7" E 10° 50' 47.7"; 758 m. **max. WOMOs:** 3-4.
Ausstattung/Lage: Bunkermuseum, Gaststätte, Wanderwege/bei Einzelgebäude.
Zufahrt: Von Frauenwald auf dem Rennsteig 2 km, dann rechts.
Hinweis: Bitte mit dem WOMO-Buch in der Gaststätte anmelden, Einkehr wird erwartet.

Rechts im Wald liegt versteckt ein riesiger Bunker ...
Wer Interesse hat, kann sich im Rahmen einer Führung zeigen lassen, wie die Mitarbeiter der Stasi für den Notfall vorgesorgt hatten.
Wir fahren weiter auf unserem Kammweg, passieren den (sehenswerten) Bahnhof Rennsteig. Seit 1904 überquert hier

die Bahnstrecke Schleusingen-Erfurt den Thüringer Wald (im Gegensatz zur Strecke Meiningen-Erfurt ohne Tunnel), wurde bis 1927 an fünf Strecken wegen der starken Steigung als Zahnradbahn betrieben. Später half man sich mit Doppellokantrieb, stärkere Maschinen haben heute die Probleme vergessen lassen. Ein knapper Kilometer ist es noch bis zur Kreuzung mit der B 4 Schleusingen-Suhl.

Tipp: Von dort aus kann man auf kurzem Wege den Nordrand des Vessertales erreichen, das wir vom Süden aus erwandern werden. In VESSER findet man **WOMO-Stellplätze** beim Skilift **"Offenstall"** mit Ver-/Entsorgung und Strom [**223:** N 50° 35' 56.4" E 10° 47' 29.9"] und 1,5 km südwestlich die Gaststätte "Stutenhaus" mit Wanderparkplatz [**224:** N 50° 35' 15.0" E 10° 46' 56.0"].

Wir überqueren die B 4 und stellen den Tageskilometerzähler auf "0".

Viel zeigt sich uns vom Thüringer Wald zunächst nicht, denn wir passieren dichten, hohen Fichtenwald. Der Rennsteig-Wanderweg ist mal rechts, mal links von uns – er kürzt ab, wir ziehen in Schleifen auf der Höhe entlang.

Bei »km 4,2« haben wir linkerhand den **Wanderparkplatz "Eisenbergwiese"** [**225:** N 50° 37' 33.4" E 10° 47' 21.7"] erreicht: Ein topfebenes Gelände, Tische und Bänke fürs Picknick, die Sonne scheint zwischen den Baumwipfeln hindurch; ein schöner Platz.

Der Fahrweg knickt nach rechts ab. Bei »km 5,8« passieren wir die Schutzhütte "Mordfleck" [N 50° 38' 10.3" E 10° 46' 42.1"] mit Parkgelegenheit und überwältigend weiter Aussicht, passieren bei »km 7,1« den **Wanderparkplatz "Borstenplatz"** [**226:** N 50° 38' 46.3" E 10° 46' 23.0"] mit Herbert-Roth-Gedenkstein, erreichen bei »km 8,0« an einer Straßengabelung das Gasthaus "Schmücke".

Wir halten uns nicht rechts, auf GEHLBERG zu, sondern biegen nach links, weiter dem Thüringer-Wald-Kamm nach OBERHOF folgend. Eine meteorologische Station liegt am Weg, hat ihre Höhenlage mit 942 m über NN angezeigt – die höchsten Berge Thüringens können nicht mehr weit sein!

Einen knappen Kilometer nach der Schmücke, bei »km 8,8«, zeigt ein brauner Wegweiser nach rechts in den (gesperrten) Fahrweg zum **Schneekopf** (978 m).

Text von 1991: Kurz darauf haben wir russischgrün gestrichene Baracken vor uns, denn der Schneekopf, mit 978 m nur vier Meter niedriger als der Große Beerberg, war bis vor kurzem, total abgeriegelt von jeglicher Öffentlichkeit, militärisches Sperrgebiet, Radar- und Lauschstation des KGB. Wir parken direkt vor dem Eingang zum umzäunten Gelände, Waltraud kramt heraus, was von ihrem Russischunterricht übrig geblieben ist und interviewt den kurzgeschorenen Wachposten Wladimir aus Odessa, der, nur mit seinem Bajonett bewaffnet, recht froh um das Tor ist, das ihn beschützt. Wir haben gerade in Erfahrung gebracht, dass der Abzug noch in diesem Jahr stattfinden soll, da verlässt ein Bundeswehrfahrzeug das Gelände. „Wir haben hier Hoheitsrechte!“ werde ich von einem Hauptfeldwebel belehrt. Na ja, hoffentlich setzen sich dann nicht gleich die nächsten Militärs auf dem Schneekopf fest.

Wir kehren zum Kammweg zurück. Nur ab und zu sehen oder hören wir Wanderer links der Straße, der **Rennsteig** bleibt trotz seiner Nähe fast unsichtbar. Das wollen wir ändern!
Nach weiteren 2900 m, bei »km 11,7«, haben wir die **Suhler Ausspanne** [N 50° 39' 50.8" E 10° 44' 0.5"] erreicht, einen schönen Parkplatz links der Straße angefahren und entdeckt, dass hier der **Rennsteig** von links nach rechts über die Straße wechselt.

Wir schlüpfen in kräftiges Schuhwerk und folgen dem Wanderweg nach Süden zurück, bleiben also links der Straße (Richtung Adler, blaues Kreuz). Wir umgehen im flachen Bogen, leicht bergan, zunächst den Gipfel des Großen Beerberges mit seinem **NSG Beerbergmoor**, erreichen nach 15 Minuten die höchste Stelle des Rennsteiges, Plänckners Aussicht (973 m). Hier wurde dem "Vater der Rennsteigwanderung", Julius von Plänckner (1791-1858) eine Erinnerungstafel an einer Steinbank gewidmet. Er fertigte nicht nur die erste exakte Beschreibung des Rennsteigverlaufes, sondern unternahm auch (1830) die erste zusammenhängende Rennsteigwanderung, für die er fünf Tage benötigte (damals waren vermutlich die Nadelbäume an seinem Aussichtsplatz noch niedriger!).
Um auch jetzt dem Wanderer "Plänckners Aussicht" zu bieten, wurde gleich neben der Bank eine scheußliche Plattform errichtet (vielleicht streicht man sie noch tannengrün?).
Jedenfalls blicken wir von dort aus frei nach Süd und West: Unter uns liegen die Neubauten von SUHL, überragt vom Ringberghotel, ganz weit entfernt gucken der **Dolmar** bei MEININGEN, die Rhönberge, manchmal gar die **Gleichberge** bei RÖMHILD und der Sendeturm auf dem **Blessberg** östlich EISFELD aus dem Industriedunst.

Natürlich stapfen wir von Plänckners Aussicht noch hinauf zum Gipfel des **Beerberges** (982 m), also nach links hinein ins Naturschutzgebiet. Dort fehlt jedoch jeglicher Rundblick, da auf dem flachen, baumbestandenen Moorbereich ein Aussichtsturm nötig wäre – und der fehlt! Verkohlte Stümpfe markieren die Stelle, wo wohl mal einer stand. Warten wir's ab!
Ersatzweise begeistern wir uns an der Moorflora, sehen zu, dass wir nicht vom Wege abkommen und von den Moornixen in die Tiefe gezogen werden, nachdem wir unter der Absperrung durchgeklettert und noch hundert Meter nach Norden gelaufen sind. Dort erreichen wir eine abgeholzte Fläche (im Naturschutzgebiet!), wie herbeigehext steht an ihrem Rand eine

kleine Bank, von der aus wir einen herrlichen Panoramablick hinüber bis zum "Panorama-Hotel" bei OBERHOF haben.
Viele, viele Heidelbeerbüsche tragen reiche Frucht und wollen abgeerntet sein, aber der Boden federt verdächtig quietschend unter unseren Füßen, um die Fußsohlen herum bilden sich sofort Wasserlachen ...
Ziemlich genau nach einem Stündchen, nach ausgiebigen Ausguck-, Fotografier- und Heidelbeerpausen, kehren wir auf dem gleichen Wege zu unserem WOMO zurück, und wenn man nur unsere Zungen sehen könnte, würde man uns zur Hunderasse der Chow-Chow zählen.

Zur eigentlichen **Suhler Ausspanne** muss man, in der Verlängerung des Parkplatzes, nach links noch 500 m in das Gelände fahren. Dort stünde man für eine Übernachtung idyllisch und total ruhig.

Rennsteigwanderparkplatz: Sommerwiese

Auf den Parkplatz **Suhler Ausspanne** folgt 1800 m später, bei »km 13,5«, der Parkplatz **Sommerwiese** [**227:** N 50° 40' 52.4" E 10° 43' 53.3"] hinter Bäumen links der Straße. Er scheint uns, trotz der Straßennähe, wegen der geringen Fahrzeugdichte, ebenfalls als Nächtigungsplatz geeignet.
Ein letzter Parkplatz, diesmal rechts, unterhalb der Straße, wartet beim Waldgasthof "Forsthaus Sattelbach" bei »km 14,4«. Hier wäre die Nähe zu Trank und Speise eine erfreuliche Zugabe – und späte Zecher werden auch nicht stören (offen: Do-Di 10-17 Uhr). Die Bahnlinie indes (und die A 71) dürften kaum stören, denn sie verlaufen hier hunderte von Metern unter der Straße durch den mit 3038 m längsten Eisenbahntunnel Thüringens (bzw. mit 7900 m den längsten Autobahntunnel Deutschlands).
1400 m später, auf dem Tageskilometerzähler erscheint die Zahl »15,8«, ist unsere Rennsteig-WOMO-Strecke zu Ende; die Kammstraße zwischen ALLZUNAH, SCHMÜCKE und

RENNSTEIG-LIED

Durch Buchen, Fichten, Tannen, so schreit' ich in den Tag,
begegne vielen Freunden, sie sind von meinem Schlag.
Ich jodle lustig in das Tal, das Echo bring's zurück.
Den Rennsteig gibt's ja nur einmal und nur ein Wandrerglück.
Diesen Weg ...
An silberklaren Bächen sich manches Mühlrad dreht,
da rast' ich, wenn die Sonne so blutrot untergeht.
Ich bleib', solang es mir gefällt und ruf' es allen zu:
Am schönsten Plätzchen dieser Welt, da find ich meine Ruh'.
Diesen Weg ...

OBERHOF stößt am Parkplatz **Rondell** [N 50° 41' 39.5" E 10° 43' 16.0"] auf die B 247 (Gebühr).
Hier sollte man keinesfalls durchfahren, denn einen **Rennsteiggarten** (offen: 9-18 Uhr; Kombikarte mit Exotarium) bekommt man nur einmal auf der Welt geboten!

Der "Botanische Garten für Gebirgsflora" kultiviert in einer schier unglaublichen Fülle so ziemlich alles, was zwischen Kaukasus und Kordilleren sprießt und blüht, man könnte glatt neidisch werden! Aber selbst dafür besteht kein Grund, denn an der Kasse bekommt man nicht nur Eintrittskarten, sondern auch eine Vielzahl von Gebirgspflanzen für den eigenen Steingarten.

Der **Rennsteiggarten** macht dem Besucher das Verständnis für die Lebensbedingungen der "Alpinen" leicht: Durch Laub- und schließlich Nadelwald wird er zur Baumgrenze geführt. Hier, in der Krummholzzone, gedeihen nur noch niedrige Latschenkiefern. Schließlich erreichen wir die alpine Zwergstrauchheide, das Reich verschiedener, windgepeitschter Heidestrauchgewächse. Dann ist es aus mit Baum und Strauch! Nur noch Pflanzen ohne verholzte Teile, die während der kalten Jahreszeit vollständig Schutz in der Erde finden, sind im alpinen Bereich vertreten – hier sind wir im eigentlichen Rennsteiggarten!
Nun könnte man annehmen, dass sich nur wenige Pflanzenarten auf kurze Vegetationszeit, Wind und Kälte spezialisiert haben – weit gefehlt!
Nahezu jede Pflanzengattung stellt ein paar "Ritter ohne Furcht und Tadel" ab: Eine Fülle von Enzianarten, unter den Korbblütlern Edelweiß, Alpenaster und alpine Disteln, die Hahnenfußgewächse sind mit Alpenkuhschelle und Anemonen vertreten, wir erkennen Trollblumen, Alpenglöckchen, Glockenblumen, Nelken, Primeln – über 4.000 Pflanzenarten!

Noch voll der bunten Eindrücke kehren wir zum Rondell mit seinem Obelisken zurück. Er wurde zur Erinnerung an den Bau der Straße im Jahre 1830/32 errichtet.
Wir biegen nach rechts in die B 247 ein, fahren nach OBERHOF hinein, dem Mekka des Thüringer (und internationalen) Wintersports. Was könnte man hier – außer "après-ski" – im Winter nicht alles machen: Rennschlittenbahn, Bobbahn, Biathlon-Strecke, Sprungschanzen, Skilifte ...
Im Sommer kann man in Ruhe die Skianlagen besichtigen, das Exotarium oder den Wood-Jump-Hochseilgarten, denn in der Zellaer Straße wurde ein WOMO-Stellplatz eingerichtet.

(228) WOMO-Stellplatz: Oberhof (Winkler)

GPS: N 50° 42' 8.3" E 10° 43' 36.5"; Zellaer Str. **max. WOMOs:** 150.
Ausstattung/Lage: 11 € (Ver-/Entsorgung und Strom incl.), Wanderwege/ Ortsrand.
Zufahrt: Am südlichen Ortsrand von Oberhof, ausgeschildert.
Hinweis: Weitere Stellplätze bei Pension "Traumblick" und der Total-Tankstelle.

6,5 km nach dem **Parkplatz Rondell**, am Beginn vom **Parkplatz Wegscheide**, biegen wir rechts ab, die Lütsche-Talsperre, tief unten im Tal, lockt.
Leider ist lange keine Reparaturkolonne mehr hier vorbei gekommen, und so wechselt des Fahrers besorgter Blick immer schneller zwischen den Rinnen und Schlaglöchern des Fahrweges und der idyllischen Umgebung hin und her.
Die Talsperre ist malerisch in ein dicht bewaldetes Tal eingeklemmt. Wenn man vor dem See rechts fährt, kommt man zunächst an einen kostenpflichtigen **Badeparkplatz** (der nachts natürlich für WOMOs tabu ist) und wenig später an den **Campingplatz "Lütschestausee"** am Waldrand [**229:** N 50° 44' 1.1" E 10° 45' 24.7"]. In der Hauptsaison erwartet man (WOMO + 2 Personen) einen Obolus von 21 € (incl. Strom).
Wir wenden und fahren jetzt links des Wasserspiegels weiter. Neben der Staumauer sind nochmals feine Parkplätze – ein guter Startplatz für eine Seeumrundung "per pedes".

Lütschestausee beim Campingplatz

Wir setzen unseren Weg weiter talwärts fort. Am **Borzelborn** [N 50° 44' 37.9" E 10° 46' 2.5"], einem kräftig schießenden, gemauerten **Brunnen** rechts vorbei, rollen wir hinab bis FRAN-

KENHAIN, wo am Ortsrand rechts ein **Picknickplatz** [**230:** N 50° 45' 10.2" E 10° 46' 50.6"] mit Bänken und einem großen Schirmpilz als Überdachung zur Rast einlädt.

Wir schwenken nach links in die B 88 ein, fahren über CRAWINKEL nach OHRDRUF. Dort lohnt sich unbedingt ein Besuch von **Schloss Ehrenstein** (im ganzen Ort bestens ausgeschildert), nicht nur wegen des Schlosses, sondern auch wegen des schönen **Parks** - und natürlich freuen wir uns, Ihnen dort einen feinen Übernachtungspark-

platz empfehlen zu können [**231:** N 50° 49' 51.6" E 10° 44' 15.2"; An den drei Teichen].

Wir aber wollen den **Tobiashammer** (800 m südlich von OHRDRUF an der B 247) [N 50° 48' 9.3" E 10° 43' 47.3"] sehen!

An der **Ohra**, die vom Kamm des Thüringer Waldes herabstürzt, arbeiteten im Bereich von OHRDRUF sage und schreibe 37 (siebenunddreißig) Gewerke und Mühlen. Der Tobiashammer ist eine historische Schauanlage in den ehemaligen Produktionsräumen eines alten Hammerwerkes mit fünf funktionstüchtigen, gewaltigen Fallhämmern, einem funktionierenden Walzwerk, einem lärmenden Pochwerk und einer ganzen Reihe von Nebenanlagen. Eine elektrische Eisenbahn oder eine Spielzeugdampfmaschine – was ist das schon gegen ein hämmerndes, schnaufendes, krachendes Riesen-Original?
Sie möchten schnell noch wissen, was ein Pochwerk ist?

In riesige Blechtröge werden Erzbrocken geschüttet und durch hineinfallende Holzstempel mit Eisenspitzen zerkleinert. Dann leitet man Wasser durch die Tröge – das leichtere, taube Gestein wird weggeschwemmt, das schwerere, erzhaltige Gestein bleibt liegen ...
Ein Hammerwerk ist Ihnen auch noch nie begegnet?
Stellen Sie sich einfach einen Hammer aus Ihrem Werkzeugkasten vor, nur drei Zentner schwer und mit einem 3 1/2 Meter langen Stiel. Eine Achse hält ihn in der Mitte fest, und das Ende seines Stieles wird von den "Fröschen", den Nocken eines Wasserrades, unaufhörlich hinabgedrückt und wieder los gelassen. Durch sein Eigengewicht saust der "Bär", der Hammerkopf, mit Wucht hinab – und schmiedet, wie zum Beispiel der Tobiashammer, Sensen und Sicheln.

Täglich von 9-17 Uhr können Sie sich das gigantische Vergnügen, den Anblick werkelnder Riesenspielzeuge, gönnen!
Die B 247 von OHRDRUF nach OBERHOF führt durch LUISENTHAL. Dort kann man am Ortsbeginn rechts nicht nur das **Brauereimuseum** besichtigen, sondern auch in seiner Gaststätte "Stutzhäuser" speisen.
In frischem Blau leuchtet auf unserer Wanderkarte der Spiegel der **Ohratalsperre** aus dem Grün des Waldes.
Rechts der Straße sollen Sie auf den (gebührenpflichtigen) **Wanderparkplatz** (mit **WC**) [N 50° 46' 8.8" E 10° 43' 42.2"] rollen, wo drei Plätze für WOMOs reserviert sind und sich dann zu Fuß zum ca. 600 m entfernten **Stausee** (mit Bootsverleih) aufmachen...
Wir düsen nun die Serpentinen nach OBERHOF hinauf, am Rondell kippt der WOMO-Bug wieder nach unten, nach 12 km hätten wir SUHL, die Stadt der Waffenschmiede, erreicht.
Aber bereits nach 1300 m, ziemlich unverhofft in einer Linkskurve, lockt uns ein Schild "Gaststätte Veilchenbrunnen" nach rechts in einen guten, festen Schotterweg (der eigentlich nur für den Forstbetrieb zugelassen ist). Aber Hunger und Neugierde

verführen uns zur "Gesetzesübertretung". Das junge Gastwirtspaar bestätigt uns, dass "der Forst" sich gegen eine Freigabe der Fahrstraße sträubt (Sie werden deshalb den Veilchenbrunnen erwandern!).
Unser Abstecher zur Bergbaude "Veilchenbrunnen" [N 50° 41' 21.3" E 10° 41' 17.2"] erweist sich in mehrfacher Hinsicht als Glückstreffer: Zunächst lädt die gemütliche, rustikale Gaststube (offen: Di-So von 10.30-17 Uhr) mit Kachelofen zum genussvollen Verweilen ein.

Bei schönem Wetter werden Sie natürlich draußen im Biergarten sitzen.
Oberhalb der Bergbaude, ungefähr hundert Meter entfernt, sprudelt nicht nur bei Tisch-Bank-Kombinationen der schön verzierte **Veilchenbrunnen**. Von hier aus führen Wanderwege in verschiedene Richtungen; mühelos ließe sich z. B. eine feine, kleine Rundwanderung: Veilchenbrunnen - Rennsteigschanze - Grenzadler (Rennsteig) - Rennsteig - Rondell (Rennsteig, evtl. mit Rennsteiggarten) - Veilchenbrunnen zusammenstellen, die mit geringen Höhenunterschieden und knapp zwei Stunden Dauer eher einem Spaziergang ähnelt.
Wir kehren zur B 247 zurück. Die gepflegte Bahn kurvt dreispurig hinab nach ZELLA-MEHLIS und nach SUHL. Eine Reihe von Parkplätzen liegt, jedoch wenig idyllisch, unmittelbar neben der Straße.
In ZELLA-MEHLIS folgen wir den braunen Wegweiser zum inzwischen überregional bekannten **Meeresaquarium** (auf die B 280 Richtung MEININGEN). Der "Erlebnispark Meeresaquarium" hat nicht nur einen schönen Kinderspielplatz vor dem Eingang, sondern auch viele Parkplätze [**232:** N 50° 39' 29.8" E 10° 39' 17.3"; Beethovenstr. 16], auch im ruhigen Innenhof.

Die Tummelplätze von Hai & Co. haben täglich 10-18 Uhr geöffnet (Info: www.meeresaquarium-zella-mehlis.de).
Unsere vordringlichste Aufgabe in SUHL ist zwar die Suche nach einem zentralen Parkplatz, aber trotzdem wollen wir der Reihe nach vorgehen!
Genau 2200 m nach dem Ortsschild verschwinden wir nach rechts in der schmalen Harzgasse; an der Ecke haben wir im Vorbeifahren ein Hinweisschild zum **Domberg** bzw. zur Dombergbaude entdeckt.
Wir unterqueren nach 100 m den hohen Eisenbahnviadukt der

Strecke Suhl-Erfurt, die wenig später in dem Brandleite-Tunnel verschwindet und brummen ein schmales Teersträßchen steil den Berg hinauf, an der ehemaligen "Krinitzenstube" vorbei, weiter geht es steil durch dichten Fichtenwald, dann kommt ein ebenes Stück, schließlich, nach insgesamt 2,6 km seit der B 247, landen wir am Ende des Teerweges an einer Wegspinne, rechts warten viele, ruhige Nordic-Walking-Parkplätze [**233:** N 50° 37' 43.4" E 10° 40' 32.7"].

Hier lassen wir in völliger Ruhe den Tag ausklingen, machen noch einen kleinen Waldspaziergang, entdecken gleich nebenan ein gutes Pilzrevier und werden nachts von keinem Geräusch gestört.

Nach links führt ein breiter, asphaltierter Waldweg weiter zur **Bergbaude "Domberg"** (gute, abwechslungsreiche Küche). Er wird begleitet von einen "Trimm-Dich-Parcours" und nach 1,6 km findet man einen letzten **Waldparkplatz**. Dann beginnt das Gelände des Dombergs mit Gaststätte (Di/Mi Ruhetag, offen ab 10.30 Uhr), Kinderspielplatz, Naturlehrpfad – und natürlich dem **Dombergturm**. Von dort aus hat man einen schönen Blick nicht nur hinab zu allen Stadtteilen von SUHL, sondern auch zu vielen Gipfeln des Thüringer Waldes. Bis zur Plattform des 1897 erbauten, 21 m hohen, stattlichen, quadratischen Steinturmes führen 104 Stufen. Zusammen mit dem Domberg erreichen wir somit eine Höhe von 797 m – da kann man schon weit hinabspucken! Naturfreunde haben ein gewaltiges Fernglas installiert, mit dem man sogar erkennen kann, welche Blumen im Suhler Stadtpark blühen (wenn man nicht gerade Nebel mit 50 m Sicht hat!).

Am nächsten Morgen – unser gemütliches Frühstück wurde von dezentem Vogelgesang begleitet, rollen wir wieder hinab nach SUHL, setzen nach rechts genau 100 m unsere Tour auf der B 247 fort, biegen an der Ampel nach links in die Ausfallstraße nach ILMENAU ein.

Jetzt möchten wir Ihnen die **Suhler Schweiz** zeigen, ein malerisches, bewaldetes Tal zwischen **Ringberg** und **Beerberg**, in dem der **Suhler Tierpark** ein ideales Refugium gefunden hat.

Nach 1600 m, am Ortsende von SUHL, an der letzten Ampel, zweigen wir nach rechts ab (Wegweiser "Tierpark" beachten) und gleich wieder rechts auf den großen Parkplatz [**234:** N 50° 36' 40.6" E 10° 42' 43.7"]!

Wir marschieren ein paar Schritte ins Tal hinunter, vorbei an der **Gaststätte "Crazy Horse"**, wo man so richtig nach "Westernart" speisen kann.
Die Betreiber des **Tierparkes** (offen: 10-18 Uhr) haben in weiser Selbstbeschränkung nur die Tiere angeschafft, die in unserer Heimat heimisch waren, noch sind oder eingebürgert wurden. Dieses Angebot ist aber ziemlich komplett: Von der Hausziege bis zum Wisent, vom Stieglitz bis zur Schneeeule – und alles in wirklich gepflegter Präsentation und idyllischer Umgebung.
Wir spazieren ein Stündchen, genehmigen uns einen Kaffee im Tierparkcafé und machen uns solchermaßen gestärkt auf zum obligatorischen Stadtbummel.

Wir kehren zurück zur B 247, schwenken links und nach knapp 1 km, vor dem großen **Viadukt**, rechts (Richtung LAUTENBERG) auf den (kostenpflichtigen, schrägen) **WOMO-Stellplatz [235: N 50° 36' 39.4" E 10° 41' 12.0"; Werner-Seelenbinder-Str.]**.

Dank einer praktischen Fußgängerunterführung stehen wir bereits nach 2 min. vor einem wunderschönen, langgestreckten Fachwerkbau, dem ehemaligen Malzhaus, in dem das berühmte **Waffenmuseum** (offen:

10-18 Uhr) die Kunstfertigkeit der Suhler Büchsenmacher präsentiert. Wenn Sie sich jetzt vorstellen, dass hier in alter Zeit ein Schmiedemeister mit primitivem Gerät werkelte, so sind Sie total auf dem Holzweg: Urkundlich belegt ist z. B. bereits für das Jahr 1575 die Produktion von sage und schreibe genau 19.458 Gewehrrohren! In der Mitte des 19. Jahrhunderts und natürlich in den beiden Weltkriegen war SUHL eine der ganz großen Waffenschmieden Deutschlands. Wie schön, dass heute der Schwerpunkt der Produktion auf Jagdgewehre umgestellt wurde. Aber auch eingefleischte Pazifisten werden

im Museum die Kunstfertigkeit der Waffenschmiede bewundern, die sich nicht in der Herstellung präzisen Schießgeräts erschöpfte: Gewehrläufe, -schlösser und -beschläge sind feinst ziseliert, wobei in das Metall verschiedenste Motive eingestochen und eingegraben sind.

Neben dem Malzhaus steht das CCS. Suhler (und nicht nur die) könnten stundenlang über die wechselvolle Geschichte dieses Nachwendebaues erzählen. Wir finden darin die **i-Stelle** und ein **Fahrzeugmuseum**, das vor allem eine lückenlose Reihe der DDR-Moped- und Motorradproduktion zusammengestellt hat.
Auch das **Ottilienbad** wäre einen Besuch wert ...
Wir wenden uns nach Südosten, spazieren zwischen dem Kaufhaus und dem **Herrenteich** zum südlichen Beginn des **Steinweges**. Er war die erste Suhler Straße, die mit dem Luxus einer Steinpflasterung aufwarten konnte, jetzt ist er die Bummel- und Flanierzone Suhls und für den Autoverkehr gesperrt. Nach wahrhaft alten Gebäuden forscht unser Blick indes vergeblich. Mehrfach wüteten Brände, rafften wertvolle Bausubstanz hinweg. Was stehenblieb, musste nach 1952 – SUHL wurde Bezirksstadt – dem sozialistischen Repräsentierbedürfnis weichen.
Blickfänge sind die **barocke Kreuzkirche** am Beginn des Steinweges und die **Marienkirche** oberhalb des Marktplatzes an seinem Ende. Dort, auf dem Marktplatz, endet bereits unser Stadtbummel, nachdem wir einen Blick auf das "rote" Rathaus und den "Waffenschmied" geworfen haben. Das Wahrzeichen der Stadt thront auf einem Obelisken, der einen achteckigen Brunnen ziert.
Hunger? Rustikal geht es in der "Suhler Klause" zu, einem Kellerlokal in der Nähe der Marienkirche (Hinweisschilder beachten). Mit einem Thüringer Rostbrätel waren wir dort immer gut bedient.
Gesättigt wollen wir Ihnen das "alte" SUHL zeigen. Beim sozialistischen Umbau wurde ein Stadtteil irgendwie vergessen - SUHL-HEINRICHS. Zentrum und Höhepunkt unseres Ausfluges ist das **historische Rathaus** in SUHL-HEINRICHS aus dem XVI. Jahrhundert.
Allerdings müssen Sie sich vorher in Ihr WOMO schwingen, auf der B 247 den Eisenbahnviadukt nach rechts unterqueren und nach Süden Richtung MEININGEN fahren. Nach 3,3 km (Ausfahrt Heinrichs-West) biegen wir von der Ausfallstraße zweimal rechts ab und fahren parallel 400 m zurück bis zur Fußgängerzone, stehen fast vor dem prächtigen Fachwerkbau, dessen kunstvolle Architektur das Gebäude nicht nur verziert, sondern ihm auch völlig seine Schwere nimmt. Eigentlich ist HEINRICHS ein einziges Fachwerk-Freilicht-Museum. Viele

Suhl-Heinrichs: Historisches Rathaus

Häuser sind bereits restauriert. Vielleicht wird einst der ganze Vorort wieder in dem alten Glanz erstrahlen, der für das Zentrum von SUHL für immer verloren ist.
Angeblich hat die Stadt SUHL in HEINRICHS einen WOMO-Stellplatz eingerichtet. Wir haben - vor der Fußgängerzone links - nur einen gewöhnlichen, allerdings ruhig gelegenen **Parkplatz** [**236:** N 50° 36' 4.5" E 10° 39' 25.1"; Fr.-Ludw.-Jahn-Str.] entdeckt.

Ein letztes Mal durchqueren wir das Suhler Zentrum, bleiben diesmal links der Bahnlinie. Dreispurig geht es hinauf, vorbei an der Friedbergsiedlung mit der bekannten **Schießsportanlage**, auf der auch schon Weltmeisterschaften ausgetragen wurden; dann wieder hinab ins **Erletal**. Die Erle ist nur ein kleines Bächlein, aber sie füllt eine ganze, wenn auch kleine Trinkwassertalsperre und plätschert dann durch ein außergewöhnlich liebliches Tal.
Wir biegen am Ortsbeginn von HIRSCHBACH links, unterqueren die Bahnlinie, finden dahinter sofort einen **Wanderparkplatz** [N 50° 34' 3.0" E 10° 44' 17.1"] mit Tisch & Bank.
Am Beginn des Tälchens oder vor der Staumauer (dorthin per Fahrrad) könnte man zu einer feinen Rundwanderung aufbrechen, die den Aussichtsturm auf dem 850 m hohen, aussichtsreichen **Adlersberg** einschließt.

Hinweis: 200 m weiter auf der Hauptstraße geht es rechts in den Dambachweg. Dort findet man die Verwaltung der Großgemeinde St. Kilian, zu der u.a. auch Erlau und Breitenbach gehören. Dort gibt es reichhaltiges Info-Material u.a. zu Wandervorschlägen im Vessertal!

Erlau: Kleiner, gemütlicher Campingplatz

Möchten Sie sich in dieser besonders schönen Ecke des Thüringer Waldes zu etwas umfangreicheren Taten verleiten lassen?
Dann folgen Sie uns bitte zunächst von HIRSCHBACH auf der B 247 bis zum benachbarten ERLAU. Dort, ebenfalls links der Straße, warten **Schwimmbad** und, etwas weiter oben, am Waldrand, ein **Campingplatz** [**237:** N 50° 32' 48.8" E 10° 45' 18.6"] (WOMO+2 Personen 12 €). Hier wären Sie "unserem" **Vessertal**, einem Biosphärenreservat, schon näher.
Den günstigsten Ausgangspunkt für eine Wanderung im und ums **Vessertal** haben wir am nördlichen Ortsende von BREITENBACH entdeckt. Wir fahren noch genau 2000 m weiter auf der B 247 nach Süden, biegen scharf links, erreichen BREITENBACH und rollen durch das gesamte, langgezogene Straßendorf.

Am Ende des Ortes geht es geradeaus weiter ins **Vessertal**. wir biegen links ab zum **Schwimmbad**. Direkt davor, im Breitenbachgrund, finden Sie eine schön gelegene Parkplatzwiese (mit großer Wanderwegstafel), die gleichzeitig Wander-, Bade- und Picknickplatz für Sie sein möchte.

(238) WOMO-Wanderparkplatz: Breitenbach/Vessertal
GPS: N 50° 32' 53.5" E 10° 46' 48.8"; An der Hech. **max. WOMOs:** >5.
Ausstattung/Lage: Tisch & Bank, Schwimmbad, Wanderwege/Ortsrand.
Zufahrt: Am nördlichen Ortsrand von Breitenbach links, ausgeschildert.

Für einen längeren Aufenthalt empfehlen wir den hinter dem Schwimmbad gelegenen **Campingplatz "Am Waldbad"** [**239:** N 50° 32' 49.8" E 10° 46' 44.2"] (WOMO+2 Personen 16 €).

Breitenbach: Campingplatz

Bevor wir ans Wanderprogramm gehen, möchten wir Ihnen noch die Möglichkeit aufzeigen, Ihren Aufenthalt zu einer Rund- und Rückfahrt nach SUHL zu ergänzen: Rechts der Parkplatzwiese beginnt ein rostroter 7-km-Schotterweg nach Norden. Er führt zwischen dem Breitenbachtal und dem Vessertal durch den Wald, macht Zwischenstation beim **Hotelrestaurant "Stutenhaus"** [**224:** N 50° 35' 15.0" E 10° 46' 56.0"] mit schönem Wanderparkplatz und soliden Preisen.
Kurz vorher, in der **"Stutenhausranch"** [N 50° 34' 55.1" E 10° 47' 3.2"], gibt's Reitstunden und Kutschfahrten (Anmeldung Tel. 036782-62348).
Vom Stutenhaus führt eine schmale Asphaltstraße nach VESSER. Das haben wir Ihnen bereits anlässlich unserer WOMO-Rennsteigreise erläutert.
So, nun zum Biosphärenreservat: 1970 beschloss die UNESCO das MaB-Programm, das Man-and-biosphere-program, ein Projekt, das für die Landschaft besonders typische und artenreiche Areale unter Schutz stellt. Das schützenswerte Gebiet wird in eine Kern- und eine Pufferzone unterteilt: Während in der Pufferzone die landwirtschaftliche Nutzung bereits eingeschränkt ist, dürfen in der Kernzone keinerlei Veränderungen vorgenommen werden, man darf noch nicht einmal ein Blümlein pflücken, jeder Baum bleibt dort liegen, wo er altersschwach hinfällt – ein Urwald, wie er vor hunderten von Jahren hier typisch war, entsteht wieder. Um ein paar Zahlen zu nennen: Im Vessertal gedeihen etwa 495 höhere Pflanzenarten, dazu kommen 120 Flechten-, 260 Moos- und 700 Pilzarten!

Wir starten zu unserer Biosphären-Wanderung rechts des Breitenbachs, folgen auf einem breiten, rötlichen Schotterweg dem "gelben Balken" bachaufwärts. Nach 10 min. macht die geschotterte Fahrstraße einen Schlenker nach rechts in den Wald. Wir halten auf dem "gelben Balken" weiter geradeaus Richtung Rossbachtal und legen auf der Bank unter der "Großen Buche" unsere erste Rast mit Blick auf den Dommigsgrund ein.
Hier verlassen wir den "gelben Balken", folgen weiter dem breiteren Weg, der links der "Großen Buche", weiter am Breitenbach entlang, Richtung "Hirtenbrunnen" führt. Leider ist der "Hirtenbrunnen" kein idyllischer Quell, sondern ein eingezäunter Trinkwasserbehälter, aber immerhin wartet links hinter der Brücke eine Schutzhütte mit schöner Aussicht.
Aufpassen! Wir sind nun links des Breitenbachs und müssen an seinem linken Ufer bleiben, also nicht den Weg zum "Stutenhaus" nehmen.
Hier beginnt, zurückblickend, der schönste Teil der Tour auf einem idyllischen Waldweg, der durch schattigen Mischwald führt und doch immer wieder Ausblicke auf den Wiesengrund des Breitenbachs freilässt, der nach der Karte jetzt Rossbach heißt.
Nach einer halben Stunde münden wir in den breiten Waldweg mit dem "grünen Balken", der aus ERLAU kommt und folgen ihm weiter nach rechts, bergauf. Kurz darauf teilt sich, im Wiesengrund, das Tal in zwei Zipfel, links den ILMENGRUND und rechts den PLAUDERGRUND; wir bleiben links des Baches, passieren wieder eine Schutzhütte, halten uns an der Wegweiserfichte rechts, im PLAUDERGRUND Richtung ADLERSBERG.
Warum er wohl PLAUDERGRUND heißt? Uns vergeht nach und nach das Geplauder, denn als wir den letzten Wiesenzipfel, der wie eine spitze Zunge in den Wald hineinragt, passiert haben, steigt der Weg immer steiler an – aber schließlich wollen wir von 680 m (in BREITENBACH) auch bis zum 850 m hohen **Adlersberg** aufsteigen, um dort die berühmte Rundsicht zu genießen.
Dreimal queren wir verlockende Spazierwege, die uns bequem und eben nach rechts zum "Stutenhaus" führen wollen, wir schnaufen jedoch auf der Falllinie weiter, erreichen nach genau zwei Stunden den Gipfel des Adlersberges mit Grillstellen, Bänken und Tischen, Liegewiesen, der bewirtschafteten Bergbaude und dem 22 m hohen Aussichtsturm.
Die Reihenfolge ist ganz klar: erst verschnaufen, dann ein großes Halbes vom Fass – und dann 3 + 88 + 11 Stufen hinauf zur wahrhaft einmaligen Aussicht! Was es hier oben nicht alles zu sehen gibt:

Vessertal: Aussichtsturm auf dem Adlersberg

Rings um erheben sich die Gipfel des Thüringer Waldes, der Rhön und des Grabfeldes; wir begrüßen aus der Ferne "alte Bekannte" wie Goethes Kickelhahn, Ruine Straufhain und Veste Heldburg, die beiden Gleichberge – und wenn nicht im Westen die Sonne stehen würde, könnten wir auch die Wasserkuppe erkennen.

Nach ausgiebigem Rundblick und ausgedehnter Rast steigen wir auf dem Blauer-Balken-Weg (auf der Wanderkarte blauer Punkt) zunächst 20 Minuten steil ab bis zum Hotelrestaurant "Stutenhaus", treffen kurz vorher auf die geschotterte Straße zur "Wegscheide" an der Verbindungsstraße SCHMIEDEFELD - SUHL.
Das "Stutenhaus" war bis vor kurzem erholungsbedürftigen Zeiss-Jena-Angehörigen vorbehalten - jetzt dürfen auch Sie sich dort an Speis' und Trank laben (tägl. 11 - 22 Uhr).
Nach VESSER hinab führt ein schmales Teersträßchen, das kurz vor dem Ort in eine Pflasterbahn übergeht. An "Renates Imbissstube" vorbei treffen wir nach 15 Minuten auf die schiefergedeckte und schieferverkleidete Kirche im Vessergrund und folgen nach rechts dem "blauen Balken" weiter, der nun den Lauf der Vesser begleitet, SCHMIEDEFELD und "Sprungschanze" sind angezeigt. Aber eigentlich brauchen wir nun keine Wegweiser mehr, sondern folgen immer dem Flusslauf durchs liebliche Tal, erfreuen uns an der Vielfalt der Flora, an der Ruhe und an der Vorfreude auf eine gemütliche Kaffeepause in unserem WOMO.
"Wichtige" Stationen im Vessertal sind ein Brunnen am linken Wegrand, ein Teich mit schwarzen Enten, die Skischanze, auf der Heiko Hunger 1987 den Schanzenrekord von 92 m aufstellte.
Kurz darauf wechseln wir das Vesserufer von links nach rechts, betreten nun die Kernzone des Biosphärenreservates. Hier wird das Tal enger, Basaltfelsen treten an den Weg heran, aber auch Seitentäler lockern das Gelände auf. An ihren Einmündungen liegen die Schutzhütten "Glasbach" und "Löffeltal".
Nach einer guten Stunde im Vessertal passieren wir bei einer ganzen Reihe von Forellenteichen die Grenze des Reservates. Kurz darauf erreichen wir das Ortsschild von BREITENBACH und biegen 100 m später rechts ab zu unserem WOMO auf der Parkplatzwiese im Breitenbachtal.
Mit vielen Pausen haben wir gute fünf Stunden für die Breitenbach-Adlersberg-Vessertal-Rundtour gebraucht – eine 15-km-Wanderung, die auch Ihnen sicher viel Freude machen wird.

Wir kehren von BREITENBACH zur B 247 zurück, nach links einbiegend passieren wir bereits nach 2 km das Ortsschild von

Schleusingen: Bertholdsburg

SCHLEUSINGEN. Auch hier saß **Graf von Henneberg** mit einer alles beherrschenden Burg, ja man konnte im 13. Jahrhundert Schleusingen als Burg mit Stadt bezeichnen.
Das WOMO findet ein Ruheplätzchen, wenn Sie auf der B 4 hinter der **Bertholdsburg** links abbiegen und gleich wieder rechts in den Parkplatz "Schützenplatz" [N 50° 30' 26.3" E 10° 45' 0.4"].

Auch heute noch bildet die **Bertholdsburg** mit ihren drei mächtigen Ecktürmen einen zentralen Anlaufpunkt und mit Abstand das sehenswerteste Bauwerk der Stadt.
Der kirchenartige, zweischiffige **Saal** schildert dem Betrachter die Herkulessage in Wandmalereien aus dem XVII. Jahrhundert. Die alte **Schlossküche** kann besichtigt werden wie das **Naturhistorische Museum**, das uns besonders gut gefallen hat. Hier hat man sich auf die Flora, Fauna und Geologie Südthüringens spezialisiert, aber auch die Geschichte der Region kommt nicht zu kurz. In die "Saurierausstellung" werden Ihnen auch Ihre Kinder gerne folgen. Natürlich ist auch T. rex vertreten, nur nach dem ältesten Wirbeltier der Welt müssen Sie etwas länger suchen ...

Ein weiterer Blickfang ist die **Alte Schule**, ein besonders schöner Bau aus steinernem Sockel und reich verziertem Fachwerk. Er wurde von seinem ursprünglichen Platz zu dem leicht erreichbaren Ort unterhalb des Schlosses verpflanzt.
Das sehenswerte **Rathaus**, weitere Fachwerkhäuser und Fachwerktürme findet man auch bei einem Bummel durch die Altstadt, zum Beispiel in der Kloster- und der Münzgasse.

Bevor wir SCHLEUSINGEN nach Südwesten Richtung THEMAR/MEININGEN verlassen, möchten wir Sie auf einen nahegelegenen, beliebten **Badesee** aufmerksam machen – die **Talsperre Ratscher**. Sie liegt nur 5,5 km südöstlich, an der B 4 Richtung EISFELD/SONNEBERG, die ersten paar Meter sind Sie bereits gefahren.

Schleusingen: Rathaus

Badesee Ratscher: Blick auf die A 73

Allerdings dürfen Sie kein lauschiges Waldidyll erwarten – "Ratscher" ist ein Begriff in nah und fern und im Hochsommer total "zu", zumindest was die Parkplätze [**240:** N 50° 29' 35.3" E 10° 47' 26.2"] anbetrifft. Diese liegen auf der dem See abgewandten Straßenseite – und nach dem Fußmarsch zum Badeplatz erwartet Sie das Kassierhäuschen! Da sollte man, zumindest bei etwas längerem Aufenthalt, gleich den **Campingplatz** [**241:** N 50° 29' 33.3" E 10° 47' 29.0"] (WOMO + 2 Pers.: 24 € incl. Strom) aufsuchen. Der hat sich direkt neben den Liegewiesen etabliert, vom WOMO sind's nur wenige Schritte ins Wasser und der Badespaß ist im Preis inbegriffen.

Wir passieren Richtung MEININGEN das Dörfchen RAPPELSDORF, überqueren beim Bahnhof Zollbrück das Flüsschen Schleuse, erreichen KLOSTER VESSRA, schwenken hinter der Gaststätte "Goldener Löwe" links zum übernachtungsgeeigneten **Museumsparkplatz** [**242:** N 50° 29' 33.0" E 10° 38' 44.6"].

Bereits 1131 wurde dieses Prämonstratenserkloster von dem Henneberger Grafen Gotebold II. gegründet. Die Macht und der Reichtum der Henneberger zeigen sich auch heute noch: Weithin dominiert der Westbau der **Klosterkirche** mit zwei gewaltigen, quadratischen, fünfgeschossigen Türmen, deren drei unterste zu einem Querriegel verbunden sind. Vergleichbar der Klosterkirche Paulinzella sind auch hier die Außenmauern des Längsschiffes erhalten.
Allerdings wurden die fehlenden Teile der Kirche erst 1939, nach einem Großbrand, abgetragen. Wir stellen, in dem ausgeweideten Baukörper herumschlendernd, einen Übergang im Baustil zwischen Hochromanik und Frühgotik fest.

In einem Teil des Klausurgebäudes finden wir eine Ausstellung, die uns über das Kloster, seine Entstehung und Bedeutung, aber auch über das Geschehen des Jahres 1525 belehrt, in dem während des Bauernkrieges die Aufständischen Kloster Veßra besetzten. Ein weiteres Schmuckstück aus besseren Klostertagen sind das romanische Torhaus (Eingang) mit der benachbarten Torkirche.
Das Klosterareal umfasst mehr als 50.000 qm! So wundert es nicht, dass der Landesherr nach der Säkularisierung daraus eine gewinnträchtige Domäne machte, also ein Landgut, das gewöhnlich verpachtet wurde.

Veßra: Gebäude im Agrarhistorischen Museum

Heute werden nahezu alle Gebäude vom **Agrarhistorischen Museum** genutzt, eine Attraktion, die auch Kirchenmuffel in die Anlage locken wird. Ich zähle einfach mal auf, was mir beim Rundgang durch Gelände und Gebäude besonders ins Auge stach: Eine umfangreiche Traktorensammlung zeigt Rad- und Kettenschlepper, aber auch dampfgetriebene Ungetüme aus den Jahren 1920 bis heute; Saat- und Kulturpflanzen Europas, Entwicklung des Getreideanbaues, Küchenkräuter und Gemüsesorten aus verschiedenen Jahrhunderten, das Prinzip der Dreifelderwirtschaft sowie Aufbau und Bedeutung des ehemaligen Klostergartens werden sozusagen am Wegrand gezeigt und erläutert. Die Fachwerkhaus-Ausstellung habe ich mir gleich zweimal angeschaut. Fünf Fachwerkhäuser, eine Mühle und eine Schmiede, jeweils kenntnisreich mit sämtlichen Einrichtungsgegenständen ausgestattet, lassen das Leben der thüringischen Landbevölkerung in vergangenen Jahrhunderten vor uns lebendig werden. Die Originaltreue geht so weit, dass auf dem Küchentisch noch die handgeschriebene Anweisung der Mutter an die Kinder liegt, welche Hausarbeiten (nicht Hausaufgaben!) sie nach der Schule zu erledigen haben. Erschrocken drehe ich mich um, als der nächste Besucher die Stube betritt – eine Schrecksekunde lang hatte ich wirklich gedacht, die Bauersfrau käme von der Feldarbeit zurück! Eine weitere Ausstellung "Ländlicher Transport und Verkehr" zeigt jegliches Gerät, von der Kötze (Kiepe), der weidengeflochtenen Rückentrage, mit der Generationen von Bauersfrauen ihre Produkte zum Markt trugen, über Ernte- und Dungwagen, Transportschlitten, Feuerlöschwagen mit langen Pumpenschwengeln (nicht ohne Grund heißen die Feuerwehrleute in Frankreich "pompiers") bis zum reich verzierten Leichenwagen ....

Selten haben wir eine Ausstellung gesehen, die einerseits so umfangreich und lehrreich war und sich trotzdem gemütlich durchschlendern ließ (Öffnungszeiten: Di-So, 9 (10) -18 Uhr).
Nur einen Katzensprung entfernt auf der B 89 liegt das alte Städtchen THEMAR (bereits 796 taucht seine Existenz in einer Schenkungsurkunde auf).

Es reicht bereits der erste optische Kontakt, um sich in THEMAR zu verlieben: Die mittelalterliche Innenstadt mit ihren geschichtsträchtigen Fachwerkhäusern und Kirchen ist umgeben von einer gut erhaltenen **Stadtmauer** mit wuchtigen Rundtürmen.
Die B 89 führt an der Altstadt vorbei und an ihrem Ende können wir links zu einem schönen, ruhigen WOMO-Stellplatz direkt an der Stadtmauer beim **Hexenturm** abbiegen und uns zu einem gemütlichen Stadtbummel aufmachen.

(242a) WOMO-Stellplatz: Themar
GPS: N50° 30' 17.1" E10° 36' 39.8"; Mauerstraße. **max. WOMOs:** 5.
Ausstattung/Lage: Wasser und Strom gegen Gebühr, Platz und Entsorgung kostenlos, Kinderspielplatz, Wander- und Radweg/Ortsrand.
Zufahrt: Von der B 89 am Ortsende von Themar links (ausgeschildert).

Themar: Hexenturm, WOMO-Stellplatz und Amtshaus (mit Touristinfo)

Wir rollen auf der B 89 wieder nach Süden, nur 12 km trennen uns auf ebener Bahn von der ehemaligen Hauptstadt des Herzogtums Sachsen-Hildburghausen.
Dort biegen wir nach links von der B 89 ab. Nach 300 m, vor der Brücke über die **Werra**, biegen wir rechts in den Parkplatz an der Wiesenstraße. Die drei hintersten, ruhigsten Plätze sind für WOMOs reserviert.

(243) WOMO-Stellplatz: Hildburghausen

GPS: N 50° 25' 29.1" E 10° 43' 25.0"; Wiesenstr.
max. WOMOs: 3.
Ausstattung/Lage: Fußweg zum Zentrum 500 m/im Ort.
Zufahrt: Von der B 89 links zum Zentrum, vor der Werrabrücke rechts.

HILDBURGHAUSEN verrät auch dem unkundigen Besucher schnell seine mittelalterliche "Abstammung", stößt er doch allenthalben auf Reste der dicken Stadtmauer. Die alte Hauptstraße, jetzt schmucke Fußgängerzone, verläuft quer durch diesen ehemaligen Altstadtbereich, erweitert sich in der

Hildburghausen: Stadtmauer

Mitte zum **Marktplatz** mit dem schönen **Rathaus**, dessen weißer Putz mit den dezentgrauen Fensternischen und Gebäudekanten kontrastiert.
Der runde Treppenturm ist noch vom alten Schloss übrig, er bekam aber eine barocke Haube verpasst, die sich gut mit dem hohen Renaissance-Giebel und dem Uhrtürmchen auf dem Dachfirst verträgt.
Das Rathaus steht nicht allein! Die anderen Gebäude des Marktplatzes können sich auch sehen lassen, verleihen mit ihren barocken Fassaden dem Marktplatz ein einheitliches, behäbiges Gesamtbild.
Als das Herzogtum Sachsen-Gotha geteilt wurde, entstand eine Seitenlinie Sachsen-Hildburghausen – und die brauchte natürlich ein Residenzschloss. Von dem schönen Barockschloss und seinem gepflegten französischen Garten existieren nur noch alte Fotos. Die Gebäudetrümmer, die nach einem Luftangriff am Ende des Krieges blieben, konnte man nur noch vollständig abtragen.

Hildburghausen: Rathaus

Wir überqueren die **Werra**, schwenken dahinter rechts, umfahren die Altstadt, verlassen HILDBURGHAUSEN nach Norden Richtung SUHL, entdecken auch bald die Wegweiser zum **Schwimmbad**, die uns über den Ziegeleiweg zum großen Parkplatz [N 50° 25' 55.5" E 10° 44' 7.1"; Theresienplatz] am **Werra Sport- und Freizeitpark** führen.

Ignoriert man diese Abzweigung, sondern nimmt erst die nächste nach 400 m am Kreisverkehr, so kommt man, vorbei am

Hildburghausen: Naherholungsgebiet "Gemauerte Teiche"

Friedhof, ins Naherholungsgebiet "Gemauerte Teiche" **[244:** N 50° 26' 10.5" E 10° 44' 19.7"; Am Hechtteich].

Vor Ihnen, hinter dem **Hechtteich**, erspähen Sie ein Areal, in dem sich eine ganze Wildschweinrotte wohlig suhlt. Wendet man sich von dort nach links, so kommt man zur Gaststätte "Zu den gemauerten Teichen", auch "Erdbeere" genannt, wo man äußerst preiswert speisen kann. Dann kann man, einen Bogen schlagend, über einen dendrologischen Lehrpfad (dendron ist griechisch und heißt Baum), vorbei an einer überdachten Aussichtskanzel für Dam-, Rot- und Muffelwildbeobachtungen zum Schafteich und zurück zum WOMO spazieren.

TOUR 11 (ca. 125 km)

Hildburghausen - Eishausen - Adelhausen - Heldburg - Gleicherwiesen - Bedheim - Steinsburg - Römhild - Bauerbach - Henneberg - Meiningen

Freie Übernachtung: Heldburg, Gompertshausen, Gleicherwiesen, Steinsburgmuseum, Römhild, Fasanerie, Meiningen.

Trinkwasserstellen: Eishausen, Heldburg, Rieth, Zeilfeld, Haina, Bauerbach.

Campingplätze: Meiningen.

Baden: Römhild.

Besichtigungen: Eishausen, Adelhausen, Heldburg, Steinsburgmuseum, Römhild, Haina, Bauerbach, Henneburg, Fasanerie, Meiningen.

Wandern: Ruine Straufhain, Leitenhausen, Gleichberge, Fasanerie.

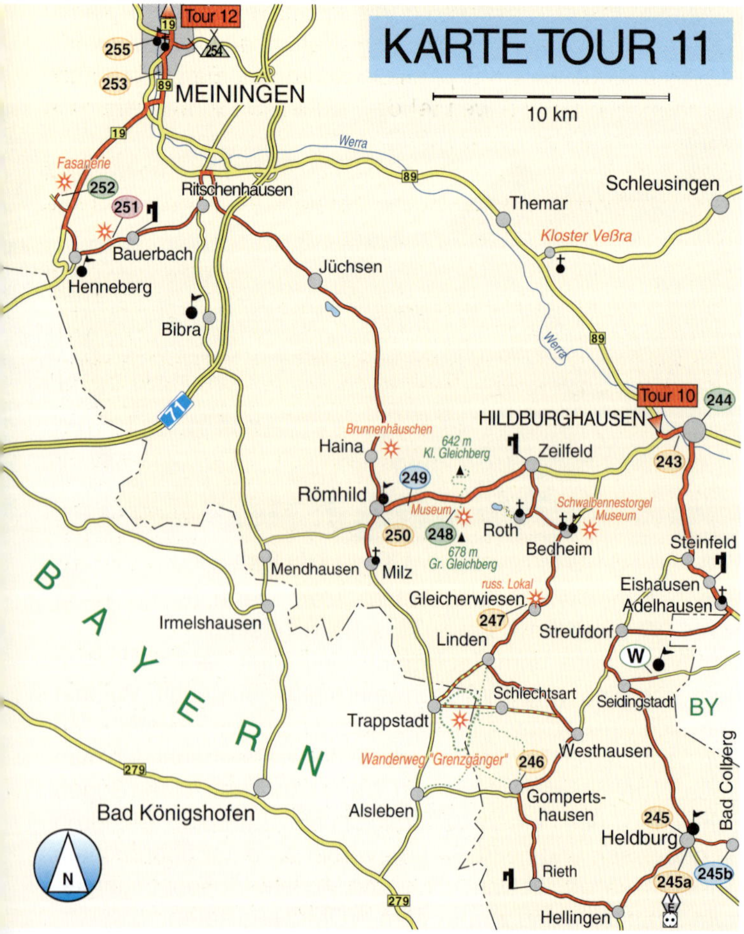

Wir verlassen HILDBURGHAUSEN nach Süden, Richtung HELDBURG. Im Augenwinkel zieht ein Hinweisschild zum "Grab der Dunkelgräfin" vorbei – wer könnte das wohl sein? Wir durchqueren Sophienthal und unmerklich, ohne Paukenschlag, aber immer deutlicher, ändert sich der Landschaftscharakter – das **Grabfeld** entfaltet sich vor uns mit seinen fruchtbaren Feldern im Wetterschutz von Thüringer Wald und Rhön. Grabfeld, werden Sie sagen, nicht gerade ein munterer Name für eine solch aktive Landschaft. Aber mit „Grab" hat der Name der einstens von ausgedehnten Wäldern bedeckten Landschaft auch gar nichts zu tun. So wie die Rotbuche typisch ist für die raue Rhön, so ist's die Weißbuche für das Grabfeld, und auf ihren lat. Namen *Carpinus betulus* führt man den Namen des Grabfeldes zurück.

In STEINFELD passieren wir einen frisch lackierten Brunnen mit drei weißen Schwänen rechts, sind 500 m später in EISHAUSEN. Unter der Kirche macht die Straße zunächst eine Links-, dann eine Rechtskurve. In dieser (beim Verkehrsspiegel) fahren wir geradeaus, parken oberhalb des Friedhofs [N 50° 22' 35.9" E 10° 44' 25.6"]. Spaziert man vom Eingang auf die Leichenhalle zu und wendet dort seinen Blick, so sieht man vor sich das Grab des **Dunkelgrafen**.

Da wir uns nicht auch noch an Spekulationen über die Identität des **"gräflichen Dunkelpaares"** beteiligen wollen, hier die Infos aus Wikipedia (gekürzt):

Vorgeschichte

Marie Thérèse Charlotte von Frankreich erblickte am 19. Dezember 1778 in Versailles als erstes Kind (Madame Royale) von König Ludwig XVI. von Frankreich und seiner Gemahlin Marie Antoinette von Österreich das Licht der Welt. Sie entwickelte sich rasch zu einem kleinen Mädchen, das an luxuriösen Kinderbällen und teuren Roben Gefallen fand. Nach dem Sturm auf die Bastille am 14. Juli 1789 brach die fürstliche Welt im Versailler Schloss zusammen und als Folge eines missglückten Fluchtversuchs wurde die königliche Familie im Temple festgesetzt. Am 21. Januar 1793 wurde ihr Vater und am 16. Oktober des gleichen Jahres ihre Mutter guillotiniert. Die überlebende Prinzessin wurde zum Spielball der Politik und sollte schließlich 1795 im Austausch für französische Kriegsgefangene der österreichischen Verwandtschaft ihrer Mutter übergeben werden.

Vertauschungstheorie

Laut der Vertauschungsthese, die von einigen Historikern vertreten wird, wurde die französische Prinzessin nach ihrer Entlassung aus dem Temple und vor dem geplanten Austausch gegen eine andere Frau ausgetauscht, die dann ihren Platz am Wiener Hof einnahm. Möglicher Grund ist die Vertuschung eines Skandals, vermutlich einer Schwangerschaft der Madame Royale, die während ihrer Gefangenschaft im Temple vergewaltigt worden sein soll. Nach der Vertauschung übernahm die andere Person die offizielle Rolle der Madame Royale. Am 10. Juni 1799 heiratete sie in Mitau im heutigen Lettland ihren Cousin, den Herzog von Angoulême. Die Hochzeit erfolgte wahrscheinlich auf Wunsch Ludwig XVIII., aber in jedem Fall gegen den Willen Franz II., des zukünftigen Kaisers von Österreich.

Die Zeit als Dunkelgräfin
Gemäß der Austauschtheorie musste sich die echte Madame Royale nach der Vertauschung verstecken und wurde im Juni 1799 unter den Schutz des holländischen Diplomaten Leonardus Cornelius van der Valck gestellt. Mit ihm zusammen war sie mehrere Jahre auf der Flucht vor Napoleon und soll zunächst in Gotha und Jena und später in verschiedenen anderen deutschen Städten gelebt haben.

Historisch nachgewiesen ist die Ankunft des Paares, das später den **Beinamen Dunkelgrafen** erhielt, am 7. Februar 1807 in Hildburghausen. Dort verbrachten sie die nächsten drei Jahre, bis sie 1810 in das nahegelegene **Schloss Eishausen** zogen, das abgeschieden lag und das Paar vor der Neugierde der Ortansässigen schützen sollte. Die beiden führten dort ein verborgenes und geheimnisvolles Leben, welches ihnen bald die Namen **Dunkelgraf** und **Dunkelgräfin** einbrachte. Die Dunkelgräfin starb bereits 1837 im Alter von 59 Jahren. Der Dunkelgraf gab nach ihrem Tod den Namen Sophia Botta an. Der Dunkelgraf lebte bis zu seinem Tod im Jahre 1845 weiterhin zurückgezogen im Schloss Eishausen.
Das Grab der Dunkelgräfin wurde am 15.10.2013 geöffnet. Eine Genanalyse soll endgültige Klärung bringen ...

Hält man sich bei der Rückfahrt unterhalb des Friedhofes rechts und dann wieder links, so kommt man an einem **Brunnen** vorbei. In EISHAUSEN fällt sie uns zum ersten Mal auf, die Fülle gut erhaltener Fachwerkhäuser. Fachwerk begleitet uns nun durchs gesamte **Grabfeld**, steigert sich vom bescheidenen, aber wohlerhaltenen Bauernhausgefüge über variantenreiches Ziergebälk bis zu wahrhaft orgiastischen, über das konstruktionstechnisch Notwendige bis weit hinein ins rein Künstlerische reichende Balkenverschlingungen.
In ADELHAUSEN parken wir links hinter der steinernen Kirche [N 50° 21' 56.7" E 10° 45' 1.5"], erbitten uns im Haus gegenüber den Schlüssel.
Mit einem Baubeginn von 1484 ist sie die älteste Steinkirche Südthüringens. Erst in letzter Zeit wurden die Fresken aus der Zeit der Erstbemalung freigelegt (Hl. Christopherus, Hl. Katha-

Adelhausen: Kirchenfresken

rina, Maria, Hl. Barbara, Hl. Margarethe)...
Nach weiteren 1500 m, schon im Bayerischen, schlagen wir einen Haken nach rechts (STREUFDORF).
Unmittelbar vor der ehemaligen Grenze stoppen wir auf einem **Picknickplatz** [N 50° 21' 3.6" E 10° 43' 2.7"] bei der 1000-jährigen Steineiche, die hinüberschaut zur **Burgruine Strauf(hain)**. Eine Wanderkarte beschreibt Ihnen einen Rundweg um die Straufhain, beginnend am Grenz-Kolonnenweg ...

Streufdorf: "Kemenaten"

In STREUFDORF biegen wir links Richtung HELDBURG, umrunden vorher die **Wehrkirche** mit den **"Kemenaten"**. Auch der Pfarrer ist nicht glücklich über diese Bezeichnung, denn eigentlich handelt es sich bei den Zimmerchen in der Wehrmauer um **Fruchtkammern**, Zufluchtsorte, in denen im Kriegs- oder Verteidigungsfall Mensch und Nahrung unterkommen sollten.
Geradewegs führt die Straße nach SEIDINGSTADT, linkerhand klotzt auf einem kegelförmigen Berg die **Veste Straufhain**, schaut unerschütterlich von ihrem 449 m hohen Bergbuckel herab. Noch vor wenigen Jahren war sie den Einheimischen so fern, als läge sie in Bayern – Sperrgebiet.
Inzwischen kümmert sich ein Verein um die Restauration der Ruine, um die Erhaltung der Pflanzen, die sich in dem so lange unberührt gebliebenen Bergwald darunter entwickeln konnten.
Am Ortsende finden wir den Wegweiser, der uns, frisch lackiert, nach links zur **Ruine Straufhain** (1,5 km) führt.
Mitten im Eichenwald halten wir neben einer alten Steinbank [N 50° 20' 13.8" E 10° 42' 40.3"] beim Hinweisschild: „Zur Straufhain“ – rechts gibt's Tisch & Bank für die Wanderer.
Geradeaus führt der holperige Fahrweg nach genau 850 m zur ehemaligen Grenze (mit Picknickbank), dahinter schlängelt er sich weiter zum ersten bayerischen Ort, RUDELSDORF.

Wir parken an der Steinbank und stapfen durch das letztjährige Laub. Weiße und gelbe Buschwindröschen und große, dunkelgrüne Flächen, aus denen die ersten blauen Sterne des Kleinen Immergrüns strahlen, durchqueren wir, kommen an frisch gezimmerten Rastbänken vorbei. Weiter oben wird das Immergrün von Leberblümchen abgelöst, Schlüsselblumen und Maiglöckchen, die sich bei näherem Beriechen als Bärlauch entlarven, warten darauf, dass sie an der Reihe sind.
Nach knapp 15 Minuten haben wir den wuchtigen, quadratischen Bergfried erreicht, dessen voluminöse Kanonenschießscharten in alle vier Himmelsrichtungen drohen. Weitere Überreste der Burg sind nicht erhalten, dafür zieht sich östlich der Ruine ein freier Platz dahin, dessen Gestrüpp einer idyllischen Lagerwiese, neuen Tischen und Bänken hat Platz machen müssen. Nur schade, dass man nicht hinaufklettern kann auf den großen Klotz – dann könnte man weit nach Osten schauen – nach Bayern!

Wir holpern zurück nach SEIDINGSTADT, biegen links in die Teerstraße nach HELDBURG ein.

HELDBURG ist eine Orgie in Fachwerkbaukunst. Das fängt an mit dem Postamt, setzt sich fort in einer ganzen Reihe wunderschöner Bauern- und Handwerkerhäuser, am besten hat uns die Metzgerei Westhausen (Happach'sches Haus von 1605) gefallen: Das Obergeschoss und der gesamte Giebel bestehen fast nur aus verschiedensten, jedoch stets die Symmetrie wahrenden Fachwerkmustern, die Stützpfeiler sind zusätzlich mit Schnitzwerk, Gesichtern und Muscheln versehen, die kleinen Fenster sieht man kaum im Gewirr des Holz-Putz-Kontrastes, und auch das aus Sandstein gehauene, reich verzierte Wappenschild zwischen den zwei Säulen über dem Rundbogenportal entdeckt man erst im letzten Moment.
Wir steigen an irgend einer Stelle des Städtchens aus, flanieren durch die fast leeren Straßen, saugen die Eindrücke geradezu in uns hinein und können uns doch nicht satt sehen an diesem Einfallsreichtum, mit dem die bockigen Balken in immer neuen Formen miteinander zu scherenschnittgleichen Mustern zusammengefügt – und mit welcher Liebe die Häuser auf Hochglanz gebracht sind, so als hätte man nicht uns, sondern mindestens den Bundespräsidenten zu Gast.
Fast hätte ich es vergessen: Außerdem sprudeln in HELDBURG noch mindestens drei **Brunnen**!
Und immer wieder, mal zwischen den Häusern, mal über ihren Dächern, ragt sie ins Bild, die „Fränkische Leuchte“, die **Veste Heldburg**. Dieses Märchenensemble aus Türmen, Erkern, Palastmauern und Kirchenfenstern kann man nicht einfach so „im Vorübergehen“ besichtigen. Wir setzen also gemütlich unseren Stadtrundgang fort, entdecken dabei, dass neben dem Friedhof HELDBURG ein ruhiger Schlafplatz [**245:** N 50° 16' 57.2" E 10° 43' 18.1"] mit freiem Blick auf die Veste (und einen Wasserhahn) wartet.

Heldburg: Happach'sches Haus

Hinweis: Der neue Stellplatz mit V/E und Strom beim Sportplatz [**245a:** N50° 16' 44.0" E10° 43' 48.9"] liegt direkt an der Umgehungsstraße ...
Zur Veste lenken wir unser WOMO, können uns jedoch nicht eine kleine Stadtrundfahrt verkneifen, bei der wir ganz plötzlich vor dem alten Stadttor mit dem „gotischen" Tor und dem (natürlich) Fachwerkoberteil stehen.
2,50 m Höhe zeigt das Verkehrsschild an, ich jongliere 3,10 m WOMO-Höhe genau unter den Spitzbogen, prüfende Kinderaugen beurteilen die Gefahr aus dem Alkovenfenster: „Platz für zwei!"
Hinter dem Stadttor links steht wieder ein besonders schönes Fachwerkgebäude, wir biegen zweimal links und kurz darauf stehen wir an unserem ruhigen Friedhofsschlafplatz.

Heldburg: Forstamt

Am nächsten Morgen verlagern wir unseren WOMO-Stützpunkt auf den großen Parkplatz zu Füßen der Veste [N 50° 17' 23.0" E 10° 43' 51.8"]; Behinderte dürfen bis vors Burgtor fahren. Dabei passieren wir wieder ein Fachwerkhaus, das wir am liebsten mitnehmen würden (Forstamt).
Ach was, kein Haus, ein Schlösschen mit vieleckigem Fachwerkturm, weiß lackierten Spitzbogenfenstern und einer Laterne mit Zwiebelaufsatz – einfach süß!
Schräg gegenüber ein behäbig breites Bauernhaus, das fast unwirklich glänzend herausgeputzt ist, goldfarbig ausgemalte Schnitzmuster und scherenschnittfeines Holzwerk verzieren hier den zweistöckigen Trapezerker.
Ein kurzer Fußweg führt hinauf zur Veste (offen: Di-So 10-18 Uhr). Das romantisch-märchenhafte Kleinod geht auf das 12./13. Jahrhundert zurück. Aufgrund ihrer exponierten Lage konnte man Lichtzeichen bis zur Veste Coburg geben, deshalb auch die Bezeichnungen **"Fränkische Leuchte"**.
Ihr heutiges Aussehen haben wir "unserem" Meininger Theaterherzog Georg II. zu verdanken, der die Burg ab 1875 "romantisierte" und auch zeitweise bewohnte (wir werden Ihnen noch **Schloss Landsberg** bei Meiningen zum Vergleich zeigen). In der Fürstengruft sind Sohn und Enkel bestattet.

Veste Heldburg

Der Hexenturm mit dem putzigen Erker, der die perfekte Kulisse für eine Freiluftaufführung von „Rapunzel" abgeben würde; burgartige, mittelalterliche Bauteile kontrastieren mit dem „Französischen Bau",

Veste Heldburg: Kapelle

dessen palastartige Hoffront durch prächtige Erker prunkt. In Bälde soll in seinen Räumen das **Deutsche Burgenmuseum** eröffnet werden.
65 Steinstufen, 12 Holzstufen und 45 Eisenstufen führen hinauf auf den Turm mit dem eisernen Feuerkorb, vom dem aus wir wahrlich weit in die Runde schauen können ...

BAD COLBERG lag einst im Grenzgebiet und hielt einen schwer bewachten Dornröschenschlaf. Seit 2002 trägt es den Titel "Staatlich anerkannter Ort mit Heilquellenbetrieb" für seine in Ostdeutschland einzigartigen warmen Thermalsprudelquellen. Falls Sie an Diabetes, Fettsucht, Gicht, Herz-, Nieren-, Nerven- oder Gefäßerkrankungen leiden sollten, dann empfehlen wir Ihnen den kurzen Trip ins kleine Dörfchen mit der **Terrassentherme** samt neu gestalteter Saunalandschaft. Links neben den Thermengebäuden finden Sie einen ansprechenden Parkplatz [**245b:** N50° 16' 43.5" E10° 48' 01.0"], leider (noch?) ohne WOMO-Einrichtungen. Beim Rückweg empfehlen wir Ihnen eine Rast am kleinen **Waldsee** [N50° 16' 27.2" E10° 46' 57.1"].
Wir fahren von HELDBURG über die Schillerhöhe nach HELLINGEN, einem schönen Dörfchen mit vielen herausgeputzten Fachwerkhäusern – und einem **Lenindenkmal**!
Nun, gegen den in Sandstein gemeißelten Spruch: "Lernen, lernen, nochmals lernen!" kann noch nicht einmal ein Erzkonservativer anmeckern.

Hellingen und Rieth

Mitten durch RIETH fließt ein munteres Bächlein und an diesem Bächlein plätschern, nicht zu übersehen, mindestens drei **Brunnen** [N 50° 15' 50.0" E 10° 37' 59.8"]. Zwischen RIETH und GOMPERTSHAUSEN rollen wir auf einer Höhe dahin; von rechts grüßen die **Veste Heldburg** und **Straufhain** herüber. In GOMPERTSHAUSEN ist die direkte Verbindung nach LINDEN nicht ausgezeichnet. Das wundert uns nicht sehr, denn sie führt geradezu auf der Grenzlinie entlang. Wir holen Auskunft ein beim Gasthof der "Gompertshäuser Frischwaren- und Dienstleistungshof GmbH & Co. Bewirtschaftungs-KG" (früher hätte man einfach LPG gesagt) – wo man nicht nur einen schönen Parkplatz findet, sondern auch ausgesprochen gut und preiswert speisen kann [**246:** N 50° 17' 52.2" E 10° 37' 43.4"].

Unsere Frage, ob man die direkte Verbindung fahren könne, erbringt ein eindeutiges "Jein": Fährt man weder rechts nach WESTHAUSEN noch links nach ALSLEBEN, sondern geradeaus in die Leitenhäuser Straße hinein, so führt der Fahrweg an der ehemaligen LPG immer weiter nach Norden, um dann halb links, nach Nordwesten, Richtung Grenze einzuschwenken. Von dem **Gut Leitenhausen** (km 3,0), auf unserer alten Karte mit mehreren Gebäuden verzeichnet, ist nichts geblieben als eine kleine Kastanienbaumgruppe mit Tisch & Bank am Wegrand [N 50° 19' 4.3" E 10° 36' 33.3"].
Es gehörte zum Prinzip der Grenzsicherung, einen unbewohnten, ja unbewohnbaren Landstreifen zu schaffen. „Störende Gebäude" wurden dem Erdboden gleich gemacht, die Bewohner ins Hinterland umgesiedelt. Die ehemalige Grenze kommt dem alten Fahrweg immer näher. Dieser, jetzt von strategischer Bedeutung, bekam einen für alle Jahreszeiten geeigneten Betongitterbelag verpasst, aus dem unschuldig Büschel von blauen Leberblümchen herauslugen. Wir halten immer genau nach Norden (bei Gabelung rechts), münden schließlich (km 5,0) in die Verbindungsstraße WESTHAUSEN - TRAPPSTADT.

Inzwischen ist der Fahrweg für Fahrzeuge gesperrt. Deshalb empfehlen wir Ihnen, die Räder zu satteln oder sich zu Fuß auf den "Grenzgängerwanderweg" zu machen (siehe Karte). Diesen können Sie in u.a. GOMPERTSHAUSEN, SCHLECHTSART,

TRAPPSTADT oder LINDEN in Angriff nehmen. In jedem der genannten Ort finden Sie einen Wanderplan mit genauen Infos (auch für Kinder warten unterwegs Überraschungen und Aktivitätsangebote).
Haben Sie sich einen ordentlichen Hunger anmarschiert? Dann sind Sie in GLEICHERWIESEN richtig!
In der Ortsmitte liegt links das russische Spezialitätenrestaurant "Na Sdorowije" (offen: Mi-Fr 17-24 Uhr, Sa/So 11.30-24 Uhr) – und 50 weiter links hinein ein ruhiger Übernachtungsplatz.

(247) WOMO-Stellplatz: Gleicherwiesen

GPS: N 50° 21' 47.7" E 10° 38' 6.4" **max. WOMOs:** 2-3.
Ausstattung/Lage: Gaststätte/im Ort.
Zufahrt: In Gleicherwiesen 50 m nach der Gaststätte links.
Alternative: Bei Gaststätte rechts 600 m zum Sportplatz [N 50° 21' 25.7" E 10° 38' 19.7"].

Wer das Lokal betritt, kommt in eine andere Welt! Die Gasträume sind nicht nur im russischen Stil ausgestattet, sie sind mit Andenken an Russland gefüllt, um nicht zu sagen überladen: Matrjoschkas, Samoware, Teppiche, Puppen stehen und hängen auf Borden, an Wänden und von der Decke - aber alles zusammen schafft ein Flair von Urgemütlichkeit, dem man sich nicht entziehen kann.
Wir werden in bestem fränkisch von Helmut Carl, dem Besitzer, begrüßt (na, russisch sieht der nicht gerade aus!).

Seine Geschichte und die seiner Gaststätte ist schnell erzählt:
Für einen jungen Burschen aus der DDR war die Arbeit an der "Trasse", gemeint ist der Bau der Erdgasleitung in der Sowjetunion, nicht nur Abenteuer, sondern auch eine gute Verdienstmöglichkeit. Leider kamen mitten in der Arbeit die Perestroika dazwischen und die Wende. Ja – und Galina, ihres Zeichens Dolmetscherin an der Trasse (die Liebesgeschichte sollen Ihnen die beiden selbst erzählen).

Helmut erzählte ihr von seinem Elternhaus im fernen Deutschland, Galina ihm von ihren Kochkünsten – und fertig war ein kühner Plan: Die eigene Gaststätte. Wie Sie sehen (und schmecken) können: Galina und Helmut haben es geschafft. Bitte grüßen Sie von uns bei Ihrem ersten Besuch.
Übrigens: "Na Sdorowije" heißt "Wohl bekomm's!"

Nach GLEICHERWIESEN halten wir auf SIMMERSHAUSEN zu. Links grüßt bereits das ungleiche Paar der beiden Gleichberge herüber, denen wir bald auf den Pelz rücken werden. In der Ortsmitte von BEDHEIM biegen wir bei einer großen Kastanie links, auf die **Kirche** zu.

Bedheim: Kirche mit Schwalbennestorgel

Das von außen bescheiden wirkende Gotteshaus, entschuldigen Sie bitte den Ausdruck, haut einen beim Anblick seines Innenraumes fast um! Zuerst fällt natürlich der barocke Kirchensaal mit den zweigeschossigen Emporen auf, deren Brüstungsfelder vollständig mit Szenen aus den biblischen Geschichten ausgemalt sind. Dann fällt der Blick auf die wunderschöne, geschnitzte Kanzel mit der darüberhängenden, reichverzierten Krone, bleibt an der ebenfalls vollständig bemalten Felderdecke hängen. Das Glanzstück der Kirche – und eine Einmaligkeit ohnehin, ist die **Schwalbennestorgel** über dem gotischen Bogen zum Chor.
„Dem Dreieinigen Gott zu schuldiger Ehre, Hans Philipp von Heßberg, 1721“ lesen wir am Sockel dieses ebenfalls reich goldverzierten Kleinods. Wo aber ist der Orgeltisch, wer sollte da oben spielen? Die Lösung des Rätsels ist technisch so kompliziert, wie das Klangerlebnis einmalig ist. Über das Dachgeschoss führen von der Hauptorgel am anderen Ende der Kirche 20 m lange Holzstäbe, sogenannte Abstrakten, zur Tochterorgel.

Gleich neben der Kirche sind im **Bedheimer Schloss** erste Restaurierungsmaßnahmen zu erkennen (immerhin gibt es schon ein Gartencafé und eine Besichtigung des Museums).

Bedheim: Schloss

1788 heiratete hier Charlotte von Wolzogen, Schillers große Jugendliebe, den Schlossbesitzer und Regierungsrat August Franz Friedrich Rühle v. Lilienstern, bereits sechs Jahre später wurde sie in der Bedheimer Kirche beigesetzt, ihre Grabplatte bekommen wir vor dem Altar gezeigt.
Ein Nachfahre der Liliensterns, der Landarzt Hugo Rühle v. Lilienstern, machte BEDHEIM auf ganz andere Weise bekannt. Er grub 1932 auf dem **Großen Gleichberg** riesige Saurierskelette aus der Keuperzeit aus, gründete mit seinen Funden das „Paläontologische Museum Schloss Bedheim", von der Dorfbevölkerung respektlos „Saurierstall" genannt. Heute befindet sich der Saurier „Halticosaurus liliensterni" samt Genossen im Naturkundemuseum Berlin.

Wir fahren zur großen Kastanie an der Abzweigung zurück, halten dort rechts und am Ortsende wieder rechts, nach Westen, auf ROTH und den **Kleinen Gleichberg** zu. Es gibt 21 (einundzwanzig) Ortschaften mit dem Namen Roth in Deutschland, und die Autorin würde sich natürlich besonders freuen, wenn „ihr" Ort uns mit einer Attraktion gefällig wäre.
Wenn Sie neben der Kirche parken, bei dem Bänklein hinter der Handschwengelpumpe [N 50° 23' 43.8"

Roth: Kirchenkanzel

E 10° 37' 34.5"], dann können wir Ihnen im Kircheninneren eine in leuchtenden Farben restaurierte Kanzel versprechen, die von einem Engel getragen wird. Dieser hat noch eine zweite Funktion, denn sein rechter Unterarm lässt sich samt Taufschale herausklappen ...
Geradeaus führt die Straße (mit einem Sackgassenzeichen) weiter zum **Rother See**. Sie sollten am Sackgassenschild lieber parken und den "Rest" gemütlich spazieren, denn eine unfreundliche Behörde hat 100 m vor dem See eine Schranke anbringen lassen, an der ausgewachsene WOMOs noch nicht einmal wenden können!
Am Stausee kann man spielen, faulenzen, grillen – nur baden ist verboten.
Vor dem Bau des Stausees führte der Fahrweg von ROTH direkt hinauf zum Weiler WALDHAUS mit dem **Steinsburg-museum** unterhalb des **Kleinen Gleichberges**. Heute muss man sich vom See aus zu Fuß auf den Weg machen – ein schöner Spaziergang (1,5 km), der das Freizeitangebot am Roth-See abrundet.
Wer mit dem WOMO bis vor das **Steinsburgmuseum** rollen möchte, muss einen kleinen Umweg in Kauf nehmen: Über ROTH und ZEILFELD (unterhalb der Kirche **Brunnen**), wo wir nach links Richtung RÖMHILD abbiegen, düsen wir auf einer schönen Asphaltstraße durch den Wald, stoppen an einer Art Kreuzung in WALDHAUS: Links eines großen Parkplatzes **[248: N 50° 24' 1.6" E 10° 35' 29.3"]** wartet das Hotel/Restaurant "Waldhaus" täglich auf Gäste. Am Ende einer ansteigenden Wiese steht das **Steinsburgmuseum** (offen: Di-So 9-17 Uhr).

Im Steinsburgmuseum

Rechts führt ein schöner Wanderweg hinauf zur Kuppe des **Kleinen Gleichberges** mit den Grundmauern der mittelalterlichen **Wallfahrtskapelle St. Michael** und den noch viel älteren Ringwällen der **Keltenburgsiedlung**.
So viel wissen wir, als wir das Steinsburgmuseum betreten – und als wir es nach einer knappen Stunde wieder verlassen, sind wir nicht nur begeistert von der einleuchtenden Konzeption der Museumsgestaltung, sondern auch „fit" für die Besteigung der **Keltischen Fliehburg**, deren kilometerlange Wälle Ende des letzten Jahrhunderts zum Teil als bequem zu erreichendes Baumaterial abgetragen wurden. Trotzdem erleben wir auf dem knapp dreiviertelstündigen Aufstieg durch schönen Buchenwald und neben, über und zwischen den verfallenen Trockensteinmauern einen eindrucksvollen Trip in eine weit zurückliegende Vergangenheit,

als vor über zweitausend Jahren keltische Siedler sich für Notzeiten eine uneinnehmbare Fliehburg errichteten, deren gigantischer Umfang die Entstehung von Sagen und Märchen geradezu herausforderte:

„Auf dem Steinsberg lebte einst ein Rittersmann, der seine einzige Tochter eifersüchtig liebte. Welch Schreck, als ein Liebhaber auftauchte! Flugs verbündete er sich mit dem Teufel, der während einer Nacht, sicherheitshalber, und für eine Seele macht ein Teufel schon einiges, einen fünffachen Sicherheitswall gegen stürmische Liebhaber aufhäufen sollte. Der Teufel kalkulierte seine Maloche gut, rechnete aber nicht mit der barmherzigen Amme des Ritterfräuleins, die (sind die Weiber raffiniert) einem Hahn eine Lampe vor die Nase hielt, der dumm, wie auch männliche Hühner sind, den teufelsvertreibenden Morgenruf ausstieß.
Schnell packte sich Luzifer auf dem Weg in die Tiefe noch den ollen Ritter - und junges Blut zog in der Steinsburg ein. Und wenn sie nicht gestorben sind ....“

Dabei waren die Kelten gar nicht die ersten, die hier Zuflucht fanden. Die ältesten Funde datieren aus der mittleren Steinzeit (8000-4000 v. Chr.), die Stämme der Urnenfelderkultur befestigten in der Bronzezeit (1000-750 v. Chr.) den Gipfel, schließlich legte ein Stamm der Hallstadtkultur (600-450 v. Chr.) die erste Ringmauer an. Diese Stämme konnten bereits Eisenerz verarbeiten, jedoch erst die Kelten brachten perfekte Kenntnisse der Eisenverhüttung und -verarbeitung, die Töpferscheibe sowie erste Fähigkeiten der Glasherstellung aus den Kulturzentren des Mittelmeerraumes mit, und auf dem gut gesicherten Gleichberg entwickelte sich eine Siedlung mit Wohnhäusern, Werkstätten, Speichern und Ställen.
Als die Geschichte der Kelten vor 2000 Jahren endet, wird auch die Steinsburg verlassen, die Trockenmauern verfallen zu Steinwällen, Wald überwuchert den Berg. Erst aus dem Mittelalter liegen wieder Berichte vor, dass der Gleichberg in Notzeiten als Zufluchtsort aufgesucht wird; die Sankt-Michaels-Kapelle entsteht und verfällt im 17. Jahrhundert.

Kleiner Gleichberg: Ruine der Sankt-Michaels-Kapelle

Wir steigen auf ihren wieder gut gesicherten Resten herum, die einen Andachtsraum mit dem Reliquiengrab, den Altarraum und einen kleinen Anbau für einen offensichtlich besonders bedürfnislosen Einsiedler erkennen lassen, genießen den Blick hinab zu „unserem“ Roth-See, zum Großen Gleichberg und weit hinaus ins flache Grabfeld. Talwärts versuchen wir,

die Falllinie zu nehmen. Falls Ihnen der gleiche Gedanke kommt, sollten Sie sich wenigstens mit festem, griffigem Schuhwerk ausgerüstet haben, denn die holprigen, kantigen Basaltbrocken liegen wirr durcheinander, bieten reichlich Gelegenheit auszurutschen und sich Gesäß oder Fuß zu verstauchen.
Falls der Himmel mit schlechtem Wetter droht - auf halbem Wege und direkt neben den Ruinen der Wallfahrtskapelle finden Sie Unterschlupf in einer Schutzhütte.

Wir fahren weiter Richtung RÖMHILD und entdecken nach 1500 m einen Wegweiser nach links zum 200 m entfernten Römhilder **Schwimmbad** am Waldrand. Der Parkplatz [**249:** N 50° 24' 3.8" E 10° 34' 14.4"] davor ist groß, zum Teil auch schattig unter Eichen, Eschen und Weiden und nachts sicher total ruhig, denn der Bademeister schließt gegen 19 Uhr seine Plätscheranstalt zu.
In RÖMHILD parken wir gleich am Ortseingang links auf dem **Viehmarkt** unter großen Kastanien (hier sehen Sie auch ein Hinweisschild zur empfehlenswerten Landmetzgerei mit Grillhütte) und gehen dann links die Griebelstraße Richtung Zentrum.

Nach wenigen Schritten lockt uns jedoch schon ein Torbogen in den Hof des **Schlosses Glücksburg**, das von 1680 - 1710 Residenz der Herzöge von Sachsen-Römhild mit ihrem winzigen Herzogtum in Römhild und um Römhild herum war. Heute residiert im Schloss das Bürgermeisteramt, und eine Ausstellung „Keramik International“ informiert über die Entwicklung des Töpferhandwerks in der Stadt.
Der langgezogene **Marktplatz** ist gesäumt von biederen Fachwerkbauten, neben dem **Wappenbrunnen** mit den vier Löwenköpfen findet man eine Ruhebank, bevor man zum Südende des Städtchens weiterpilgert. Hier sorgte seit dem 15. Jahrhundert der enge Durchlass des hohen, quadratischen **Stadtturmes** dafür, dass kein „hergelaufenes Gesindel“ unbefugt hereinkam.
Keineswegs dürfen Sie auf dem Rückweg die **Stadtkirche** „links liegen lassen“. Die spätgotische, nur dreijochige, dafür zweichörige Hallenkirche birgt eine ganze Reihe von Kostbarkeiten: Zunächst fallen uns die steinernen Emporen, die doppelte Orgel, das gerippte Gewölbe, die Ausmalung, der Altar aus dem 17. Jahrhundert und natürlich der separate „Stammsitz“ für den fürstlichen Kirchgänger auf.
Mitten in der seitlichen Gruftkapelle steht das herrliche, gegossene **Bronzegrabmal** des Grafen Hermann VIII. und seiner Gemahlin Elisabeth von Brandenburg; weitere, steinerne Grabmäler finden wir an der Wand des Ostchores.

Römhild: Marktplatz

Am Beginn des Marktplatzes zeigt ein Schild nach links zum großen, ruhig gelegenen Parkplatz mit öffentlichem WC. Benachbart sind Spielplatz und Sportplatz.

(250) WOMO-Stellplatz: Römhild

GPS: N 50° 23' 46.9" E 10° 32' 23.7"; Schlossgasse. **max. WOMOs:** >5.
Ausstattung/Lage: WC, Gaststätten 100 m, z. B. Café am Markt/im Ort.
Zufahrt: Am Beginn des Marktplatzes links, ausgeschildert.

Am nächsten Morgen starten wir zu einem Abstecher nach MILZ, südlich RÖMHILD.
Wir rollen über den Marktplatz, passieren den Stadtturm – und kommen kurz darauf schon wieder, vor dem „Töpferhof Gramann" [N 50° 23' 32.7" E 10° 32' 4.1"], zum Stehen.
Seit 1720 wird hier der feuchte Ton in Form gebracht – und man ist sofort von den satten Farben und den schlichten und doch eleganten Formen der Blumentöpfe, Vasen, Kerzenhalter,

Krüge, Bierseidel und sonstigen Gefäße begeistert. Von 13 - 17 Uhr kann man hier, auch am Wochenende, zum preiswerten Fabrikverkauf schreiten.
Am Ortsbeginn von MILZ drehen wir vor Begeisterung eine Ehrenrunde. Erst fallen uns die schön

bemalten Fensterläden eines Fachwerkhauses auf, dann entdecken wir noch weiter links ein hohes Fachwerk-

gebäude, durch das man mit dem WOMO hindurchfahren kann – was wir natürlich sofort auch ausprobieren.
Das wichtigste Gebäude des Ortes aber ist die gotische **St. Magdalenen-Kirche** aus dem Jahre 1520,

eine Wehrkirche mit Ringmauer, Wassergraben und ehemaliger Zugbrücke.
Wir kehren nach RÖMHILD zurück, durchqueren es Richtung MEININGEN.

Das steinerne **Brunnenhäuschen** in HAINA aus dem Jahre 1739 bietet dem wasserbedürftigen WOMO-Fahrer Gelegenheit, auf sicher einmalige Art und Weise seine Tanks zu füllen: Treppchen führen hinab in das natursteingemauerte Souterrain des märchenhaft putzigen Fachwerkhäuschens. Dort ragen zwei geschnäbelte Rohre aus dem Brunnen, die gleichzeitig Stiel, Achse und Leitung fürs gewünschte Nass sind. Drückt man sie außen nach unten, so erhebt sich im Inneren ein Schöpfeimer aus dem Wasser und entleert kurz darauf, den Gesetzen der Schwerkraft gehorchend, seinen Inhalt zu Ihren Füßen – falls Sie nicht einen Kanister untergestellt haben.

Sie finden das Brunnenhäuschen nicht?
Dann biegen Sie in der Ortsmitte, vor der Gaststätte "Zur Eisenbahn" rechts in die Dorfstraße und lassen nach 400 m den Blick nicht vom linken Straßenrand!
Vor JÜCHSEN liegt links ein Stausee, ein Fahrweg führt zu einem kleinen Gehölz an seinem Ufer. Dort kann man nach Wasservögeln Ausschau halten, bevor eine Schranke die weitere Zufahrt versperrt.
Wir durchqueren JÜCHSEN und NEUBRUNN, schwenken dann auf der B 89 vor OBERMASSFELD zweimal links, denn (nicht nur) Schiller-Fans müssen unbedingt einen Umweg über BAUERBACH machen.
Aus Osten kommend, durchqueren wir ganz BAUERBACH, bis die Straße am Ortsende eine Linkskurve Richtung HENNEBERG macht. Fall Sie hier geradeaus weiterfahren könnten, würden Sie auf dem ehemaligen Gutshof der Wolzogens landen (20 m vorher rechts **Brunnen**)!
Nur dreiundzwanzigjährig fand der bereits wohlbekannte Dichter hier, im Gut der Frau von Wolzogen, „politisches Asyl“. Am 13. Januar 1782 hatte das Mannheimer Theater seine „Räuber“ aufgeführt, kurz darauf verbot ihm der Herzog Karl Eugen von Württemberg, „Komödien und dergleichen Zeug“ zu schreiben. Schiller flieht und vollendet in BAUERBACH „Kabale und Liebe“, beginnt „Don Carlos“, verliebt sich jedoch auch in die

Bauerbach: Schiller-Museum

siebzehnjährige Charlotte von Wolzogen, die Tochter seiner Gastgeberin. Mutter Wolzogen sieht das gar nicht gern – ein mittelloser Dichter! Bereits nach acht Monaten verlässt Schiller BAUERBACH, Charlotte heiratet später (wie Sie bereits wissen) den reichen Regierungsrat Rühle v. Lilienstern aus Bedheim...

Bauerbach: Gaststätte "Zum braunen Ross"

Im ehemaligen Gutshaus der Familie von Wolzogen ist heute eine **Schiller-Gedenkstätte** (offen: Di-So 10-17 Uhr) eingerichtet, in der Dorfgaststätte „Zum braunen Ross" steht noch der Tisch, an dem Schiller gerne saß – und seit 1991 spielt das „Bauerbacher Dorftheater" in seinem schönen Naturtheater jeden Samstag und Sonntag im Juni wieder den „Wilhelm Tell". Zum **Naturtheater** gelangen Sie, wenn Sie weiter Richtung HENNEBERG fahren und nach 700 m rechts in das asphaltierte Sträßchen abzweigen. Am Beginn der Anlage kann man sehr schön bei einer überdachten Tisch-Bank-Kombination stehen [**251:** N 50° 29' 53.5" E 10° 22' 36.3"].

Bauerbach: Vor dem Naturtheater

Jetzt sind es nur noch ein paar hundert Meter bis HENNEBERG. Zu Füßen des Schlossberges finden wir links der Straße einen kleinen Wanderparkplatz [N 50° 29' 35.2" E 10° 21' 54.5"], von dem aus wir zu den Ruinen auf dem frei stehenden Bergkegel hinaufstapfen.

Burg Henneberg

Von der **Burg Henneberg**, die erstmals 1096 erwähnt wurde, sind beachtliche Reste erhalten und nach der Wende wieder restauriert worden. Besonders fällt natürlich der dicke Rundturm ins Auge, der in späteren Jahren in die Westwand des Palas eingefügt wurde.
Kaum sind wir nördlich HENNEBERG auf die B 19 gestoßen, verlassen wir sie schon wieder nach links (Wegweiser: Jagdschloss Fasanerie Hermannsfeld).
Das ist mal wieder ein schönes Schlösschen, vor dem wir auf dem **Wanderparkplatz** mit überdachter Tisch-Bank-Kombination ausrollen.

(252) WOMO-Wanderparkplatz: Fasanerie

GPS: N 50° 30' 18.5" E 10° 19' 52.2"; Schlossgasse. **max. WOMOs:** 2-3.
Ausstattung/Lage: Tisch & Bank, Gaststätte, Wanderwege/bei Einzelgebäude.
Zufahrt: 1000 m nördlich Henneberg von der B 19 nach links (ausgeschildert).

Es verdankt seine Entstehung Herzog Georg I. von Sachsen-Meiningen, der 1791 zum Geburtstag der Herzoginmutter Charlotte Amalie einen passenden Festrahmen brauchte. Eine wechselvolle Geschichte hat das wieder in frischen Farben stahlende Gebäude hinter sich. Sie werden in erster Linie wissen wollen, dass die Restauration von Mittwoch-Sonntag ab 12 Uhr (nicht nur) Rhöner Küche feilbietet – und dass außer einem Naturlehrpfad drei ausgewiesene Rundwege (2 1/2, 10, 16 km) auf Ihre wohltrainierten Waden warten.
Wir rollen von Süden auf der L 3089 (B 89) **rechts** der **Werra** nach MEININGEN hinein (Wegweiser: Sportstätten).
Die 1000-jährige, ehemalige Residenzstadt der Herzöge von Sachsen-Meiningen wird Ihnen als liebliches Fußgängerzonenbummelstädtchen in Erinnerung bleiben – es sei denn, sie verplempern Ihre Zeit mit missvergnüglicher Parkplatzsuche. Deshalb vorab unsere drei praktischen Vorschläge fürs Abstellen Ihres WOMOs oder/und Ihren Nachtschlaf:

1. Großmutterwiese [**253:** N 50° 33' 42.5" E 10° 24' 45.2"].
200 m nach dem Ortsschild können Sie links zum großen Parkplatz "Großmutterwiese" mit fünf offiziellen WOMO-Stellplätzen und öffentlichem **WC** einschwenken. Dieser Platz liegt direkt an der **Werra** (schräg gegenüber Kaufland) und ist immer dann zu empfehlen, wenn diese ihn nicht gerade überschwemmt hat. Zum südlichen Ende der **Fußgängerzone** marschieren Sie nach 500 m geradeaus über die Ampelkreuzung in die Anton-Ulrich-Straße (wo Sie auch gleich rechts unseren Lieblingsinder im Restaurant "Bombay" finden).

2. Camping Rohrer Stirn [**254:** N 50° 34' 11.0" E 10° 26' 11.5"].
Schwenkt man an besagter Ampelkreuzung rechts in die Neu-Ulmer-Straße und rollt rechts am alten Stadtkern mit der hoch aufragenden, neogotischen **Stadtkirche** vorbei nach Norden, so stößt man auf den **Goethepark**.
Vor ihm kann man nur links oder rechts abbiegen.
Schwenkt man rechts und unterquert die Bahnlinie (Richtung ROHR), so wird man, wohl ausgeschildert, zum Freizeitzentrum "Roher Stirn" oberhalb der Stadt geleitet. Außer dem Campingplatz (WOMO + 2 Personen ca. 15 €) kann man dort ins Frei- oder Hallenbad gehen (verbilligt für Campingplatzgäste).

3. Volkshausplatz [**255:** N 50° 34' 25.7" E 10° 24' 45.2"].
Fährt man vor dem **Goethepark** links und an seinem linken Rand entlang, so passiert man das **Theater**. Direkt dahinter geht's an der nächsten Ampel links (Richtung KALTENNORDHEIM) über die Werra und dahinter wieder links zum großen Parkplatz neben dem Volkshaus (mit fünf reservierten, aber viel zu schmalen WOMO-Parkplätzen).

Dort ruht sich unser WOMO aus, wir spazieren über die **Werrabrücke** zurück und wenden uns sofort rechts. Ein malerischer Fußweg führt uns direkt durch den Schlosspark zum **Schloss Elisabethenburg**, das unmittelbar am Rande der kleinen, kompakten, nahezu kreisförmigen Altstadt mit dem fußgängerfreundlichen Durchmesser von nur 500 m liegt.

Meiningen: Schloss Elisabethenburg

Das dreiflügelige, dreigeschossige **Barockschloss** (erbaut 1682-1692) präsentiert sich als schmuck renovierte Anlage, deren Hauptzugang stadtwärts durch den sog. Rundbau führt. Im Inneren "wohnen" das Verwaltungszentrum der Stadt, die Musikschule, das Restaurant "Schlossstuben" und das Museumscafé.
„Nur“ 50 Zimmer sind für das Museum reserviert, in dem in breiter Fülle Kunstsammlung, Naturwissenschaftliche Sammlung, Ausstellung zur Geschichte des Meininger Theaters mit Max-Reger-Gedenkstätte und natürlich die verschiedenen Stilrichtungen der originalen Einrichtungsgegenstände des Schlosses präsentiert werden (Di - So, 9 - 16.45 Uhr).
Vor dem Schloss wenden wir uns nach rechts (Burggasse) und landen nach wenigen Schritten am nächsten Museum, dem **Baumbach-Haus**, einem zweigeschossigen Fachwerkhaus. Hier wohnte Rudolf Baumbach, der Dichter vieler bekannter Erzählungen und Volkslieder wie „Hoch auf dem gelben Wagen“. In den Räumen werden auch die Werke von Jean Paul und Ludwig Bechstein gewürdigt, die in Meiningen gewirkt haben.

Meiningen: Stadtkirche und Büchnersches Haus

Wir schlagen von der Burggasse einen Bogen nach links in die Mauergasse und von dort wieder links in die Ernestiner Straße.
An der nächsten Ecke biegen wir rechts, haben direkt die **Stadtkirche** vor uns, kehren vorher ein im **Schlundhaus**, einem schönen Fachwerkbau mit gutem Restaurant (spätestens hier sollten Sie "Hütes", die südthüringische Variante der Thüringer Klöße, probieren, denn Frau Holle übergab das Rezept persönlich dem Meiniger Bürgermeister mit dem guten Rat: "Hüt' es!").

Das neogotische Gotteshaus bezieht, wie man erst nach und nach merkt, zwei ältere Kirchen in ihren Baukörper mit ein: Der Chor stammt von einer gotischen Hallenkirche und der untere Teil des nördlichen der beiden Westtürme blieb von einer alten romanischen Kirche übrig.
Wir schwenken nach links und verlassen den Marktplatz nach Norden auf der Georgstraße (Fußgängerzone). Nach etwa 100 m sollte man die linke Häuserseite genau studieren. Nur so entdeckt man den Durchgang zum **Büchnerschen Haus** (Georgstraße 20), einem prächtigen Fachwerkbau mit bunten Fensterläden, das zusammen mit der mittelalterlichen Hinterhofatmosphäre ein einmaliges Stimmungsbild ergibt – hier hätte Spitzweg seine Staffelei aufgestellt!
In ähnlich gutem Zustand präsentiert sich das **Henneberger Haus** (mit Gaststätte) am Ende der Georgstraße, gegenüber dem **Hotel Sächsischer Hof**. Vor ihm fließt Werrawasser durch den Bleichgraben. Dieser künstliche Wasserlauf umgibt die gesamte Altstadt auf seiner Südseite, so dass sie zwischen Werra und Wassergraben auf einer sicheren Insel lag.
Wir halten weiter geradeaus, bis wir rechts vor dem klassischen Portal des **Theaters** mit den sechs wuchtigen Säulen stehen.

Meiningen: Theater

So ein großes Theater in diesem kleinen Städtchen? Noch viel größer! Der kunstsinnige Herzog Georg II. wandte seine Aufmerksamkeit ganz besonders dem Theater zu, ja, er heiratete sogar die Schauspielerin Ellen Franz und machte sie zur Freifrau von Heldburg.
Unter seiner Leitung erwuchs das Meininger Theater zur Weltgeltung, gab allein zwischen 1874-1890 über 2500 Gastspiele an den bekanntesten Bühnen Europas. Große Dirigenten und Komponisten zog es nach Meiningen: Hans v. Bülow, Richard Strauss, Fritz Steinbach und Max Reger dirigierten und komponierten in Meiningen.
Wir umrunden das Theater und schlendern durch den schönen **Goethepark**, einen englischen Garten mit künstlichem See, großer Fontäne und romantischem Brückchen, entdecken das Brahms- und das Jean-Paul-Denkmal sowie die neogotische **Fürstengruftkapelle** und kehren über die Werrabrücke wieder zu unserem WOMO zurück.
Ein Spaziergang (ausgeschildert) diesseits der **Werra**, vorbei am "Braustübl", führt hinauf zur **Goetzhöhle**, Deutschlands einziger und Europas größter für Besucher zugängliche Kluft- und Spalthöhle (eine Wanderkarte mit allen Ausflugszielen finden Sie am Beginn des Parkplatzes).

KARTE TOUR 12

TOUR 12 (ca. 175 km)

Meiningen - Walldorf - Wasungen - Geba - Seeba - Aschenhausen - Kaltensundheim - Mittelsdorf - Ellenbogen - Empfertshausen - Urnshausen - Vacha Merkers - Frauensee - Hautsee - Eisenach

Freie Übernachtung:	Wasungen, Geba, Seeba, Mittelsdorf, Kaltennordheim, Kaltenlengsfeld, Dermbach, Emberg, Bernshäuser Kutte, Stadtlengsfeld, Merkers, Tiefenort, Krayenburg, Frauensee.
Ver-/Entsorgung:	u.a. Wohlmuthausen (W), Kaltensundheim (W), Diedorf (W).
Campingplätze:	Wasungen, Schönsee.
Baden:	Schönsee, Tiefenort, Frauensee.
Besichtigungen:	Walldorf, Wasungen, Aschenhausen, Empfertshausen, Zella, Bernshäuser Kutte, Schönsee, Vacha, Merkers, Krayenburg, Frauensee, Hautsee.
Wandern:	u.a. Wasungen, Geba, Mittelsdorf, Kaltenlengsfeld, Dermbach, Bernshäuser Kutte, Schönsee.

Von unserem Meiningen-Parkplatz hinter der Werrabrücke fahren wir weiter Richtung KALTENNORDHEIM. 4 km später guckt aus einem bewaldeten Hügel ein Märchenschlösschen heraus – **Schloss Landsberg** [N 50° 36' 1.5" E 10° 23' 41.3"], ein neugotisches, romantisches Schlösschen, das sich der Meininger Herzog Bernhard II. zwischen 1836 und 1840 an der Stelle einer mittelalterlichen Burgruine baute: Spitze Turmhelme, zinnenbewehrte Giebel, mächtig wirkende Bastionen – und das alles nur Show. Aber es wirkt – vor allem, wenn man die Preise auf der Speisekarte des Hotelrestaurants in den historischen Räumen sieht. Die Zufahrt ist einfach, das Wenden für große WOMOs problematisch ...

Schloss Landsberg

Fährt man an der hochherrschaftlichen Auffahrt zum Schloss vorbei, dann muss man nicht verhungern. Einen knappen Kilometer später und direkt, bevor die Hauptstraße in einer 90°-Kurve nach links abbiegt, liegt links, gegenüber einem großen Parkplatz [N 50° 36' 13.1" E 10° 22' 47.4"], das Lokal **„Zur Brückenmühle“**.

Inzwischen hat es sich zu einer guten, gemütlichen Gaststätte mit deutsch-italienischer Küche gemausert, in dem man keine Angst hat, das Messer in die falsche Hand zu nehmen.

Wir verlassen an der Kurve bei der „Brückenmühle“ die Hauptstraße nach rechts – da geht es nach WALLDORF. Dort warten zwei Attraktionen auf uns: Die Sandstein- und **Märchenhöhle** und die **Kirchenburg** aus dem 15. Jahrhundert.

Beide Attraktionen sind Menschenwerk, denn die Höhle wurde nicht durch Wasser aus Kalkstein ausgewaschen, sondern menschliche Maulwürfe kratzten den Sandstein heraus, zerklopften ihn, verpackten und verkauften den Sand als Streu- und Scheuersand. Nein, nicht „Ata“ von Henkel, sondern ganz einfacher Sand, den unsere Altvorderen auf ihre Holzfußböden streuten, um den Dreck besser abrubbeln zu können; auch Tinte konnte man damit (siehe Luthers Stube auf der Wartburg) prima trocknen.

Für Linoleumböden ist diese Methode nicht geeignet, Löschpapier hat sich bei den letzten Briefschreibern durchgesetzt, und so schalteten die Walldörfer schnell auf Touristik um, bastelten niedliche Märchenfiguren, die sie in passender Umgebung in die Sandsteinhöhlungen stellten – fertig war die Laube – Pardon – **Märchenhöhle** [N 50° 36' 43.3''' E 10° 22.' 59.7"]. Für Kinder ist sie täglich von 10 - 17 Uhr ein Erlebnis. Die Erwachsenen erfahren so ganz nebenbei etwas über Arbeit und Werkzeug der ehemaligen Sandwühlmäuse.

Oberhalb des Ortes stand schon vor tausend Jahren eine alte Burg. Dessen Reste verband man im 15. Jahrhundert mit dem neu errichteten Kirchenschiff –

Walldorf: Märchenhöhle und Kirchenburg

eine **Kirchenburg** entstand, in die sich die Bevölkerung im dreißigjährigen Krieg gleich mehrfach flüchtete – und sie nach einer Zerstörung sofort wieder aufbaute (2012 erneut abgebrannt, der Wiederaufbau ist im Gange). Von der Dorfstraße zweigen hintereinander gleich zwei Brunnengassen nach rechts ab. Noch vor dem Dorfbach kann man rechts das massive, überwölbte **Brunnenhaus** aus dem Jahre 1798 begucken, das die jüdische Gemeinde für das Dorf stiftete ...

Ob Sie nun die Höhle, das Brunnenhaus oder die Kirche besichtigen wollen – zumindest für größere WOMOs empfehlen wir den Parkplatz am Ortsende links beim **Sportplatz** [N 50° 36' 55.0" E 10° 23' 24.8"; Bahnhofstraße].

Wir überqueren die **Werra** und die Bahnlinie nach Osten und stoßen auf die B 19. Auf ihr sausen wir nach Norden, haben bald WASUNGEN erreicht, das „Straßendorf rechts der Werra", im fremdenverkehrsdeutsch die "Karneval- und Fachwerkstadt".

Man sollte sich in der Ortsmitte einen Parkplatz suchen und wenigstens einmal die Hauptstraße hoch und runter bummeln: Das Rathaus, gegenüber der Gasthof „Zum Bären" schräg gegenüber der Zweifelshof, der Weyenhof, der Amtshof und schließlich das Stiftshaus mit dem romantischen Treppenturm, ein ehemaliger **Damenstift** am Nordende der Stadt (jetzt Zentralbibliothek), sind solide Steingebäude mit einfallsreichem Fachwerkobergeschoss, eines schöner als das andere.

Wasungen: Damenstift

200 m hinter der Zentralbibliothek führt der Beginn eines steilen Wanderweges, ein **forstbotanischer Lehrpfad** mit einer Fülle einheimischer und ausländischer Baumarten, bergan (Markierung: Grüner Schrägbalken).

Das wollen Sie sich mit mehr Ruhe beschauen?

Da hätten wir zunächst einen kleinen, unbewachten **Campingplatz** anzubieten, zu dem man, etwas schmal, 500 m nach dem Ortsschild links zum Werraufer fährt.

(256) WOMO-Campingplatz-Tipp: Wasungen

GPS: N 50° 39' 29.9" E 10° 22' 6.5"; Damaschkestr. **Öffnungszeiten:** 1.4.-31.10.
Zufahrt: 500 m nach dem Ortsschild von Wasungen links.
Ausstattung/Lage: Schatten, Liegewiese, Bootseinlassstelle, Gaststätten in der Nähe; ca. 11 € (WOMO + 2 Personen)/im Ort.

Als zweites empfehlen wir Ihnen einen gemütlichen Parkplatz auf der anderen Werraseite:
Zunächst überqueren wir die Brücke über die **Werra** Richtung KALTENNORDHEIM. 150 m dahinter biegen wir rechts in die Riethstraße und landen nach 300 m, gegen Ende der Straße, wieder am Fluss. Dort steht man an einem Wiesengelände [**257:** N 50° 39' 52.9" E 10° 21' 53.4"; Riethstr.] sehr ruhig und, welche Freude, ein Fußgängerbrückchen führt wieder über die **Werra** zu einem winzigen, aber gepflegten Park und von dort zur Hauptstraße.

WASUNGEN entwickelte sich im 12. Jahrhundert im Schutze der **Burg Maienluft** (Foto), einst Sitz der Wasunger Ritter.
Vor der Burgruine logiert jetzt die Hotelgaststätte "Maienluft", idealer Ausgangspunkt für schöne, aussichtsreiche Wanderungen oberhalb des Ortes.
Zur **Maienluft** biegt man 300 m nach der Campingplatzzufahrt rechts und holpert, zunächst auf Kopfsteinpflaster, dann glatt aber affensteil nach oben (man hat wirklich das Gefühl, auf einen Baum zu klettern)!
Direkt vor der Burgmauer liegt der **Wanderparkplatz [258:** N 50° 40' 0.4" E 10° 22' 20.5"].
Wir spazieren vorbei an der Ruine der alten Burg, von der noch recht beachtliche Reste, so der Bergfried, erhalten sind, durch den schönen Laubwald. In der Erinnerung bleiben die Aussicht über die Stadt und das Werratal – und die anschließende Entspannung auf der Terrasse der Gaststätte.
Wir verlassen WASUNGEN (wie bei der Fahrt zum Werra-Parkplatz) unmittelbar links des alten Rathauses mit dem schönen Erker nach Westen, überqueren die **Werra** Rich-

Katztal

tung KALTENNORDHEIM. Rechts der **Katz**, die kreuz und quer, wie ein junger Hund, durch ein idyllisches Wiesental streift, rollen wir dahin, bis wir zwischen MEHMELS (**Brunnen** links) und WAHNS an die Abzweigung nach STEPFERSHAUSEN über SOLZ kommen. Bevor Sie hier nach links schwenken, sollten Sie nochmal einen Blick auf das liebliche **Katztal** werfen und auf den steinernen **Wegweiser**, der in alter Frische seinen Dienst tut.

STEPFERSHAUSEN, an der Verbindungsstraße von MEININGEN nach KALTENNORDHEIM, wird von uns im rechten Winkel dazu Richtung TRÄBES durchquert, denn wir suchen für Sie die beste Stelle, einen vollständigen Überblick über die schöne **Kuppige Rhön** zu bekommen – und den hat man von der **Hohen Geba** aus. Versäumen Sie aber nicht, einen Blick auf die vielen Fachwerkhäuser in STEPFERSHAUSEN zu werfen – und dreizehn (!) **Brunnen** plätschern im Ortsbereich. Die Straße geht gleich „voll zur Sache", denn 400 m Höhenunterschied wollen in 4 km bewältigt sein.

Das **Träbeser Loch** könnte für Sie von Interesse sein!?

Was es damit auf sich hat (und wo der kurze Wanderweg entlang führt), erfahren Sie vom Wirt der "Träbeser Bauernstube" mit gutbürgerlicher Küche - und schönem **Wanderparkplatz** [**259:** N 50° 34' 50.5" E 10° 17' 10.6"].

Vor dem Ortsschild von GEBA kippen wir nicht nach links wieder den Berg hinab, sondern halten uns rechts, zur **Hohen Geba** (751 m) mit der **Meininger Hütte**.

(260) WOMO-Wanderparkplatz: Hohe Geba

GPS: N 50° 35' 22.1" E 10° 16' 13.8"
max. WOMOs: >5.
Ausstattung/Lage: Wanderwege, Tisch & Bank, Rhönkulturgarten, Museum, Gaststätte/bei Einzelgebäuden.
Zufahrt: Am Ortsbeginn von Geba rechts, ausgeschildert.

Seit die sowjetische Hubschrauberstaffel abgezogen ist, hat sich auf der flachen Kuppe viel getan: Gleich zu Beginn linkerhand liegt der "Rhön-Kultur-Garten", der nicht nur Tier und Pflanze gewidmet ist, sondern ganzheitlich die Rhön zum Thema hat. Die Gaststätte **"Bergstübchen"** ist täglich 10-18 Uhr geöffnet, daneben zeigt das Museum "Druschba" Überbleibsel aus der Zeit der Sowjets und im orangeroten Rhön-Energiehaus finden regelmäßig Ausstellungen und Vorträge zum Thema ökonomisch/ökologische Energienutzung statt. Das Hauptthema aber ist wandern, wandern im Land der weiten Fernen! Hier begreift auch der Letzte, dass die Rhön wohl das aussichtsreichste Wandergebiet Deutschlands ist.

Der eilige Gast parkt dazu in GEBA 50 m rechts der einmaligen, **achteckigen Kirche** [N 50° 34' 51.0" E 10° 15' 37.1"] beim Kinderspielplatz und folgt dem Weg zum „Rhönblick". Nach

1300 m kommt er zu einem ebenen, geschotterten Gelände mit mehreren Bänken, einer Feuerstelle – und einer unübertrefflichen Sicht nach Westen: Wie die Meisterleistung eines gigantischen Maulwurfes erhebt sich Kuppe auf Kuppe, meist mit einem bewaldeten Hütchen. Direkt neben uns, im Westen, ragt die **Diesburg** auf, links dahinter die **Alte Mark** mit einem Antennenmasten, rechts dahinter der **Leichelberg**. Südlich von uns steht der **Hutsberg** unter der Sonne und am südwestlichen Horizont, hinter vielen weiteren Kuppen, erkennt man die Radarkuppel der **Wasserkuppe**. Sie ist mit 950 m der höchste Berg der Rhön, die „Maulwurfshügel" der Kuppigen Rhön bringen es gerade mal auf 800 m, trotzdem sind sie für uns die schönsten Berge der Welt.

RHÖN-LIED

Ich könnte viel noch erzählen dir und singen von Berg und von Tal, doch nein, viel Worte erspar ich mir und sage nur eins noch einmal: Ja, kennst du die herrliche Rhön noch nicht, gehorche dem Freunde...

Andreas Fack, Kaltennordheim, 1912

Hier, im wilden „Buchonien", ist man mit dem kargen Boden verwachsen wie die Bäume. Kein Quadratmeter Acker, auf dem nicht Generationen Steine gelesen haben, obwohl die Alten sagen, dass sie nachwachsen.
Die Rhön galt nicht ohne Grund als armes Land: Das Wetter ist rauh, früher Herbst und langer Winter scheinen mit dem schlechten Boden gegen die Menschen zusammenzuarbeiten.
Aber Not macht erfinderisch: Kaum ein Gehöft, in dem nicht neben der Landwirtschaft noch ein anderes Gewerbe betrieben wurde: Wagner, Peitschen- und Körbeflechter, Gerber, Holzschuhmacher und Holzschnitzer – bis die aufkommende Industrie die Kräftigsten ins Kali oder in die Zuckerfabrik lockte.
Unser „Rhönblick" ist ein schöner Platz, ein Platz zum Träumen, ein Platz, um seine Decke auf der Wiese auszurollen und im „Rhön-Paulus" (vgl. „Literatur") zu schmökern, dem Robin Hood Buchoniens, der sich gegen Unrecht und Willkür auflehnte, den Reichen nahm und den Armen gab. Paulus, der „Räuber der Rhön", endete 1780 auf dem Neuberg oberhalb GLATTBACH am Galgen, aber in der Sagenwelt lebt er weiter als Held des armen Volkes!

Die Straße von GEBA nach HELMERSHAUSEN führt zunächst in Schleifen steil hinab durch den Buchenwald. Dort, wo er uns hinaus ins Wiesengelände entlässt, finden wir links einen Parkplatz samt **Steintisch mit Bank** [N 50° 34' 37.1" E 10° 15' 13.5"] und dem dazu gehörenden Panorama. Von diesem Platz aus, ein paar Schritte die Teerstraße hinauf und dann links, führt ebenfalls ein Fußweg zum „Rhönblick" und von dort aus weiter, zum Beispiel über die **Diesburg** nach ASCHENHAUSEN.

Helmershausen: Dom

In HELMERSHAUSEN kreuzen wir die Hauptstraße. Geradeaus in den Ort hinein passieren wir zwei **Brunnen**, parken vor dem **"Dom der Rhön"** [N 50° 34' 46.2" E 10° 15' 10.3"], wie man die riesige Kirche mit ihren drei Emporen nennt. Gut und gerne 800 Personen würden das Gotteshaus gerade so füllen...
Nach links könnten wir Ihnen einen See zum Bootchenfahren anbieten. Wohl 4 km sind es über BETTENHAUSEN bis zum kleinen, aber idyllischen **See** von SEEBA, an dessen Ufer man gegen geringe Gebühr (VE, Strom) ganz offiziell sein WOMO parken kann **[261: N 50° 34' 13.3" E 10° 18' 15.8"]**, um ihn zu Fuß zu umrunden.
Wir fahren in HELMERSHAUSEN rechts, der nächste Ort ist WOHLMUTHAUSEN.
Dies ist kein Dorf, dass man einfach durchquert, gelangweilt

einen Blick durchs Seitenfenster auf das 1001. schöne Fachwerkhaus werfend. WOHLMUTHAUSEN hat einen Dorfbach! Dieser fließt nicht irgendwo durch die Wiesen, sondern mitten durchs Dorf, schön ausgemauert, direkt parallel zur Straße. Natürlich ist er an x Stellen mit Steinplatten bedeckt, damit man sich, seine Schafe und den Traktor trocken in den Hof bekommt – und vier steinerne Tröge [N 50° 34' 23.2" E 10° 12' 42.1"] werden von schön verzierten, gusseisernen **Brunnenrohren** mit frischen Quell für Vieh und Mensch versorgt.
Bequemer kann man nicht mehr Wasser fassen – die Rohre ragen fast in den WOMO-Tank hinein!
Am Ortsende überqueren wir nicht das Bächlein nach links Richtung KALTENNORDHEIM, sondern fahren zunächst die Teerstraße nach rechts und nach 100 m, vor dem kleinen Fachwerkhäuschen der ehemaligen Gemeindewaage, links.
Die alte Verbindungsstraße zwischen den Dörfern WOHLMUTHAUSEN und ASCHENHAUSEN ist ein Musterbeispiel für den wiehernden Amtsschimmel: Ob nun die Aschenhäuser nicht wollten oder Streit mit den Wohlmuthäusern hatten oder nur mal wieder das Geld nicht reichte - die, wenn auch schmale, so doch feine Asphaltstraße reicht nur bis zur Wohlmuthäuser Gemarkungsgrenze! Der "Rest" befindet sich im Vorkriegszustand und ist folglich nur bei schönem Wetter zu passieren. Wir haben Sie hiermit gewarnt, Sie sollten den Umweg über REICHENHAUSEN/KALTENSUNDHEIM nehmen ....
Nach 2 km kommen wir an ein Bächlein, rechts steht eine einsame Weide. Hier darf man nicht links auf die Kuppe der „Alten Mark“ zuhalten, sondern fährt geradeaus, den Berg hinauf. Es empfiehlt sich, den vielen Vorbildern zu folgen, und die glatten Fahrspuren auf der Wiese neben der „Straße“ zu benutzen.
Bei den ersten Häusern von ASCHENHAUSEN biegen wir links und parken nach 100 m neben dem **Brunnen** bei den drei Kastanien – vor der **Synagoge** [N 50° 35' 51.0" E 10° 12' 10.0"].
Ja, in dem kleinen Dorf ist in der „Reichskristallnacht“ ein großes Wunder ge-

Aschenhausen: Synagoge

schehen: Die Synagoge, das geistige und geistliche Zentrum der kleinen jüdischen Gemeinde, blieb verschont, überdauerte zwei totalitäre Regime als Lagerraum und Scheune.

Erst nach der Wende wurde das über 200 Jahre alte Bauwerk von einheimischen Denkmalpflegern und Handwerkern wieder auf Hochglanz gebracht und der Öffentlichkeit übergeben. Vor allem die erhaltene Deckenbemalung der Kuppel erinnert an die einstige religiöse Bestimmung – denn jüdische Gottesdienste werden hier die Ausnahme bleiben: Das Bauwerk blieb erhalten, die jüdische Gemeinde Aschenhausens existiert nicht mehr.
Auf der Empore wird eine Ausstellung zur jüdischen Geschichte und Kultur in Thüringen entstehen; kulturelle Veranstaltungen, z. B. Kammerkonzerte sollen die Synagoge der breiten Öffentlichkeit bekannt machen. Nicht weit ist es – und ein schöner Spaziergang zumal – von der Synagoge nach Westen

zum **jüdischen Friedhof**. Mit dem Auto fährt man noch ein Stück in den Ort hinein, biegt dann links und rollt, an der kleinen Kirche mit dem schiefergeplättelten Turm vorbei, zum kleinen Parkplatz [N 50° 35' 57.3" E 10° 11' 54.5"] unter Bäumen.
Von dort geht man, einen Wiesenweg den Hang hinauf, bis zum Friedhof auf einer Waldwiese. Wie auf jüdischen Friedhöfen üblich, ziert kein Blumenschmuck die Gräber. Aber man erkennt auf den ersten Blick, welches Grab besucht wurde: Ein kleiner Stein liegt dann auf dem Grabstein.

Nördlich von ASCHENHAUSEN biegen wir an der Hauptstraße links und nach 4 km wieder links, haben gleich darauf KALTENSUNDHEIM vor uns. Hinter den ersten Häusern fahren wir nach links hinauf zum tegut-Supermarkt **[262:** N 50° 36' 27.8" E 10° 9' 37.4"; Bergstraße] vor dem Friedhof. Dort kann man bequem sein WOMO abstellen und über den Friedhof

Kaltensundheim: Wehrkirche

zu der **Wehrkirche** innerhalb der mächtigen, hohen Mauern gehen, die ihre Bedeutung für kriegerische Zeiten erklären: In ihrem Inneren brachte man sich und seine Habe in Sicherheit, verteidigte sich, so gut es eben ging in der Hoffnung, dass die Kriegshorden sich mit den in den Häusern verbliebenen Dingen zufrieden geben würden.

Der spätgotische Chorturm der Kirchenburg, die die Jahreszahl 1495 trägt, überragt mit dem getreppten Giebeldach wuchtig die Mauern. Ob er wohl letzte Zuflucht in höchster Not war?

Das schönste der vielen Kaltensundheimer Fachwerkhäuser ist das ehemalige **Backhaus**, das heute die Gemeindebibliothek beherbergt. Man findet es, wenn man weiter der Bergstraße folgt (**Brunnen** links) und an ihrem Ende rechts zur Hauptstraße zurückkeht.

Ein kleiner Abstecher nach Westen führt uns nach MITTELSDORF, dem kleinen Dorf, aus dem so viele bekannte Leute stammen, zum Beispiel die beiden Autoren.

Kaltensundh.: Brunnen

Mittelsdorf: Blick vom Hemschenberg zum Altenberg

Vieles ist von den Kindererinnerungen verschwunden: Die alte Schmiede, die Dorfmauer, die Mühlräder der Wassermühlen und die vielen Steinwälle zwischen den kleinen Feldern, die von der Mühsal der bäuerlichen Arbeit zeugten. Auch die schönen **Dorfbrunnen** hatte man als überflüssig erachtet und als Tränktröge auf die Viehweiden geschleppt. Einen der schönsten hat man gerettet und wieder vor der **Fliegerschule** aufgestellt.
Fliegerschule!?
Ja, unser Dorfgemeinschaftshaus heißt schon seit vielen Jahren "Fliegerschule" , weil dort in den 30er Jahren junge Flugkadetten wohnten, die am

Rattenturm mit Bürgermeisterstein

Leichelberg oberhalb KALTENSUNDHEIMS segelfliegen lernten. Genau gegenüber geht man durch das Tor des **Rattenturms** zur Kirche. Rechts vor dem Tor sieht man einen ziemlich unauffälligen Basaltstein. Es ist nach Forschungen meines verehrten Onkels Ewald Schulz der **Bürgermeisterstein**, auf dem einst der Ortsvorsteher stand, um bei Ansprachen an sein Dorfvolk vollen Überblick zu haben.

Geblieben ist auch die herrliche Umgebung, von der wir Ihnen einen kleinen Ausschnitt zeigen möchten:
An der einzigen Kreuzung in der Dorfmitte biegen wir rechts, folgen den WOMO-Wegweisern hinab und über zwei Brücken zum Wander- und WOMO-Parkplatz (nur 200 m vom WOMO-Verlag entfernt, Besucher willkommen!).

(263) WOMO-Wanderparkplatz: Mittelsdorf/Alte Dreschscheune
GPS: N 50° 36' 41.2" E 10° 7' 53.3"; Linsenhof **max. WOMOs:** 2-3.
Ausstattung/Lage: Wanderwege, Tisch & Bank/bei Einzelgebäuden.
Zufahrt: In der Ortsmitte von Mittelsdorf rechts, ausgeschildert.

Unser Wandervorschlag zum höchsten Berg der Thüringischen Rhön:
Wir marschieren auf dem Premiumwanderweg "Hochrhöner" (markiert mit dem goldenen ö), die beiden Brücken wieder überquerend und dahinter rechts, an Mittelsdorf vorbei, auf Wiesenwegen bergan, schwenken vor den mächtigen Hutbuchen links, dann vorbei am Steinköpfchen und der Oberen Huth hinein in den Wald.
Wir fühlen uns wie in einem Urwaldgebiet: Gewaltige Buchen, vom Blitz getroffen, recken ihre zersplitterten Stämme in den Himmel, die Wege sind überwuchert, Reh und Hase zeigen sich mehr verwundert als verängstigt. Immer weiter führt der Weg empor, kreuzt ein Wiesengelände, das wegen seiner vielen Kümmelpflanzen „Kümmuflecker" heißt, gewinnt eine letzte Höhe. Wer Ende 1990 mit uns über diese Weideflächen gewandert wäre, der hätte den **Ellenbogen** (814 m), den höchsten Berg der **Kuppigen Rhön**, gleich entdeckt: Riesige Lauschantennen, sorgsam in Plastikkugeln verpackt, belagerten seine Kuppe. Jetzt sind alle „unnatürlichen" Bestandteile verschwunden, man muss sich an den Wandermarkierungen

orientieren – und findet dann schnell den Berg und seine Gaststätte, das „Eisenacher Haus“. Diese historische Berggaststätte, jahrelang zunächst von den Sowjets und dann der Stasi besetzt, ist heute wieder eine gemütliche Wandergaststätte, von der aus zu jeder Jahreszeit ausblickreiche Wanderungen gemacht werden können.
An ihm vorbei kommt man zum "Thüringer Rhönhaus", einer urigen Gaststätte, neben der ein **Wohnmobilstellplatz** entsteht [N50° 34' 4" E10° 4' 19"].

Wir kehren fast auf dem gleichen Weg wieder nach MITTELSDORF zurück und setzen über KALTENSUNDHEIM und KALTENNORDHEIM unsere Fahrt fort. Zwischen beiden „kalten Dörfern“ liegt die „Erbsmühle“, eine geschlossene Gaststätte. Schräg gegenüber, nach dem Ende der Leitplanke, zweigt ein sehr zerfurchter Fahrweg, oft mit Pfützen, nach rechts ab, endet nach 1200 m entlang des **Grimmelbaches** vor einem kleinen **Stausee** [N 50° 36' 50.9" E 10° 10' 42.3"]. Hier kann man das WOMO abstellen und ihn auf einem Spazierweg umrunden (Baden verboten).
Der kleine See ist von trockenen Heidehängen mit einer typischen Vegetation aus Wacholderbüschen, Heidenelken, Kuhschellen und sogar verschiedenen Orchideenarten umgeben. Links oben, am Waldrand, entdeckt man eine kleine, weiße Bank und schöne, ruhige, aussichtsreiche Liegewiesen – und prima Übernachtungsplätze. Allerdings kommt man von hier unten aus wohl kaum mit dem WOMO hin. Wir haben Ihnen ab KALTENNORDHEIM die Zufahrt beschrieben.
Wir kehren zur „Erbsmühle“ zurück, biegen dort rechts und rollen nach KALTENNORDHEIM hinein, das durch seinen **Heiratsmarkt** in der Pfingstwoche weithin bekannt ist. Dann drängen sich in dem mittelalterlichen Stadtkern die Menschen zwischen Buden, Karussells und Bratwurstgrills und am Abend finden im Schlosshof Tanzveranstaltungen statt – der Weg bis zur Hochzeit ist dann nicht weit! An anderen Tagen (außer Di Markt) liegt der Marktplatz völlig ruhig – nur vor der beliebten Eisdiele und dem ebenfalls zu empfehlenden "Döner" parken Autos.
Nur wenige Schritte sind es zum "Caravanstellplatz" vor der Feuerwehr [**264:** N50° 37' 49.1" E 10 9' 34.0"; In der Aue].
Seit KALTENSUNDHEIM begleitet die **Felda** unseren Weg, und das freundliche **Feldatal** soll uns auch noch eine Weile erfreuen. Zunächst aber wollen wir Sie ja zu unserem Lieblingsplatz oberhalb des Grimmelbach-Stausees führen: Gleich am Ortsbeginn von KALTENNORDHEIM macht die Hauptstraße einen Schlenker nach links über die **Felda**. Wir fahren geradeaus und dann gleich rechts, vor dem Sportplatz, nach Osten. Es geht bergauf, und nach 2 km kommen wir an eine Gabelung, die Sie bitte im Gedächtnis behalten. Wir halten uns rechts und biegen nach weiteren 800 m, kaum dass wir die Höhe gewonnen haben, nach rechts in einen geschotterten

Weg ab, der uns zum Picknickplatz am Waldrand oberhalb des Stausees führt. Hier kann man nicht nur lagern und faulenzen oder Ball spielen, sondern natürlich auch den See umrunden. Zum Übernachten ist der Platz ideal.

(265) WOMO-Wanderparkplatz: Speicher Grimmelbach

GPS: N 50° 37' 8.1" E 10° 11' 12.5" **max. WOMOs:** 2-3.
Ausstattung/Lage: Wanderwege, überdachte Tisch-Bank-Kombination/außerorts.
Zufahrt: Von Kaltennordheim am Abzweig Kaltenlengsfeld vorbei noch 800 m zur Höhe, dort rechts nochmals 700 m auf schlechtem Wiesenweg.

Wir kehren zur letzten Gabelung zurück, fahren rechts bis KALTENLENGSFELD. Dort verlassen wir die Teerstraße vor der Rechtskurve beim Dorfgemeinschaftshaus (mit vielen Parkplätzen) nach links (Wegweiser: **Umpfen** 2 km, **Dachstein** 1,4 km).
Dort oben können wir Ihnen drei Dinge versprechen: Einen prächtigen Blick über KALTENNORDHEIM und einen großen Teil der Rhön, einen ruhigen Übernachtungs- und Picknickplatz – und einen Einblick in die vulkanische Entstehung der Rhönkuppen.
Zum schönsten Aussichts-Übernachtungs-Platz schwenkt man bereits an der ersten Gabelung nach 350 m links bis zum Picknickplatz an der Hangkante.

(266) WOMO-Wanderparkplatz: Kaltenlengsfeld/Dachstein

GPS: N 50° 38' 3.6" E 10° 11' 2.0" **max. WOMOs:** 2.
Ausstattung/Lage: Wanderwege, überdachte Tisch-Bank-Kombination/außerorts.
Zufahrt: In Kaltenlengsfeld amDorfgemeinschaftshaus links und nach 350 m nochmals.

Fährt man an der ersten Gabelung geradeaus weiter und parkt an der nächsten Gabelung unterhalb der Gaststätte "Rhönbrise", so kommt man auf dem linken Weg, ohne fehlgehen zu können, zum ehemaligen **Basaltsteinbruch** am Umpfenhang. Das Areal ist einmalig in seinem Übergang von der zerrissenen Steinbruchlandschaft zur naturüberwucherten Felsenidylle:

Eidechsen huschen über den Weg, verschwinden in den typischen Blockrissen, die sich beim schnellen Erkalten der Basaltlava vor Millionen von Jahren bildeten. Ganze Bänder von solchen Klötzchenreihen ziehen sich den Hang hinauf, zeigen den Verlauf des aufgebrochenen Vulkanschlotes, den Weg seines glutflüssigen Inhalts an.
Wir kehren über KALTENLENGSFELD nach KALTENNORDHEIM zurück, folgen nun der B 285 nach rechts ins Feldatal. Rechts über uns schaut die aufgerissene Flanke des **Umpfen** herab, durch die Wiesen schlängelt sich die **Felda**, teilt sich mit der ehemaligen Feldabahn (jetzt Radweg) das liebliche Tal. Eine alte Mühle deutet an, wie umweltfreundlich einst die Müllerei war, ohne Stromverbrauch, ohne Schornsteingestank. Das genaue Gegenstück war die stillgelegte, „moderne" Köhlerei am anderen Feldaufer, die an manchen Tagen das Feldatal bis hinauf nach Kaltennordheim einqualmte.
Wir passieren FISCHBACH, durchqueren DIEDORF, machen 1 km später, an einer Gabelung, einen Abstecher nach links. Der Wegweiser nach EMPFERTSHAUSEN war einst zweimal vorhanden: Einmal im üblichen StVZO-gelb mit schwarzer Schrift, ein zweites Mal aus einem Balken zierlich geschnitzt. Aber auch "ohne" sieht man es in dem kleinen Dörfchen an „jeder Ecke": In Empfertshausen sind die Holzschnitzer zu Hause. War in früheren Zeiten das Holzschnitzen nur gut, um sich ein ärmliches Zubrot zu verdienen, legte man seit 1898 mit der Gründung einer Schnitzschule (http://www.youtube.com/watch?v=RgJamZZ5x2w) mehr Wert auf künstlerischen Anspruch.

Wir stoßen in Empfertshausens Ortsmitte auf die Hauptstraße: Links die Gaststätte "Zur Linde", rechts das Holzschnitzermuseum in der **Alten Schnitzschule**.
Dort kann man sich (Di-Fr 11-14 Uhr, So 13-17 Uhr oder auf Anmeldung (036964-83852) über die Entwicklung der Holzschnitzerei kundig machen und hervorragende Exponate rhöntypischer Schnitzkunst bewundern.
Nach dieser "Einstimmung" rollen wir nach rechts die Hauptstraße entlang, bis wir am Ortsende auf die **Neue Schnitzschule** [N 50° 39' 58" E 10° 5' 37.6"; Andenhäuser Str. 2] stoßen.
Wir platzen in eine praktische Unterrichtsstunde hinein, werden aber vom Lehrer Steffen Kranz freundlich begrüßt und dürfen den Schülern bei der Arbeit über die Schulter schauen.
Nicht nur "holzschnitzen" ist während der dreijährigen Ausbildung angesagt, sondern auch allgemeiner und fachtheoretischer Unterricht sowie arbeiten mit Ton, Stein, Gips und Metall.

Die Berufsperspektiven eines Holzschnitzergesellen sind, unabhängig von einer Meisterprüfung, sehr vielfältig: Restaurator, Bühnenbildner, Spielzeugmacher, Modellbauer – und natürlich die berufliche Selbständigkeit als Holzbildhauer sind nur einige Beispiele.
Wie man eine Firma verwaltet und seine eigenen Produkte verkauft, lernen die zukünftigen Holzbildhauer in ihrer eigenen **Schnitzschüler GmbH**. Dort kann man von Mo-Fr Schnitzereien erwerben; auch Auftragsarbeiten werden entgegengenommen unter schnitzschueler@gmx.de oder 036964-93534.

Erinnerungen an die Holzschnitzerkünste lässt die barocke **Probsteikirche** [N 50° 40' 23.9" E 10° 6' 34.6"; Goethestr.] des benachbarten ZELLA aufkommen. Die kleine katholische Enklave sollte sich wenigstens bezüglich ihrer Kirche nicht vor den großen evangelischen Nachbargemeinden zu verstecken brauchen, und so entstand 1715-1732 ein beinahe majestätisch schönes Bauwerk, dessen elegante Proportionen sich auch im Innenraum fortsetzen; der farbige Kunstmarmor strahlt im Licht der hineinflutenden Sonne. Nebenan, in der **Probstei**, sind Dauerausstellungen des **Biosphärenreservats Rhön** zu besichtigen.

Zella: Probsteikirche

Von ZELLA kehren wir zur B 285 zurück, halten links, durchqueren NEIDHARTSHAUSEN, schwenken 2 km später nach rechts ein (Wegweiser: GLATTBACH); wir freuen uns auf den berühmten **Ibengarten** und "unsere" Orchideenwiese. Vor der Brücke über die Felda, beim holzgeschnitzten Rhönpaulus (mit der gestohlenen Gans) parken wir [N 50° 41' 58.3" E 10° 7' 47.2"].

Unser Weg führt, weiß-rot-weiß markiert, über die Feldabrücke und in weitem Linksbogen den Berg hinauf, führt sozusagen um unseren Orchideenhang herum, verschwindet dann im Wald und landet nach 15 Gehminuten mitten im **Ibengarten**, der im 12. Jahrhundert als Klosterwald angelegt wurde. Auf einer Gesamtfläche von über 50 ha stehen 12 ha Eiben *(Taxus baccata)*, etwa 350 Exemplare, von denen die ältesten sage und schreibe 500 Jahre auf dem Buckel haben.

Die Orchideenwiese unterhalb des Hangwaldes erkennt man schon von der B 285 aus an ihrem lockeren Wacholderbuschbestand, dazwischen knospen bereits die „Heinzelmännchen“ (Weißdorn), die Heckenrosen entfalten ihr frisches Grün. Unten jedoch, zwischen den Grasbüscheln, prangen nicht nur goldgelbe Schlüsselblumen, sondern tiefviolett, den Boden geradezu übersäend, die auffälligen Blütenstände des Männlichen Knabenkrauts *(Orchis mascula)*. An die zwanzig Blüten mit dem typischen, langen Sporn und der gefleckten, dreilappigen Lippe zählen wir an jeder Ähre, jede für sich ein kleines Kunstwerk der Natur.
Wir suchen weiter, und entdecken wirklich, zwischen Silberdisteln, Fingerkraut und ganzen Flächen von filzigen Katzenpfötchen, kleinen rosafarbenen Korbblütlern, einige frühe Exemplare der prächtigen Fliegen-Ragwurz *(Ophrys insectifera)*. Nicht nur für unser menschliches Auge scheint auf dem grünen Blütenstiel ein braunes, bläulich schillerndes Insekt zu sitzen – auch verschiedene Fliegenmännchen „fliegen“ darauf rein, machen gar heftige Kopulationsversuche mit der "Fliege". Dabei pudern sie sich kräftig mit dem Blütenstaub ein und schleppen ihn, dumm wie sie nun mal sind, geradewegs zur nächsten "Fliege". Nur gut, dass nach einer Weile auch die echten, weiblichen Fliegen schlüpfen, welcher "Fliegen-Frust" würde sich sonst ausbreiten ....
(Anmerkung: Unser Orchideenhang bietet während der gesamten warmen Jahreszeit Sehenswertes: Ab April blüht die große, weiße Wald-Anemone, ab Mai das Knabenkraut, ab Ende Mai die Fliegen-Ragwurz und von Juni-September die Silberdistel).

Weiter geht es auf der B 285 bis DERMBACH. Wer es versäumte, die Probsteikirche in ZELLA zu bestaunen, der findet hier ein Bauwerk des gleichen Meisters Gallasini, die **katholische Kirche** des ehemaligen **Franziskanerklosters**. Der Barockbau ist nicht so formenfreudig im äußeren Anblick, hat jedoch ein

schönes Wappenportal. Im Inneren kann man im Anblick der raumbeherrschenden, dunkel marmorierten Altäre schwelgen. Sehenswert ist in der ebenfalls barocken, evangelischen Kirche ein Abendmahlrelief aus dem 15. Jahrhundert.

In DERMBACH begegnet uns auch der **Rhön-Paulus** wieder, war er doch in den umliegenden Wäldern zu Hause. Hier vollendete sich sein Schicksal. Im **Heimatmuseum** [N 50° 42' 59.1" E 10° 7' 2.3"; Kirchberg] (direkt vor der evangelischen Dreieinigkeits-Kirche) zeigt man uns außer vielen Beispielen zum Leben in der Rhön den Holzkasten, in dem der „Meisterausbrecher" bei seiner Gerichtsverhandlung stecken musste. Wir hörten davon, man habe ihn inzwischen gestohlen. Ob er doch noch lebt, der „Räuber der Rhön" ....

Fährt man vor dem Museum weiter bergauf, so entdeckt man bald die Wegweiser zum **Schwimmbad**. Dort kann man nicht nur parken, schwimmen und übernachten!

(267) WOMO-Badeplatz: Dermbach/Schwimmbad

GPS: N 50° 42' 43.2" E 10° 6' 31.6" **max. WOMOs:** 3-4.

Ausstattung/Lage: Schwimmbad, Wanderwege/Ortsrand.

Zufahrt: An der zentralen Kreuzung links die Markstraße hinauf, ausgeschildert.

Links des Schwimmbades führt ein geschotterter Fahrweg (Markierung: Grünes ö) hinauf zu einem beliebten Dermbacher Wanderziel, der **Hirtentränke**.

Dermbach: Hirtentränke

Nach 1800 m erspähen wir rechterhand die gesuchte Hangwiese mit einem Brunnen, an dem sich seit 1772 außer Hirten und Schafen auch WOMO-Besitzer hätten tränken können, daneben, am Waldrand, wurden Grillstellen und zwei Schutzhütten mit Bänken aufgestellt. Links warten ebene Park- und Picknickplätze unter hohen Buchen und Wandermöglichkeiten gibt es reichlich.

Besonders möchten wir auf den ausgewiesenen

Rundwanderweg 1 hinweisen, der von der Hirtentränke über FÖHLRITZ und den **Gläser** (670 m) nach STEINBERG führt und nördlich des **Steinkopfes** (694 m) zurück zur Hirtentränke kommt. Leider, leider hat ein uneinsichtiges Forstamt kürzlich den Fahrweg für sich reserviert, sodass 1800 m Anmarsch zusätzlich zu bewältigen sind!
In DERMBACHs Nähe haben wir noch einen weiteren, aussichtsreichen Picknick-, Wander- und Übernachtungsplatz entdeckt (der bereits auf der Höhe liegt!).
Man muss vom Zentrum aus die Straße Richtung GEISA nehmen. Nach 3,5 km, kurz hinter OBERALBA, haben wir die Emberg-Passhöhe (500 m) erreicht, links geht es zum großen Wanderparkplatz mit der **Emberg-Hütte** des Rhönclubs.

(268) WOMO-Wanderparkplatz: Emberghütte

GPS: N 50° 43' 32.0" E 10° 5' 2.9" **max. WOMOs:** 3-4.
Ausstattung/Lage: Wanderwege, Tisch & Bank, Grillstelle/außerorts.
Zufahrt: Zwischen Dermbach und Geisa auf der Höhe links, ausgeschildert.

Als Wanderweg empfehlen wir den roten Tropfen über den **Emberg** zum **Baier** (714 m); der Blick reicht weit hinüber zum **Thüringer Wald** - unverwechselbar der **Große Inselsberg** mit seinen Antennenmasten.
3 km hinter DERMBACH verlassen wir die B 285 nach rechts, Richtung BAD SALZUNGEN, überqueren Bahnlinie und **Felda** beim kleinen Weiler HARTSCHWINDEN, haben kurz darauf URNSHAUSEN erreicht. Dieses kleine Dorf am Fuße einer ausgedehnten bewaldeten Hügellandschaft ist Ausgangspunkt für zwei landschaftliche Attraktionen mit günstigen Gelegenheiten für Badespaß und Wanderfreuden, ich meine den **Schönsee** und die **Bernshäuser Kutte**.
Wir fahren gleich am Ortsbeginn von URNSHAUSEN noch vor den roten Toren der Feuerwehr rechts und rollen dann, rechts bleibend, durch BERNSHAUSEN auf ROSSDORF zu.

Nur 300 m hinter BERNSHAUSEN kann man nach links zum Waldrand fahren, hinter dem sich ein nahezu kreisrunder, geheimnisvoll ruhiger Wasserspiegel verbirgt.

(269) WOMO-Wanderparkplatz: Bernshäuser Kutte
GPS: N 50° 43' 43.4" E 10° 11' 50.0"
max. WOMOs: 1-2.
Ausstattung/Lage: Wanderwege, Liegewiese/außerorts.
Zufahrt: 300 m hinter Bernshausen links.

Ein Waldweg umrundet das über 50 m tiefe Gewässer, das vor Jahrtausenden dadurch entstand, dass plötzlich in einem Durchmesser von 300 m der Erdboden einbrach, unterhöhlt von unterirdischen Wässern. Keine Menschenseele stört die idyllische Ruhe – ein schöner Spaziergang!
Biegt man in URNSHAUSEN unterhalb der Kirche (**Brunnen**) links, so braucht man nur den Wegweisern "Schönsee" zu folgen. Dieser Badesee, von denen noch unsere Eltern schwärmten, war jahrzehntelang ein streng abgeschirmtes Gelände, dessen Betreten bei "Lebensgefahr" verboten war. Nach der Wende nahmen die Urnshausener – und nicht nur die – ein kleines Paradies in Besitz: Eine idyllische, kleine Ferienanlage mit Ferienhäuschen, Spielplatz u.a. mit Boccia- und Kegelbahn, Liegewiese, einem Imbisshäuschen, genannt "Jägerklause", überdachten Picknicktischen, drei Fischteichen und natürlich dem erwähnten Badesee, hineingeschmiegt in ein waldiges Halbrund....
1500 m hinter URNSHAUSEN, direkt am Waldrand, kann der sparsame Wanderer links kostenlos picknicken und parken [N 50° 44' 28.1" E 10° 11' 22.3"].
Nach weiteren 1000 m durch den schattigen Wald erreicht man den Badesee.

Sie finden das Badeparadies verweilenswert? Dann beehren Sie doch den kleinen Campingplatz [**270:** N 50° 44' 32.5" E 10° 12' 5.3"] mit separaten WOMO-Stellplätzen (mit VE).

Hat man genug gebadet und gefaulenzt, kann man rings um den **Schönsee** schlendern oder die weitere Umgebung erkunden. Dabei entdecken wir am Rande einer Fichtenschonung hunderte von leeren, "gläsernen Blumentöpfen" ohne Bodenloch. Während wir noch über den Unverstand der Gärtner bzw. Blumentopfhersteller grübeln, die Wurzeln der Sämlinge ersaufen zu lassen, entdeckt das verblüffte "Wissenschaftlerauge" nicht weit davon die ersten angeritzten Kiefernstämme, an denen die Glastöpfe festgeklammert werden, um das herausquellende Baumharz aufzufangen. Die Kiefernbaumrindenschnitzer sind im übrigen wahre Künstler, denn parallel zueinander, in einer Art Fischgrätenmuster, laufen die hineingekerbten Linien zu einem zentralen Rückgrat, von dem aus sie genau in das Töpfchen zielen.

Läuft man zwischen den Fischteichen und dem Badesee über den kleinen Damm, so steht man am Beginn eines Wanderweges, der neben einer Stromleitung durch schlanken, hohen Buchenwald nach BERNSHAUSEN und davor links, durch Wiesen, nach 1/2 Stunde zur **Bernshäuser Kutte** führt. Nach links führt der Wanderweg (grünes Dreieck) hinauf zum Pleßberg (644 m) mit Aussichtsturm. Dort stand einst das Forsthaus, das wir oberhalb BREITUNGENs als WOMO-freundliches Gasthaus "Seeblick" kennengelernt hatten.

Wir kehren vom Schönsee über URNSHAUSEN den gleichen Weg zur B 285 zurück und folgen dem Lauf der **Felda** weiter bis STADTLENGSFELD. Dort hätte man jetzt noch eine **Wasserburg** aus dem 16. Jahrhundert, wenn man nicht ununterbrochen an ihr herumgebaut und schließlich auch noch die Wassergräben zugeschüttet hätte. Jetzt bietet sich dem Betrachter ein Durcheinander von Stein- und Fachwerkbauten, das die "Burgklinik" beheimatet. Wenn Ihnen danach ist – die **Sauna** darin steht allen Interessenten offen (Do abends Damen, Fr abends Herren).

Kostenlos übernachten kann man neben dem **Freibad** am Ortsendeschild rechts auf dem offiziellen **WOMO-Stellplatz** [**271:** N50° 47' 24.1" E10° 06' 58.5"]. Auch Tisch & Bank, Stromanschlüsse und V/E fehlen nicht.

Nur noch wenige Kilometer, und die **Felda** beendet bei DORNDORF ihren Lauf, mündet in die **Werra**, die wir bei WASUNGEN verlassen hatten. Acht **Wohnmobilstellplätze** (VE, Strom) findet man in DORNDORF beim Freizeitgelände an der Hardtstraße [**272:** N50° 50' 08.0" E10° 05' 25.3"].

Wir machen nun auf der B 62 einen 4-km-Abstecher nach links, nach VACHA. Das kleine Städtchen an der **Werra** hatte zu DDR-Zeiten ein besonders schweres Los: Die **Werra-**

Vacha: Werrabrücke

Brücke am Rande der Stadt, einst Bestandteil der wichtigen Handelsstraße Frankfurt-Leipzig, war plötzlich Grenze, wurde verbarrikadiert, unpassierbar. Was muss besonders in den alten Bewohnern dieses schönen Städtchens vorgegangen sein, als sie im Herbst 1989, von einem Tag auf den anderen, wieder über diese "ihre" Brücke gehen konnten!

Zunächst aber fesselt uns nicht der Anblick Vachas, sondern ein eigentümliches Gebirge neben der Straße: Grau, vegetationslos, mit Warnschildern. Wir passieren den Abraum der Dorndorfer Kaligruben, unbewältigte Umweltprobleme, zumal die Gruben jetzt, wegen der "gesamtdeutschen Konkurrenz", geschlossen wurden. Aber nicht nur oberirdische, sichtbare

Vacha: Widemarksches Haus, davor der Vitusbrunnen

Probleme blieben vom "Kali". Bereits 1989 verursachte im benachbarten VÖLKERSHAUSEN der Einbruch ausgeräumter Kalikavernen ein gewaltiges Erdbeben, das große Schäden an den Häusern hervorrief, die Kirche musste gar abgebrochen werden; 2013 forderte ein CO_2-Ausbruch zwei Todesopfer ...
In VACHA ist die Zeit fast stehengeblieben, nur nach und nach bekommen die schönen Gebäude am Marktplatz frische Farbe. Das dortige Glanzstück ist das **Widemarksche Haus**, ein dreigeschossiges Fachwerkhaus auf steinernem Renaissance-Unterbau aus dem Jahre 1613. Caspar Widemark ließ es sich als Wohnhaus erbauen, mit reichen Schnitzereien verzieren, von einem Dachreiter bekrönen – auch für einen Gesandten des Kasseler Hofes sicher keine Selbstverständlichkeit.
Im gleichen Jahr entstand davor der **Vitusbrunnen** mit der Figur des St. Veit. Besonders sehenswert, weil nicht kleinzukriegen, sind die 14 Bögen der **Werrabrücke** aus dem Jahre 1342. Dort liegt links der Straße auch der praktischste Parkplatz für Ihren Vacha-Spaziergang [N 50° 49' 47.6" E 10° 1' 20.0"]; zwei Plätze sind für WOMOs reserviert. Nur wenige Schritte sind es von hier aus zur **Burg Wendelstein** mit dem **Storchenturm** und dem **Puppenmuseum**.
Wir kehren nach DORNDORF zurück, folgen der B 62 weiter zunächst bis MERKERS. Das **Erlebnisbergwerk** wird rechtzeitig angekündigt und der Weg zum Besucherparkplatz [N 50° 49' 12.7" E 10° 7' 22.1"] ist bestens ausgeschildert.
Anlässlich einer Führung (Di-Sa 9.30+13.30 Uhr; Voranmeldung wird empfohlen unter Tel. 03695-614101) fahren wir mit dem Förderkorb 500 m hinab in die Welt des "Weißen Goldes". Aber auch (fast) richtiges Gold gibt es zu besichtigen, denn einst wurde der Reichsbankschatz hier aufbewahrt. Technik zum Anfassen und Infos über den Kalibergbau einst und jetzt – ein spannender, aber nicht ganz billiger Ausflug in die Unterwelt (23-26 €, Kinder 15-18 €).

Merkers: Erlebnisbergwerk

2,5 km weiter östlich verlassen wir die B 62 nach TIEFENORT. Am Ortsbeginn biegen wir links zu offiziellen **WOMO-Stellplätzen** beim **Schwimmbad** und der **Krayenburghalle**.

(273) WOMO-Badeplatz: Tiefenort/Schwimmbad

GPS: N 50° 50' 4.6" E 10° 9' 47.2"
max. WOMOs: 4-5.
Ausstattung/Lage: Schwimmbad, Tisch & Bank, Gaststätte, Wanderwege, Strom (2€/Tag)/ Ortsrand.
Zufahrt: Am Ortsbeginn (hinter der Werrabrücke) links zur Krayenburghalle und dem Schwimmbad.

Wir durchqueren TIEFENORT, dem Symbol mit der Burg folgend, biegen nach links ab zur Burgruine **Krayenburg**, dampfen 3,3 km bergauf. Oben können wir auf den restaurierten Resten der Burgruine herumkraxeln, spazieren, in der Burggaststätte einkehren – und ruhig übernachten [**274:** N 50° 50' 12.4" E 10° 7' 45.4"].

Tiefenort: Krayenburgruine und Gaststätte

Frauensee: Schwimmbad

Auf der B 84 angekommen, biegen wir rechts nach EISENACH. Kaum eingeschwenkt, machen wir einen Umweg nach FRAUENSEE.

Wir beglückwünschen die Frauenseer zu ihrem herrlichen Gemeindeamt, eher einem Schlösschen, auf der ehemaligen Klosterinsel. Rechts vor ihm gibt es gepflegte Parkplätze **[275:** N 50° 52' 44.8" E 10° 8' 38.8"], die zu einem Spaziergang um den See herum einladen. Dabei entdeckt man natürlich auch die romantisch gelegene Badeanstalt am See. Romantisch auch deshalb, weil Fahrzeuge oberhalb am Parkplatz [N 50° 52' 48.4" E 10° 8' 51.7"] warten müssen.

In DÖNGES erreichen wir wieder die Bundesstraße. Keine 1000 m auf der B 84 müssen Sie schon wieder links parken [N 50° 52' 41.4" E 10° 10' 20.9"], um ein naturwissenschaftliches Phänomen zu bestaunen, dem auch im 20. Jahrhundert noch niemand auf die Schliche gekommen ist; nur wenige Schritte sind es zum kleinen **Haut-See**.

„Malerisch, zugegeben", werden Sie sagen, „aber wo ist das Phänomen?"

Sehen Sie die Insel? Ist sie links, oder rechts, oder in der Mitte des Sees? Wir können es Ihnen nicht sagen, denn sie schwimmt hin und her, legt auch mal an – und niemand weiß genau, was sie über Wasser hält!

Eines ist sicher: Verpflanzen lässt sich das Wunder nicht! Als der Herzog von Sachsen-Eisenach von der schwimmenden Insel hörte, ließ er sich ein Stück davon in seinen See bei der Sommerresidenz Wilhelmsthal schleppen – wo es prompt absoff!

Die "wissenschaftlichste Erklärung" für die Inselschwimmkünste ist die Entstehung großer Mengen von Sumpfgas, die blubbernd aufsteigen, sich sogar anzünden lassen und vielleicht unter der Insel eine Art Riesengasblase bilden.

Aber Wissenschaft ist bei den Bewohnern des nahen Dorfes DÖNGES eigentlich gar nicht gefragt. Denn beim **Haut-See** „geht es um!" Angstschreie hörte man bei Nacht, schöne Jünglinge ertranken – vielleicht wurden sie in den See gezogen?

Dönges: Hautsee

Bei der Kirmes erschienen drei völlig unbekannte, blonde Jungfrauen mit Seerosen im Haar, tanzten mit den Burschen des Dorfes und verschwanden wieder – das konnten nur Nixen aus dem Hautsee gewesen sein!
Den letzten Beweis lieferte die Hebamme! Am Totenbett gestand sie dem Pfarrer, eines Nachts der Seekönigin in der Tiefe bei ihrer schweren Stunde behilflich gewesen zu sein ....

Über MARKSUHL und FÖRTHA fahren wir weiter Richtung EISENACH. An der höchsten Stelle der Straße, beim **Förthaer Stein** [N 50° 57' 12.4" E 10° 15' 20.2"], den der Volksmund **Vachaer Stein** nennt, kreuzen wir den Rennsteig an der Stelle, wo ihn das DDR-Regime lange Jahre beginnen ließ. Jetzt ist er hier wieder fast 20 km länger und führt hinab bis HÖRSCHEL an der Werra.
Marschiert man den **Rennsteig** ein paar Minuten nach rechts, so kann man vom "Wartburgblick" aus letztmals zu Thüringens berühmtester Burg hinüberschauen.
Der **Förthaer Stein** ist ein Wegeobelisk an der alten Frankfurter Straße und trägt die Aufschriften Berka, Vacha und 1833. Als Napoleon 1813 nach der verlorenen Schlacht bei Leipzig hier vorbeizog, musste er also noch den Kompass benutzen. In der Nähe des Obelisken sprudelt der **Bettelborn** neben der **Bettelbuche**. Falls die durchreisenden Kaufleute zu geizig waren – verdursten konnte man hier nicht.
In mehreren Kehren neben den steilen Felsen, auf deren höchstem Gipfel die Wartburg steht, rollen wir noch 8 km bis zum Zentrum von EISENACH hinab und haben unsere Rundreise durch Thüringen beendet.

Ich könnte viel noch erzählen dir und singen von Berg und von Tal, doch nein, viel Worte erspar ich mir und sage nur eins noch einmal:

Auf baldiges Wiedersehen in Thüringen!

Tipps und Tricks – alphabetisch geordnet

BADEMÖGLICHKEITEN
Die Mittelgebirgslage eines großen Teiles von Thüringen mit ihren Bergen und Tälern, Hügelrücken und Senken – und die dem Gebirgscharakter entsprechende Niederschlagsmenge – schuf günstige Voraussetzungen für die Anlage einer großen Zahl von Speicherbecken, Talsperren und Stauseen. Viele von ihnen sind für touristische Zwecke freigegeben, bieten mit Campingplätzen, Liegewiesen, Freibädern, Spiel- (und Park)-plätzen ein umfangreiches Erholungsangebot. Wir haben in den meisten Fällen unsere Touren so legen können, dass diese schönen "Kunstseen" berührt werden.
Aber ins erfrischende Nass lockt Thüringen Sie auch auf andere Weise:
Da sind zunächst die Hohenwarte- und die Bleilochtalsperre zu nennen, gestaute Abschnitte der Saale in idyllischster Landschaft, die mit mannigfaltigen Freizeitangeboten locken: Dampferfahrten, Surfbrett- und Bootsverleih, Wanderungen entlang der aussichtsreichen Ufer.
Die "ausgeräumten" sächsischen Braunkohlenreviere südlich von Leipzig ziehen sich noch ein Stück ins thüringische Land hinein. Rings um Meuselwitz/Altenburg hatten die Riesenbagger die Landschaft verschandelt, ganze Ortschaften mussten dem Energiebedarf weichen. Inzwischen sind Jahrzehnte vergangen, die Kohlegruben haben sich mit Grundwasser gefüllt, sind zu reichen Sekundärbiotopen geworden, bieten vielerorts auch herrliche Bademöglichkeiten. Wir haben die schönsten für Sie gefunden!
Zwischen Schleiz und Pößneck liegen die Plothener Teiche, hunderte von ehemaligen Fischteichen, die bereits im Mittelalter angelegt wurden – heute sind sie romantische Wander- und Badereviere.
Zuletzt seien die vielen Schwimmbäder genannt! Sie liegen meist in besonders schöner Waldrandlage; wie oft führte uns das Hinweisschild "Waldschwimmbad" nicht nur zu einem erfrischenden Badeplatz, sondern gleichzeitig zu einem reizvollen und ruhigen Übernachtungsplatz. Gerade auch außerhalb der Badesaison sind deshalb diese Parkplätze besonders zu empfehlen!
Übrigens: Nacktbadebereiche sind an vielen Badeplätzen die Regel!

CAMPINGPLÄTZE
Wir haben uns (erfolgreich, wie wir meinen) große Mühe gegeben, viele schöne freie Übernachtungsplätze zu entdecken, Thüringens abwechslungsreiche Landschaft war uns dabei eine große Hilfe.
Wer das Land bereist, jeden Tag aufs Neue auf Entdeckungsfahrt geht, kann

von uns am Ende eines erlebnisreichen Tages stets den Hinweis auf ein ruhiges Plätzchen erwarten.
Wer jedoch in einer Gegend länger verweilen möchte, für den bietet sich der Aufenthalt auf einem der landschaftlich besonders schön gelegenen Campingplätze an. Bei unseren Recherchen wurde uns versichert, dass man stets einige Plätze für kurzfristig anreisende WOMO-Urlauber frei halten werde.
Wir halten es für überflüssig, uns über die Ausstattung zu äußern, denn der WOMO-Besitzer ist außer an Ruhe und Geborgenheit ohnehin nur sekundär an den "Einrichtungen" der Plätze interessiert. Als Richtschnur haben wir stets den Preis für WOMO + 2 Personen (ohne Strom usw.) angegeben.
Die meisten Campingplätze bieten eine problemlose WOMO-Ver-/Entsorgung an.

FLORA/FAUNA

Die blumenreichen Gefilde Thüringens bergen eine Fülle von sonst in Europa weit voneinander getrennten Pflanzenarten. Wen wundert's, dass bereits 1588 mit der "Sylva Herzynia" des Erfurters Johannes Thal die erste wissenschaftliche "Flora" des Raumes zwischen Harz, Thüringer Wald und Vogtland erschien!
Warum aber bietet die Thüringer Pflanzenwelt geradezu ein Modell der mitteleuropäischen Flora?
Vergleicht man die geologischen und klimatischen Extreme des oben skizzierten Raumes, so könnten sie kaum unterschiedlicher sein:
Die innersten Teile des Thüringer Beckens (122 m ü. NN) bekommen nur 400 mm Regen ab, auf den Brocken (1141 m ü. NN) im Harz – und ähnliches gilt für die Höhenlagen des Thüringer Waldes – regnen im Jahr bis zu 2000 mm, das sind zwei Kubikmeter Regenwasser auf den Quadratmeter – ein Unterschied von 500 %!
Kein Wunder also, wenn wir auf dem Rücken des Thüringer Waldes ständig vernässte, saure und nährstoffarme Torfböden, im Thüringer Becken dagegen kalkreiche Lößböden und nährstoffreiche Schwarzerdeböden antreffen.
Wenn man jetzt noch die Dauer der Vegetationsperiode betrachtet, zum Beispiel die Zahl der Tage, bei der die Durchschnittstemperatur 10°C oder höher liegt, so kommen wir in den Höhen des Thüringer Waldes und des Harzes auf 100 Tage, im Weinbaugebiet des unteren Unstruttales aber auf 200 Tage – das doppelte!
Schon aus der Betrachtung der Kontraste und ihrer wohlabgestuften Übergänge erklärt sich die Fülle der unterschiedlichen Pflanzenlandschaften auf engstem Raume.
Hinzu kommt die geringe Besiedelung des Thüringer Waldes und die daraus resultierende Unberührtheit der Lebensräume. Auch das ehemalige Grenzgebiet hat sich in den letzten Jahrzehnten zu einem Rückzugsbiotop gefährdeter und seltener Pflanzen entwickelt.
Weniger Aufregendes ist über die Tierwelt Thüringens zu berichten.
Zwar gab es in alter Zeit selbst Elch und Auerochs und es ist noch nicht lange her, da zählte man Bär und Luchs zu seinen gewöhnlichen Bewohnern, der Wolf gar zog im 17. Jahrhundert "herdenweis" durch die Wälder.
1686 bereits erlegte der Büchsenmacher Hans Löfler den letzten Bären und nur selten verirrte sich seither ein Wolf oder Luchs aus den böhmischen Wäldern ins Thüringische.
Beschränken wir uns folglich auf Hirsch, Reh und das wilde Schwein; auch Marder, Iltis und Wiesel sind nicht selten.
Unter den Greifvögeln sind der Mäusebussard und der Turmfalke häufige Brutvögel; Sperber, Habicht und Roter Milan (Gabelweihe) trifft man hin und wieder an. Auch Reb-, Birk- und Auerhuhn balzen noch in Wald- bzw. Ödland.
Wer sich über die Tier- und Pflanzenwelt Thüringens in Ruhe informieren möchte, für den haben wir zwei "Idealadressen": Den kleinen, aber feinen **Heimattiergarten** in Suhl und den **Rennsteiggarten** bei Oberhof.
Sie liegen beide an unserer Tour 10.

FREIES CAMPING/FREIES ÜBERNACHTEN

Wenn wir Ihnen, liebe Leser, in den "Picos de Europa" Nord-Spaniens, an der "Costa Verde" Sardiniens oder an der Bucht von "Milokupo" im Golf von Korinth schöne Plätze für "Freies Camping" zeigen, dann meinen wir das natürlich anders als am Fuchsturm oberhalb Jena oder am Rennsteigparkplatz bei Kahla. Hier gelten die gleichen "offiziellen Regeln" wie im übrigen Deutschland: "Das Parken und das Übernachten im WOMO zum Zwecke der Fahrtunterbrechung ist erlaubt!"

Wir waren während unserer Recherchen wochenlang in Thüringen unterwegs, und nirgends wären wir auf die Idee gekommen, frei zu campieren! Aber wir haben uns – für Sie – stets Plätze ausgesucht, von denen aus sich die schöne Landschaft am besten genießen ließ, wo wir ruhig (und ungestört) übernachten konnten, die uns einen idealen Ausgangspunkt für Wanderungen, Spaziergänge oder Stadtbesichtigungen boten.

Wohnmobile haben in Thüringen, wenn man mal von den Parkplätzen unterhalb der Wartburg absieht, noch Seltenheitswert, auf den Plätzen unserer Wahl waren wir meist allein. Dies wird sich vermutlich mit dem Erscheinen dieses Buches (geringfügig) ändern. Deshalb möchten wir, speziell an Sie, liebe Leser, eine herzliche Bitte äußern:

Verlassen Sie alle Plätze unserer und Ihrer Wahl stets so, dass niemand auf die Idee kommen könnte, einem WOMO-Urlauber gram zu sein! Niemals haben wir bisher in Thüringen ein böses Wort über Wohnmobile gehört, nie hatten wir an irgendeinem der von uns ausgesuchten Plätzen Probleme – wäre es nicht schön, wenn das so bliebe!?

Haben Sie sich in eine bestimmte Gegend verliebt, wollen in ihr länger verweilen, dann sollten Sie einen der naturnahen Campingplätze aufsuchen – man freut sich auf Sie!

GASVERSORGUNG

Graue (und rote) Campinggasflaschen werden in fast jedem Baumarkt zum Tausch angeboten. Für Gastank- oder Tankflaschenbesitzer haben wir die im Verlauf unserer Touren gesichteten Gastankstellen (LPG) genau auf den Karten eingezeichnet - es gibt derer genügend und es werden immer mehr!

GASTSTÄTTEN

An sich sind wir nicht die typischen Gaststättengeher, uns ist in der Regel der romantisch-ruhige Abend vor dem WOMO lieber. Warum haben wir nur in Thüringen so viele Ausnahmen gemacht? Lag es an den günstigen Preisen, an der Gemütlichkeit der Lokale - oder ganz einfach an der Thüringer Küche, die sich nicht in Bratwurst oder Rostbrätel erschöpft, sondern eine Fülle von landestypischen Kreationen bietet, oft sorgfältig um einen gerade frisch handgemachten "Rohen Kloß" herum arrangiert?

GESCHICHTE

Ein Blick auf die Karte belehrt uns — Thüringen ist wieder die Mitte, das "grüne Herz" Deutschlands. Auf seinem Boden begegneten sich uralte Handelswege, die die Ostsee mit dem Mittelmeer verbanden. In Erfurt kreuzten sie sich mit der Königsstraße, die in Ost-West-Richtung von Frankfurt nach Leipzig führte. Die modernen Verkehrswege, Schiene und Autobahn, folgten diesen alten Handelswegen.

Bereits in "alter Zeit" war Thüringen besiedelt. Der **Kleine Gleichberg** bei Römhild gibt noch jetzt umfangreich Zeugnis von seiner Besiedlung durch die Kelten um 800 v. Chr. (Tour 11). Ihnen folgten von Skandinavien die Westgermanen, verdrängten sie nach Westen.

Tausend Jahre später siedelten hier die Hermunduren, ein germanischer Stamm, in dessen Namen man schon das Wort Thüringen ahnen kann. Seine nördlichen und südlichen Nachbarn, die Sachsen und die Franken, zerschlugen das Hermundurenreich, die letzte Schlacht tobte 531 an der Unstrut.

Der Hauptteil Thüringens wurde von den Franken einverleibt, den östlichen

Teil zwischen Saale und Elbe eroberten die Slawen.
Als die Karolinger ausgestorben waren, fiel Thüringen an Sachsen, das Gebiet wurde zur Abwehr der Ungarn mit Fliehburgen und Befestigungen ausgestattet; Klöster wurden gegründet.
Als um die Jahrtausendwende die sächsischen Ottonen ausstarben, kam der thüringische Adel wieder an die Macht, der westliche Teil Thüringens fiel an die fränkischen Ludowinger: Graf Ludwig der Springer ist allen als Erbauer der **Wartburg** bekannt.
Zur gleichen Zeit entstehen die ersten thüringischen Städte, die romanische Kunst erlebt in Thüringen ihre Blütezeit. Dieser erste kulturelle Höhepunkt lebt in der Sage vom **Sängerkrieg** fort, die Nächstenliebe der Hl. Elisabeth, der Gemahlin Ludwig IV. führte zu ihrer Verehrung in ganz Europa.
Erbfolgekriege brachten schließlich die Wettiner in Thüringen an die Macht, die Zisterzienser bauten die ersten gotischen Gotteshäuser, drei- oder gar fünfschiffige Kirchen in Erfurt, Heiligenstadt, Arnstadt geben Zeugnis davon.
Dann folgten Reformation, Bauernkrieg, Dreißigjähriger Krieg, und was eine Generation aufbaute, schlug die nächste wieder in Stücke ....
Nach dem Dreißigjährigen Krieg herrschten die sächsischen Ernestiner in Thüringen. Sie waren so töricht, durch Erbteilungen ihre Gebiete immer kleiner und politisch bedeutungsloser zu machen. Bis 1918 bietet das thüringische Gebiet einen bunten Teppich kleiner und kleinster Staaten, die jedoch oftmals Zentren kultureller Entwicklung waren, Thüringen zumindest zur geistigen Mitte Deutschlands machten.
Dem Ende des Ersten Weltkrieges schloss sich der Zusammenbruch der deutschen Monarchien an, die thüringischen Staaten bildeten erstmals das Land Thüringen!
Im Jahre 1919 wurde das junge Land sogar zur Wiege der parlamentarischen Demokratie des Deutschen Reiches; in der Landeshauptstadt Weimar tagte die verfassungsgebende Nationalversammlung, daher spricht man von der **"Weimarer Republik"**.
Im "Dritten Reich" kamen 1944 die preußischen Gebiete Thüringens, also Erfurt, Mühlhausen, Nordhausen und das Eichsfeld hinzu, Erfurt wurde Landeshauptstadt. Schon acht Jahre später, am 23.7.1952, wurde Thüringen durch Volkskammergesetz wieder zerschlagen, in die Bezirke Erfurt, Gera und Suhl aufgeteilt.
Seit der Vereinigung Deutschlands gibt es wieder "unser" Thüringen!
Freuen wir uns und hoffen wir, dass dem "grünen Herzen" Deutschlands diesmal eine lange, friedvolle Zukunft beschieden ist.

GPS/NAVIGATION
Kaum ein WOMO, dass noch ohne eine solche Plauderschachtel an der Windschutzscheibe durch die Landschaft tourt. Wir halten nur wenig von diesen Geräten, die die eigene Orientierung nur vordergründig verbessern. Trotzdem haben wir in diesem Buch alle Orte von Bedeutung (und natürlich alle Übernachtungsplätze) mit GPS-Koordinaten und, wenn möglich, auch mit der Straßenangabe versehen.
Sie haben noch kein Navi, "brauchen" aber dringend eines. Dann empfehlen wir z. Zt. nur Geräte von Garmin (Nüvi) oder TomTom. Bei ihnen haben Sie die Gewähr, dass Sie die Koordinaten problemlos in allen Schreibweisen eintippen oder von unserer (separat erhältlichen) WOMO-GPS-CD übertragen können.

GRENZE/GRENZZAUN
Kannten Sie dieses bedrückende Gefühl in der Magengegend, diesen ohnmächtigen Zorn beim Überschreiten der "Staatsgrenze West der DDR"? Erinnern Sie sich noch an die Warteschlangen, die Wühlerei in Koffern und WOMO-Schränken? Die meisten meiner Verwandten und Freunde aus der DDR kamen nie in den "Genuss" einer solchen Grenzüberschreitung, ja, sie kamen der Grenze nie näher als bis zum Rande des 5-km-Sperrgebietes,

standen nach der Wende erschrocken und gleichzeitig wütend an dem "sozialistischen Schutzwall".
Wir haben mit Bedacht einige unserer Touren so gelegt, dass wir diese ehemalige Grenze vor Augen hatten oder die Reste davon.
Wir wollen auch weiterhin sehen, wie Betonpfosten, Gitterzaun und Stacheldraht von friedlichem Unkraut überwuchert werden. Wir wollen unseren Kindern zeigen, was von diesem menschenverachtenden Regime übrig geblieben ist.

HÖHLEN/BERGWERKE
Das Thüringer Schiefergebirge ist nicht gerade ein "Idealfall" für die Höhlenentstehung. Aber in Thüringen treten auch Keuper und Muschelkalk sowie Riffe des Zechsteinmeeres aus dem Perm zutage. Und da in diesen Sedimentgesteinen in der Regel Steinsalz, Gips oder Anhydrit eingelagert sind, die sich leicht in Wasser lösen, muss man nur an der richtigen Stelle suchen. Die Historie des Thüringer Bergbaues ist nur etwa 1000 Jahre alt. Zunächst entdeckte man bei Altenstein, Bad Liebenstein und Schmalkalden Eisen, im 12. Jahrhundert jedoch bei Ilmenau Kupfer, bei Freiberg Silber und schließlich sogar (nomen est omen) bei Reichmannsdorf Gold, was, wen wundert's, wesentlichen Einfluss auf die Besiedelung des Thüringer Waldes hatte: Schmelzhütten wurden erbaut, für die man Holzkohle brauchte, die Köhlerei erlebte einen ungeahnten Aufschwung ...
Anfang dieses Jahrhunderts kam der Kalibergbau bei Merkers/Vacha dazu, und zuletzt entstanden die Uranerzgruben bei Ronneburg. Beide wurden nach der Wende geschlossen, die Beseitigung der Altlasten wird uns noch jahrelang beschäftigen.
Der gegenwärtige Bergbau beschränkt sich auf die Gewinnung von Schwerspat- und Flussspatvorkommen bei Steinbach, Ilmenau und Gehren. Für den Touristen interessant sind Ausflüge in die Unterwelt, die eine Reihe von Schaubergwerken bietet. Die historische Weiterverarbeitung der Erze kann in technischen Denkmälern nachempfunden werden:

Asbach: Lehr- und Schaubergwerk "Finstertal" (Tour 3)
Friedrichroda: Marienglashöhle (Tour 3)
Ilmenau: Goethes Höhle im Großen Hermannstein (Tour 4)
Meiningen: Götzhöhle (Tour 11)
Merkers: Erlebnisbergwerk (Tour 12)
Oehrenstock: Bergbaumuseum Zechenhaus "Lutherteufe"
Ohrdruf: Tobiashammer (Tour 10)
Sondershausen/Rottleben: Barbarossa-Höhle (Tour 2)
Saalfeld: Feengrotten (Tour 8)
Schmalkalden-Weidebrunn: Happelshütte (Tour 3)
Schweina: Altensteiner Höhle (Tour 3)
Trusetal: Besucherbergwerk "Hühn" (Tour 3)
Uftrungen: Gipshöhle "Heimkehle" mit Karstmuseum (Tour 2)
Walldorf: Sandstein- und Märchenhöhle (Tour 12)

KARTENMATERIAL/LITERATUR
Ganz Thüringen ist komplett abgedeckt mit Karten von 1:200.000 (Generalkarte) bis zu 1: 25.000 (Wanderkarten).
Beim WOMO-Verlag gibt's: Karte Thüringen 1:200.000 von Freytag & Berndt
Auch das Reiseführerangebot für Thüringen ist umfangreich.
Wir verwendeten u. a.:
DuMont-Verlag: Kunstreiseführer Thüringen
HB-Bildatlas Thüringen
Mitteldeutscher Verlag: Antje Vanhoefen, Thüringen
Braedeker Allianz: Reiseführer Thüringen
Sigloch-Edition: Kulinarische Streifzüge durch Thüringen
Eulenspiegel Verlag: Ulf Annel, Die unglaubliche Geschichte Thüringens
Verlag Parzeller: Bodo Kühn, Der Rhön-Paulus
BLV-Verlagsgesellschaft: Der große BLV-Pflanzenführer
Rother-Wanderführer: Thüringer Wald (gibt's beim WOMO-Verlag)

Prospektmaterial gibt es inzwischen in Hülle und Fülle bei jeder i-Stelle. Dabei sollte man nicht nach den örtlichen Info-Blättern fragen (die sind oft vergriffen) sondern nach denen Ihrer nächsten Anlaufstelle (die sind meist noch da)!

ÖFFNUNGSZEITEN

Thüringen ist zwar nicht Preußen, aber bei Museum & Co. hat man präzise Vorstellungen, wann ein Tourist zu erscheinen hat oder nicht!
Montag ist prinzipiell Ruhetag (auch bei den meisten Gaststätten); Ausnahmen bestätigen die Regel. Meist wird ab 9 Uhr geöffnet ...

REISEZEIT

In den letzten Jahren waren wir zu allen Jahreszeiten in Thüringen unterwegs, können wir das auch unseren Lesern empfehlen?
Natürlich bekommen Sie das beste Urlaubswetter mit den geringsten Niederschlägen im Hochsommer geliefert, können baden und sonnenbaden.
Aber Frühjahr und Herbst haben ideales Wanderwetter, die Hauptsehenswürdigkeiten sind nicht so überlaufen, die Kellner der Ausflugsgaststätten widmen Ihnen ihre volle Aufmerksamkeit ...
Sie sollten sich jedoch mit dickem Pullover, Regencape, festem Schuhwerk – und genügendem Gasvorrat für die WOMO-Heizung wappnen!
Im Winter in den Wald? Warum nicht!
Wir haben tagelang auf dem Ellenbogen, dem höchsten Berg der Thüringer Rhön direkt neben der Loipe gestanden und während ausgedehnter Langlauftouren das herrliche Winterwetter genossen. Eine Silvesternacht auf dem Inselsberg wird uns unvergesslich bleiben ...
Hunderte von Kilometern bestens präparierter Loipen, Skilifte mit Skihängen aller Schwierigkeitsgrade – und nicht zu vergessen Gaststätten mit Thüringer Gastlichkeit und den typischen Thüringer Gerichten warten auf Sie!

SCHLÖSSER, BURGEN, RUINEN

Eine Karte des (heute) thüringischen Gebietes aus dem Jahre 1680 zeigt einen bunten staatlichen "Flickerlteppich"; oft das Hoheitsgebiet eines Herzogs oder Grafen kaum größer als die landwirtschaftliche Nutzfläche einer ehemaligen LPG!
Nicht weniger als 26 (sechsundzwanzig) Herzöge, Grafen und Kurfürsten herrschten (gleichzeitig!) über das Land, daneben gab es noch eine Reihe von "geistlichen Gebieten" der Abtei Fulda, der Bistümer Würzburg und Bamberg, des Erzbistums Mainz und zuletzt die Reichsstadt Mühlhausen.
Es versteht sich von selbst, dass jeder Herrscher eine Residenz brauchte! Dafür wurde gebaut, was das Zeug hielt – oft mussten sich die Landesherren dabei so hoch verschulden, dass sie schließlich die kräftigsten ihrer Landeskinder an kriegführende Herrscher verschacherten, um auch nur die Zinsen berappen zu können.
Heute stehen wir auch im kleinsten ehemaligen Residenzstädtchen bewundernd und doch gleichzeitig kopfschüttelnd vor prächtigen Schlössern, die manchmal in einem ausgezeichneten Erhaltungszustand sind.
Arm dran war die historische Bausubstanz, wenn sie nicht "höheren staatlichen Repräsentationszwecken" dienen konnte, denn dann war sie zu DDR-Zeiten nur "Überrest und Symbol feudalstaatlicher Unterdrückung". Von vielen Schlössern weiß man nur noch, dass sie nach dem Kriege teilzerstört oder baufällig waren, irgendwem im Wege standen und plötzlich sang- und klanglos verschwunden waren – welch schneller, "sauberer" Tod.
Viel übler ging es denen, die noch "verwendet" werden konnten. Uns traten manchmal Tränen in die Augen, wenn unsere alten Karten schließlich den Weg gezeigt hatten zu einem Rittergut oder einem Gutshof:
Total verlotterte Bausubstanz, eingefallene Dächer, Dreck, Schlamm, Jauchepfützen, Müll. Es ist bewundernswert, wie sich nach der Wende nicht nur staatliche Stellen, sondern vor allem einfache Bürger in Vereinen zur Rettung "Ihrer" historischen Stätten zusammenfanden und was sie dabei leisteten. Der Wandel in den vergangenen 24 Jahren ist über alle Maßen erstaunlich!

Die vielen, noch älteren mittelalterlichen Burgen, Ruinen und Türme haben die 40 Jahre Sozialismus weggesteckt wie nichts! Sie sind für uns Anlaufstellen oder Ausgangspunkt vieler Wanderungen oder Spaziergänge und bieten außer einem meist prächtigen Blick über das schöne Land nicht selten ruhige Übernachtungsplätze.
Namen wie Wartburg, Leuchtenburg, Schwarzburg, Drei Gleichen, Veste Heldburg, Burg Ranis und die der Saaleburgen Rudelsburg und Saaleck sind Synonyme für die reiche Historie des Thüringer Landes.

TOILETTE/TOILETTENENTSORGUNG

Einiges zu diesem pikanten Thema haben wir bereits bei "Campingplätze" angehandelt.
Aber wie verhält sich der notorische Campingplatzverweigerer?
Der typische Thüringenurlauber wird häufiger in dieses reizvolle, nahe gelegene Urlaubsland fahren, aber dort jeweils nur einige Tage verbringen. Da er anlässlich einiger Gaststättenbesuche auch die einheimische Küche studiert, stellt sich ihm das Thema "volle Campingtoilette" nur selten.
Für diese seltenen Fälle empfehlen wir die Entleerung:
* In öffentliche Toiletten größerer Städte,
* in öffentliche Toiletten der AB-Raststätten und -parkplätze,
* auf Campingplätzen,
* und natürlich bei einer der neuen Ver-/Entsorgungsstationen!

Tritt bei uns akuter "Toilettennotstand" ein (und nur dann!), so graben wir mit unserem Klappspaten im lockeren Waldboden oder in einer Ackerfurche ein tiefes Loch – und buddeln es nach Füllung wieder ordentlich zu.
Man muss allerdings hinzufügen, dass wir seit Jahren mit einer SOG-Anlage ausgestattet sind und deshalb keinerlei Toilettenchemikalien benötigen.

TRINKWASSERVERSORGUNG/ABWASSERENTSORGUNG

Eigentlich gilt hier das gleiche wie mit der Toilettenver- und Entsorgung: Normalerweise müsste die Kapazität der Frisch- und Abwassertanks für einen Kurzurlaub ausreichen!
Trotzdem haben wir aus alter Gewohnheit jeden Trinkwasserbrunnen auf unseren Tourenkarten eingezeichnet – da kam mehr zusammen, als Sie trinken können! Nicht immer ist er mit einem DIN-Gewinde versehen noch kann er mit dem WOMO auf Schlauchnähe angefahren werden. Wie gut, dass wir immer unsere (Trinkwasser-)Gießkanne dabei haben. Die gibt es für ein paar Euro in jedem Baumarkt!
Natürlich wird Ihnen auch kaum ein Tankwart, nach höflicher Frage, seinen Wasserschlauch verweigern.
Das Abwasser kann man in Thüringen nicht in jeden Straßengulli schütten, denn diese führen vielerorts ins nächste Gewässer (zusammen mit dem Abwasser der Gemeinden, die noch nicht an die Kläranlage angeschlossen sind). Was tun?
Anlässlich der Toilettenentleerung bietet sich mehrfaches Spülen derselben mit Grauwasser an (da können Sie oft spülen!).
Wenn unser Abwassertank zur Unzeit überquoll, suchten wir uns ein abgeerntetes Feld oder ein abgelegenes Stück Ödland und ließen ihn dort leer laufen. Das Abwasser kann von den Bodenbakterien mühelos gereinigt werden, denn alle Anteile sind leicht abbaubar.
Natürlich freut sich jeder Campingplatz über Sie und bietet Wasserver- und Entsorgung an!

WANDERN/RADWANDERN

Einem Thüringenurlauber das Wandern zu empfehlen, hieße Eulen nach Athen tragen! Keine Landschaft Deutschlands ist schöner und abwechslungsreicher und somit geeigneter für die lustvolle Begegnung mit der Natur: Burgen, Schlösser, Ruinen, Schluchten, Wasserfälle, Berggipfel, Höhlen, Naturschutzgebiete

und Biosphärenreservate, Seen, Wälder – uns selbst war es ein Genuss, die für Sie ausgearbeiteten Wanderungen auch abzumarschieren – freuen Sie sich darauf (siehe: Kartenmaterial/Literatur)!
Dabei haben wir natürlich, so weit es ging, stets Rundwanderungen vom und zum WOMO-Parkplatz angelegt: Durch die Kuppige Rhön, im Grabfeld, im Tal der Weißen Elster, im Saaletal, in vielen Gegenden des Thüringer Waldes und natürlich auch entlang des Rennsteiges – kleine Spaziergänge, größere Touren, Tageswanderungen, für jeden etwas!
Auch unsere Fahrräder hatten wir manchmal dabei! Nein, nein, eine Tour durch den Thüringer Wald überlassen wir lieber den harten Muskelmännern. Aber das Grabfeld, die Rhön oder das Eichsfeld bieten flaches oder nur leicht welliges und doch abwechslungsreiches Land, das Richtige fürs Radwandern. Die Anlage von speziellen Radwanderwegen ist schon weit vorangeschritten. Entlang der Flüsse sind sie nahezu komplett ...

ZUM SCHLUSS: In eigener Sache – oder der Sache aller!?
Urlaub mit dem Wohnmobil ist etwas ganz besonderes. Man kann die Freiheit genießen, ist ungebunden, dennoch immer zu Hause, lebt mitten in der Natur – wo man für sein Verhalten völlig selbst verantwortlich ist!

Seit fast 30 Jahren geben wir Ihnen mit unseren Reiseführern eine Anleitung für diese Art Urlaub mit auf den Weg. Außer den umfangreich recherchierten Touren haben wir viele Tipps allgemeiner Art zusammengestellt, unter ihnen auch solche, die einem WOMO-Urlauber eigentlich selbstverständlich sein sollten. Weil wir als Wohnmobiler die Natur in ihrer ganzen Schönheit und Vielfalt hautnah erleben dürfen, haben wir auch besondere Pflichten ihr gegenüber, die wir nicht auf andere abwälzen können.

Jährlich erhalten wir viele Zuschriften, Grüße von Lesern, die mit unseren Reiseführern einen schönen Urlaub verbracht haben und sich herzlich bei uns bedanken. Wir erhalten Hinweise über Veränderungen an den beschriebenen Touren, die uns bei der Aktualisierung der Reiseführer helfen.

Aber: Wir erhalten auch Zuschriften über das Verhalten von Wohnmobilurlaubern, die sich egoistisch, rücksichts- und verantwortungslos der Natur und ihren Mitmenschen – Urlaubern und Einheimischen – gegenüber verhalten.
In diesen Briefen geht es um die Themen Müllbeseitigung, Abwasser- und Toilettenentsorgung. Es soll immer noch Wohnmobilurlauber geben, die ihre Campingtoilette nicht benutzen, dafür lieber den nächsten Busch mit Häufchen und Toilettenpapier "schmücken", die den Abwassertank nicht als Tank benutzen, sondern das Abwasser unter das WOMO trielen lassen, die ihren Müll neben dem Wohnmobil liegenlassen und davondüsen, alles frei nach dem Motto: "Nach mir die Sintflut!"

Liebe Leser!

Wir möchten Sie im Namen der gesamten WOMO-Familie bitten: Helfen Sie aktiv mit, diese Schweinereien zu unterbinden! Jeder Wohnmobilurlauber trägt eine große Verantwortung, und sein Verhalten muss dieser Verantwortung gerecht werden. Bestimmt hat mancher, dem Sie auf Ihrer Tour begegnen und der sich unwürdig verhält, das gleiche Büchlein in der Hand wie Sie. Er weiß zumindest jetzt, worum es geht. Sprechen Sie ihn an und weisen Sie ihn auf sein Fehlverhalten hin.
Der nächste freut sich, wenn er den Stellplatz sauber vorfindet, denn auch er hat sich seinen Urlaub verdient!
Vor allem aber: Wir erhöhen damit die Chance, dass uns unsere über alles geliebte Wohnmobil-Freiheit noch lange erhalten bleibt.

Helfen Sie mit, den Ruf der Sippe zu retten! Verhindern Sie, dass einzelne ihn noch weiter in den Schmutz ziehen!
Wir danken Ihnen im Namen aller WOMO-Freunde –

Ihr WOMO-Verlag

Stichwortverzeichnis

I

J

K

L

Info-Blatt für das WOMO-Buch: Thüringen '14

(komplett ausgefüllt erhalte ich 10% Info-Honorar auf Bestellungen direkt beim Verlag)

Lokalität: Seite: Datum:
(Stellplatz, Campingplatz, Wandertour, Gaststätte, usw.)

unverändert gesperrt/geschlossen folgende Änderungen:

Lokalität: Seite: Datum:
(Stellplatz, Campingplatz, Wandertour, Gaststätte, usw.)

unverändert gesperrt/geschlossen folgende Änderungen:

Lokalität: Seite: Datum:
(Stellplatz, Campingplatz, Wandertour, Gaststätte, usw.)

unverändert gesperrt/geschlossen folgende Änderungen:

Lokalität: Seite: Datum:
(Stellplatz, Campingplatz, Wandertour, Gaststätte, usw.)

unverändert gesperrt/geschlossen folgende Änderungen:

Lokalität: Seite: Datum:
(Stellplatz, Campingplatz, Wandertour, Gaststätte, usw.)

unverändert gesperrt/geschlossen folgende Änderungen:

Lokalität: Seite: Datum:
(Stellplatz, Campingplatz, Wandertour, Gaststätte, usw.)

unverändert gesperrt/geschlossen folgende Änderungen:

Meine Adresse und Tel.-Nummer:

(nur komplett ausgefüllte, zeitnah eingesandte Infoblätter können berücksichtigt werden)

Info-Blatt für das WOMO-Buch: Thüringen '14

(komplett ausgefüllt erhalte ich 10% Info-Honorar auf Bestellungen direkt beim Verlag)

Lokalität: Seite: Datum:
(Stellplatz, Campingplatz, Wandertour, Gaststätte, usw.)
unverändert gesperrt/geschlossen folgende Änderungen:

Lokalität: Seite: Datum:
(Stellplatz, Campingplatz, Wandertour, Gaststätte, usw.)
unverändert gesperrt/geschlossen folgende Änderungen:

Lokalität: Seite: Datum:
(Stellplatz, Campingplatz, Wandertour, Gaststätte, usw.)
unverändert gesperrt/geschlossen folgende Änderungen:

Lokalität: Seite: Datum:
(Stellplatz, Campingplatz, Wandertour, Gaststätte, usw.)
unverändert gesperrt/geschlossen folgende Änderungen:

Lokalität: Seite: Datum:
(Stellplatz, Campingplatz, Wandertour, Gaststätte, usw.)
unverändert gesperrt/geschlossen folgende Änderungen:

Lokalität: Seite: Datum:
(Stellplatz, Campingplatz, Wandertour, Gaststätte, usw.)
unverändert gesperrt/geschlossen folgende Änderungen:

Meine sonstigen Tipps und Verbesserungswünsche: